OCÉANO ATLÁNTICO

Las Bahamas

de Florida

zas

egos

CUBA

• Camagüey

Guantánamo

Santiago
de Cuba

HAITÍ

★ Port-au-Prince

Kingston ★

JAMAICA

REPÚBLICA
DOMINICANA

★ Santo
Domingo

PUERTO
RICO

Mayagüez
Ponce • •

Islas Vírgenes

San
Juan

Antigua

Guadalupe
Dominica

Martinique
Santa Lucía

Antillas Menores

San
Vicente

Barbados

Granada

MAR DEL CARIBE

Aruba

Bonaire

Curaçao

Isla de
Margarita

Trinidad

Tobago

Port-of-Spain

Caracas ★

R. Orinoco

Canal de
Panamá

• Colón
★
Panamá

VENEZUELA

GUYANA

GUAYANA
FRANCESA

PANAMÁ

R. Magdalena

SURINAM

Golfo
de
Panamá

AMÉRICA DEL SUR

• Bogotá

COLOMBIA

BRASIL

ECUADOR

PERÚ

D0598153

Second Edition

MOSAICOS

Spanish as a World Language

Matilde Olivella de Castells
Emerita, California State University, Los Angeles

Elizabeth Guzmán
Yale University

Patricia Rush
Ventura College

Carmen García
University of Virginia

Prentice Hall, Upper Saddle River, New Jersey 07458

Library of Congress Cataloging–In–Publication Data
Mosaicos: Spanish as a world language / Matilde Olivella de Castells ... [et al.]. — 2. ed.
p. cm.

Includes index
ISBN 0-13-237587-7 (case)
1. Castells, Matilde Olivella de.
PC4129.E5M69   1997
468.2'421—dc21   97-18790

                                                                                                                      CIP

Editor-in-Chief: *Rosemary Bradley*
Development Editor: *Glenn A. Wilson*
Assistant Editor: *Heather Finstuen*
Editorial Assistant: *Sara I. James*
Sr. Marketing Manager: *Christopher Johnson*
Marketing Assistant: *Sabrina Bracco*

Art Director: *Ximena Piedra Tamvakopoulos*
Cover Art/Design; Interior Design: *Ximena Piedra Tamvakopoulos*
Composition: *Wanda España - Wee Design Group*
Electronic Art: *Siren Design*
Illustration: *Andrew Lange*
Photo Research: *Francelle Carapetyan*
Image Coordinator: *Zina Arabia*
Manufacturing Buyer: *Tricia Kenny*

©1998, 1994 by Prentice-Hall, Inc.
Simon & Schuster/A Viacom Company
Upper Saddle River, New Jersey 07458

Printed in the United States of America
10   9   8   7   6

Student Text ISBN: 0-13-237587-7
Annotated Instructor's Edition ISBN: 0-13-888553-2

Prentice-Hall International (UK) Limited, *London*
Prentice-Hall of Australia Pty. Limited, *Sydney*
Prentice-Hall Canada Inc., *Toronto*
Prentice-Hall Hispanoamericana, S.A., *México*
Prentice-Hall of India Private Limited, *New Delhi*
Prentice-Hall of Japan, Inc., *Tokyo*
Simon & Schuster Asia Pte. Ltd., *Singapore*
Editora Prentice-Hall do Brasil, Ltda., *Rio de Janeiro*

Contents

Scope and Sequence

Lección 3

**Las actividades
y los planes** 82

Asking about and discussing
   leisure activities
Communicating by phone
Ordering food in a restaurant
Making suggestions and future
   plans
Using numbers above 100

Lección 4

La familia 112

Identifying and describing family
   members
Describing physical and emotional
   states
Expressing preferences, desires,
   and feelings
Expressing possession
Expressing how long events and
   states have been going on

Lección 5

La casa y los muebles 140

Asking about and describing
   housing and household items
Discussing daily activities in the
   home
Talking about colors
Asking about and discussing daily
   schedules
Expressing ongoing actions

COMUNICACIÓN

Lección 6
El tiempo y los deportes 170

Expressing and describing physical
    activities
Asking and answering questions
    about weather conditions
Expressing measurements
Talking about past events
Expressing when, where,
    or how an action is done

Lección 7
La ropa y las tiendas 202

Talking about clothing and shopping
Asking for and telling prices
Expressing likes and dislikes
Expressing satisfaction and
    dissatisfaction
Talking about past events

Lección 8
Fiestas y tradiciones 232

Talking about holiday activities
Expressing ongoing actions in the
    past
Extending, accepting, and
    declining invitations
Making comparisons

ESTRUCTURAS	MOSAICOS	ENFOQUE CULTURAL

Lección 9
El trabajo 264

Talking about the workplace
and professions
Discussing job skills and abilities
Giving formal orders and
instructions

Lección 10
La comida y la nutrición 294

Discussing food, shopping, and
planning menus
Expressing wishes and hope
Making requests and expressing
opinions
Giving informal orders and
instructions

Lección 11
La salud y los médicos 324

Talking about the body
Describing health conditions and
medical treatments
Expressing emotions, opinions
and attitudes
Expressing expectations and
wishes
Expressing goals and purposes

Lección 12
Las vacaciones
y los viajes 352

Making travel arrangements
Asking about and discussing
itineraries
Describing and getting hotel
accommodations
Expressing denial and uncertainty
Expressing possession
(emphatically)
Talking about the future

Lección 13

Los hispanos en los Estados Unidos   384

Stating facts in the present and the past
Giving opinions
Describing states and conditions
Talking about the past from a present-time perspective

Lección 14

Cambios de la sociedad   412

Describing and discussing demographics
Describing social conditions
Projecting conditions, goals, and purposes
Hypothesizing about the future
Expressing conjecture
Expressing contrary-to-fact conditions

Lección 15

La ciencia y la tecnología   438

Talking about advances in science and technology
Softening requests and statements
Expressing unexpected occurrences
Expressing contrary-to-fact conditions in the past

Preface

About the *Mosaicos* Program

Welcome to the second edition of **Mosaicos**! With this text, the beginning classroom becomes a setting for true communication and cultural exchange. *Mosaicos* combines the best elements of language instruction in a highly interactive approach. An emphasis on frequently used vocabulary, practical applications of grammar, illustrated language contexts, and engaging activities help to successfully develop good communication skills. An in-text audioprogram, cultural presentations, art, realia, and photographs introduce the language and the traditional and modern cultures of Spain and the Americas.

Mosaicos is built on a foundation of interaction, communication, and culture. Its functional grammatical syllabus provides an understanding of the language in a clear, concise format. Structures are presented as a means to effective communication and valuable class time can be spent interacting and developing good language skills in Spanish.

Highlights of the Program

The second edition of **Mosaicos** continues the successful tradition of the first, retaining and enhancing the core features:

* **Focus on communication.** The *Mosaicos* program features a lively and visual communicative format for presenting and practicing new language. Abundant activities in the *A primera vista* section of each chapter foster use of newly-acquired and previously-learned words and expressions in a variety of contexts.

* *Mosaicos* presents grammar as a means to communicate effectively. The scope and sequence of grammatical topics in **Mosaicos, Second Edition,** is dictated by the communicative needs of beginning students. Activities in the *Explicación y expansión* section of each chapter develop the ability to use linguistic structures for direct communicative purposes.

* The unique culture-based *Mosaicos* sections of each chapter provide skill-building and skill-using activities in each area: listening, speaking, reading, and writing. These sections also provide ample opportunities for skill-chaining.

* **Active development of cultural skills.** Cultural content is interwoven throughout the text in realia, activities, and special *Cultura* boxes to ensure an understanding and appreciation of people and cultures while building linguistic skills. Brief *Investigación* questions lead to a comparison of customs and cultures focusing on the richness and diversity of the Spanish-speaking world. Each chapter deals with specific cultural topics, ending with an *Enfoque cultural* section that provides practical knowledge about the Spanish-speaking world.

✖ **Contextualized presentation and practice of vocabulary.** The vocabulary presentations in the *A primera vista* sections are structured around engaging, culturally authentic visual and linguistic contexts that provide a natural environment for learning and practicing new vocabulary, as well as for recycling previously-taught language.

Scope and Sequence of the Second Edition

In response to helpful feedback from users of the first edition, the following adjustments have been made to the scope and sequence:

✖ The book has been reduced from 16 to 15 chapters (plus *Bienvenidos*).

✖ All structural points that appeared in the *Expansión grammatical* section have been integrated into regular chapters at appropriate points in the text.

✖ Some structural points needed for conversation are presented earlier and in increments. For example: **gustar** is first presented as a vocabulary item in *Lección 2*, then more fully in *Lección 7*; some uses of **por** and **para** are presented in *Lección 3*, more appear in *Lecciones 7* and *11*; **hace** with expressions of time is treated in the present tense in *Lección 4*, in the preterit in *Lección 6*.

✖ Presentations of key structural points have been consolidated. For example, present tense conjugations of all stem-changing verbs now appear in *Lección 4*.

✖ The preterit tense is presented consecutively in *Lecciones 6-7* and is followed immediately by the imperfect tense in *Lección 8*.

✖ Formal commands are now presented in *Lección 9*, with the present subjunctive and informal commands directly following in *Lección 10*.

New to the Second Edition

✖ **Culture: International partnership through the Internet and World Wide Web.** The newly developed *Enfoque cultural* sections use a lively layout to provide a practical knowledge of specific cultural topics in the Spanish-speaking world as well as an orientation to the countries that make up that world. Activities in each *Enfoque cultural* encourage the exploration of Spanish-language web sites to gather information on the cultural topic presented. In addition, the *Mosaicos, Second Edition,* Home Page provides activities and links to web sites all over Spain and Latin America.

✖ **Engaging vocabulary presentation.** New *A primera vista* sections have been rewritten and redesigned. Annotations on extensive class-tested techniques provide the means to activate all material within these sections: how to develop and exploit photos, illustrations, realia pieces and transparencies in the classroom presentation, how to use texts as beneficial comprehensible input, and so on.

✖ **Personalized speaking activities.** Conversation activities in the *A conversar* section of each chapter encourage interaction on a personal level combining newly acquired structures and vocabulary in discussions on chapter topics.

✖ **Listening strategy work.** Many *A escuchar* sections include pre-listening activities that provide general listening strategies. In many cases, students are asked to tabulate, comment on, or otherwise process the information they hear after completing the specific listening task, integrating listening with productive skills.

✖ **Increased attention to reading skills.** Pre- and post-reading activities provide opportunities and strategies for developing good reading skills. Reading selections include a greater number of authentic texts and reflect a greater variety of discourse types and styles (including magazine articles, interviews, letters, etc.) than in the first edition. Texts become longer and more challenging as the book progresses.

✖ **Process writing apparatus.** Process writing activities are a new core feature of the second edition. Pre- and post-writing activities are a guide through critical steps in the writing process. Throughout, extensive annotations guide instructors to teach writing as a recursive—rather than linear—process.

✖ **More opportunities for previewing and recycling.** *Algo más* is a newly developed section designed to pre-introduce and re-introduce material, especially structural points presented in increments. Throughout the text, annotations with specific page references suggest opportunities for instructors to review and reinforce recycled structures and vocabulary clusters.

✖ **Lengua boxes.** Linguistic distinctions and concepts often overlooked in introductory texts appear in concept boxes called *Lengua* at strategic intervals throughout ***Mosaicos***.

✖ **More personalized activities.** More open-ended activities in every chapter provide opportunities for individuals, pairs and groups of students to gather, process and share information in Spanish, stimulating real communication in the classroom.

Organization of the text

Mosaicos consists of a preliminary chapter *(Bienvenidos)* and fifteen regular chapters. Through a variety of visual stimuli, the *Bienvenidos* chapter allows instructors to conduct classes in Spanish from the very first day. Each regular chapter maintains the following consistent structure:

Goals. Succinct, easy-to-understand objectives in each chapter opener provide realistic, communicative, structural, and cultural goals.

A primera vista. This opening section of each chapter provides a richly contextualized, cultural framework for learning and practicing new language. New material is presented within two or three thematic groupings, which make use of photos, illustrations, and authentic documents. Comprehensible input is provided through a wide variety of language samples (dialogs, brief narratives, brochures, comic strips, captions, etc.). Within each thematic grouping, activities practice the new vocabulary and grammar points prior to their formal presentation later in the chapter. Following the thematic presentations, the *A escuchar* listening activity recycles vocabulary in an authentic conversational framework while providing practice in global listening skills. Previously-taught material is consistently recycled and reinforced.

Explicación y expansión. The *Explicación y expansión* sections consist of concise grammar explanations focused on usage followed by immediate practice of each new structural item within a contextualized framework. The exercises and activities in this section develop students' abilities to use linguistic structures for direct communicative purposes. Contextualized and personalized, the exercises focus student attention on a variety of useful tasks and provide practice for communicating effectively in pairs or small groups in a variety of real-life situations. These activities recycle both vocabulary introduced in the *A primera vista* section of the chapter and vocabulary presented in previous chapters.

Mosaicos. Skills and topics are interwoven at the end of each chapter into a series of skill-building and skill-chaining activities that bring together the chapter vocabulary, structures, and cultural content:

✖ *A escuchar* develops students' ability to understand spoken Spanish in a variety of authentic contexts: brief exchanges and longer conversations between two or more speakers, public announcements, radio broadcasts, etc.

✖ *A conversar* includes open-ended speaking activities based on naturally-occurring discourse situations and authentic written texts. Students learn to express and discuss their own needs and interests. This section provides many opportunities for personalized expression.

✖ *A leer* teaches students how to become independent readers by introducing basic strategies for understanding the general meaning of a text as well as for extracting specific information from it. A complete apparatus of pre-, during-, and post-reading activities guides students to develop their ability to read a variety of high-interest, authentic Spanish texts, from simple documents such as advertisements to the extended discourse of brochures, newspaper and magazine articles, letters, etc.

✖ *A escribir* provides step-by-step activities in which students learn to compose messages and memos, postcards and letters, journals, simple expository paragraphs and brief essays. Pre- and post-writing activities guide students through critical steps in the writing process, including: brainstorming (to develop ideas for topics); defining one's purpose, means of communication, tone, and reader; making an outline; revising; and conferencing and peer editing. Additionally, useful tips in *A leer* provide students with specific lexicon, structures, and points of syntax relevant to the writing task at hand.

✖ *Investigación* activities throughout the text make the acquisition of cultural knowledge an active process by guiding students to gather information in the library or on the World Wide Web, which they then use to examine the cultural content embedded in the chapter materials.

Vocabulario. The vocabulary list includes all new, active vocabulary words and expressions presented in the chapter in clear, semantically-organized groups. All words included in the list are practiced and recycled throughout the chapter and in subsequent chapters in a variety of contexts. Written vocabulary practice appears in the *A primera vista* sections and in the accompanying Workbook and Lab Manual.

Enfoque cultural. This entertaining and informative section focuses on contemporary cultural issues related to the chapter theme. *Enfoque cultural* sections use a graphic layout, combining visual and textual elements—photos, maps, brief essays—to capture students' interest and expose them to key information. Additionally, every *Enfoque cultural* includes activities that encourage students to explore the issues at hand. A broad variety of contemporary topics is featured, ranging from distinctive and changing aspects of daily life, such as family, housing, shopping, and travel, to broader social, political, and economic issues in Hispanic countries.

The Complete Program

Mosaicos is a complete learning and teaching program that includes the following components:

- Annotated Instructor's Edition
- Instructor's Resource Manual
- Videoprogram
- Video Activities Manual
- CD-ROM
- Testing Program
- Computerized Testing Program
- Transparencies
- Student Cassettes
- Workbook
- Answer Key to Workbook
- Lab Manual
- Audioprogram (Lab cassettes)
- IBM and Macintosh Tutorial Software
- WWW Home Page

Student Text or Student Text/Cassette Package

Mosaicos is available for purchase with or without two sixty-minute cassettes that contain recordings of the *A escuchar* sections. The *A escuchar* sections are also recorded for departmental language labs free of charge. Please use the correct ISBN when ordering through your campus bookstore:

Student Text: 0-13-237587-7
Text/Cassettes: 0-13-907213-6

Annotated Instructor's Edition

Marginal annotations in the Annotated Instructor's Edition include extensive strategies and activities for the *A primera vista* section, expansion exercises and a selected answer key for the *Explicación y expansión* section, and a printed Tapescript for the *A escuchar* section. Additional tips and hints offer content effective classroom techniques.

Instructor's Resource Manual

The Instructor's Resource Manual includes course syllabi, suggestions for lesson plans, a complete Tapescript for the Audioprogram, tips for using video successfully and a bibliography of sources for additional cultural information.

Videoprogram

The sixty-minute text-tied video features scripted segments and cultural footage for each chapter. Video segments correspond to chapter themes, vocabulary, and grammatical structures.

Video Activities Manual

Warm-up, viewing, and post-viewing activities in the Video Activities Manual help students to follow and learn from the *Mosaicos* video.

Mosaicos Interactive CD-ROM

The CD-ROM features interactive Spanish practice through engaging vocabulary, grammar, reading, and writing. Chapter topics are presented through audio, video, and visual means and students can practice their pronunciation through voice recording technology. Each chapter includes cultural activities and a path to the World Wide Web for additional cultural resources.

Testing Program

The Testing Program consists of vocabulary quizzes for each *A primera vista* and alternate versions of hour long tests for each chapter. Each test is organized by skill, and uses a variety of techniques and activity formats to complement the text. The Testing Program is available in paper or computerized formats.

Computerized Testing Program

The Testing Program is available electronically for Macintosh and IBM. With the electronic version, instructors can mix and match testing materials according to their own needs.

Transparencies

Full-color transparencies of maps, illustrations, realia, and photographs offer the instructor visual classroom support for presenting vocabulary, creating activities, and reviewing chapter materials.

Student Cassettes

The Student Cassettes contain the recordings for the in-text *A escuchar* listening activities. These cassettes help students to acquire and review vocabulary, become more accustomed to hearing spoken Spanish, and understand it better.

Workbook

The organization of the Workbook parallels that of the main text. The Workbook provides further practice of each chapter's vocabulary and grammar structures through sentence building and completion exercises, fill-ins, and art- and realia-cued activities. Reading and writing activities include strategies for improving reading and writing skills.

Workbook Answer Key

An answer key for the Workbook is available for instructors who want students to check their own work.

Lab Manual

The Lab Manual is to be used in conjunction with the Audioprogram recordings of listening-comprehension passages such as conversations, descriptions, interviews and public announcements. The listening-comprehension passages are followed by various comprehension check activities such as true-or-false, multiple choice, completion, and writing responses. Answers to the activities are included at the end of the Lab Manual.

Audioprogram

The Audioprogram consists of 14 cassettes which include 10 sixty-minute listening cassettes to accompany the Lab Manual, two vocabulary cassettes featuring the chapter-by-chapter text vocabulary, and the two Student Cassettes containing the in-text A escuchar listening selections. The listening cassettes and the Lab Manual activities help students to move beyond the in-text activities to guided, more realistic listening contexts.

Tutorial Software

Students can practice the vocabulary and grammar presented in each chapter at their own pace and get instantaneous feedback through self-scoring exercises.

Mosaicos WWW Home Page

The *Mosaicos* Home Page is a springboard to the Internet with text-tied web activities, links to Spanish language websites, and features like "key-pal" and on-line chat. An Instructor's area features extensive instructional and cultural weblinks and *Mosaicos* resource materials.

New National Standards

The National Standards in Foreign Language Education Project has recently published *Standards for Foreign Language Learning: Preparing for the 21st Century.* An eleven-member task force, representing ACTFL, AATSP, AATF, and AATG has identified five goal areas for programs of foreign language instruction as we face a new millennium: Communication, Cultures, Connections, Comparisons, and Communities. These goal areas inform the pedagogy of the Second Edition of *Mosaicos*.

Communication. Throughout the text, students engage in meaningful conversations, providing and obtaining information, expressing their opinions and feelings, and sharing their experiences. Students also listen to, read, and interpret language on a variety of topics. Through *informes* as part of many activities and in compositions in *A escribir*, students present information and ideas in both written and oral communication.

Cultures. *Cultura* boxes and the *Enfoque cultural* sections of each chapter give students an understanding of the relationship between culture and language throughout the Spanish-speaking world.

Connections. Realia, readings, and conversation activities throughout the text provide opportunities for making connections with other discipline areas. Students gain information and insight into the distinctive viewpoints of Spanish speakers and their cultures.

Comparisons. *Lengua* boxes often provide students with points of comparison between English and Spanish. *Para pensar* activities in the *Enfoque cultural* encourage students to reflect on aspects of daily life in their own culture before reading about and investigating similar aspects of daily life in Spanish-speaking countries.

Communities. The text encourages students to go beyond the classroom through internet activities, and the *Mosaicos* Home Page on the World Wide Web provides abundant opportunities for exploration, personal enjoyment and enrichment. Instructors are reminded to encourage students to explore and become a part of Spanish-speaking communities in their areas.

Acknowledgments

The second edition of *Mosaicos* is the result of a collaborative effort between ourselves, our publisher, and you, our colleagues. We are sincerely appreciative of all the comments and suggestions from First Edition users, and we look forward to continuing the dialog and having your input on this edition. We are especially indebted to the many members of the Spanish teaching community whose reviews and comments at various stages throughout the preparation of the First and Second Editions have made *Mosaicos* the solid program that it is. We especially acknowledge and thank:

Mercedes Arisso-Thompson, El Camino College
Lucrecia Artalejo, Northeastern Illinois University
José Bahamonde, Miami Dade Community College
Margarita Batlle, Miami Dade Community College
Kathleen Boykin, Slippery Rock University
Rodney Lee Bransdorfer, Gustavus Adolphus College
Morris E. Carson, J. Sargent Reynolds Community College
John Chaston, University of New Hampshire
María Cooks, Purdue University
Rafael Correa, California State University, San Bernardino
Debora Cristo, Arizona State University
Jorge H. Cubillos, University of Delaware
Martin Durrant, Mesa Community College
Raymond Elliott, University of Texas-Arlington
José Feliciano-Butler, University of South Florida
José B. Fernández, University of Central Florida
Rosa Fernández, University of New Mexico
Marcello Fierro, Mesa Community College
Mary Beth Floyd, Northern Illinois University
Herschel Frey, University of Pittsburgh
Robert K. Fritz, Ball State University
Ricardo García, San Jacinto College, South Campus
Marta Garza, Oxnard College
Ronni Gordon, Harvard University
Lynn Carbón Gorrell, University of Michigan, Ann Arbor

Juana Amelia Hernández, Hood College
Ed Hopper, UNC-Charlotte
Hildegart Hoquee, San Jacinto College, Central Campus
Michael Horsewell, University of Maryland-College Park
René Izquierdo, Miami-Dade Community College
María C. Jiménez, Sam Houston State University
Teresa Johnson, St. Louis University
Marilyn Kiss, Wagner College
Barbara A. Lafford, Arizona State University
Roberta Levine, University of Maryland-College Park
Lucia Lombardi, University of Illinois-Chicago
Marcelino Marcos, Lakeland Community College
Hope Maxwell-Snyder, Shephed College
Cynthia Medina, York College of Pennsylvania
Niurka Medina-Valin, Cerritos Community College
Karen-Jean Muñoz, Florida Community College at Jacksonville
Raúl Niera, Buffalo State College
Carmen Pena-Eblen, Oxnard College
Barbara González-Pino, University of Texas-San Antonio
Ana M. Rambaldo, Montclair State College
Richard Raschio, University of St. Thomas
Arsenio Rey, University of Alaska
Teresa Roig-Torres, Miami University
Marcia H. Rosenbusch, Iowa State University
Hildebrando Ruiz, University of Georgia
Cecilia Ryan, McNeese University
Carmen Salazar, Los Angeles Valley College
David Shook, Georgia Institute of Technology
Jay Siskin, Brandeis University
Karen L. Smith, University of Arizona
Lourdes Torres, University of Kentucky
Carmen Vigo-Acosta, Mesa Community College
Montserrat Vilarrubla, Illinois State University
Helga Winkler, Eastern Montana College
Bill Woodard, Hampden-Sydney College
Janice Wright, University of Kansas

As part of the process of bringing manuscript to bound book, we have enlisted the help of several readers—including editors, instructors, native Spanish speakers, and students—whose comments and suggestions on the final pages have added quality throughout the text. We thank Marisa Garman, Pennie Nichols-Alem, Lucrecia Artalejo, David Renovales, Jeremiah Hughes, and Jana Scarborough.

We would also like to acknowledge the collaboration of María González Aguilar, who prepared the *Mosaicos* section of the first edition, for the activities we kept or adapted for this edition. Thanks are due to Luz Font for preparing activities for the Workbook, and to Lina Lee for preparing the *Mosaicos* Home Page on the World Wide Web. Special thanks are also due to Blanca and César Gómez Villegas, Casilda and Carlos Carrasco, Ana María and Juan Jorge Sanz, and Miguel Ordóñez for their help in obtaining authentic materials, and their advice regarding elements of current Spanish usage in their respective countries.

We would also like to thank all the editorial, production, and marketing staff at Prentice Hall who have contributed to the *Mosaicos* program. Special thanks to Rosemary Bradley, Editor-in-Chief, for her direction and organization; Ximena de la Piedra Tamvakopoulos, Art Director, who worked endless hours to create the design of the text; Glenn Wilson, Development Editor, who worked with dedication and commitment on the manuscript, from the earliest stages to final pages; Wanda España, for her diligence and perseverance in creating the pages for this book; and Debbie Brennan, Senior Managing Editor, who guided the project through all phases of production. Thanks also go to María F. García, Associate Editor, for her continuous support throughout this endeavor; Heather Finstuen, Assistant Editor, for her creativity and hard work on many supplements of the program; Sara James, Editorial Assistant, for coming in on the final readthrough with willingness and enthusiasm; and Andrew Lange, Illustrator, for his excellent illustrations and cooperation throughout.

Lección preliminar
Bienvenidos

COMUNICACIÓN

- Introducing oneself and others
- Greetings and good-byes
- Expressions of courtesy
- Spelling in Spanish
- Identifying people and classroom objects
- Locating people and objects
- Using numbers from 0 to 99
- Expressing dates
- Telling time
- Using classroom expressions

Las presentaciones

ANTONIO: Me llamo Antonio Mendoza.
            Y tú, ¿cómo te llamas?
BENITO: Benito Sánchez.
ANTONIO: Mucho gusto.
BENITO: Igualmente.

PROFESOR: ¿Cómo se llama usted?
ISABEL: Me llamo Isabel Mendoza.
PROFESOR: Mucho gusto.
ISABEL: Encantada.

LAURA: María, mi amigo José.
MARÍA: Mucho gusto.
JOSÉ: Encantado.

- Spanish has more than one word meaning *you*. Use **tú** when talking to someone on a first-name basis (close friend, relative, child). Use **usted** when talking to someone you address in a respectful or formal manner, as **doctor, profesor, señora, don, doña,** and so on. Use it also to address individuals you do not know well.

- Young people normally use **tú** when speaking to each other.

- **Mucho gusto** is used by both men and women when meeting someone for the first time. A man may also say **encantado** and a woman **encantada**.

- When responding to **mucho gusto,** you may use either **encantado/a** or **igualmente**.

¿Qué dice usted?

B-1 Presentaciones. Complete the following conversation with the appropriate expressions from the column on the right. Then move around the classroom introducing yourself to several classmates, and introducing classmates to each other.

ALICIA: Me llamo Alicia. Y tú, ¿cómo te llamas?   Igualmente
ISABEL: Isabel Pérez. _____.   Mucho gusto
ALICIA: _____.

ALICIA: Isabel, _____.   Encantado
ISABEL: Mucho gusto.   mi amigo Pedro
PEDRO: _____.

Los saludos

SEÑOR: Buenos días, señorita Mena.
SEÑORITA: Buenos días. ¿Cómo está usted, señor Gómez?
SEÑOR: Bien, gracias. ¿Y usted?
SEÑORITA: Muy bien, gracias.

MARTA: ¡Hola, Inés! ¿Qué tal? ¿Cómo estás?
INÉS: Regular, ¿y tú?
MARTA: Bastante bien, gracias.

SEÑORA: Buenas tardes, Felipe. ¿Cómo estás?
FELIPE: Bien, gracias. Y usted, ¿cómo está, señora?
SEÑORA: Mal, Felipe, mal.
FELIPE: Lo siento.

- Use **buenas tardes** from noon until nightfall. After nightfall, use **buenas noches** (*good evening, good night*).

- **¿Qué tal?** is a more informal greeting. It is normally used with **tú,** but it may also be used with **usted.**

- Use **está** with **usted,** and **estás** with **tú.**

Cultura

When saying *hello* or *good-bye* and when being introduced, Spanish-speaking men and women almost always shake hands. When greeting each other, young girls and women often kiss each other on the cheek. This is also the custom for men and women who are close friends. In Spain this kissing is done on both cheeks. Men who are close friends normally embrace and pat each other on the back. Native Spanish speakers also tend to get physically closer to the person with whom they are talking than do Americans.

¿Qué dice usted?

B-2 Saludos. You work as a receptionist in a hotel. Which greeting is appropriate at the following times?

buenos días   buenas tardes   buenas noches

a. 9:00 a.m   c. 4:00 p.m.   e. 1:00 p.m.
b. 11:00 p.m.   d. 10:00 a.m   f. 8:00 p.m.

Las despedidas

adiós	*good-bye*
hasta luego	*see you later*
hasta mañana	*see you tomorrow*

- **Adiós** is generally used when you do not expect to see the other person for a while. It is also used as a greeting when people pass each other, but have no time to stop and talk.

- **Chao** (also spelled **chau**) is an informal way of saying *good-bye*, which is very popular in South America.

Expresiones de cortesía

con permiso	*pardon me, excuse me*
de nada	*you're welcome*
gracias	*thanks, thank you*
lo siento	*I'm sorry*
perdón	*pardon me, excuse me*
por favor	*please*

Con permiso and **perdón** may be used "before the fact," as when asking a person to allow you to go by or when trying to get someone's attention. Only **perdón** is used "after the fact," as when you have stepped on someone's foot or need to interrupt a conversation.

¿Qué dice usted?

B-3 ¿**Perdón o con permiso?** Would you use **perdón** or **con permiso** in these situations?

a.

b.

c.

d.

e.

B-4 Expresiones de cortesía y despedidas. Which expression(s) would you use in the following situations?

gracias   de nada   por favor
adiós   hasta luego   lo siento

1. Someone thanks you. *de nada*
2. You are saying good-bye to a friend whom you will see later that evening. *hasta luego*
3. You are asking a classmate for his/her notes. *por favor*
4. You hear that your friend is sick. *lo siento*
5. You receive a present from a friend. *gracias*
6. Your friend is leaving for a vacation in Spain. *adiós*

B-5 Encuentros. You meet the following people on the street. Greet them, ask them how they are, and then say good-bye. A classmate will play the other role.

1. su amigo Miguel
2. su profesor/a
3. su amiga Isabel
4. su doctor/a

 **A escuchar**

Saludos. You will hear four brief conversations. Mark the appropriate column to indicate whether the greetings are formal (with **usted**) or informal (with **tú**). Do not worry if you do not understand every word.

	FORMAL	INFORMAL		FORMAL	INFORMAL
1.	_____	_____	3.	_____	_____
2.	_____	_____	4.	_____	_____

El alfabeto

a	a	**o**	o
b	be	**p**	pe
c	ce	**q**	cu
d	de	**r**	ere
e	e	**s**	ese
f	efe	**t**	te
g	ge	**u**	u
h	hache	**v**	ve, uve
i	i	**w**	doble ve,
j	jota		doble uve,
k	ka		uve doble
l	ele	**x**	equis
m	eme	**y**	i griega, ye
n	ene	**z**	zeta
ñ	eñe		

- The letter **ñ** does not exist in English.

- The letters **k** and **w** appear mainly in words of foreign origin.

- Some Spanish grammars include **rr** in the alphabet.

¿Qué dice usted?

B-6 ¿Cómo se escribe? Ask your classmate how to spell these Spanish last names.

MODELO: <u>Z</u>amora
        E1: ¿Cómo se escribe Zamora?
        E2: Con z.

1. <u>C</u>elaya
2. Montal<u>v</u>o
3. <u>S</u>alas
4. <u>B</u>olaños
5. <u>H</u>enares
6. Velá<u>z</u>quez

B-7 Los nombres. Ask three of your classmates their names. Write down their names as they spell them.

MODELO: E1: ¿Cómo te llamas?
        E2: Me llamo David Montoya.
        E1: ¿Cómo se escribe Montoya?
        E2: M-o-n-t-o-y-a

Identificación y descripción de personas

CARLOS: ¿Quién es ese chico?
SANDRA: Es Julio.
CARLOS: ¿Cómo es Julio?
SANDRA: Es romántico y sentimental.

LUIS: ¿Quién es esa chica?
QUIQUE: Es Carmen.
LUIS: ¿Cómo es Carmen?
QUIQUE: Es activa y muy seria.

SER (*to be*)			
yo	**soy**	*I*	*am*
tú	**eres**	*you*	*are*
usted	**es**	*you*	*are*
él, ella	**es**	*he, she*	*is*

■ Use **ser** to describe what someone is like.

■ To make a sentence negative, place the word **no** before the appropriate form of **ser.** When answering a question with a negative statement, say **no** twice.

Ella es inteligente.   →   Ella **no** es inteligente.

¿Es rebelde?   →   **No, no** es rebelde.

Cognados

Cognates are words from two languages that have the same origin and are similar in form and meaning. Since English shares many words with Spanish, you will discover that you already recognize many Spanish words. Here are some that are used to describe people.

The cognates in this first group use the same form to describe a man or a woman.

arrogante	importante	optimista	rebelde
competente	independiente	paciente	responsable
eficiente	inteligente	parcial	sentimental
elegante	interesante	perfeccionista	terrible
idealista	liberal	pesimista	tradicional
imparcial	materialista	popular	valiente

The cognates in the second group have two forms. The **-o** form is used to describe a man and the **-a** form to describe a woman.

atlético/a	creativo/a	introvertido/a	romántico/a
atractivo/a	dinámico/a	lógico/a	serio/a
agresivo/a	extrovertido/a	moderno/a	sincero/a
ambicioso/a	generoso/a	pasivo/a	tímido/a
cómico/a	impulsivo/a	religioso/a	tranquilo/a

There are also some words that appear to be cognates, but do not have the same meaning in both languages. These are called false cognates. You will find some examples in future lessons.

¿Qué dice usted?

B-8 Conversación. With a partner, ask each other about your classmates. Describe them using cognates from the lists above.

MODELO: E1: ¿Cómo es …?
        E2: Es …

B-9 ¿Cómo es mi compañero/a? Ask the person next to you if he/she has the following personality traits.

MODELO: E1: ¿Eres pesimista?
E2: No, no soy pesimista.   *o*
Sí, soy (muy) pesimista.

1. sentimental
2. sincero/a

3. generoso/a
4. impulsivo/a

Then find out what he/she is really like.

MODELO: E1: ¿Cómo eres (tú)?
E2: Soy activo, rebelde y creativo.

¿Qué hay en el salón de clase?

¿Qué dice usted?

B-10 Identificación. With a partner, identify the items on this table.

B-11 Para la clase de español. Write down a list of the things you need for this class. Compare your list with that of your partner.

¿Dónde está?

To ask about the location of a person or an object, use **dónde + está.**

¿Dónde está la profesora?   Está en la clase.
¿Dónde está el libro?   Está sobre el escritorio.

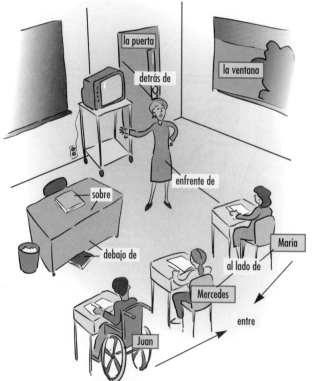

¿Qué dice usted?

B-12 Para completar. Complete the following sentences based on the relative position of people or objects in the drawing on the previous page.

1. La pizarra está _____ la profesora.
2. El libro está _____ el escritorio.
3. María está _____ la profesora.
4. Mercedes está _____ Juan y María.
5. Juan está _____ Mercedes.
6. El cesto está _____ la pizarra.
7. María está _____ la ventana.
8. El televisor está _____ la pizarra y la puerta.

B-13 La clase de español. The X marks your location on the seating chart below.

María	Juan	Ester	Susana	Pedro
Carlos	Cristina	Ángeles	Alberto	Anita
Mercedes	X	Roberto	Rocío	Pablo
		Profesor Gallegos		

1. Tell where Juan, Ángeles, Cristina, and Pedro are seated.
2. Ask questions about the location of other students.

B-14 ¿Dónde está? Your partner will ask where several items in your classroom are. Answer by giving their position in relation to a person or another object.

MODELO: E1: ¿Dónde está el libro?
E2: Está sobre el escritorio.

B-15 Para identificar. Based on what your partner says regarding the location of another student, guess who he/she is.

MODELO: E1: Está al lado de Juan. ¿Quién es?
E2: Es María.

 A escuchar

¿Dónde está? Look at the drawing of the classroom on the previous page. You will hear statements about the location of several people. Mark the appropriate column to indicate whether each of the statements is true (**sí**) or false (**no**).

	SÍ	NO		SÍ	NO
1.	_____	_____	4.	_____	_____
2.	_____	_____	5.	_____	_____
3.	_____	_____	6.	_____	_____

Los números 0-99

0	cero	11	once	21	veintiuno
1	uno	12	doce	22	veintidós
2	dos	13	trece	30	treinta
3	tres	14	catorce	31	treinta y uno
4	cuatro	15	quince	40	cuarenta
5	cinco	16	dieciséis	50	cincuenta
6	seis	17	diecisiete	60	sesenta
7	siete	18	dieciocho	70	setenta
8	ocho	19	diecinueve	80	ochenta
9	nueve	20	veinte	90	noventa
10	diez				

- Numbers from 16 through 29 are usually written as one word. Note the spelling changes and the written accent on some forms.

      18   dieciocho   22   veintidós

- Beginning with **31**, numbers are written as three words.

      31   treinta y uno   45   cuarenta y cinco

- The number *one* has three forms in Spanish: **uno, un,** and **una.** Use **uno** when counting: **uno, dos, tres** ... Use **un** or **una** before nouns: **un borrador, una mochila, veintiún libros, veintiuna mochilas.**

- Use **hay** for both *there is* and *there are.*

      Hay un libro sobre la mesa.   *There is a book on the table.*
      Hay dos libros sobre la mesa.   *There are two books on the table.*

¿Qué dice usted?

B-16 Para identificar. Your instructor will read a number from each group. Circle the number.

a.	8	4	3	5		d.	54	38	76	95
b.	12	9	16	6		e.	83	62	72	49
c.	37	59	41	26		f.	47	14	91	56

B-17 Una lista. Tell your partner which items on the list you need for your new office and find out which items he/she needs.

MODELO: E1: Necesito cuatro mesas. ¿Y tú?
E2: Necesito seis mesas.

1	teléfono	30	disquetes	24	sillas
2	escritorios	6	calculadoras	31	bolígrafos
4	mesas	1	escritorio	3	cestos
8	sillas	1	computadora	14	calculadoras

B-18 Problemas. Solve the following problems. Use **y** (+), **menos** (–), and **son** (=).

MODELO: 2 + 4 =
dos y cuatro son seis

a. 11 + 4 =	d. 20 – 6 =	g. 50 – 25 =
b. 8 + 2 =	e. 39 + 50 =	h. 26 + 40 =
c. 13 + 3 =	f. 80 – 1 =	i. 90 – 12 =

B-19 Los números de teléfono y las direcciones. With a classmate, ask each other the addresses and phone numbers of some of these people.

MODELO: Castellanos Rey, Carlos   Colón 62   654-6416
E1: ¿Cuál es la dirección de Carlos Castellanos?
E2: Calle Colón, número 62.
E1: ¿Cuál es su teléfono?
E2: (El) 6-54-64-16

Cárdenas Alfaro, Joaquín	General Páez 40	423-4837
Cárdenas Villanueva, Sara	Avenida Bolívar 7	956-1709
Castellanos Rey, Carlos	Colón 62	654-6416
Castelli Rivero, Victoria	Chamberí 3	615-7359
Castillo Montoya, Rafael	Santa Cruz 73	956-3382

Cultura

In Spanish-speaking countries, the name of the street precedes the house or building number. **Calle Bolívar 132** *132 Bolívar Street* Telephone numbers are generally not stated as individual numbers, but in groups of two whenever possible. This also depends on how the numbers are written, or the number of digits which varies from country to country. 12-24-67 = doce—veinticuatro—sesenta y siete

243-89-07 = dos— cuarenta y tres— ochenta y nueve— cero siete

Los días de la semana y los meses del año

enero	*January*	julio	*July*
febrero	*February*	agosto	*August*
marzo	*March*	septiembre	*September*
abril	*April*	octubre	*October*
mayo	*May*	noviembre	*November*
junio	*June*	diciembre	*December*

lengua

Days of the week and months of the year are not generally capitalized in Spanish, but sometimes they are capitalized in advertisements and invitations.

- Monday (**lunes**) is normally the first day of the week on Hispanic calendars.

- To ask what day it is, use **¿Qué día es hoy?** Answer with **Hoy es …**

- To ask about the date, use **¿Cuál es la fecha?** Respond with **Es el (14) de (octubre).**

- Express *on + a day of the week* as follows:
el lunes	*on Monday*	**los lunes**	*on Mondays*
el domingo	*on Sunday*	**los domingos**	*on Sundays*

- Cardinal numbers are used with dates (e.g., **el dos, el tres**) except for the first day of the month, which is **el primero**. In Spain, the first day could be **el uno.**

- When dates are given in numbers, the day precedes the month: *11/10* = **el 11 de octubre.**

¿Qué dice usted?

B-20 ¿Qué día de la semana? Answer the following questions using the calendar on the previous page.

1. ¿Qué día de la semana es el 2?
2. ¿Qué día de la semana es el 5?
3. ¿Qué día de la semana es el 22?
4. ¿Qué día de la semana es el 18?

5. ¿Qué día de la semana es el 10?
6. ¿Qué día de la semana es el 13?
7. ¿Qué día de la semana es el 28?

B-21 Preguntas. Take turns with a classmate asking and answering these questions.

1. ¿Qué día es hoy?
2. Hoy es martes, ¿qué día es mañana?
3. Hoy es jueves, ¿qué día es mañana?
4. ¿Hay clase de español los domingos? ¿Y los sábados?
5. ¿Qué días hay clase de español?

B-22 Fechas importantes. With a classmate, tell each other the dates on which these events take place.

MODELO: la reunión de estudiantes (10/9)
        E1: ¿Cuándo es la reunión de estudiantes?
        E2: (Es) el 10 de septiembre.

1. el concierto de Gloria Estefan (9/11)
2. el aniversario de Carlos y María (14/5)
3. el banquete (18/3)
4. la graduación (22/5)
5. la fiesta de bienvenida (24/8)

B-23 El cumpleaños. Find out when your classmates' birthdays are. Write your classmates' names and birthdays in the appropriate space in the chart.

MODELO: E1: ¿Cuándo es tu cumpleaños?
        E2: (Es) el 3 de mayo.

CUMPLEAÑOS			
enero	febrero	marzo	abril
mayo	junio	julio	agosto
septiembre	octubre	noviembre	diciembre

La hora

■ Use **¿Qué hora es?** to inquire about the hour. To tell time, use **es la ...** from one o'clock to one thirty and **son las ...** with the other hours.

Es la una.	*It's one o'clock.*
Son las tres.	*It's three o'clock.*

■ To express the quarter hour use **y cuarto** or **y quince**. To express the half hour use **y media** or **y treinta**.

Son las dos **y cuarto.**	
Son las dos **y quince.**	*It's two fifteen.*
Es la una **y media.**	
Es la una **y treinta.**	*It's one thirty.*

■ To express time after the half hour subtract minutes from the next hour using **menos**.

Son las cuatro **menos** diez.	*It's ten to four.*

■ Add **en punto** for the exact time and **más o menos** for approximate time.

Es la una **en punto.**	*It's one o'clock sharp.*
Son las cinco menos cuarto **más o menos.**	*It's about quarter to five.*

■ Use **mediodía** for *noon* and **medianoche** for *midnight*.

■ For A.M. and P.M., use the following:

de la mañana	(from midnight to noon)
de la tarde	(from noon to approximately 7:00 P.M.)
de la noche	(from 7:00 P.M. to midnight)

■ Use **¿A qué hora es ...?** to ask the hour at which something happens.

¿A qué hora es la clase?	*At what time is (the) class?*
Es **a las** nueve y media.	*It's at 9:30.*

¿Qué dice usted?

B-24 ¿Qué hora es en …? What time is it in the following cities?

Los Ángeles, a.m.

México, p.m.

San Juan, p.m.

Buenos Aires, p.m.

Madrid, p.m.

B-25 El horario de María. Take turns with a classmate asking and answering questions about María's schedule.

MODELO: E1: ¿A qué hora es la clase de español?
    E2: Es a las nueve.

LUNES	
9:00	clase de español
10:15	recreo
10:30	clase de matemáticas
11:45	laboratorio
1:00	almuerzo
2:00	clase de física
5:00	partido de tenis

B-26 Mi horario. Write down your Monday schedule omitting the time each class meets. Exchange schedules with your partner and find out what time each of his/her classes starts.

Expresiones útiles en la clase

Siéntese.

Levántese.

Abra el libro.

Cierre el libro.

Escuche.

Pregúntele a su compañero.

Vaya a la pizarra.

Manuel Arias
Josefina Barrios

Voy a pasar (la) lista:
Manuel Arias, Josefina Barrios.

La tarea, por favor.

Conteste.

Repita.

es-pa-ñol

es-pa-ñol

Levante la mano.

Lea.

Escriba.

- When asking two or more people to do something, the verb form ends in **-n:**
  vaya → vayan, conteste → contesten, repita → repitan.

- Although you may not have to use all these expressions, you should be able to recognize them and respond accordingly. Other expressions that you may hear or say in the classroom are:

Abra/n el libro en la página ...	*Open the book to page ...*
Más alto, por favor.	*Louder, please.*
Otra vez.	*Again.*
¿Comprende/n?	*Do you understand?*
¿Tiene/n alguna pregunta?	*Do you have any questions?*
Repita por favor. No comprendo.	*Repeat please. I don't understand.*
No sé.	*I don't know.*
Tengo una pregunta.	*I have a question.*
Más despacio, por favor.	*More slowly, please.*
¿En qué página?	*On what page?*
¿Cómo se dice ... en español?	*How do you say ... in Spanish?*
¿Cómo se escribe ...?	*How do you spell ...?*
presente	*here, present*
ausente	*absent*
Cambien de papel.	*Switch roles.*

Vocabulario

Presentaciones

¿Cómo se llama usted?	*What's your name? (formal)*
¿Cómo te llamas?	*What's your name? (familiar)*
encantado/a	*delighted*
igualmente	*likewise*
me llamo ...	*my name is ...*
mucho gusto	*pleased/nice to meet you*

Saludos y contestaciones

bien	*well*
bastante bien	*pretty well, rather well*
muy bien	*very well*
buenos días	*good morning*
buenas noches	*good evening, good night*
buenas tardes	*good afternoon*
¿Cómo está usted?	*How are you? (formal)*
¿Cómo estás?	*How are you? (familiar)*
hola	*hello, hi*
mal	*not well*
¿Qué tal?	*How's it going?*
regular	*so-so*
¿Y usted?	*And you?*

Despedidas

adiós	*good-bye*
hasta luego	*see you later*
hasta mañana	*see you tomorrow*

Expresiones de cortesía

con permiso	*excuse me*
de nada	*you're welcome*
gracias	*thanks, thank you*
lo siento	*I'm sorry*
perdón	*excuse me*
por favor	*please*

En el salón de clase

el bolígrafo	*ball-point pen*
el borrador	*eraser*
la calculadora	*calculator*
el cesto	*wastepaper basket*
la computadora	*computer*
el cuaderno	*notebook*
el escritorio	*desk*
la grabadora	*tape recorder, cassette player*
el lápiz	*pencil*
el libro	*book*
la mesa	*table*
la mochila	*backpack*
la pizarra	*chalkboard*
la puerta	*door*
el pupitre	*student's desk*
el reloj	*clock*
la silla	*chair*
la tarea	*homework*
el televisor	*TV set*
la tiza	*chalk*
la ventana	*window*
la videocasetera	*VCR*

La dirección

la calle	*street*
el número	*number*

Personas

el/la amigo/a	*friend*
la chica	*girl*
el chico	*boy*
don[1]	*Mr.*
doña	*Mrs.*
él	*he*
ella	*she*
el/la estudiante	*student*
el/la profesor/a	*professor*
señor (Sr.)	*Mr.*
señora (Sra.)	*Mrs.*
señorita (Srta.)	*Miss*
tú	*you (familiar)*
usted	*you (formal)*
yo	*I*

[1] Don and **doña** are titles roughly equivalent to *Mr.* and *Miss/Mrs.* They are used with a person's first name, for example, **don Pedro, doña Inés.**

Posición

al lado (de)	*next to*
debajo (de)	*under*
detrás (de)	*behind*
enfrente (de)	*in front of*
entre	*between, among*
sobre	*on, above*

Tiempo, hora y fecha

el año	*year*
cuarto	*quarter*
el día	*day*
en punto	*sharp*
la fecha	*date*
la hora	*hour*
hoy	*today*
mañana	*tomorrow*
la mañana	*morning*
de la mañana	*A.M.*
media	*half*
mediodía	*noon*
medianoche	*midnight*
menos	*minus, to* (for telling time)
el mes	*month*
la noche	*night*
de la noche	*P.M.*
la semana	*week*
la tarde	*afternoon*
de la tarde	*P.M.*

Verbos

eres	*you are* (familiar)
es	*you are* (formal), *he/she is*
está	*he/she is, you are* (formal)
estás	*you are* (familiar)
hay	*there is, there are*
soy	*I am*

Palabras útiles

a	*at, to*
con	*with*
el/la	*the*
en	*in*
ese/a	*that* (adjective)
mi	*my*
sí	*yes*
son	*they, you* (familiar) *are*
su	*his, hers, their, your* (polite)
tu	*your*
un/una	*a, an*

Expresiones útiles

¿A qué hora es …?	*At what time is …?*
¿Cómo es …?	*What is he/she/it like?*
¿Cuál es la fecha?	*What is the date?*
Es el … de …	*It is the … of …* (day, month)
Es la …/Son las …	*It's …* (for telling time)
Es a las …	*It's at …*
Hoy es …	*Today is …*
más o menos	*more or less*
¿Qué día es hoy?	*What day is it today?*
¿Qué hora es?	*What time is it?*

See page 10 for descriptive adjectives.

See pages 14 and 16 for numbers, days of the week, and months of the year.

Lección 1
Los estudiantes y la universidad

COMUNICACIÓN

✖ Asking for and providing information

✖ Expressing needs

✖ Asking for prices

✖ Asking about and expressing location

ESTRUCTURAS

✖ Subject pronouns

✖ Present tense of regular **-ar** verbs

✖ Articles and nouns: gender and number

✖ Present tense of the verb **estar**

✖ ALGO MÁS: Some regular **-er** and **-ir** verbs

MOSAICOS

A ESCUCHAR

A CONVERSAR

A LEER

✖ Identifying cognates to improve reading comprehension

✖ Guessing content of specific texts

A ESCRIBIR

✖ Identifying basic aspects of writing

✖ Revising content and form to improve communication

ENFOQUE CULTURAL

✖ Las universidades hispanas

✖ España

A primera vista

Los estudiantes y los cursos

Me llamo Carmen Granados. Soy estudiante de la Universidad Nacional Autónoma de México (UNAM) y trabajo en una oficina por las tardes. Este semestre estudio psicología, economía, sociología y antropología. La clase de economía es mi favorita. La clase de antropología es difícil, pero el profesor es muy bueno. La clase de psicología es fácil y muy interesante. Llego a la universidad a las ocho y media.

Este chico es mi amigo. Se llama David Thomas. Es norteamericano y estudia español. También estudia literatura, historia y geografía. David llega a la universidad a las diez. Él habla español y practica todos los días con sus compañeros de clase. Por la tarde David escucha los casetes en el laboratorio.

¿Qué dice usted?

1-1 ¿Qué sabe usted de Carmen? Complete the following information about Carmen with a classmate.

Nombre completo:	Carmen Granados
Universidad:	Nacional Autónoma de México
Clases:	psicología, economía, sociología y antropología
Clase favorita:	de economía
Clase difícil:	de antropología
Clase fácil:	de psicología

1-2 ¿Sí o no? Answer the following questions about David with **sí** or **no**.

1. ¿Estudia historia David? *sí*
2. ¿Habla español? *sí*
3. ¿Es mexicano David? *no*
4. ¿Escucha los casetes en clase? *no*
5. ¿Llega a la universidad a las ocho? *no, diez*
6. ¿Estudia geografía y literatura? *sí*

David y Carmen hablan de sus clases

DAVID: Hola, Carmen. ¿Cómo estás?

CARMEN: Bien. ¿Y tú?

DAVID: Mal. La clase de historia es muy difícil.

CARMEN: ¿Quién es el profesor? *I study a lot + I get really bad grades*

DAVID: El doctor Hernández. Estudio mucho, pero saco malas notas, generalmente un cinco. Además, la clase es aburrida. *Besides, the class is boring*

CARMEN: Lo siento. Mis cuatro clases son excelentes. Y tú, ¿cuántas clases *You have 4 classes also?* tienes?

DAVID: Tengo cuatro también. *I have 4 classes also*

CARMEN: ¡Uy! Tengo una clase de economía ahora. Hasta luego. *a-ora*

¿Qué dice usted?

1-3 ¿En qué clase ...? Match the words on the left with the appropriate class.

1. casetes   *3* a. geografía
2. números   *4* b. biología
3. mapa   *1* c. español
4. animales   *6* d. historia
5. Freud   *2* e. matemáticas
6. Napoleón   *5* f. psicología

1-4 Mis clases. Make a list of your classes. Next to each one, indicate the days and time it meets. Also say whether the class is easy, difficult, interesting or boring. Compare your list with those of your classmates.

CLASE	DÍAS	HORA	¿CÓMO ES?
español	*martes, jueves*	*a las seis*	*interesante y bueno*

1-5 Las clases de mis compañeros/as. Use the following questions to interview one of your classmates.

1. ¿Qué estudias tú este semestre?
2. ¿Cuántas clases tienes?
3. ¿Cuál es tu clase favorita?
4. Tu clase de español, ¿es fácil o difícil? ¿interesante o aburrida?
5. ¿Trabajas con computadoras?
6. ¿Escuchas casetes en el laboratorio?
7. ¿Sacas buenas notas?

La vida estudiantil

En la biblioteca

Unos estudiantes estudian en la biblioteca. No conversan porque está prohibido. Estudian, toman apuntes y revisan sus tareas. A veces buscan palabras en el diccionario.

¿Y qué hacen los fines de semana?

Los estudiantes toman algo en un café.

Bailan en una discoteca.

Miran televisión en casa.

¿Qué dice usted?

1-6 Para escoger. Look at the illustrations above and on the previous page. Then, with a classmate, choose the word or phrase that makes sense.

1. Los estudiantes _____ en la biblioteca.
   a. toman café
   b. estudian
   c. hablan
     Look for words
2. Buscan palabras en _____.
   a. el reloj *clock* relo
   b. el diccionario
   c. el laboratorio

3. Miran televisión _____.
   a. en la biblioteca
   b. en un café
   c. en casa
     weekend
4. Los fines de semana _____.
   a. practican el vocabulario
   b. estudian
   c. bailan *dance*

En la librería

bookstore

ESTUDIANTE: Necesito comprar un diccionario de español. *I need to buy*

DEPENDIENTE: ¿Grande o pequeño? *big or small*

ESTUDIANTE: Grande. Es para mi clase de español. *Big, its for*

DEPENDIENTE: Este diccionario es excelente. *This dictionary is excellent*

ESTUDIANTE: ¿Cuánto cuesta? *How much is it?*

DEPENDIENTE: Noventa y ocho pesos. *98 pesos*

¿Qué dice usted?

1-7 Para completar. With a classmate, complete the following statements.

1. El estudiante necesita *un diccionario*.
2. Es un diccionario *español*.
3. Es para su clase de *español*.
4. El diccionario cuesta *noventa* y ocho pesos.

dick-see-on-AIR-ee-o

1-8 ¿Cuánto cuesta? You're at the university bookstore. Ask the salesclerk how much each of the following items costs.

MODELO: ESTUDIANTE:
¿Cuánto cuesta la grabadora?

DEPENDIENTE/A:
Cuesta cincuenta dólares.

En la universidad

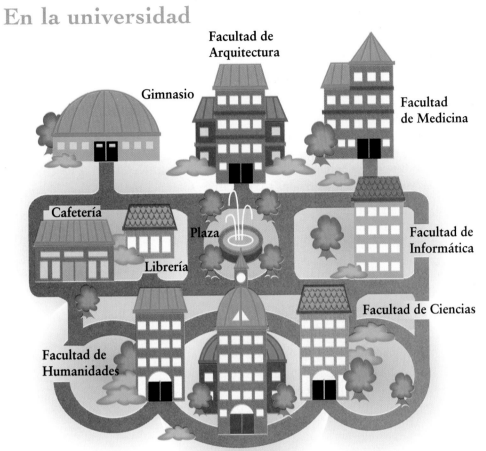

Facultad de Arquitectura

Gimnasio

Facultad de Medicina

Cafetería

Plaza

Librería

Facultad de Informática

Facultad de Ciencias

Facultad de Humanidades

Biblioteca

¿Qué dice usted?

1-9 Encuesta. Ask a classmate where he/she does each of the following activities.

MODELO: caminar *) - action word*
   E1: ¿Dónde caminas? *where do you walk*
   E2: Camino en la plaza. *I walk in the plaza*

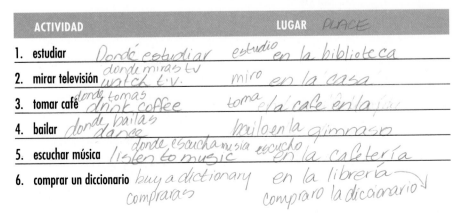

	ACTIVIDAD	LUGAR *PLACE*
1.	estudiar *Donde estudiar*	*estudio* en la biblioteca
2.	mirar televisión *donde miras tv / watch t.v.*	*miro* en la casa
3.	tomar café *donde tomas / drink coffee*	*toma* el café en la ...
4.	bailar *donde bailas / dance*	*bailo* en la gimnasio
5.	escuchar música *donde escucha musica / listen to music*	*escucho* en la cafetería
6.	comprar un diccionario *buy a dictionary / compraras*	en la librería *comprar la diccionario*

Los estudiantes y la universidad   treinta y uno   31

1-10 En la universidad. Complete the following conversation with a classmate.

1. Llego a la universidad a … *Arrive*
2. Mi clase favorita es …
3. El/La profesor/a se llama … *name*
4. La clase es muy … *very*
5. Practico español en …
6. Para mi clase de español, yo necesito …

1-11 Busco una escuela. With a classmate, look at the following brochure. Ask your classmate questions to determine:

a) the name of the school,
b) what classes are offered, and
c) the school's address.

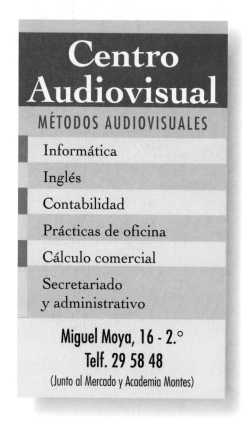

Centro Audiovisual

MÉTODOS AUDIOVISUALES

Informática

Inglés

Contabilidad

Prácticas de oficina

Cálculo comercial

Secretariado
y administrativo

Miguel Moya, 16 - 2.°
Telf. 29 58 48
(Junto al Mercado y Academia Montes)

 **A escuchar** —————————————————————

A. ¿Qué hacen estas personas? You will hear three people talking about work, studies, and free time. As you listen, determine what the main topic is. Then write the number of the description under the appropriate heading.

_____ estudios

_____ trabajo

_____ tiempo libre

B. ¿Cómo es Alicia? Listen to the following description to determine if it refers to the activities of a student or a professor.

_____ estudiante

_____ profesor

Now listen to the description again and indicate whether each of the following statements is correct (sí) or incorrect (no).

	SÍ	NO
1. Alicia es muy inteligente y activa.	_____	_____
2. Ella estudia matemáticas en la universidad.	_____	_____
3. Alicia estudia mucho y saca buenas notas.	_____	_____
4. Ella llega a la universidad a las tres de la tarde.	_____	_____

Explicación y expansión

1. Subject pronouns

	SINGULAR		PLURAL
yo	*I*	nosotros, nosotras	*we*
tú	*you* (familiar)	vosotros, vosotras	*you* (familiar)
usted	*you* (formal)	ustedes	*you* (formal/familiar)
él	*he*	ellos *ay-yos*	*they* (masculine)
ella	*she* *ay-ya*	ellas *ay-yas*	*they* (feminine)

- In Spain, the plural of **tú** is **vosotros** or **vosotras.** In other Spanish-speaking countries, the plural of both **tú** and **usted** is **ustedes.**

- Except for **ustedes,** the plural pronouns have masculine and feminine endings. Use **-as** for a group composed only of females; use **-os** for a mixed group or one composed only of males.

- Because the endings of Spanish verbs indicate the subject (the doer of the action), subject pronouns are generally used only for emphasis, clarification, or contrast.

¿Qué dice usted?

1-12 ¿Qué pronombre usa usted? Indicate which pronoun you would use in these situations:

1. You're talking about the following people:

   a. el Sr. Martínez *él*   c. Alicia y Susana *ellas*   e. usted (*yourself*) *yo*
   b. la Sra. Gómez *ella*   d. Alfredo y Juana *ellos*   f. Ana y usted *nosotras*

2. You're talking with the following people:

   a. su profesor de historia *usted*   c. dos doctores *ustedes*   e. dos compañeros *vosotros/ustedes*
   b. su amigo íntimo *tú*   d. la directora de un hospital *usted*   f. una niña *child* *tú*

1-13 Mis compañeros. Working with a small group, ask questions to find out what your classmates are like. One student will take notes and share answers with the class.

MODELO: E1: ¿Quién es optimista?
E2: Yo (o él, o ella, etc.)
Resultado final: Hay tres estudiantes optimistas.

2. Present tense of regular -ar verbs

infinitive [handwritten annotation]

HABLAR (to speak)			
yo	hablo	nosotros/as	hablamos
tú	hablas	vosotros/as	habláis
Ud., él, ella	habla	Uds., ellos, ellas	hablan

conjugatives [handwritten annotation]

men or mixed group · *women* [handwritten annotations]

only used in SPAIN – nowhere else [handwritten annotation pointing to vosotros/as habláis]

men or mixed · *women* [handwritten annotations]

- Use the present tense to express what you and others generally or habitually do or do not do. You may also use the present tense to express an ongoing action. Context will tell you which meaning is intended.

Ana trabaja en la oficina.   *Ana works in the office.*
                              Ana is working in the office.

- Here are some expressions you may find useful when talking about what you and others habitually do or do not do.

a veces	*sometimes*
siempre	*always*
muchas veces	*often*
todos los días/meses	*every day/month*
nunca	*never*
todas las semanas	*every week*

¿Qué dice usted?

1-14 Preferencias. Number the following activities from 1 to 8, according to your preferences. Compare your answers with those of your classmates.

_____ bailar en una discoteca

_____ mirar televisión en casa

_____ hablar con amigos en un café

_____ caminar por la playa *walk to the beach*

_____ escuchar música clásica *listen to classical music*

_____ escuchar música rock *listen to rock music*

_____ comprar casetes y videos *buy cassettes + videos*

_____ hablar por teléfono con amigos *speak on the phone z friends*

1-15 Intercambio. Ask a classmate about the following people and activities.

MODELOS: E1: ¿Quién estudia por la tarde?   ¿Cuándo estudia Marta?
           E2: Marta (estudia por la tarde).   *o*   Estudia por la tarde.

PERSONA	ACTIVIDAD	CUÁNDO / DÓNDE
Marta	estudia español	por la tarde
	mira televisión	por la noche
Asunción	llega a la universidad	a las 9:30 a.m.
	escucha música clásica	en su casa los domingos
David y Andrea	practican español con sus amigos	en la universidad
	trabajan en una oficina	los martes y jueves

1-16 Entrevista. Ask a classmate the following questions. He/she will ask you the same questions.

MODELO: estudiar biología
          E1: ¿Estudias biología?
          E2: Sí, estudio biología.   *o*   No, no estudio biología.

1. estudiar español
2. hablar inglés
3. escuchar casetes en español
4. trabajar con computadoras
5. practicar español con los estudiantes
6. llegar a la universidad a las ocho
7. sacar buenas notas
8. ...

1-17 Unos estudiantes muy buenos. You and a classmate are both good students. Make a list of things you do to get good grades. Then, compare your list with those of other classmates.

MODELO: Siempre tomamos apuntes.

1-18 Firmas: las actividades de mis compañero/as. Circulate around the classroom and ask classmates if they do the following activities. Anyone who answers *yes* will sign his/her name in the appropriate space to indicate how frequently.

MODELO: estudiar psicología

      E1: ¿Estudias psicología?

      E2: Sí.

      E1: Firma aquí, por favor.

      E2: (firma)

      E1: Gracias.

ACTIVIDADES	A VECES	MUCHAS VECES	SIEMPRE	NUNCA
llegar a la facultad a las nueve				
sacar buenas notas				
estudiar en la biblioteca				
mirar televisión por la noche				
bailar los sábados				

1-19 Mis actividades los viernes. Ask a classmate three questions about what he/she usually does on Fridays (for example: **¿Estudias por la mañana?**). Your classmate will then ask you the same type of questions.

Situaciones

1. You are talking about your work. Tell your partner a) where you work, and b) the days of the week and the hours you work. Try to obtain the same information from him/her.

2. Greet your partner and ask a) how he/she is, b) what subjects he/she is studying this semester, c) the time of his/her first class (**primera clase**), and d) what the professor is like.

3. Tell your partner several things you do on Saturdays. Ask what he/she does (**¿Qué haces?**).

3. Articles and nouns: gender and number

Nouns are words that name a person, place, or thing. In English all nouns use the same definite article, *the,* and the indefinite articles *a* and *an.* In Spanish, however, masculine nouns use **el** or **un** and feminine nouns use **la** or **una.** The terms masculine and feminine are used in a grammatical sense and have nothing to do with biological gender.

Gender

	MASCULINE	FEMININE	
SINGULAR DEFINITE ARTICLES	**el**	**la**	*the*
SINGULAR INDEFINITE ARTICLES	**un**	**una**	*a/an*

- Generally, nouns that end in **-o** are masculine and require **el** or **un,** and those that end in **-a** are feminine and require **la** or **una.**

  el/un libro   **el/un** cuaderno   **el/un** diccionario
  la/una mesa   **la/una** silla   **la/una** ventana

- Nouns that end in **-d, -ción, -sión** are feminine and require **la** or **una.**

  la/una universidad   **la/una** lección   **la/una** misión

- Some nouns that end in **-a** and **-ma** are masculine.

  el/un día   **el/un** mapa
  el/un programa   **el/un** problema

- In general, nouns that refer to males are masculine and require **el/un** while nouns that refer to females are feminine and require **la/una.** Masculine nouns ending in **-o** change the **-o** to **-a** for the feminine; those ending in a consonant add **-a** for the feminine.

  el/un amigo   **la/una** amiga
  el/un profesor   **la/una** profesora

- Nouns ending in **-e** normally share the same form (**el/la estudiante**), but sometimes they have a feminine form ending in **-a** (**el dependiente, la dependienta**).

- Use definite articles with titles (except **don** and **doña**) when you are talking about someone. Do not use definite articles when addressing someone directly.

  La señorita Toso trabaja mucho.   *Miss Toso works a lot.*
  El profesor Jones está en su oficina.   *Professor Jones is in his office.*
  Profesora García, ¿tiene usted el libro?   *Professor García, do you have the book?*

Number

	MASCULINE	FEMININE	
PLURAL DEFINITE ARTICLES	los	las	*the*
PLURAL INDEFINITE ARTICLES	unos	unas	*some*

- Add -s to form the plural of nouns that end in a vowel. Add -es to nouns ending in a consonant.

la silla	las sillas	el cuaderno	los cuadernos
la actividad	las actividades	el señor	los señores

- Nouns that end in -z change the z to c before -es.

el lápiz	los lápices

- To refer to a mixed group, use masculine plural forms.

los chicos	*the boys and girls*

¿Qué dice usted?

1-20 Una conversación. Complete this dialog with a classmate, supplying the appropriate definite articles (el, la, los, las).

E1: ¿Dónde está María?

E2: Está en ___la___ clase de ___la___ profesora Sánchez.

E1: Necesito hablar con ella. Es urgente.

E2: Ella está en ___el___ salón de clase hasta ___las___ doce.

E1: ¿Y dónde está por ___la___ tarde?

E2: Trabaja en ___el___ laboratorio de lenguas.

E1: ¿Y a qué hora llega?

E2: Llega a ___las___ dos, más o menos.

1-21 Otra conversación. Complete the following dialog supplying the appropriate indefinite articles (un, una, unos, unas).

E1: Necesito comprar ___una___ grabadora y ___unos___ lápices.

E2: Y yo necesito ___un___ bolígrafo y ___un___ diccionario, pero no sé qué diccionario comprar.

E1: Para el primer curso, ___unos___ profesores usan ___un___ diccionario pequeño y otros usan ___un___ diccionario grande. Habla con tu profesor.

1-22 ¿Qué necesitan? A classmate asks what you and your friends need. Use the following cues to respond.

MODELO: Pedro / mochila
           ¿Qué necesita Pedro?
           Necesita una mochila.

1. Amelia / cuaderno
2. Ustedes / lápices
3. Pedro y tú / calculadora
4. Felipe y Antonio / mapas
5. Tú / computadora
6. Ana y Laura / diccionario

Situaciones

You work for the student newspaper at your college/university and you have been asked to interview students to find out what they typically do on weekends. After introducing yourself, find out a) if the student works, b) what he/she studies, and c) what he/she does on Saturdays and Sundays.

4. Present tense of the verb *estar*

ESTAR			
yo	estoy	*I*	*am*
tú	estás	*you*	*are*
Ud., él, ella	está	*you are, he/she*	*is*
nosotros/as	estamos	*we*	*are*
vosotros/as	estáis	*you*	*are*
Uds., ellos, ellas	están	*you are, they*	*are*

■ Use **estar** to express the location of persons or objects.

    ¿Dónde **está** el gimnasio?   *Where is the gym?*
    Está al lado de la cafetería.   *It is next to the cafeteria.*

■ Use **estar** to talk about states of health.

    ¿Cómo **está** el señor Mora?   *How is Mr. Mora?*
    Está muy bien.   *He is very well.*

¿Qué dice usted?

1-23 ¿Dónde está ...? Ask a classmate where various buildings on campus are. He/she will answer as specifically as possible.

MODELO: E1: ¿Dónde está la biblioteca?
E2: Está _____.

1-24 Horas y lugares. Ask a classmate where he/she usually is at the following times.

MODELO: 8:00 a.m.
E1: ¿Dónde estás a las ocho de la mañana los lunes?
E2: Estoy en la clase de física.

a. 9:00 a.m.	c. 1:00 p.m	e. 10:00 p.m.
b. 11:00 a.m.	d. 3:00 p.m.	f. 4:00 p.m.

Ask two classmates where they usually are a) in the morning, b) in the afternoon, and c) in the evening on weekends.

1-25 Conversación. Look at the following drawings. Ask a classmate where these people are, how they feel and what they're doing.

MODELO: E1: ¿Dónde está la chica? *What is the girl doing?*
E2: Está en la biblioteca.
E1: ¿Cómo está? *How is she?*
E2: Está regular.
E1: ¿Qué hace? *What is she doing?*
E2: Estudia.

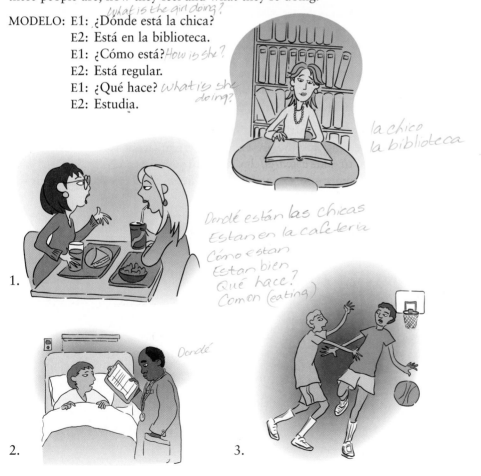

la chica
la biblioteca

Dónde están las chicas
Están en la cafetería
Cómo están
Están bien
Qué hace?
Comon (eating)

Dónde

1.

2.

3.

Situaciones

1. Draw a map of a university campus including the buildings and places below. Your partner will ask you their location and will draw his/her own version of where they are, according to the information you give him/her. When you finish compare the two drawings.

cafetería	librería
Facultad de Ciencias	Facultad de Humanidades
biblioteca	gimnasio

2. You are a new student at the university and you don't know where the bookstore is. Introduce yourself to one of your classmates—he/she should respond appropriately. Then, a) tell him/her that you need to go **(ir)** to the bookstore and b) ask where it is. Your classmate's answer should be as specific as possible.

Algo más

Some regular *-er* and *-ir* verbs

The verb form found in dictionaries and in most vocabulary lists is the infinitive: **hablar, estudiar,** etc. Its equivalent in English is the verb preceded by *to: to speak, to study.* In Spanish, most infinitives end in **-ar;** other infinitives end in **-er** and **-ir.**

So far you have practiced the present tense of regular **-ar** verbs. Now you will practice the **yo, tú,** and **usted/él/ella** forms of some **-er** and **-ir** verbs (**leer** – *to read,* **comer** – *to eat,* **aprender** – *to learn,* **escribir** – *to write,* **vivir** – *to live*).

- As you did with **-ar** verbs, use the ending **-o** when talking about your daily activities.

    Leo y **escribo** en la clase todos los días.   *I read and I write in class everyday.*

- For the **tú** form, use the ending **-es.**

    ¿**Comes** en la cafetería o en tu casa?   *Do you eat in the cafeteria or at home?*

- For the **usted/él/ella** form, delete the final **-s** of the **tú** form.

    Ella **vive** en la calle Salud.   *She lives on Salud Street.*

¿Qué dice usted?

1-26 ¿Conoce usted a su profesor/a? With a classmate, discuss whether the following information about your instructor is true (**cierto**) or false (**falso**). Then ask your instructor to verify the information.

1. _____ Escribe poemas.
2. _____ Come en restaurantes los fines de semana.
3. _____ Enseña cuatro clases todos los días.
4. _____ Vive en un condominio.
5. _____ Toma mucho café.

1-27 ¿Cada cuánto …? Fill in the following chart. Then tell a classmate when you do or don't do the following activities. Finally, ask your classmate when he or she does each activity.

MODELO: Comer pizza
      E1: Yo como pizza los domingos. Y tú, ¿cuándo comes pizza?
      E2: Yo nunca como pizza.

ACTIVIDAD	TODOS LOS DÍAS	A VECES	LOS DOMINGOS	NUNCA
comer hamburguesas				
comer pizza				
escuchar música clásica				
escuchar música rock				
leer novelas de detectives				
leer novelas de misterio				
escribir poemas				
escribir composiciones				

mosaicos

 A escuchar

A. ¿Cierto o falso? You will hear two students talking about their classes. Before listening to your tape, think about the kinds of things they may say and make a list of what you might expect to hear. Your experience and previous knowledge will help you anticipate some of the things they may say. Then listen to the conversation between Ana and Mario and indicate whether each statement is **Cierto** or **Falso**.

	CIERTO	FALSO
1. Mario toma clases de ciencias y de humanidades.	_____	_____
2. Ana estudia sólo *(only)* clases de ciencias.	_____	_____
3. Los estudiantes trabajan mucho en la clase de literatura.	_____	_____
4. La clase favorita de Gustavo es historia.	_____	_____
5. Los alumnos estudian y practican geografía con computadoras.	_____	_____

B. ¿Qué clases toman? First, as you listen to the description, circle the words you hear. Then complete the chart on the following page, based on the information you obtained.

Las chicas estudian (**biología / lenguas**) y no estudian (**psicología / economía**). Ester tiene clases de (**inglés / portugués**) y de (**historia / geografía**) los lunes, miércoles y viernes. Los martes y jueves ella toma (**informática / física**) y (**filosofía / psicología**). Geografía es su clase favorita. Cristina estudia (**contabilidad / matemáticas**) y (**química / biología**) los lunes, miércoles y viernes. Los martes y jueves ella toma (**química / biología**) y (**portugués / inglés**). Ella no toma (**psicología / filosofía**) este año, pero sí estudia física. Las clases de (**física / química, contabilidad / cálculo**) y economía de Jorge son los lunes, miércoles y viernes. Los martes y jueves son sus clases de psicología y biología.

NOMBRE	LUNES, MIÉRCOLES Y VIERNES	MARTES Y JUEVES
	economía química contabilidad	biología psicología
	matemáticas química	biología física portugués
	portugués geografía	psicología informática

 A conversar

1-28 Buscando una librería. Tell a classmate the name of a book you're looking for. Then ask him/her questions to find out the name, address and telephone number of the bookstore mentioned on the following card. Your classmate will answer, based on the information on the card.

LIBRERÍA CERVANTES

Papelería • Impresos • Artículos para escritorio
Libros de textos • Revistas
Casa especializada en Estilógrafos y Bolígrafos

Plaza Constitución, 3
29005   Málaga
Teléfono 221 19 99

1-29 Encuesta: las clases. Ask your classmates what courses they're taking and what their classes are like. Complete the chart on the next page with the results of your poll.

MODELO: E1: ¿Estudias biología?
            E2: Sí, estudio biología
            E1: ¿Es una clase difícil?
            E2: No, es una clase fácil.

MATERIAS	COMPAÑEROS/AS	DIFÍCIL	FÁCIL
biología			
inglés			
economía			
física			
español			
literatura			
matemáticas			
historia			

Now, summarize the results of your poll and share them with the class.

1. ¿Cuántos/as compañeros/as estudian economía, física, etcétera.?
2. ¿Qué clases son fáciles?
3. ¿Qué clases son difíciles?

 A leer

An important skill that must be developed to become proficient in another language is accurate, fluent reading. Of course this comes with exposure to the language over time, but it is important to develop this skill even from the earliest stages of learning a new language.

Reading proficiently means more than just knowing words. It represents an active process in which linguistic and non-linguistic variables intervene while you are trying to make sense of a written text. Before proceeding with the following activities, look at the helpful reading tips in the Appendix of your book. You may want to refer to these tips from time to time as you complete reading assignments throughout *Mosaicos.*

1-30 Preparación. What do you need for your classes this semester? Make a list and then compare it with a classmate's. Are the lists the same or different?

1-31 Primera mirada. Look at the shopping list Carmen Granados' mother has made. It contains school supplies her children (**hijos**) need as well as some items she has to buy for other people. Read the list, then look at the chart on page 47 and fill in her children's names and mark with an X the supplies they need.

¡URGENTE!

- Perfume para papá
- Casetes para Carmen y Alberto
- 1 tarjeta de cumpleaños para el profesor Casa
- 7 cuadernos de composición para Alberto
- 1 novela para mi amiga Stacey

- 1 grabadora Sony (con tocadiscos) para Carmen
- Papel para Carmen y Raúl
- Vitaminas para el bebé
- 4 disquetes para Raúl

NOMBRE	CUADERNOS	GRABADORA	CASETES	PAPEL	LIBROS	DISQUETES	COMPUTADORA
Stacey					X		

1-32 Ampliación. Answer the following questions.

1. ¿Cuántos hijos tiene la señora Granados probablemente?
2. ¿Son adultos todos los hijos de doña Carmen?
3. ¿Qué relación existe entre Stacey y la señora Granados?
4. ¿Cómo se llaman los hijos de doña Carmen?

1-33 Preparación. Think about reading the newspaper (**el periódico**) and mark your preferences below according to which sections of the paper you find more or less interesting. Then, compare your answers with those of a classmate.

Your classmate should mark his or her preferences from 1 to 5.
1=muy interesante, 2=interesante, 3=algo *(somewhat)*, 4=poco interesante, 5=muy aburrido)

_____ editorial
_____ eventos sociales
_____ teatros y cines
_____ moda

_____ noticias internacionales
_____ clasificados
_____ obituarios
_____ noticias locales

1-34 Primera mirada. Look at the classified ads from an Argentine newspaper on the next page, then answer the questions below.

1. ¿Aparecen estos avisos en la sección editorial?
2. ¿Son estos avisos para personas que necesitan autos?
3. Si una persona en su familia necesita estudiar alemán, ¿a qué número(s) de teléfono llama?
4. Si usted necesita un profesor de castellano (español), ¿a quién llama?

Investigación

Castellano (español).
¿De dónde viene la palabra?

1-35 Segunda mirada. Underline ten cognates from the ads.

1-36 Asociación. Read the ads again. Find the following words on the left and match them with their probable meanings on the right.

1. escolar
2. a domicilio
3. individuales
4. castellano

a. español
b. en casa
c. relacionado con la escuela
d. de una persona solamente

1-37 Ampliación. The following people need help with their classes. What number should they call?

1. Raquel tiene problemas en su clase de lengua. Ella estudia mucho pero necesita ayuda. Todas las tardes practica con sus casetes de alemán en el laboratorio, pero es muy difícil. Ella necesita una profesora. Busca una persona nativa. Raquel debe llamar al …

2. Eduardo estudia en su apartamento en Flores, una zona muy bonita de la ciudad de Buenos Aires. Estudia para los exámenes. Necesita un profesor para todas las materias y en especial para el inglés. Eduardo necesita un profesor de la zona donde él vive. Él debe llamar al …

3. El señor Moreno estudia por las noches en una escuela. El castellano y la literatura son las clases más difíciles para él. Necesita ayuda para sacar una buena nota en el examen final. Busca una profesora de la Universidad de Buenos Aires. El señor Moreno debe llamar al …

 A escribir

Writing is an act of communication in every language. In order for your writing to be effective, you need to consider the following questions before you begin:

1. **Purpose:** Why am I writing? To communicate with a friend? To request something in a business situation? To complain? To inform?

2. **Means of communication:** What channel am I using to communicate? Is it a letter, a postcard, an essay? Am I filling out a form, writing a report?

3. **Reader:** Who will be the recipient of my message? Someone I know or someone unknown to me? If it is someone I know, is it an acquaintance, a friend, a relative? Is the reader my age, younger or older? Is this person someone who holds authority over me?

4. **Topic:** What is the content of my writing? Am I writing about my personal experience or about a broader, more general topic? Am I reporting a scientific experiment I made or read about, or am I recounting a funny story?

5. **Language:** What vocabulary and structures will I need to develop my topic? When writing in a language other than your own, you'll find it helpful to list these before you begin. For example, if you are interviewing a classmate about his or her background, you'll find it useful to make a list of the questions for requesting personal information: **¿Dónde vives? ¿Qué estudias? ¿Cuántos años tienes?** etc.

1-38 Preparación. Before doing Activity 1-39, specify the following:

1. Purpose:
2. Means of communication:
3. Reader:
4. Topic:
5. Language:

> 12/2/98
> Queridos papá y mamá:
>
>
> Un beso y un abrazo fuerte,

1-39 Manos a la obra. You live far from your family. Write your parents about the following.

- How things are going for you.
- Your university or college, the number and names of your classes, when you are taking them.
- Your favorite professor or class or any other aspect of school life that is important to you.

1-40 Revisión. After writing your postcard, discuss it with a classmate. Then, make any necessary changes.

▄▄ Vocabulario

En la clase

el casete	*cassette*
el diccionario	*dictionary*
el disquete	*diskette*
el mapa	*map*
la nota	*note, grade*

Materias

la antropología	*anthropology*
la biología	*biology*
el cálculo	*calculus*
la economía	*economics*
el español	*Spanish*
la geografía	*geography*
la historia	*history*
la informática	*computer* science
la literatura	*literature*
las matemáticas	*mathematics*
la (p)sicología	*psychology*
la sociología	*sociology*

Lugares

la biblioteca	*library*
el café	*coffee house*
la cafetería	*cafeteria*
la casa	*house, home*
la discoteca	*dance club*
el gimnasio	*gymnasium*
el laboratorio	*laboratory*
el laboratorio de lenguas	*language lab*
la librería	*bookstore*
la oficina	*office*
la plaza	*plaza*
la universidad	*university*

Facultades

arquitectura	*architecture*
ciencias	*sciences*
humanidades	*humanities*
medicina	*medicine*

Personas

el/la alumno/a	*student*
el/la compañero/a	*partner, classmate*
el dependiente/ la dependienta	*salesperson*
ellos/ellas	*they*
nosotros/nosotras	*we*
ustedes	*you* (plural)

Descripciones

aburrido/a	*boring*
bueno/a	*good*
difícil	*difficult*
excelente	*excellent*
fácil	*easy*
grande	*big*
malo/a	*bad*
norteamericano/a	*American*
pequeño/a	*small*
prohibido/a	*forbidden, not allowed*

Verbos

bailar	*to dance*
buscar	*to look for*
comprar	*to buy*
conversar	*to talk, to converse*
escuchar	*to listen (to)*
estar	*to be*
estudiar	*to study*
hablar	*to speak*
llegar	*to arrive*
mirar	*to look (at)*
necesitar	*to need*
practicar	*to practice*
revisar	*to revise, to go over*
sacar	*to get, to take (out)*
tomar	*to take, to drink*
tomar apuntes	*to take notes*
trabajar	*to work*

Palabras y expresiones útiles

además	*besides*
algo	*something*
a veces	*sometimes*
¿Cuánto cuesta?	*How much is it?*
el dólar	*dollar*
este/a	*this*
el fin de semana	*weekend*
hasta	*until*
muchas veces	*often*
no sé	*I don't know*
nunca	*never*
otro/a	*other/another*
para	*for, to*
por la mañana	*in the morning*
por la tarde	*in the afternoon*
por la noche	*in the night*
¿Qué haces?	*What do you do?*
	What are you doing?
siempre	*always*
también	*also*
todos los días	*everyday*

Las universidades hispanas

Para pensar

¿Cómo se llama su universidad? ¿Es grande o pequeña? ¿nueva o antigua? ¿privada o pública? ¿Es difícil ingresar *(be admitted)* a la universidad en los Estados Unidos? ¿Qué examen tienen que tomar los estudiantes de la escuela secundaria para ingresar a la universidad?

En los países hispanos hay muchas universidades muy buenas, pero ingresar a la universidad no es fácil. En muchos países los estudiantes tienen que tomar un examen de admisión y solamente los mejores son admitidos. Es por eso que las personas que quieren ingresar a la universidad se preparan con muchos meses de anticipación.

Algunas universidades son muy grandes, como por ejemplo la Universidad de Madrid en la que estudian más de 120.000 estudiantes; otras son más pequeñas y tienen sólo unos cuantos cientos de estudiantes. Algunas universidades son privadas y el costo es alto. Otras son públicas y no cuestan tanto. Algunas universidades son modernas pero también hay otras que son muy antiguas. Entre las universidades más antiguas se encuentra la Universidad de Salamanca en España, fundada en el siglo XIII. Esta universidad es famosa no sólo por la belleza de su arquitectura sino por las personas famosas que han enseñado allí.

Muchas universidades del mundo hispano tienen programas de español para estudiantes extranjeros. Así por ejemplo, hay programas especiales en la Universidad de Salamanca y en la Universidad de Valencia en España. ¡Estudiar en una universidad hispana es una experiencia inolvidable!

Para contestar

Las universidades. Con su compañero/a, responda a las siguientes preguntas.

1. ¿Cómo son las universidades en el mundo hispano? Explique.
2. ¿Hay muchas universidades antiguas en los países hispanos? Dé un ejemplo.
3. Si un estudiante quiere ir a una universidad en un país hispano, ¿qué tiene que hacer?

Riqueza cultural. En grupos de tres, mencionen dos cosas que los estudiantes de los Estados Unidos y de los países hispanos tienen que hacer para ingresar a la universidad.

La universidad de Salamanca

Para investigar en la WWW

1. ¿Cómo es la arquitectura de la Universidad de Salamanca? ¿Quién fue un famoso profesor de esta universidad? ¿Qué especialidades se pueden estudiar en esta universidad?

2. Busque información acerca de programas de español para estudiantes extranjeros en la Universidad de Salamanca. Averigüe qué cursos ofrecen, el costo, etcétera.

3. Busque información acerca de otros dos programas de español para estudiantes extranjeros en otras dos universidades hispanas.

España

Imp. cities + places of interest.

Ciudades importantes y lugares de interés:

Madrid, the cap. is a city of grand
Madrid, la capital, es una ciudad de gran
vitality + energy + an intense political, social
vitalidad y energía con una intensa vida política,
+ cultural life. In Madrid there is a large variety
social y cultural. En Madrid hay gran variedad
of coffee shops + terraces, bars + discotechs, important
de cafés y terrazas, bares y discotecas, museos
museums   palaces
importantes (El Prado), palacios (Palacio Real),
churches
iglesias (Iglesia de San Francisco el Grande),
impressive squares
plazas impresionantes (Plaza Mayor), fuentes
beautiful fountains   beautiful parks
bellísimas (La Cibeles), hermosos parques
spacious avenues
(Parque El Retiro), avenidas amplias (La Gran
+ imp. universities.   In the city of
Vía) y universidades importantes. En la ciudad
situated in the part of western
de Salamanca, situada en la parte occidental de
Spain you meeting a university
España, se encuentra una de las universidades
more ancient/old Europe. Besides
más antiguas de Europa. Además, Salamanca
count + plazas monuments + imp. buildings
cuenta con plazas, monumentos y edificios
like   2 cathedrals
importantes como sus dos catedrales, la Plaza
a
Mayor y el Museo de Salamanca. Sevilla, una
city in the south of Spain is famous among other
ciudad del sur de España, es famosa, entre otras
things for the cathedral + Alcazar + royal palace
cosas, por su catedral y el Alcázar, palacio real
buildings for the Arabs
construido por los árabes en 1181.

Expresiones españolas: ¡Vale!   *Okay!*
                    chaval/a   *young man/woman*

Sevilla, España

Lección 2
Los amigos hispanos

COMUNICACIÓN

- Asking about and describing persons, places, and things
- Expressing nationality and place of origin
- Expressing where and when events take place
- Expressing possession
- Expressing likes and dislikes

ESTRUCTURAS

- Adjectives
- Present tense and some uses of the verb **ser**
- **Ser** and **estar** with adjectives
- Question words
- ALGO MÁS: Expressions with **gustar**

MOSAICOS

A ESCUCHAR

A CONVERSAR

A LEER

- Scanning a text
- Inferring meaning
- Recognizing synonyms and antonyms

A ESCRIBIR

- Responding to an ad
- Addressing an unknown reader formally

ENFOQUE CULTURAL

- La diversidad étnica
- Argentina

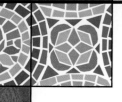

A primera vista

Mis amigos y yo

Me llamo Luis López. Soy de México y tengo veintidós años. Me gusta escuchar música y mirar televisión. Estudio en la Universidad de Guadalajara y deseo ser profesor de historia. Los chicos en estas fotografías también estudian en la universidad y somos muy buenos amigos.

Esta chica es Amanda González. Es alta, delgada, tiene los ojos de color café y el pelo castaño y muy largo. Amanda es una chica muy agradable. Estudia en la universidad conmigo y desea ser economista.

El chico se llama Ernesto Fernández. Ernesto es bajo, fuerte, muy hablador y simpático. Le gusta usar la computadora para conversar con sus amigos.

Mi amiga se llama Lupe Villegas. No es alta ni baja, es mediana. Es morena, tiene pelo corto y ojos negros. Lupe es callada y muy inteligente.

Esta chica es Marta Chávez Conde. Es española y tiene veintiún años. Es rubia y tiene los ojos azules. Marta es soltera y muy trabajadora. Este año está en Guadalajara con su familia.

Cultura

In some Spanish-speaking countries, such as Spain and Cuba, the hand gesture used to express height when referring to people, animals, or objects is the same as in the United States—hand extended horizontally with the palm down. In other Hispanic countries, this gesture is used to express the height of only animals or objects. When referring to people in these countries, the hand is held straight up with palm facing out, sometimes with fingers slightly curved; still in other countries, the palm is placed sideways with fingers extended.

¿Qué dice usted?

2-1 Asociaciones. To whom do the descriptions on the left refer?

1. Tiene el pelo largo. *long hair* *Amanda*
2. Tiene veintidós años. *Luis*
3. Es de España. *Marta*
4. Es bajo y fuerte. *Ernesto*
5. Es callada y muy inteligente. *Lupe*
6. Habla mucho. *Ernesto*
7. Tiene los ojos de color café. *Amanda*
8. Es rubia. *Marta*
9. Es soltera y trabajadora. *Marta*
10. Desea ser profesor de historia. *Luis*

a. Luis López
b. Amanda González
c. Ernesto Fernández
d. Lupe Villegas
e. Marta Chávez

2-2 ¿Quién es ...? Ask a classmate who has these characteristics. He/She may answer with the name of another classmate or a famous person.

MODELO: fuerte *who is* *strong*
    E1: ¿Quién es fuerte?
    E2: Pancho (o Steven Sagal) es fuerte.

Melissa hablador/a *talkative*   *stephanie* delgado/a *thin*
Marianne simpático/a *nice*   *william* alto/a *tall*
Lynn moreno/a *brunette, or dk. skin*   soltero/a *single*
Madeline rubio/a *blonde*   *marissa* inteligente
Larry trabajador/a *hard working*   callado/a *quiet*

2-3 ¿Qué me gusta y qué no me gusta? Indicate whether you like or dislike each of the following activities. Then, ask a classmate and compare your answers.

MODELO: estar en casa por las noches
    E1: ¿Te gusta estar en casa por las noches? *do you like*
    E2: Sí, me gusta. o No, no me gusta.

ACTIVIDADES	USTED		COMPAÑERO/A	
	SÍ	NO	SÍ	NO
1. mirar televisión por las tardes				
2. estudiar español				
3. caminar a las seis de la mañana				
4. escribir en la computadora *to write*				
5. trabajar los sábados y domingos				
6. tomar café por la noche				
7. bailar los fines de semana				
8. hablar con amigos en los cafés				

¿Cómo son estas personas?

fuerte   débil

bonita/guapa *good-looking woman/man*   feo

joven   vieja/mayor *my-or preferable for people*

bueno   malo *good/bad*

alegre

lista *serious*   tonto *joker*   triste

trabajador *hard-working*   perezoso *lazy*   gordo *fat*   delgada *thin*   simpático *nice*   antipático *mean*

pobre *poor*   rica *rich*   casado *married*   soltero *single*

¿Qué dice usted?

2-4 Opuestos. Complete the following statements.

MODELO: Brad Pitt no es viejo, es joven.

1. Kate Moss no es gorda, es …
2. El presidente no es perezoso, es …
3. Tom Hanks no es antipático, es …
4. Madonna no es tonta, es …
5. Ivana Trump no es pobre, es …
6. Johnny Depp no es feo, es …

2-5 Autodescripción. You're appearing on the TV program **Cita a ciegas** (*Blind Date*). Describe yourself to make a good first impression.

1. Me llamo …
2. Soy … No soy …
3. Tengo …

4. Estudio …
5. Trabajo …
6. Me gusta …

2-6 Los ojos y los lentes de contacto. Conduct a class survey answering the following questions.

1. ¿Cuántos estudiantes tienen ojos verdes? ¿azules? ¿café?
2. ¿Cuál es el color de ojos más común?
3. ¿Cuántas personas usan lentes? ¿lentes de contacto? ¿lentes de contacto de color?
4. ¿Hay más estudiantes con o sin lentes de contacto?

Now, read the ad for **Multicolor** contact lenses and ask your partner questions based on it.

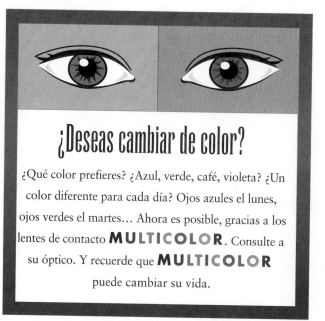

¿Deseas cambiar de color?

¿Qué color prefieres? ¿Azul, verde, café, violeta? ¿Un color diferente para cada día? Ojos azules el lunes, ojos verdes el martes… Ahora es posible, gracias a los lentes de contacto **MULTICOLOR**. Consulte a su óptico. Y recuerde que **MULTICOLOR** puede cambiar su vida.

¿De dónde son?

Bill Clinton
norteamericano

ESTADOS UNIDOS

Octavio Paz
mexicano

Celia Cruz
cubana

REPÚBLICA
DOMINICANA

José Feliciano
puertorriqueño

CUBA

Rigoberta Menchú
guatemalteca

GUATEMALA   BELICE

HONDURAS

HAITÍ

PUERTO RICO

EL SALVADOR   NICARAGUA

Carolina Herrera
venezolana

Violeta Chamorro
nicaragüense

COSTA RICA

VENEZUELA

PANAMÁ

GUYANA

SURINAM

COLOMBIA

GUAYANA FRANCESA

Rubén Blades
panameño

ECUADOR

Gabriel García Márquez
colombiano

PERÚ

BRASIL

BOLIVIA

Mario Vargas Llosa
peruano

PARAGUAY

CHILE

Isabel Allende
chilena

ARGENTINA

URUGUAY

Gabriela Sabatini
argentina

¿Qué dice usted?

2-7 **Identificaciones.** Identify the following people.

1. cantante, actor y político panameño
2. diseñadora famosa
3. escritor de Perú, *La ciudad y los perros*
4. poeta de México, Premio Nobel, 1990
5. ganadora del Premio Nobel de la Paz, 1992
6. tenista argentina. Es joven y bonita
7. presidente de los Estados Unidos, 1992, 1996
8. presidenta de Nicaragua, 1992-1996
9. escritor colombiano, *Cien años de soledad*
   Premio Nobel, 1982
10. escritora, *La casa de los espíritus*; familia de
    un ex-presidente de Chile

7 a. Bill Clinton
3 b. Mario Vargas Llosa
10 c. Isabel Allende
5 d. Rigoberta Menchú
9 e. Gabriel García Márquez
1 f. Rubén Blades
2 g. Carolina Herrera
6 h. Gabriela Sabatini
4 i. Octavio Paz
8 j. Violeta Chamorro

2-8 Adivinanzas. Think of a well-known person. A classmate will try to guess his or her identity by asking you questions.

MODELO: E1: ¿De dónde es?
E2: Es cubanoamericana.
E1: ¿Cómo es?
E2: Tiene pelo negro y es joven y bonita.
E1: ¿En qué trabaja?
E2: Es cantante y trabaja con su esposo en Miami.
E1: ¿Es Gloria Estefan?
E2: ¡Sí!

 A escuchar

¿Cómo son estas personas? You will hear a student talk about himself. Before listening to your tape, think about the things he may say and go over the information below. Then listen carefully to determine if this information is mentioned or not. Mark the appropriate column.

	SÍ	NO
1. name	_____	_____
2. age	_____	_____
3. address	_____	_____
4. physical description	_____	_____
5. preferences	_____	_____
6. place of work	_____	_____

Now you will hear a young woman describe herself. Mark the appropriate column on the chart according to the information that you hear.

NACIONALIDAD:	____ salvadoreña	____ norteamericana	____ argentina
EDAD:	____ 15 años	____ 21 años	____ 30 años
DESCRIPCIÓN:	____ alta y rubia	____ baja y morena	____ fea y lista
ESTUDIOS:	____ lenguas	____ ciencias	____ psicología

Explicación y expansión

1. Adjectives

- Adjectives are words that describe people, places, and things. Like articles (**el, la, un, una**) and nouns (**chico, chica**), they generally have more than one form. In Spanish an adjective must agree in gender (masculine or feminine) and number (singular or plural) with the noun or pronoun it describes. Adjectives that describe characteristics of a noun usually follow the noun.

- Many adjectives end in **-o** when used with masculine words and in **-a** when used with feminine words. To form the plural these adjectives add **-s**.

	MASCULINE	FEMININE
SINGULAR	chico alto	chica alta
PLURAL	chicos altos	chicas altas

- Adjectives that end in **-e** and some adjectives that end in a consonant have only two forms, singular and plural. To form the plural, adjectives that end in **-e** add **-s**; adjectives that end in a consonant add **-es**.

	MASCULINE	FEMININE
SINGULAR	amigo interesante	amiga interesante
	chico popular	chica popular
PLURAL	amigos interesantes	amigas interesantes
	chicos populares	chicas populares

- Other adjectives that end in a consonant have four forms. This group includes some adjectives of nationality.

	MASCULINE	FEMININE
SINGULAR	alumno español	alumna española
	alumno trabajador	alumna trabajadora
PLURAL	alumnos españoles	alumnas españolas
	alumnos trabajadores	alumnas trabajadoras

- Adjectives that end in **-ista** have only two forms, singular and plural.

Pedro es muy optimista, pero Alicia es pesimista. Ellos no son materialistas.	*Pedro is very optimistic, but Alicia is pessimistic. They are not materialistic.*

¿Qué dice usted?

2-9 Descripciones. You're the head of an important company and need to hire more staff. Tell a classmate what qualities you're looking for in the job candidates.

1. Necesito un/a director/a de relaciones públicas ...

activo	competente
bilingüe	callado
extrovertido	pasivo

2. Necesito un/a subdirector/a ...

inteligente	perezoso
imparcial	trabajador
simpático	tonto

3. Necesito unos/as empleados/as ...

arrogante	perfeccionista
atractivo	hablador
agradable	responsable

2-10 Personas importantes. With a classmate, describe the people below, using at least three of the following adjectives or expressions for each one. Compare your description with those of other classmates.

serio	trabajador	cómico
inteligente	simpático	atlético
guapo	extrovertido	liberal
tiene ojos ...	tiene pelo ...	

1. Gloria Estefan
2. Whoopi Goldberg
3. Peter Jennings
4. Hillary Clinton
5. Antonio Banderas
6. Plácido Domingo

Situaciones

1. Ask the job applicant you are interviewing: a) his/her name, b) where he/she is from, c) what he/she is studying, d) what his/her personality traits are, and e) where he/she currently works.

2. Describe your room (**cuarto**) to a friend. Tell a) the color, b) the size, c) what you have in it, and d) what you need for it. Have your friend give you the same information about his/her room. You may need some additional vocabulary: **cama** (bed), **mesa de noche** (nightstand), **radio**.

2. Present tense and some uses of the verb *ser*

SER *(to be)*			
yo	soy	nosotros/as	somos
tú	eres	vosotros/as	sois
Ud., él, ella	es	Uds., ellos/as	son

■ **Ser** is used with adjectives to describe what a person, a place, or a thing is like.

¿Cómo **es** ella?	*What is she like?*
Es inteligente y simpática.	*She's intelligent and nice.*
¿Cómo **es** la casa?	*What is the house like?*
La casa **es** grande y muy bonita.	*The house is big and very beautiful.*

■ **Ser** is used to express the nationality of a person; **ser + de** is used to express the origin of a person.

NATIONALITY
Luis **es** chileno.	*Luis is Chilean.*
Ana **es** boliviana.	*Ana is Bolivian.*

ORIGIN
Luis **es de** Chile.	*Luis is from Chile.*
Ana **es de** Bolivia.	*Ana is from Bolivia.*

■ **Ser + de** is also used to express possession. The equivalent of the English word *whose* is **¿de quién?**

¿De quién es la casa?	*Whose house is it?*
La casa **es de** Marta.	*The house is Marta's.*

■ **De + el** contracts to **del. De + la(s)** or **los** does not contract.

El diccionario es **del** profesor, no es **de la** estudiante.	*The dictionary is the professor's, not the student's.*

■ **Ser** is used to express the location or time of an event.

El baile **es** en la universidad.	*The dance is (takes place) at the university.*
El examen **es** a las tres.	*The test is (takes place) at three.*

3. *Ser* and *estar* with adjectives

- **Ser** and **estar** are often used with the same adjectives. However, the choice of verb determines the meaning of the sentence.

- As you already know, **ser** + *adjective* states the norm, what someone or something is like.

Manolo es delgado.	*Manolo is thin. (He is a thin boy.)*
Sara es muy nerviosa.	*Sara is very nervous. (She is a nervous person.)*
El libro es nuevo.	*The book is new. (It's a new book.)*

- **Estar** + *adjective* comments on something. It expresses a change from the norm, a condition, and/or how one feels about the person or object being discussed.

Manolo está delgado.	*Manolo is thin. (He lost weight recently.)*
Sara está muy nerviosa.	*Sara is very nervous. (She has been nervous lately.)*
El libro está nuevo.	*The book is new. (It seems like a brand new book.)*

- The adjectives **contento/a, cansado/a, enojado/a** are always used with **estar**.

Ella está contenta ahora.	*She is happy now.*
El niño está cansado.	*The boy is tired.*
Carlos está enojado.	*Carlos is angry.*

- Some adjectives have one meaning with **ser** and another with **estar**.

Ese señor es malo.	*That man is bad/evil.*
Ese señor está malo.	*That man is ill.*
El chico es listo.	*The boy is clever.*
El chico está listo.	*The boy is ready.*
La manzana es verde.	*The apple is green.*
La manzana está verde.	*The apple is not ripe.*
Ella es aburrida.	*She's boring.*
Ella está aburrida.	*She's bored.*

¿Qué dice usted?

2-11 Descripciones. Ask a classmate what the following people and places are like.

MODELO: el/la profesor/a de inglés
       E1: ¿Cómo es tu profesor de inglés?
       E2: Es alto, moreno y muy simpático.

1. la oficina del Departamento de Lenguas
2. el cuarto
3. el/la compañero/a de cuarto
4. los compañeros de clase
5. el/la profesor/a de ...

2-12 ¿De quién es/son ...? You walk into your room and find several objects that don't belong to you. Ask your roommate whose they are.

MODELO: computadora portátil
       E1: ¿De quién es la computadora?
       E2: Es de _____.

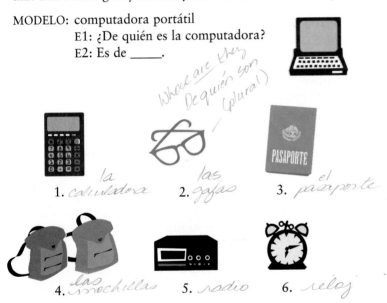

Whose are they
De quién son (plural)

1. la calculadora
2. las gafas
3. el pasaporte
4. las mochillas
5. radio
6. reloj

2-13 ¿Quiénes son estas personas? You're at a gathering where there are several foreign students. Ask a friend about the following people.

MODELO: Olga Mendoza / ? / Bolivia
       E1: ¿Quién es esa chica? *Who's that girl*
       E2: ¿Qué chica? *what girl*
       E1: La chica alta y rubia. *The tall blonde girl*
       E2: ¡Ah! Es Olga Mendoza.
       E1: ¿De dónde es? *where's she from*
       E2: Es boliviana, es de La Paz.

1. Elda Capetillo / ? / México
2. Fernando Arenas / ? / Argentina
3. María Juana Herrera / ? / Guatemala
4. Carmen Cisneros / ? / Venezuela
5. Alberto Díaz / ? / Puerto Rico
6. Ernesto Gutiérrez / ? / Colombia

2-14 Los lugares y yo. With a classmate, talk about how you feel in the following places or situations. Compare your responses.

MODELO: en la clase
E1: Yo estoy contento/a. ¿Y tú?
E2: Yo estoy contento/a también.   o   Yo estoy aburrido/a.

LUGARES	ABURRIDO/A	CONTENTO/A	TRANQUILO/A	TRISTE	?
1. en la cafetería					
2. en un examen					
3. en el trabajo					
4. en una entrevista					
5. en una fiesta					
6. en mi casa					

2-15 Una persona diferente. A classmate will use the adjectives in the following list to describe several people. However, you know those people have changed. Tell what they're like now.

MODELO: Arturo/gordo
E1: Arturo es gordo.
E2: Pero ahora está muy delgado.
  but now he's thin

1. Ramón/optimista   están
2. Ana y Gustavo/habladores
3. Catalina/tranquila   esta
4. Julián/fuerte   están
5. Berta y Luisa/activas   son perisosas   estais
6. Carmen/alegre   es esta

2-16 Eventos y lugares. You're working at the university's information booth and a visitor (a classmate) stops by. Answer his/her questions. Then reverse roles.

MODELO: VISITANTE: ¿Dónde es la recepción?   her
       EMPLEADO/A: Es en la cafetería.
         VISITANTE: ¿Y dónde está la cafetería?
       EMPLEADO/A: Está al lado de la biblioteca.

1. el concierto
2. la conferencia
3. el banquete
4. la reunión de profesores
5. la función del club de español
6. la graduación

Situaciones

1. Greet a classmate by stating your name and where you are from. Your classmate should find out as much information as possible about your hometown (size, location, etc.) and its people (what they are like, what they do, etc.). Then you should get the same information about your classmate.

2. A new student has just joined your class. Ask the student next to you who the new student is. Your classmate should give you as much information as possible about him/her.

4. Question words

cómo	*how/what*	cuál(es)	*which*
dónde	*where*	quién(es)	*who*
qué	*what*	cuánto/a	*how much*
cuándo	*when*	cuántos/as	*how many*

■ All question words have a written accent over the stressed syllable.

■ If a subject is used in a question, it normally follows the verb.

¿Dónde trabaja Elsa?   *Where does Elsa work?*

■ Use **por qué** to ask *why*. The equivalent of *because* is **porque**.

¿**Por qué** está Pepe en la biblioteca?   *Why is Pepe at the library?*
Porque necesita estudiar.   *Because he needs to study.*

■ Use **qué + ser** when you want to ask for a definition or an explanation.

¿**Qué es** una cumbia?   *What is a cumbia?*
Es un baile típico de Colombia.   *It's a typical dance from Colombia.*

■ Use **cuál(es) + ser** when you want to ask *which one(s)*.

¿**Cuál es** tu mochila?   *Which (one) is your backpack?*
¿**Cuáles son** tus papeles?   *Which (ones) are your papers?*

■ Questions that may be answered with **sí** or **no** do not use a question word.

¿Trabajan ustedes los sábados?   *Do you work on Saturdays?*
No, no trabajamos.   *No, we don't.*

■ Another way to ask a question is to place an interrogative tag after a declarative statement.

Lees mucho, ¿**verdad**?   *You read a lot, don't you?*
Él es mexicano, ¿**no**?   *He's Mexican, isn't he?*

¿Qué dice usted?

2-17 Entrevista. Use the following words (**quién, cuándo, cuántos/as, cuál, por qué**) to complete the following questions and interview a classmate. Then, your classmate will interview you.

1. ¿_____ clases tomas? *Qué*   *I take* Tomo ... *dos clases*
2. ¿_____ son tus clases? *cuándo*   Por la ...
3. ¿_____ es tu clase favorita? *cuál*   La clase de ... *favorita es español*
4. ¿_____ es tu profesor favorito? *quién*   El/La profesor/a ...
5. ¿_____ estudias español? *por qué*   Porque ...
6. ¿_____ estudiantes hay en tu clase de español? Hay ...
   cuantos   *There are*

2-18 ¿Cuántos/as tienes? Ask a classmate if he/she owns the following things. If so, ask how many.

MODELO: calculadora

> E1: ¿Tienes calculadora?
> E2: Sí.
> E1: ¿Cuántas tienes?
> E2: Tengo dos.

1. videocasetera
2. computadora
3. grabadora
4. reloj
5. bolígrafo
6. auto

2-19 Firmas. What are your classmates like? What do they do? Circulate around the room and have classmates who answer these questions affirmatively sign their names.

1. ¿Eres soltero/a? _____
2. ¿Tienes veinte años? _____
3. ¿Estudias y trabajas? _____
4. ¿Eres muy trabajador/a? _____
5. ¿Trabajas por las tardes? _____

2-20 Entrevista. Ask a classmate the following questions, then tell the rest of the class about him/her.

1. ¿Cómo te llamas?
2. ¿Cómo estás?
3. ¿Dónde trabajas?
4. ¿Cuántas clases tomas?
5. ¿Cuál es tu clase favorita? ¿Por qué?
6. ¿Cuándo estudias?
7. ¿Quién es tu mejor amigo/a?
8. ¿Cómo es él/ella?

Situaciones

1. Tell your friend that there is a party on Saturday. Your friend should
   a) find out where the party will take place and b) what time it begins.

2. Your partner has arranged a blind date for you tonight. You want to find out
   a) how old he/she is, b) where he/she is from, and c) what he/she is like.

Algo más

Expressions with *gustar*

- To express what you like to do, use **me gusta** + *infinitive*. To express what you don't like to do, say **No me gusta** + *infinitive*.

Me gusta bailar.	*I like to dance.*
No me gusta mirar la televisión.	*I don't like to watch television.*

- To express that you like something, use **me gusta** + *singular noun* or **me gustan** + *plural noun*.

Me gusta la música clásica.	*I like classical music.*
Me gustan las fiestas.	*I like parties.*

- To ask a classmate what he/she likes, use **¿Te gusta/n ...?** To ask your instructor, use **¿Le gusta/n ...?**

¿Te gusta/Le gusta escuchar música popular?	*Do you like to listen to popular music?*
¿Te gustan/Le gustan los chocolates?	*Do you like chocolates?*

¿Qué dice usted?

2-21 Mis preferencias. Fill in the following chart based on your preferences. Compare your answers with those of a classmate.

ACTIVIDAD	ME GUSTA MUCHO	ME GUSTA	NO ME GUSTA
escribir en español		✓	
hablar por teléfono		✓	
bailar salsa			✓
leer libros de ciencia-ficción			✓
...			

2-22 ¿Te gusta ...? Ask a classmate if he/she likes the following things.

1. la biblioteca de su universidad
2. las discotecas   *Me gustan las discotecas*
3. la informática
4. los libros de ciencia-ficción.

2-23 ¿Qué te gusta hacer? Ask a classmate what he/she likes to do a) on a weekday morning/afternoon/evening, b) on Saturday afternoons, and c) on Sunday mornings. Compare his/her responses with those of other classmates.

mosaicos

A escuchar

A. ¿Quiénes son? First, as you listen to the description of these students, circle the words that you hear. Then complete the chart, based on the information you have obtained.

1. (**Amanda y César/Amanda y Rafael**) estudian en la Facultad de Arquitectura de la Universidad de Los Andes.
2. (**César y Rafael/Laura y Rafael**) estudian en la Universidad Javeriana.
3. Laura tiene (**21/23**) años y es una chica muy (**trabajadora/tranquila**).
4. La pasión de Laura es la (**arquitectura/medicina**).
5. Amanda y César tienen (**22/24**) años, pero Rafael es más joven.
6. César es muy (**hablador/perezoso**), pero su compañera es callada.
7. Rafael es muy inteligente y desea ser profesor de (**literatura/matemáticas**).

NOMBRE	EDAD	DESCRIPCIÓN	FACULTAD	UNIVERSIDAD
	20		Humanidades	
		callada		de los Andes
		hablador	Arquitectura	
	23			Javeriana

B. Dos personas diferentes. You will hear Amanda describe herself and a classmate. Mark the appropriate column(s) to indicate whether the following statements describe Amanda, Mónica, or both. Read the statements before listening to the passage.

	AMANDA	MÓNICA
1. Estudia arquitectura.	_____	_____
2. Le gusta la arquitectura colonial.	_____	_____
3. Le gusta la arquitectura moderna.	_____	_____
4. Es alta y morena.	_____	_____
5. Tiene el pelo corto y los ojos azules.	_____	_____
6. Le gusta la salsa.	_____	_____
7. Es tranquila y callada.	_____	_____
8. Le gusta bailar cumbia.	_____	_____

 A conversar

2-24 Mis compañeros/as. In groups of three, describe and give additional information about a student from another group. The class will guess who the student is.

2-25 ¿Cómo son? Look at the Mafalda comic strip and ask a classmate what the various characters are like. He/she will answer according to the chart.

MODELO: E1: ¿Cómo es don Preguntón?
 E2: Don Preguntón es bajo, feo, inteligente y hablador.

Don Preguntón   Mafalda   Miguelito   Susanita   Guille

Felipe   Manolito   Libertad

	AGRADABLE	BAJO/A	DIVERTIDO/A	FEO/A	INTELIGENTE	HABLADOR/A	PEREZOSO/A	SIMPÁTICO/A
Don Preguntón		X		X	X	X		
Mafalda	X		X		X	X		X
Felipe	X		X	X	X	X	X	X
Miguelito	X	X	X		X			X
Manolito			X	X		X		
Susanita			X	X	X		X	
Libertad	X	X	X		X			X
Guille	X	X	X				X	X
Quino				X	X		X	X

2-26 La persona que más admiro. A classmate will ask you questions about the person you most admire to complete the following chart. Then you'll share the information with other classsmates.

nombre:	
nacionalidad:	
descripción:	
motivo de admiración:	

2-27 Entrevista: mi mejor amigo/a. Ask a classmate questions about his/her best friend. Your classmate will then ask you the same questions.

1. ¿Cómo se llama tu mejor amigo/a?
2. ¿De dónde es él/ella?
3. ¿Cómo es él/ella?
4. ¿Qué estudia?
5. ¿Trabaja? ¿Dónde?
6. ¿Qué lenguas habla?

 A leer

2-28 Preparación. Interview a classmate about the qualities that his/her ideal mate should have. Mark his/her choices with an X.

MODELO: E1: Tu pareja ideal, ¿es moreno/a?
E2: Sí, es moreno/a.   *o*   No, es rubio/a.

1. ____ moreno/a
2. ____ rubio/a
3. ____ simpático/a
4. ____ conservador/a
5. ____ liberal
6. ____ rico/a
7. ____ alegre
8. ____ extranjero/a
9. ____ ...

2-29 Primera mirada. Read the following ads appearing in the Colombian magazine *Mía*. Select two compatible ads and fill in the form below. In some cases, it may not be possible to provide all the information requested.

HACER AMIGOS

* Me llamo Orlando Gélvez. Quiero tener nuevos amigos, no importa la edad ni el sexo. Escríbanme a la Manzana Q No. 15, Jordán, Villavicencio, Colombia.

* La Navidad es época propicia para hacer amigos. Por tal motivo, deseo conocer jóvenes para intercambiar ideas y postales. Los interesados pueden escribir a Diego A. Valencia Riaño, calle 14 No. 12, Surtimuebles del Llano, Tame, Arauca, Colombia.

* Me gustaría establecer correspondencia con personas de Colombia y otras partes del mundo con fines amistosos. Escriban a Verónica, a la carrera 36 No. 64A-16 Sur, Santafé de Bogotá, D.C., Colombia.

* Mi nombre es Robinson Gélvez. Soy dinámico, alegre, sincero, detallista y amable. Deseo tener amigos para entablar una bonita relación. Feliz Navidad para todos. Escríbanme a la Manzana Q No. 15, Jordán, Villavicencio, Colombia.

* Deseo establecer correspondencia con personas de diferentes lugares. Me fascinan la música y coleccionar credenciales y estampillas. Escríbanme y prometo contestar todas las cartas rápidamente. Diríjanse a la calle 7 No. 7-95, Popayán, Cauca, Colombia.

* Busco socio y compañero, extranjero o colombiano, soltero, viudo o separado, con uno o dos hijos. Me gustan los niños, soy soltera y tengo 45 años. No tengo hijos. Escriban a Carmiña Muñiz, A.A. 1086, Popayán, Cauca, Colombia.

* Hola. Mi nombre es Humberto Rojas, tengo 25 años, soy soltero, de profesión ingeniero industrial. Deseo tener muchos amigos. Mi dirección es Manzana Q No. 15, Jordán, Villavicencio, Colombia.

	Solicitante	Candidato/a
Nombre completo:		
Edad:		
Dirección:		
Estado civil:		
Preferencias personales:		

2-30 Ampliación. ¿What qualities do you associate with Humberto (H), Robinson (R), and Carmiña (C)? Why? With a classmate, write the initial(s) next to each quality, and discuss your opinions with another group.

1. _____ sociable
2. _____ simpático/a
3. _____ activo/a
4. _____ perfeccionista
5. _____ joven
6. _____ flexible
7. _____ idealista

2-31 Preparación. What information does a passport contain?

	SÍ	NO
1. apellido materno y paterno	_____	_____
2. fecha y lugar de nacimiento	_____	_____
3. nacionalidad	_____	_____
4. edad	_____	_____
5. profesión	_____	_____
6. estado civil	_____	_____
7. fotografía en colores	_____	_____
8. fotografía de la pareja	_____	_____
9. número de hijos	_____	_____
10. dirección de trabajo	_____	_____

2-32 Primera mirada. With a classmate, look at the passport on page 77 and answer the following questions.

1. ¿Cómo se llama la persona en este pasaporte?
2. ¿De dónde es?
3. ¿Cuál es la fecha de su nacimiento?
4. ¿Cuántos años tiene?
5. ¿Es casada?
6. ¿Cuál es su profesión?
7. ¿Dónde vive?
8. ¿Qué lengua habla?
9. ¿Son iguales o diferentes el número de pasaporte y el de la cédula nacional de identidad (documento nacional de identificación)?

MERCOSUR
REPÚBLICA ARGENTINA
MINISTERIO DEL INTERIOR
POLICÍA FEDERAL

OSORIO
MARÍA ALICIA
06477329N

La foto del titular se corresponde con la del revers
The bearer's photograph corresponds with the on

MERCOSUR
REPÚBLICA ARGENTINA
MINISTERIO DEL INTERIOR
POLICÍA FEDERAL

PASAPOR'
ARGENTINO

Este documento carece de validez si tiene raspaduras,
enmiendas o agregados entre líneas

MERCOSUR
REPÚBLICA ARGENTINA
MINISTERIO DEL INTERIOR
POLICÍA FEDERAL

NO. **06477329**
DATOS PERSONALES
NOMBRE DEL TITULAR: *María Alicia Osorio*
CÉDULA NACIONAL DE IDENTIDAD: *06.477.329-N*
NACIONALIDAD: *argentina*
FECHA DE NACIMIENTO: *29-4-67*
ESTADO CIVIL: *soltera*
PROFESIÓN: *empleada*
DOMICILIO: *Av. España PB-5, 5500 Mendoza, Mza., Argentina*

A escribir

As you gain more experience with the language, you will be discussing ways to approach the writing task more effectively with your peers and your instructor. The following expressions will be very useful in discussing your writing:

- To state the purpose (**propósito**) of your writing: **narrar, contestar, reclamar** *(complain),* **explicar, completar, solicitar** *(request)*

- To describe the means of communication (**medio de comunicación**): **carta, tarjeta postal, formulario, informe** *(report)*

- To describe the reader (**lector/a**): **amigo/a, conocido/a** *(acquaintance),* **familiar, presidente/a de una compañía**

- To describe the tone (**tono**) of your writing: **formal, informal, cómico, satírico**

2-33 Lluvia de ideas. Mark with an X the information that a company looking for a bilingual secretary would normally request. Then, compare your answers with those of a classmate.

1. ____ edad
2. ____ apariencia física
3. ____ lenguas que la persona habla
4. ____ estado civil
5. ____ país de origen
6. ____ raza
7. ____ experiencia
8. ____ fecha de nacimiento

2-34 Preparación. Before doing this activity, follow the model in Activity 1-38 on page 49 *(Lección 1)*.

2-35 Manos a la obra. The Mexican Consulate in Miami is looking to hire a person of United States citizenship. Read the following want ad, then complete the letter of application.

Consulado General de México

Oficina de Relaciones Públicas busca profesional con experiencia en diplomacia. Requisitos:
norteamericano/a
buen español (oral y escrito)
buena presencia
entre 25-45 años
con estudios de diplomacia
disponible para trabajar inmediatamente
experiencia diplomática mínima 1 año

Enviar carta autobiográfica a:

Licenciado José María Medina
Cónsul de México 1200 NW 78 Ave.
Miami, FL 33143
Candidatos seleccionados tendrán una entrevista con el Cónsul.

_____ de _____ de _____

Estimad__ _____:
Acabo de informarme a través de El Nuevo Herald sobre el puesto en la oficina de Relaciones Públicas del Consulado de México. Deseo informarle que estoy muy interesad__ en participar como candidat__.

Tengo _____ años y soy de _____. Soy _____.

A la espera de su respuesta, queda de usted
Atentamente,

(Firma)_____
(Nombre)

2-36 Revisión. After completing your letter of application, discuss it with a classmate. Then, make any necessary changes.

Vocabulario*

Descripciones

agradable	nice
alegre	happy, glad
alto/a	tall
antipático/a	unpleasant
bajo/a	short (in stature)
bonito/a	pretty
callado/a	quiet
cansado/a	tired
casado/a	married
contento/a	happy, glad
corto/a	short (in length)
débil	weak
delgado/a	thin
enojado/a	angry
extranjero/a	foreign, foreigner
feliz	happy
feo/a	ugly
fuerte	strong
gordo/a	fat
guapo/a	good-looking, handsome
hablador/a	talkative
joven	young
largo/a	long
listo/a	smart, ready
mayor	older
mediano/a	average, medium
moreno/a	brunet, brunette
nervioso/a	nervous
nuevo/a	new
perezoso/a	lazy
pobre	poor
rico/a	rich, wealthy
rubio/a	blond
simpático/a	nice, charming
soltero/a	single
tonto/a	silly, foolish
trabajador/a	hard working
tranquilo/a	calm, tranquil
triste	sad
viejo/a	old

Verbos

desear	to wish, to want
ser	to be
usar	to use

El cuerpo

los ojos	eyes
azules	blue eyes
verdes	green eyes
café	brown eyes
el pelo	hair
castaño	brown hair
negro	black hair

Nacionalidades**

argentino/a	Argentinian
chileno/a	Chilean
colombiano/a	Colombian
cubano/a	Cuban
español/a	Spanish
guatemalteco/a	Guatemalan
mexicano/a	Mexican
nicaragüense	Nicaraguan
panameño/a	Panamanian
peruano/a	Peruvian
puertorriqueño/a	Puerto Rican
venezolano/a	Venezuelan

Palabras y expresiones útiles

ahora	now
de	of, from
del	of the (contraction of de + el)
le gusta(n)	you (formal) like
me gusta(n)	I like
mucho/a	much, a lot
no (ni) ... ni	neither ... nor
pero	but
porque	because
que	that
sin	without
te gusta(n)	you (familiar) like
Tengo ... años.	I am ... years old
tiene	he/she has, you (formal) have
¿Verdad?	Right?

*A list of interrogative (question) words can be found on page 69.

**Other adjectives of nationality can be found in the English-Spanish and Spanish-English vocabularies at the end of the book.

La diversidad étnica

Para pensar

¿A qué grupo étnico pertenece Ud.? ¿Es Ud. de origen europeo, indígena, asiático o africano? ¿Y sus compañeros/as de clase? ¿Pertenecen todos al mismo grupo étnico o hay una diversidad étnica?

En los países hispanoamericanos, al igual que en los Estados Unidos, hay una gran diversidad étnica: hay personas de origen indígena, así como también personas de origen europeo, africano y asiático. La diversidad étnica, sin embargo, es diferente de un país a otro y en muchos países los diferentes grupos étnicos se han unido dando lugar a una población mestiza (personas que tienen sangre europea e indígena, asiática o africana). La gran diversidad étnica de Hispanoamérica se refleja en la variedad de características físicas de su población. En España también hay mucha diversidad. Aunque *(although)* es un país relativamente pequeño, los habitantes de cada región tienen sus propias características, con orígenes, en parte, en las culturas celta, romana, árabe y hebrea.

En la Argentina, la ascendencia europea es evidente. El 98% de la población es de origen europeo, principalmente italiano, pero también alemán, yugoslavo, inglés, francés y judío de Europa Oriental. Como consecuencia, hay más personas con apellidos de origen italiano que español. Un ejemplo es el apellido de Gabriela Sabatini, la famosa tenista argentina, que es de origen italiano.

Para contestar

Los grupos étnicos. Con su compañero/a, responda a las siguientes preguntas.

1. ¿Es la población hispanoamericana étnicamente homogénea? Explique.

2. ¿Qué grupo étnico predomina en Argentina? ¿De qué países son estas personas?

3. ¿Qué es un mestizo? ¿Hay muchos mestizos en Argentina? ¿y en otros países?

Estudiantes de la Universidad de Buenos Aires

Riqueza cultural. En grupos de tres, discutan cuáles son las ventajas (*advantages*) de la diversidad étnica de un país.

Para investigar en la WWW

1. ¿Cuál es el origen étnico de las siguientes personalidades argentinas?
   - Jorge Luis Borges
   - Diego Armando Maradona
   - Carlos Saúl Menem
2. Además de las personas de origen europeo, ¿qué otros grupos étnicos se pueden encontrar en la Argentina?

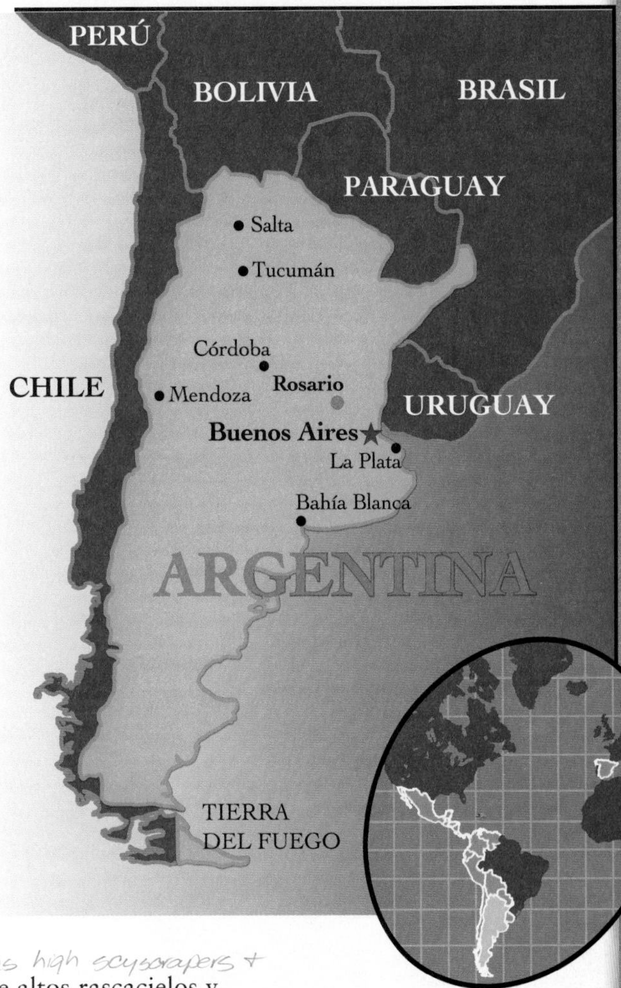

Argentina

Imp. cities & places of interest

Ciudades importantes y lugares de interés:

Buenos Aires es la capital, con más de 10 millones de habitantes. Tiene un aire muy europeo con amplios parques y bulevares. También tiene altos rascacielos y una activa vida intelectual. Córdoba, en el centro del país, es una ciudad conocida por su bella arquitectura colonial. En el oeste, en Mendoza y San Juan, se producen algunos de los mejores vinos de Sudamérica. Mar del Plata, en el Océano Atlántico, es un balneario (*resort area*) famoso en toda Latinoamérica. Bariloche, a las orillas del lago Nahuel Huapi, es un lugar ideal para ir a esquiar. Las cataratas del Iguazú, en la frontera con Paraguay y Brasil, son consideradas una de las maravillas naturales del mundo.

Handwritten annotations:
≈ > 10 mil. people
It has a very European air
c spacious parks & blvds. Also it has high scyscrapers &
an active intellectual life. In the centre of the country is a city
known for its beatiful colonial architecture. In the west is Mendoza
produces many of the best wines of S. Am. sea
in the Atlantic Ocean is a resort area
famous to all of Latin Am. a shore
by the lake & is an ideal place for
skiing. The waterfalls
on the border c
considered a natural wonder
of the world

Expresiones argentinas:

¡Ché!	*hey (you)!*
¡Bárbaro!	*Great!*

PERÚ

BOLIVIA BRASIL

PARAGUAY

- Salta
- Tucumán

Córdoba
CHILE • Mendoza **Rosario** URUGUAY

Buenos Aires ★
La Plata
Bahía Blanca

ARGENTINA

TIERRA DEL FUEGO

Bariloche, Argentina

Lección 3
Las actividades y los planes

COMUNICACIÓN

- Asking about and discussing leisure activities
- Communicating by phone
- Ordering food in a restaurant
- Making suggestions and future plans
- Using numbers above 100

ESTRUCTURAS

- Present tense of regular **-er** and **-ir** verbs
- Present tense of **ir**
- **Ir** + **a** + *infinitive* to express future action
- The present tense to express future action
- Numbers 100 to 2,000,000
- ALGO MÁS: Some uses of **por** and **para**

MOSAICOS

A ESCUCHAR

A CONVERSAR

A LEER

- Locating specific information in a text
- Identifying synonyms

A ESCRIBIR

- Writing questions to elicit information and opinions
- Using appropriate form of address
- Reporting information

ENFOQUE CULTURAL

- El cine, el teatro, las peñas
- El Perú

A primera vista

Diversiones populares

En las fiestas y reuniones los muchachos bailan, escuchan música o conversan. A veces tocan la guitarra y cantan canciones populares.

Estas chicas caminan por la playa mientras otras personas toman el sol, nadan en el mar y descansan.

El señor López del Río lee el periódico al aire libre. Y usted, ¿lee el periódico? ¿Qué periódicos o revistas lee?

[handwritten: Many young people go to the movies, especially on the weekends]

Muchos jóvenes van al cine, especialmente los fines de
semana. Hoy van a ver una película de ciencia-ficción. *[handwritten: Today they go to a science fiction movie...]*
También es común alquilar películas en videocasetes *[handwritten: Also it's common to rent films on video &]*
para ver en casa. *[handwritten: watch at a house]*

Una conversación por teléfono

ROCÍO: ¿Aló?

JAVIER: Hola, Rocío. Tengo una sorpresa para tu cumpleaños. Vamos a *[handwritten: I have a surprise for your birthday.]*
cenar fuera esta noche y después vamos a ir al cine. *[handwritten: We're going to eat supper out & go to a movie.]*

ROCÍO: ¡Ay, Javier, qué bueno! ¿Y qué vamos a ver? *[handwritten: What are we going to see]*

JAVIER: Tú decides. Es tu cumpleaños. *[handwritten: You decide, it's your b'day]*

ROCÍO: Pues, la película nueva de Antonio Banderas. *[handwritten: Want to see an Antonio B. movie]*

JAVIER: Fabuloso, mi amor. Voy para la casa ahora. Hasta pronto. *[handwritten: I'm going home now]*

ROCÍO: Chao.

¿Qué dice usted?

3-1 Asociaciones. What activities do you associate with the following places?

1. __c__ la playa
2. __e__ la fiesta
3. __a__ el cine
4. __b__ la biblioteca
5. __d__ la casa

a. ver una película
b. leer el periódico
c. tomar el sol
d. mirar televisión
e. bailar y conversar

3-2 Mis actividades. What do you do in the following places?

MODELO: en las fiestas
E1: En las fiestas yo bailo mucho. ¿Y tú?
E2: Yo bailo y hablo con mis amigos.

1. en la universidad por las mañanas
2. en la biblioteca
3. en casa el fin de semana
4. en la clase de español
5. en la playa durante las vacaciones
6. en la discoteca con sus amigos

3-3 Vamos al cine. With a classmate, conduct a survey about how often you go to the movies. Then, compare your answers with those given by people in Spain.

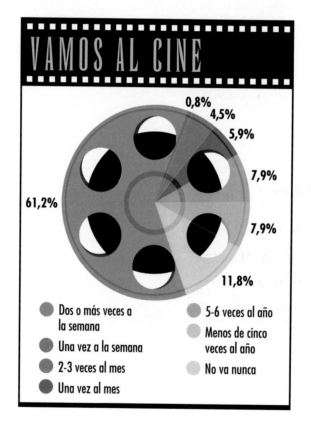

La comida

En el restaurante

CAMARERO: ¿Qué desean comer?

SR. MUÑOZ: Espaguetis con crema y una ensalada.

SR. ROSAS: Para mí, un bistec y vegetales.

CAMARERO: ¿Y para beber?

SR. ROSAS: Vino de la casa, por favor.

SR. MUÑOZ: Y para mí, agua con gas.

VENTA «RIOFRIO»

TERCERA CATEGORÍA

N.º I. F. 23.640.587 - Z
Ctra. General Jerez-Cartagena, 342 Km. 197
Telf. 32 10 66

Nº 00842

Mesa n.º _____ Camarero _____

Fecha ____ de 19 _____   Imp FIVIS Loja

CONCEPTO	Pesetas	Cts
Menú del día		
Entremeses		
Sopas		
Paella Especial		
Carnes		
Jamón		
Huevos		
Tortillas		
Pescados		
Espaguetis		
Ensaladas		
Postres		
Vinos		
Cerveza		
Cafés		
Licores		
Tabaco		
Importe		
I. V. A. 6%		
TOTAL		

ESPECIALIDAD EN TRUCHAS

La comida rápida

La "comida rápida" es muy popular entre la gente joven. Las "hamburgueserías" de tipo americano existen en muchas ciudades del mundo hispano. Los restaurantes de comida rápida en los países hispanos frecuentemente combinan comida de los Estados Unidos con comidas típicas de cada país. Por ejemplo, usted puede comer una hamburguesa con papas fritas o con arroz y frijoles negros. En muchos países, usted puede tomar vino o cerveza en estos restaurantes.

Más comidas y bebidas

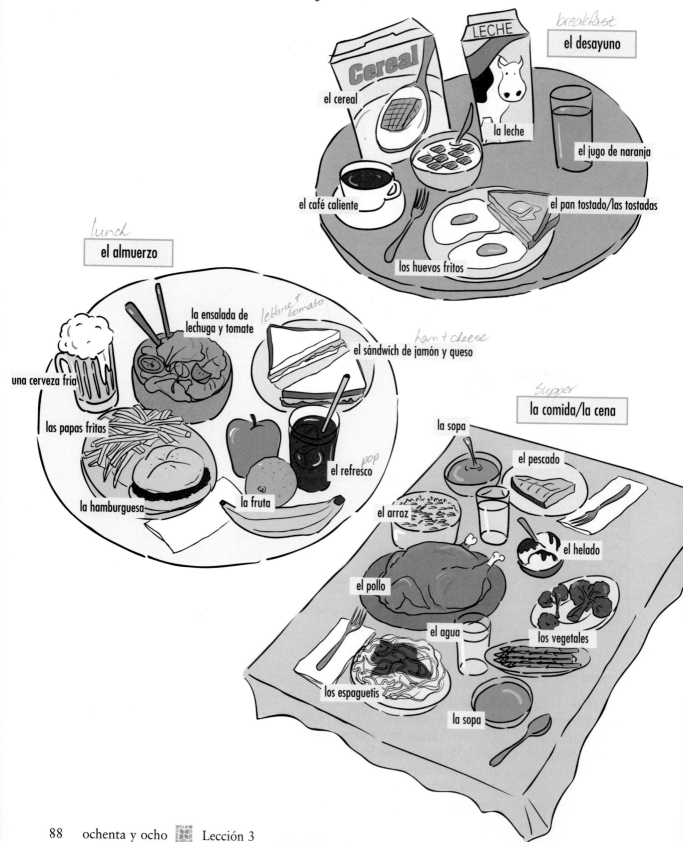

breakfast
el desayuno

el cereal

LECHE

Cereal

la leche

el jugo de naranja

el café caliente

el pan tostado/las tostadas

los huevos fritos

lunch
el almuerzo

la ensalada de lechuga y tomate

lettuce + tomato

ham + cheese
el sándwich de jamón y queso

una cerveza fría

las papas fritas

el refresco
pop

la hamburguesa

la fruta

supper
la comida/la cena

la sopa

el pescado

el arroz

el helado

el pollo

el agua

los vegetales

los espaguetis

la sopa

¿Qué dice usted?

3-4 Las comidas. Tell a classmate what you have for breakfast, lunch and dinner, then find out what he/she has.

MODELO: En el desayuno, yo como tostadas y bebo café. ¿Y tú?

I eat toast + drink coffee

3-5 La dieta. Which of the following contains more calories?

1. la sopa de tomate, las hamburguesas, la sopa de pollo
2. el pollo frito, el pescado, la ensalada
3. los vegetales, la fruta, las papas fritas
4. la cerveza, la leche, el café
5. el helado de chocolate, el cereal, el arroz

3-6 Dietas especiales. With a classmate, look at the menu below and provide a solution for each of the following problems.

1. Usted y su padre son un poco delgados y desean subir de peso. ¿Qué van a comer de este menú?   *little bit slim + he needs to gain wt.*   *hamburgesa con papas fritas*
2. Su mamá tiene alergias a los productos del mar. ¿Cuál de las ensaladas va a tomar?   *products of the sea*
3. Su mejor amigo/a está un poco gordo/a y quiere bajar de peso. ¿Cuál de los platos principales no debe tomar?   *best friend* *fat* *lose wt.* *not have*
4. El/La profesor/a de español está enfermo/a hoy. ¿Qué debe comer?   *Spanish teacher is sick today* *Sopa*

SOPAS

Sopa de pollo	$ 4.500
Sopa de tomate	$ 3.000
Sopa de vegetales	$ 3.000
Sopa de pescado	$ 4.750

ENSALADAS

Ensalada de lechuga y tomate	$ 2.200
Ensalada de pollo	$ 6.250
Ensalada de atún	$ 7.000

PLATOS PRINCIPALES

Bistec con papas y vegetales	$ 16.400
Hamburgesa con papas fritas	$ 18.000
Pescado con papas fritas	$ 15.300
Arroz con vegetales	$ 6.600

3-7 En el café. It's 8:00 Saturday morning, and you and a friend are in your favorite café. Decide what you want to order.

MODELO: E1: El desayuno es muy bueno aquí. ¿Qué deseas comer?
        E2: _____ ¿Y tú?
        E1: _____ ¿Y qué vas a tomar?
        E2: _____

café	70
té	70
café con leche	85
jugo de naranja	90
chocolate	90
tostadas	60
pan con mantequilla	60
pan dulce	70
cereal	90
huevos fritos	130

3-8 Nuestro menú. You and your roommate (a classmate) want to have guests to dinner tonight. First, decide whom each of you is going to invite and ask each other their phone numbers so one of you can make the calls later. Then decide what you're going to serve. Finally, compare your menu with that of another pair of classmates.

Invitados

Menú

3-9 Una excursión. Get together in groups of three or four and plan a day trip. First find out when everyone is free. Then decide where you'll go, who will drive (**manejar**), where you'll stop for lunch, and what you'll do when you get where you're going.

MODELO: E1: ¿Quién está libre el viernes?
E2: El viernes tengo clases por la mañana.
E3: Entonces, vamos el sábado. Pero ¿adónde?
E1: ¿Vamos a la playa?
E2: ¡Sí! Vamos a nadar en el mar.
E3: Yo no voy a nadar, voy a tomar el sol.

 A escuchar

Una semana en la vida de Rafael. You will hear a young man talk about himself and his activities. Complete the statements by marking the appropriate answer according to the information you hear.

1. Rafael es …
   ___ profesor
   ___ camarero
   ___ estudiante

2. Rafael vive en …
   ___ San Diego
   ___ México
   ___ Rosarito

3. Este fin de semana Rafael y su amigo van a ir …
   ___ al cine
   ___ a la playa
   ___ a una fiesta

4. Este fin de semana Rafael va a …
   ___ estudiar
   ___ trabajar
   ___ descansar

5. La especialidad del restaurante que Rafael describe es …
   ___ el pollo
   ___ la comida italiana
   ___ el pescado

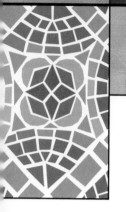

Explicación y expansión

1. Present tense of regular *-er* and *-ir* verbs

COMER (*to eat*)		
yo	como	nosotros/as	comemos
tú	comes	vosotros/as	coméis
Ud., él, ella	come	Uds., ellos/as	comen

otherwise, all the same (handwritten)

VIVIR (*to live*)		
yo	vivo	nosotros/as	vivimos
tú	vives	vosotros/as	vivís
Ud., él, ella	vive	Uds., ellos/as	viven

- The endings for **-er** and **-ir** verbs are the same, except for the **nosotros** and **vosotros** forms.

- The verb **ver** has an irregular **yo** form.

    ver: veo, ves, ve, vemos, veis, ven

- Use **deber** + *infinitive* to express what you *should* or *ought* to do.

    Debes beber mucha agua.　　　*You should drink lots of water.*

¿Qué dice usted?

3-10 Mi profesor/a modelo. Indicate which of the following activities are or are not part of an ideal instructor's routine. Then compare your answers with those of a classmate.

	SÍ	NO
1. Lee el periódico en la clase.	_____	_____
2. Nunca está en su oficina.	_____	_____
3. Siempre prepara sus clases.	_____	_____
4. Saca libros de la biblioteca y lee mucho.	_____	_____
5. Escucha y habla con sus alumnos.	_____	_____
6. Es justo/a con las notas.	_____	_____

3-11 Lugares y actividades. Ask a classmate what he/she does in the following places. He/she will respond with one of the activities listed. Then ask your classmate what he/she doesn't do in each place.

MODELO: en la clase/ver videos
        E1: ¿Qué haces en la clase?
        E2: Veo videos.

LUGARES	ACTIVIDADES
en la playa	beber cerveza
en un café	tomar el sol
en una discoteca	bailar salsa *bailo salsa*
en una fiesta	mirar televisión *miro televisión*
en el cine	leer el periódico
en la casa	comer un sándwich
en un restaurante	ver películas
en la biblioteca	escuchar música

3-12 Intercambio. Ask a classmate questions about the following individuals' activities.

MODELO: E1: ¿Cuándo caminan los Sres. Mencía?
        E2: Los sábados por la mañana.
        E1: ¿Quién ve películas viejas?
        E2: Dora Sánchez.

NOMBRE	LOS SÁBADOS	LOS DOMINGOS
Julia Arango	estudia en la biblioteca va al cine con unos amigos	trabaja en la casa come con unos amigos
Los Sres. Mencía	caminan por la mañana ven programas de televisión	leen el periódico bailan en una discoteca
Dora Sánchez	descansa en la casa toca la guitarra y canta	ve películas viejas va a un café con amigos

3-13 Firmas. Which classmates do the following things? Have them sign their names.

MODELO: nadar bien
        E1: ¿Nadas bien?
        E2: Sí, nado bien.
        E1: Firma aquí, por favor.

1. beber café por la mañana   _____
2. tocar la guitarra   _____
3. comer en restaurantes italianos   _____
4. ver programas cómicos en la televisión   _____
5. vivir en una casa   _____
6. leer libros de ciencia-ficción   _____

3-14 Sugerencias. What should or shouldn't the following people do?

MODELO: Luis está muy enfermo.
       E1: ¿Qué debe hacer Luis?
       E2: Debe descansar.   o   No debe comer mucho.

1. Juan tiene un examen el lunes. *Juan debe estudiar por la noche*
2. Francisco está débil y muy delgado. *debe comer mucho*
3. Manuel y Victoria no tienen trabajo. *Que deben*
4. Marta ve televisión todos los días y saca malas notas. *debe*
5. Luis y Emilia desean aprender español. *deben estudiar español*
                 wants to learn Span

Personal Questions **3-15 Un/a compañero/a nuevo/a.** Get together with a classmate you don't know very well and ask questions to find out more about him/her.

1. ¿Cuántas clases tienes?
2. ¿Tienes clases por la mañana o por la tarde?
3. ¿Vives en el dormitorio?
4. ¿Te gusta vivir en el dormitorio?
5. ¿Comes en la cafetería?
6. ¿Te gusta la comida de la cafetería?
7. …

Situaciones

1. Find out a) if your partner likes to read, b) when he/she reads, c) what newspapers and magazines he/she reads, and d) what other activities he/she likes to do in his/her free time (**tiempo libre**).

2. You are a waiter/waitress at a café. Two of your classmates will play the part of the customers. Greet your customers and ask them what they would like to eat and drink. Be prepared to answer any questions they may have.

2. Present tense of *ir*

IR (*to go*)			
yo	voy	nosotros/as	vamos
tú	vas	vosotros/as	vais
Ud., él, ella	va	Uds., ellos/as	van

■ Use **a** to introduce a noun after the verb **ir**. When **a** is followed by the article **el**, they contract to form **al**.

Voy **a la** fiesta de María.	*I'm going to María's party.*
Vamos **al** gimnasio.	*We're going to the gymnasium.*

■ Use **adónde** when asking *where to* with the verb **ir**.

¿**Adónde** vas ahora?	*Where are you going now?*

3. *Ir* + *a* + infinitive to express future action

To express future action, use the present tense of **ir** + **a** + the infinitive form of the verb.

Ellos **van a nadar** después.	*They're going to swim later.*
¿**Vas a ir** a la fiesta?	*Are you going to go to the party?*

4. The present tense to express future action

■ You may also express future action with the present tense of the verb. The context shows whether you are referring to the present or the future.

Ellos **nadan** después.	*They'll swim later.*
¿**Estudiamos** esta noche?	*Are we going to study tonight?*

■ The following expressions denote future time:

esta noche	*tonight*
mañana	*tomorrow*
pasado mañana	*the day after tomorrow*
la próxima semana	*next week*
el próximo mes/año	*next month/year*

¿Qué dice usted?

3-16 Lugares y actividades. Where are the following people going? What are they going to do there?

MODELO: María / cine
María va al cine. Va a ver una película española.

[handwritten: Maria is going to the cinema. She's going to see a Spanish movie]

1. Victoria / restaurante
2. Elena y Alberto / biblioteca *[handwritten: Van a leer libros en la biblioteca]*
3. Rodrigo / playa *[handwritten: Rod va ... Va]*
4. yo / casa
5. nosotros / café
6. Alina / librería

3-17 La agenda de Laura. Ask a classmate questions about Laura's activities this week based on her schedule below.

MODELO: E1: ¿Cuándo va a ir al laboratorio? *[handwritten: When is she going to go day]*
E2: El viernes a las once de la mañana.
E1: ¿Qué va a hacer el lunes por la tarde? *[handwritten: What is she going to do at a certain time of day]*
E2: Va a caminar.

LAURA GARCÍA PRADO						
LUNES	**MARTES**	**MIÉRCOLES**	**JUEVES**	**VIERNES**	**SÁBADO**	**DOMINGO**
6	7	8	9	10	11	12
biblioteca 8:30 a.m.	llamar a María 9:00 a.m.	terminar proyecto 10:00 a.m.	estudiar en casa de Teté 9:30 a.m.	laboratorio 11:00 a.m.	playa 11:00 a.m	ir a la iglesia 11:00 a.m.
caminar 5:30 p.m.	trabajar librería 4:00 p.m					restaurante 1:00 p.m.
casa de Ana 8:00 p.m.		programa TV 7:00 p.m.	película TV 10:00 p.m.	fiesta de Pablo 9:00 p.m.	café 9:00 p.m.	cine 7:00 p.m.

3-18 Nuestro restaurante favorito. With a classmate, choose a restaurant you'd like to go to, and decide a) when you'll go and b) what you'll have to eat and drink. Then share this information with other classmates.

3-19 Firmas. Circulate around the room to find out who goes to the following places and when. Have them sign their names.

MODELO: la biblioteca   ¿Vas a la biblioteca esta tarde/noche?

	CUÁNDO	FIRMA
1. la clase de historia	_____	_____
2. la cafetería	_____	_____
3. el cine	_____	_____
4. la playa	_____	_____
5. el gimnasio	_____	_____
6. el laboratorio de ciencias	_____	_____

3-20 Los planes de Maribel para el sábado. Tell a classmate what Maribel is going to do. Then ask about his/her own plans.

a.

b.

c.

d.

e.

3-21 Unas vacaciones. Use the following questions to ask a classmate about his/her plans for an upcoming vacation. Your classmate will answer using the ad below.

1. ¿Adónde vas? *Where are you going*
2. ¿Con quién vas? *Who're going c*
3. ¿Qué lugares vas a ver? *what going to see*
4. ¿Cuándo vas? *When are you going*
5. ¿Cuántos días vas a estar allí? *How many days will you be there*
6. ¿Qué vas a comprar? *What're you going to buy*
7. ¿Por qué vas a ir a ese lugar? *Why are you going to that place*
8. ...

CARTELERA DE VIAJES

ATALAYA TURISMO
27 años de experiencia, responsabilidad y profesionalismo

TODOS LOS PRECIOS INCLUYEN PASAJES AÉREOS Y SERVICIOS TERRESTRES POR PERSONA BASE DOBLE

CARIBE

CANCÚN, 7 días, oferta especial junio
u$s 845

JAMAICA, 9 días, Sandals Inn "sistema todo incluido" exclusivo para parejas.
u$s 1740

VARADERO y CANCÚN, 14 días con media pensión en Cuba.
u$s 1455

LA HABANA, TRINIDAD, VARADERO, 14 días con media pensión.
u$s 1450

ANTILLAS HOLANDESAS, 14 días Curaçao y Aruba con desayuno americano.
u$s 1410

LA HABANA, VARADERO y CAYO LARGO, 14 días lo mejor de Cuba, con media pensión y pensión completa.
u$s 1925

ARUBA y CRUCERO, 16 días, Caracas, Grenada, Barbados, Martinica, Curaçao
u$s 2250

SANTO DOMINGO y ARUBA, 15 días con media pensión en el Punta Cana Beach Resort y desayuno am. en Aruba.
u$s 1720

MÉXICO

MÉXICO y PTO VALLARTA y/o MAZANILLO, 9 días sistema "todo incluido".
u$s 1550

MÉXICO, TAXCO, ACAPULCO, 10 días lo tradicional.
u$s 1265

MÉXICO, TAXCO, ACAPULCO, OAXACA, VILLAHERMOSA, MÉRIDA y CANCÚN, 21 días playas y maravillas arqueológicas y coloniales.
u$s 2575

USA y CARIBE

BAHAMAS, 9 días Grand Bahama, en el Club Fortuna con sistema "todo incluido".
u$s 1175

MIAMI o ISLAS VÍRGENES (St. Thomas) 9 días con opcionales a St. John y Virgin Gorda.
u$s 1560

FLORIDA (Miami y Orlando) **y CANCÚN** 17 días
u$s 1550

PERÚ y BOLIVIA

LIMA, AREQUIPA, CUZCO, MACHU PICCHU, PUNO, LA PAZ, 12 días la Ruta del Inca, en ómnibus, tren y aliscafo.
u$s 1760

PACÍFICO SUR

TAHITÍ, MOOREA, BORA BORA El paraíso 13 días, desayuno.
u$s 2690

AUSTRALIA, NUEVA ZELANDA, POLINESIA, 28 días, un "superviaje" para conocer los atractivos de estos hermosos países.
u$s 5950

USA y CANADÁ

NEW YORK, NIÁGARA, TORONTO, OTTAWA, MONTREAL, QUEBEC, BOSTON, 14 días tour en ómnibus con guía en castellano.
u$s 1815

Solicite los programas detallados con variantes de hoteles e itinerarios a su agente de viajes.

Operador Responsable

Tucumán 335 P. 3°
Tel. 312-9599/5784
Fax: 315-8778 DNT 404/77 - Leg. 450

ATALAYA TURISMO

3-22 Antes de ir. Answer the following questions based on what your classmate told you in Activity 3-21.

1. ¿Necesita su compañero/a sacar un pasaporte?
2. ¿Necesita una visa?
3. ¿Necesita hacer reservaciones?
4. ¿Desea pasar mucho tiempo en ese lugar?
5. ¿Debe hablar otra lengua en ese lugar?

1. Your friend is planning to go to a concert (**un concierto**). Find out a) where and when the concert is, b) who is going to sing, and b) who is going to play the guitar.

2. Tell your partner about your plans for tonight. Tell him/her a) where you are planning to go, b) with whom, and c) what you are planning to do. Inquire about his/her plans.

5. Numbers 100 to 2,000,000

100	cien/ciento _100 + the #_	1.000	mil
200	doscientos/as	1.100	mil cien
300	trescientos/as	2.000	dos mil
400	cuatrocientos/as	10.000	diez mil
500	quinientos/as _irregular_	100.000	cien mil
600	seiscientos/as	150.000	ciento cincuenta mil
700	setecientos/as *	500.000	quinientos mil
800	ochocientos/as	1.000.000	un millón (de)
900	novecientos/as *	2.000.000	dos millones (de) _+ noun_

■ Use **cien** to say 100 used alone or followed by a noun, and **ciento** for numbers from 101 to 199.

100 chicos   **cien** chicos
120 profesoras   **ciento veinte** profesoras

■ Multiples of 100 agree in gender with the noun they modify.

200 escritorios   **doscientos** escritorios
1.400 casas   **mil cuatrocientas** casas

■ Use **mil** for *one thousand*.

1.000   **mil alumnos, mil alumnas**

■ Use **un millón** to say *one million*. Use **un millón de** when a noun follows.

1.000.000   **un millón, un millón de personas**

■ Spanish normally uses a period to separate thousands, and a comma to separate decimals.

1.000 $19,50

In Spanish, numbers higher than one thousand are not stated in pairs as they often are in English. For example, 1942 must be expressed as *mil novecientos cuarenta y dos*, whereas in English it is often given as nineteen forty-two.

¿Qué dice usted?

3-23 Para identificar. Your instructor will say a number from each of the following series. Identify each one.

a. 114	360	850	524
b. 213	330	490	919
c. 818	625	723	513
d. 667	777	984	534
e. 1.310	1.420	3.640	6.860
f. 10.467	50.312	100.000	2.000.000

3-24 ¿Cuándo va a ocurrir? Exchange opinions with a classmate about when each of the following events will occur.

MODELO: Los científicos van a encontrar una cura para el cáncer.
E1: En el año 2005.
E2: Estoy de acuerdo.   o   No estoy de acuerdo.
                              Va a ser en el 2010.

1. Una mujer va a ser presidenta de los Estados Unidos.
2. Vamos a usar autos eléctricos en los Estados Unidos.
3. Los astrónomos van a descubrir otro planeta.
4. La universidad va a ser gratis *(free of charge)* en los Estados Unidos.
5. No vamos a tener más petróleo.
6. El inglés, el japonés y el español van a ser las lenguas oficiales del mundo.

Situaciones

1. Itemize your expenses for next week. You will go to the movies, spend the day at the beach, eat at a restaurant, and go dancing. Your partner will ask you how much you are going to spend (**gastar**) for each activity.

2. You would like to order some CDs (**discos compactos**) of your favorite singer (**cantante**) over the phone. The salesperson will ask for the following information: a) name, b) address, c) zip code (**código postal**), d) phone number, and e) your credit card (**tarjeta de crédito**) number and expiration date (**fecha de vencimiento**).

Some uses of *por* and *para*

In previous activities, you used **para** as an equivalent of *for*, with the meaning *intended* or *to be used for*: **Necesito un diccionario para la clase.** *I need a dictionary for the class.* You used **por** in expressions such as **por favor, por teléfono,** and **por la mañana/tarde/noche.** Other fixed expressions with **por** that you will find useful when communicating in Spanish follow:

por ejemplo	*for example*	**por lo menos**	*at least*
por eso	*that's why*	**por supuesto**	*of course*
por fin	*finally, at last*	**por ciento**	*per cent*

Now you will practice the use of **por** and **para** to express movement in space and time.

▪ Use **para** to indicate movement toward a destination.

Caminan **para** la playa.	*They walk toward the beach.*
Vamos **para** el túnel.	*We are going toward the tunnel.*

▪ Use **por** to indicate movement through or by a place.

Caminan **por** la playa.	*They walk along the beach.*
Vamos **por** el túnel.	*We are going through the tunnel.*

▪ You may also use **por** to indicate length of time or duration of an action. Many Spanish speakers omit **por** in this case.

Necesito el auto (**por**) tres días.	*I need the car for three days.*

¿Qué dice usted?

3-25 ¿Para dónde van? Read the following and tell where the people mentioned are going. Then find out where a classmate is going after class, and why.

MODELO: Jorge lleva su uniforme de fútbol.
　　　　　Va para el estadio.

1. Es la una de la tarde y Pedro desea comer.
2. Sebastián lleva una mochila con sus libros de química y una calculadora.
3. Migdalia y Roberto van a consultar unos libros porque tienen un examen.
4. Gregorio está muy enfermo y necesita ver al doctor.
5. Ana María va a ver una película de su actor favorito.
6. Amanda y Clara están muy elegantes y contentas. En este momento llegan Arturo y Felipe.

3-26 Mis actividades. You like to walk. A classmate asks about where, when, with whom, and why you enjoy walking. Answer his/her questions, then reverse roles.

mosaicos

A escuchar

A. Las grabaciones telefónicas. You are calling the museums listed below to find their hours of operation and where they are located. Indicate the information on the chart.

	HORAS	DIRECCIÓN
Museo de Arte	_____	Ave. Ponce de León
Museo de Historia	_____	San Martín
Museo de Antropología	_____	Calle de la Otra Banda
Museo de Ciencias Naturales	_____	Ave. Bolívar

B. ¿Quiénes van adónde y cuánto pagan? First, as you listen to the following statements, circle the words you hear. Then complete the chart, based on the information you obtain (point of reference: U.S.).

1. Agustina va a estar en (**Perú / México**). Ella va a pagar (**3.255 / 2.155**) dólares.
2. Tomás paga (**70.657 / 70.756**) pesetas y él (**no va / va**) a Latinoamérica.
3. El vuelo 332 (**no va / va**) a España.
4. El vuelo 900 (**no es / es**) internacional.
5. Adriana (**no va / va**) a un país de Norteamérica en el vuelo 201.
6. El vuelo a Lima (**es / no es**) el 606.
7. La persona que va a México paga 1.567.000 pesos y (**no toma / toma**) el vuelo 201.
8. Pablo (**va / no va**) a viajar por Estados Unidos y paga 564 dólares.

NOMBRE	DESTINO	VUELO	PRECIO
	Miami		
	Madrid		
	México		
	Lima		

 A conversar

3-27 Una encuesta. Working in small groups, tell each other what time you eat breakfast, lunch, and dinner. Then, with other groups, calculate the average times of meals for the class and compare them to the average times in Spain.

El desayuno

- ● No desayuna
- ● Antes de las 7 h
- ● De 7 a 8 h
- ● De 8 a 9 h
- ● De 9 a 10 h
- ● De 10 a 12 h
- ● Más tarde de las 12 h

2% 7% 5%
2%
15%
26%
25%

Hora media del desayuno   8,52

La comida

- ● Antes de las 13 h
- ● De 13 a 14 h
- ● De 14 a 15 h
- ● De 15 a 16 h
- ● Más tarde de las 16 h

1%
9% 9%
44%
37%

Hora media de la comida   14,02

La cena

- ● Antes de las 20 h
- ● De 20 a 21 h
- ● De 21 a 22 h
- ● De 22 a 23 h
- ● Más tarde de las 23 h

3%
13% 13%
31% 36%

Hora media de la cena   21,46
Resto hasta cien no cenan

3-28 ¿Qué comen sus compañeros? Survey your classmates to find out what they eat and drink at different meals.

MODELO: E1: Susana, ¿comes huevos en el desayuno?
E2: Sí, como huevos en el desayuno.

	DESAYUNO	ALMUERZO	CENA
huevos	Susana		
café			
jugo			
leche			
hamburguesa			
papas fritas			
ensalada			

Cultura

Mealtimes in Hispanic countries differ from those in the United States. Although there are differences among Hispanic countries, people typically eat breakfast at around 7:00 or 8:00 a.m. Breakfast often consists of **café con leche** (hot milk with strong coffee), **té**, or **chocolate caliente** with bread, a sweet roll, and sometimes juice or fruit. This is a light breakfast, so people sometimes have a snack in the late morning. Cereals are becoming more popular, especially among the younger generation. The main meal of the day is lunch (**el almuerzo** or **la comida**), eaten between 12:30 and 3:00 p.m., depending on the country. Supper (**la cena** or **la comida**) is served after 7:00 or 8:00 p.m., and sometimes as late as 10:00 or 11:00 in Spain.

 **A leer**

3-29 Preparación. Look at the postcard and answer the questions.

1. ¿Qué ciudad de Latinoamérica muestra esta postal?
2. En su opinión, ¿qué lugares de diversión hay en esta avenida?
3. ¿Qué hora es probablemente?
4. En su opinión, ¿cuál es la mejor hora para divertirse (*to have fun*)?
5. ¿Adónde va usted para divertirse?
6. Manejar un auto de noche, ¿es una diversión para usted?

3-30 Primera mirada. Read the ads from *El Mercurio*, a Chilean newspaper, and offer a solution for each of the problems on the following page.

CASA DE CENA
Tradicional comida chilena

Menú sábado y domingo
Aperitivo • Entrada • Plato de Fondo
Postre • Café **$ 4.250**
Carnes • Pescados • Mariscos finos

ALMIRANTE SIMPSON 20
(Entrada por Vicuña Mackenna Alt. 100)
RESERVAS   222 8900   FAX: 634 1080

NIÑOS

CORPORACIÓN CULTURAL DE LA REINA.
Santa Rita y Echeñique. 2277023. A las 12 y 16.
Bagdhadas. $ 1000.

TEATRO INFANTIL A DOMICILIO.
2320392. El Patito Feo. Adaptación del cuento de
Andersen. Compañía Nazca.

ALTO LAS CONDES. Av. Kennedy y Padre
Hurtado. A las 12, Show Especial de Navidad.

FANTASILANDIA. Desde las 15. $ 3000. Niños
$ 2700. Parque O'Higgins.

MAMPATO Desde las 10. Entrada general todos
los juegos Niños $ 2000. Raúl Labbe 12670.

MUNDO MÁGICO. De las 11. $ 2500. Niños
$ 2200. General Bonilla 6100.

PLANETARIO. A las 12, 17 y 19. Adultos
$ 1200.

Niños $ 600. Alameda 3349, 761217.

ZOOLÓGICO METROPOLITANO. De 9 a 18.
$ 900. Niños y 3ra edad $ 300. Cerro San
Cristóbal, 770387.

PROBLEMAS

1. El señor y la señora Pérez tienen cuatro hijos entre tres y ocho años de edad. A los niños les fascinan los animales, en particular las especies no existentes en Chile, por ejemplo los leones africanos, los elefantes, los tigres, las serpientes, etcétera. También les gustan mucho todos los entretenimientos de Disney. Toda la familia desea salir este fin de semana, pero tiene poco dinero. ¿Adónde van a ir probablemente? ¿Por qué?

2. El señor Matthew, un turista norteamericano, visita Santiago por primera vez. Él piensa que es una buena idea ver todo lo típico de Chile. Este fin de semana no va a trabajar y va a tener suficiente tiempo para otras actividades. Al señor Matthew le gusta mucho escuchar música clásica y comer bien. ¿Qué debe hacer durante el fin de semana?

3. Hoy es el cumpleaños de Oscarín, el hijo de María Eliana. ¡Ya tiene seis años! Pero el niño está tranquilo en casa. El doctor dice que no debe caminar porque se fracturó una pierna. Oscarín está muy triste porque no va a celebrar su fiesta de cumpleaños con sus amigos, pero su mamá tiene una sorpresa para él. ¿Qué va a hacer María Eliana?

4. Cuatro médicos alemanes visitan el Centro de Investigaciones del Cáncer. El Dr. Parra, Director del Centro, desea invitar a sus colegas a un buen lugar esta noche para comer productos de mar chilenos. Él desea un restaurante cómodo, con buena comida y excelente atención. Hoy va a ser muy difícil porque es el 23 de diciembre, cuando mucha gente cena fuera de casa, y hace 35° (98° Farenheit). ¿A qué restaurante va a invitarlos? ¿Qué va a hacer antes de ir? ¿Por qué?

3-31 Segunda mirada. Go back and read the ads again to answer the following questions.

1. En el anuncio del Ballet del Teatro Colón, ¿qué palabra indica que no es necesario ir al teatro para comprar las entradas?
2. ¿Cómo se dice 19:00 horas de otra manera?
3. ¿Qué expresión en el anuncio del restaurante El refrán es un sinónimo de "reservación"?
4. En la sección de niños, Zoológico Metropolitano, ¿qué significa 3ra edad? ¿Cuántos años tiene como mínimo una persona de la 3ra edad?
5. Busque dos cognados de cada anuncio y escríbalos en su cuaderno.

 A escribir

The writing process—the series of steps you follow to produce a clear and effective piece of writing—is the same in any language. First you organize your thoughts, perhaps by writing an outline. Then you write a first draft. As you write, or once you finish, you may revise to find better ways of expressing your ideas. For example you may change the organization, rewrite sentences or choose better words. Finally, you correct any inaccuracies such as errors in spelling, punctuation, accent marks, etc.

Questions, asked orally or in writing, play an important role in our daily life. We read and/or write questions at school or at home, in letters, memos, and notes. Questions may reflect our inquisitive nature, our quest for needed information, or simply our need to fill a communication gap. The manner in which we ask questions is determined by the person whom we ask, and affects the way that person responds. Thus, we need to take special care with our word choice and register. (Shall we address the person as **usted** or **tú**?)

3-32 Manos a la obra: fase preliminar. As a journalist working for the university newspaper, you're looking to identify the "Student of the Year." With a classmate, develop two questionnaires: one for a potential candidate, and another for the student's mother or father. What information will you need? Probably ...

- información personal básica del candidato
- sus rasgos (características) de personalidad excepcionales
- su rutina diaria, especialmente aquellas actividades que diferencian a esta persona del estudiante promedio (*average*)
- sus planes académicos y personales
- otra

After preparing the questionnaires, interview one classmate in the role of the candidate and another in the role of the candidate's mother/father. You should verify the information from both parties and take notes or record your conversation for the next phase of the activity.

3-33 Manos a la obra. Now write a report (**un informe**) to the Editor about the candidate. Use the following guidelines.

¿Qué va a decir usted sobre el/la candidato/a? Probablemente va a …

- dar (*give*) datos generales del alumno: nombre completo, edad, rasgos de personalidad, etcétera.
- destacar (*pinpoint*) sus actividades diarias y sus planes que indican que es un/a estudiante modelo
- reportar la opinión que el padre/la madre tiene de su hijo/a
- dar su opinión personal del/de la candidato/a

_____de_____de ___

Estimad__ Sr./Sra./Srta._____:

Acabo de entrevistar al/a la alumn___ _____
y a su madre/padre, el/la señor/a _____. Nuestra
conversación fue muy _____.

En mi opinión, el/la candidat___
_____
_____

Sin otro particular, me despido de usted

Atte.,
_____ (Firma)

3-34 Revisión. After completing your report, discuss the content and style of your writing with your peer editor/reader. Then make any necessary changes.

 # Expresiones útiles

The following expressions may come in handy:

◼ To discuss content:

No comprendo la/esta palabra/expresión.
Necesito más información. No hay suficiente información sobre …
¿Qué significa …? (*What does … mean?*)
¿Por qué dices …? (*Why do you say …?*) etc.

◼ To discuss grammar and mechanics:

Necesitas conjugar el verbo …   necesitas un punto (.)
la palabra 'también' necesita acento   una coma (,)
el verbo … es mejor en este contexto   punto y coma (;) etc.

Vocabulario*

Comunicación

el periódico	*newspaper*
la revista	*magazine*

Diversiones

la canción	*song*
el cumpleaños	*birthday*
la fiesta	*party*
la guitarra	*guitar*
la música	*music*
la película	*film*
la reunión	*meeting, gathering*
la sorpresa	*surprise*

Personas

la camarera	*waitress*
el camarero	*waiter*
la gente	*people*
el/la joven	*young man/woman*
el muchacho	*boy, young man*
la muchacha	*girl, young woman*

Descripciones

caliente	*hot*
ciencia-ficción	*science-fiction*
dulce	*sweet*
favorito/a	*favorite*
frío/a	*cold*
frito/a	*fried*
justo/a	*fair*
rápido/a	*fast*

En un café o restaurante

el agua	*water*
el almuerzo	*lunch*
el arroz	*rice*
la bebida	*drink*
el bistec	*steak*
la cena	*dinner, supper*
el cereal	*cereal*
la cerveza	*beer*
la comida	*dinner, supper*
el desayuno	*breakfast*
la ensalada	*salad*
los espaguetis	*spaghetti*
la fruta	*fruit*
la hamburguesa	*hamburger*
el helado	*ice cream*
el huevo	*egg*
el jamón	*ham*
el jugo	*juice*
la leche	*milk*
la lechuga	*lettuce*
la mantequilla	*butter*
la naranja	*orange*
el pan	*bread*
la papa	*potato*
las papas fritas	*French fries*
el pescado	*fish*
el plato principal	*main course*
el pollo	*chicken*
el queso	*cheese*
el refresco	*soda*
el sándwich	*sandwich*
la sopa	*soup*
el té	*tea*
el tomate	*tomato*
la tostada	*toast*
el vegetal	*vegetable*
el vino	*wine*

Verbos

alquilar	to rent
beber	to drink
cantar	to sing
celebrar	to celebrate
cenar	to have dinner
comer	to eat
deber	ought to, should
decidir	to decide
descansar	to rest
desear	to want
escribir	to write
ir	to go
leer	to read
nadar	to swim
terminar	to finish
tocar (un instrumento)	to play (an instrument), to touch
tomar	to drink
tomar el sol	to sunbathe
ver	to see
vivir	to live

Tiempo

después	after, afterwards
durante	during
esta noche	tonight
mientras	meanwhile
pasado mañana	the day after
el próximo año	next year
el próximo mes	next month
la próxima semana	next week

Lugares

el cine	movies
la ciudad	city
el mar	sea
la playa	beach
el país	country, nation

Palabras y expresiones útiles

¿adónde?	where (to)?
al	to the (contraction of a + el)
al aire libre	outdoors
cenar (comer) fuera	to eat out
estar a dieta	to be on a diet
estar de acuerdo	to agree
hasta pronto	see you soon
para mí	for me
sólo	only

* See page 99 for the numbers 100 to 2.000.000.
  See page 101 for expressions with **por** and **para.**

El cine, el teatro, las peñas

Para pensar

¿Qué hace Ud. cuando quiere pasar un rato agradable? ¿Adónde va? ¿a la playa, al cine, al teatro, a una discoteca, al parque? ¿Con quién va a estos lugares?

En los países hispanos hay muchos lugares adonde se puede ir y muchas actividades que se pueden hacer para pasar un rato agradable. Como el clima es cálido en muchos países, se puede ir a la playa durante todo el año a bañarse, tomar el sol, navegar en velero, etcétera. Sin embargo, también hay muchas otras cosas que se pueden hacer además de ir a la playa. A mucha gente le gustan las corridas de toros (*bullfights*) o las carreras de caballos (*horse races*) y por eso van a la Plaza de Toros o al Hipódromo. Otras personas prefieren ir a un cine y disfrutar de una película americana, francesa, italiana, sueca o alemana. Hay muchos cines y las películas extranjeras están dobladas (*dubbed*) o tienen subtítulos en español. Para los que prefieren el ballet, la ópera o la zarzuela (*Spanish operetta*) hay muchos teatros que presentan gran variedad de obras. Por otra parte, hay personas que prefieren sentarse tranquilamente con sus amigos y conversar con ellos. Estas personas disfrutan en los muchos cafés que hay en todas las ciudades y los pueblos. Si quieren conversar pero también disfrutar de una obra de teatro, pueden ir a los café-teatros donde se presentan comedias cortas, y donde además se puede comer y tomar un café o una copa (*cocktail*).

En algunos países, como en el Perú por ejemplo, además de las playas, cines, teatros, plaza de toros, hipódromo, discotecas y café-teatros, hay muchas peñas. Las peñas son lugares donde se presentan cantantes de música criolla y conjuntos de bailes folclóricos. Mucha gente va a las peñas no solamente a disfrutar del espectáculo que ofrecen, sino también a bailar, a cantar, a comer comida criolla, pero sobre todo a pasar un rato muy, pero muy agradable. En resumen, ¡en el mundo hispano hay muchas cosas que hacer para divertirse!

Baile, Cuzco, Perú

Para contestar

Las diversiones. Con su compañero/a, responda a las siguientes preguntas.

1. Si ustedes son personas muy activas y visitan un país hispano, ¿a qué lugares pueden ir? ¿Qué pueden hacer allí?
2. Si prefieren actividades más relajantes, ¿qué pueden hacer en un país hispano?
3. Si quieren aprender algo más de la cultura de un país hispano, ¿adónde pueden ir? ¿Qué pueden aprender allí?

Riqueza cultural. En grupos de tres discutan qué actividades se pueden hacer en los países hispanos que no se pueden hacer en los Estados Unidos.

Para investigar en la WWW

1. Busque el nombre de algunas playas y balnearios (*resorts*) famosos en el Perú. Diga dónde quedan, qué actividades se pueden hacer allí, cuánto cuesta ir desde su ciudad por avión, etcétera.
2. Busque información acerca de los bailes folclóricos del Perú o de otros países hispanos. ¿Cómo son? ¿Cómo es la música? ¿Qué instrumentos usan? ¿Cómo son los trajes *(costumes)* que usan los bailarines?
3. En un periódico peruano busque un anuncio que presente información acerca de los espectáculos que se presentan esta semana en una peña. Averigüe el nombre de la peña, dónde está, a qué hora abre, qué artistas se presentan, cuánto cuesta el espectáculo, etcétera.

El Perú

Ciudades importantes y lugares de interés:

Lima, la capital, tiene cerca de siete millones de habitantes. Es una ciudad que tiene partes antiguas de gran belleza y valor histórico y partes modernas.
Hay muchos museos de importancia, como el Museo de Oro y el Museo de la Nación. El Museo de Oro tiene una excelente colección de joyería (*jewelry*) y objetos precolombinos; el Museo de la Nación exhibe joyería, artesanía y gran variedad de objetos de las civilizaciones indígenas que se desarrollaron en el Perú. Trujillo, una ciudad al norte de Lima, mantiene su encanto colonial. Cerca de Trujillo se encuentran las ruinas de las antiguas civilizaciones Mochica y Chimú.
Otra ciudad importante es Cuzco, la antigua capital del Imperio de los Incas. Cerca de Cuzco se encuentran las ruinas de la ciudad inca de Machu Picchu y la fortaleza de Sacsayhuamán.

Expresiones peruanas:

Me conseguí una chamba.
I got myself a job.

¡Maldito!
Great!

Plaza de Armas, Lima

111

Lección 4
La familia

COMUNICACIÓN

- Identifying and describing family members
- Describing physical and emotional states
- Expressing preferences, desires, and feelings
- Expressing possession
- Expressing how long events and states have been going on

ESTRUCTURAS

- Present tense of stem-changing verbs: e → ie, o → ue, e → i
- Expressions with **tener**
- Possessive adjectives
- Present tense of **hacer, poner, salir, traer,** and **oír**
- ALGO MÁS: **Hace** with expressions of time

MOSAICOS

A ESCUCHAR

A CONVERSAR

A LEER

- Anticipating and inferring topic

- Guessing meaning of new words through context clues and identifying suffixes

A ESCRIBIR

- Communicating personal feelings

ENFOQUE CULTURAL

- La familia hispana
- Colombia

113

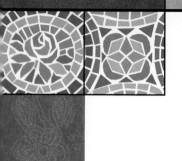

Las familias

A family photo of 3 generations

Una foto familiar de tres generaciones: abuelos, hijos y nietos.

grandparents (sons or children)

grandchildren

A Puerto Rican family in

Una familia puertorriqueña de Nueva York celebra el bautizo de su hija. Las relaciones entre los padrinos, los ahijados y sus padres son muy importantes en la cultura hispana.

NY celebrates the baptism of a daughter

The relationships between the grandparents & grandchildren parents of the very are very important in the

hispanic culture

La familia de Manolito

don José — doña Olga

María — Jorge — Herminia — Elena — Jaime

Elenita — Ana — Jorgito — Inés — Manolito

Manolito habla de su familia

live ĉ my parents, my sister +

Me llamo Manolito Méndez Sánchez y vivo con mis padres, mi hermana y

my grandparents in a condo 14)

mis abuelos en un condominio en Tegucigalpa, la capital de Honduras.

My mother has a brother, my uncle Jorge. His wife is   my aunt Maria.

Mi madre tiene un hermano, mi tío Jorge. Su esposa es mi tía María. Tienen *they have 3*

children + they also live in   cousin   the youngest

tres hijos y viven también en Tegucigalpa. Mi primo Jorgito es el menor. Mis *my little*

cousins   are twins   are very nice +

primas Elenita y Ana son gemelas. Mis primos son muy simpáticos y

pasamos mucho tiempo juntos.

we spend lots of time tog.
my aunt + uncle only have 2 nieces +   nephews.   sister   + me

Mis tíos sólo tienen dos sobrinos en Tegucigalpa, mi hermana Inés y yo. Su *Their other niece, the*

daughter of my aunt   live in Costa Rica

otra sobrina, la hija de mi tía Herminia, vive en Costa Rica.

favorite godchild my little sister is Ines.   3 yrs. old

La nieta favorita de mis abuelos es mi hermanita Inés. Sólo tiene tres años y

es la menor de todos sus nietos.

¿Qué dice usted?

4-1 Asociación. Asocie la descripción a la izquierda con la palabra indicada.

wife of my father
1. La esposa de mi papá   2 a. primo
brother of my cousin
2. El hermano de mi prima   4 b. nieto
parents of my father
3. Los padres de mi papá   1 c. madre
4. El hijo de mi hijo   3 d. abuelos
5. El hermano de mi mamá   5 e. tío
brother of my mother

4-2 La familia de Manolito. Complete las siguientes oraciones de acuerdo
con el árbol genealógico *(family tree)* de Manolito.

sister
1. La hermana de Manolito se llama __Ines__. *parents They have*
2. Don José y doña Olga son los __abuelos__ de Manolito. Ellos tienen
   __tres__ hijas y __tres__ hijo.
3. Manolito es el _____ de Jaime.
4. Jaime es el __padre__ de Manolito, y Elena es la __hermana__ *sister*
5. Inés y Ana son __primas__. Elenita y Ana son __hermanas__
6. Don José y doña Olga tienen __dos__ nietos y __tres__ nietas en
   Tegucigalpa.
7. Elena es la _____ de Jorgito, Elenita y Ana.
8. Herminia es la __hermana__ de Jorge y Elena.

4-3 ¿Quién es y cómo es? Escoja a un familiar de Manolito. Su compañero/a
debe decir cuál es su parentesco *(family relationship)* con Manolito y usar la
imaginación para dar información adicional.

MODELO: E1: ¿Quién es Elenita?
        E2: Es la prima de Manolito. Tiene dieciocho años y estudia
            psicología. Es muy simpática y tiene muchos amigos.

Otros miembros de la familia de Manolito

Paula   Sergio

Herminia   Osvaldo

Roberto

Petra

only sister of my mother is my aunt

La única hermana de mi mamá es mi tía Herminia. Herminia y Sergio
are *divorced but they have daughter, cousin* *Now aunt*
están divorciados pero tienen una hija, mi prima Petra. Ahora tía Herminia
está casada con Osvaldo. Sergio está casado con Paula y tienen un hijo, *son*
godmother *half brother*
Roberto. Paula es la madrastra de Petra, y Roberto es su medio hermano.

¿Qué dice usted?

4-4 ¿Cierto o falso? Marque la columna adecuada de acuerdo con la
información sobre la familia de Herminia.

	CIERTO	FALSO
1. La tía Herminia está casada con Sergio.		✓
2. Osvaldo es el papá de Roberto.		✓
3. Paula es la madrastra de Roberto.		✓
4. Herminia es la madre de Petra.	✓	
5. Petra tiene un medio hermano.	✓	

Each student should prepare a small family

4-5 Mi familia. Cada estudiante debe preparar un pequeño árbol *tree*
genealógico y hablar sobre sus parientes.
+ talk on their relatives
MODELO: Mi hermano se llama Bob. Es soltero y tiene treinta años. Vive
en Chicago y trabaja en un banco. Bob es alto, delgado y
muy simpático.

¿Qué hacen los parientes?

Jorgito corre y juega con otros niños en el parque. En la casa, él quiere jugar con su perro Sansón, pero Sansón es muy perezoso y siempre tiene sueño.

Sansón es un perro muy bueno y muy tranquilo. Elenita y su novio piensan que es un poco tonto. Cuando Sansón sale con ellos y ve otros perros, tiene mucho miedo.

Elenita va al gimnasio para hacer ejercicio y Anita va a sus clases de baile dos veces a la semana. Cuando llegan a la casa tienen mucha sed. ¿Y Sansón? Bueno, Sansón siempre tiene hambre.

Mi tío Jorge es una persona muy ocupada y siempre tiene prisa. Mi tía María es muy tranquila y nunca tiene prisa.

Por la noche, mi abuela tiene frío, pero todos nosotros tenemos calor.

¿Qué dice usted?

4-6 ¿Cierto o falso? Conteste de acuerdo con la información adicional sobre la familia de Manolito.

	CIERTO	FALSO
1. Jorgito es un niño perezoso.	___	___
2. Sansón es un perro muy valiente.	___	___
3. Elenita pasea con su novio y Sansón.	___	___
4. Anita tiene clases de baile todos los días.	___	___
5. El tío Jorge trabaja mucho.	___	___
6. Por la noche la abuela tiene calor.	___	___

4-7 Firmas. ¿Cómo son las familias de mis compañeros/as?

MODELO: tener cuatro abuelos
    ¿Quien tiene cuatro abuelos?

1. tener dos hermanos   _____
2. vivir con los padres   _____
3. tener muchos primos   _____
4. ser hijo/a único/a   _____
5. tener madrastra/padrastro   _____
6. tener medio hermano/a   _____

4-8 Entrevista. Hable con su compañero para saber más de su familia.

vivo sola *How many people live in your house Who are they   What're they like*
1. ¿Cuántas personas viven en tu casa? ¿Quiénes son? ¿Cómo son?
   ¿Cuántos años tienen? *How old are they*
2. ¿Trabajan? ¿Estudian? ¿Qué hacen por la noche? ¿Miran la televisión?
3. ¿Quién es tu familiar favorito? ¿Por qué?
4. ...

A escuchar

Las familias. You will hear descriptions of four families. Mark the appropriate column to indicate whether the family is big or small.

GRANDE	PEQUEÑA		GRANDE	PEQUEÑA
1. ___	___		3. ___	___
2. ___	___		4. ___	___

Explicación y expansión

1. Present tense of stem-changing verbs (e → ie, o → ue, e → i)

PENSAR (E → IE) (to think)			
yo	pienso	nosotros/as	pensamos
tú	piensas	vosotros/as	pensáis
Ud., él, ella	piensa	Uds., ellos/as	piensan

VOLVER (O → UE) (to return)			
yo	vuelvo	nosotros/as	volvemos
tú	vuelves	vosotros/as	volvéis
Ud., él, ella	vuelve	Uds., ellos/as	vuelven

PEDIR (E → I) (to ask for, to order)			
yo	pido	nosotros/as	pedimos
tú	pides	vosotros/as	pedís
Ud., él, ella	pide	Uds., ellos/as	piden

■ These verbs change the stem vowel **e** to **ie**, **o** to **ue**, and **e** to **i** except in the **nosotros** and **vosotros** forms.[1]

■ Other common verbs and their vowel changes are:

e → ie	o → ue	e → i
cerrar (*to close*)	almorzar (*to have lunch*)	servir (*to serve*)
empezar (*to begin*)	costar (*to cost*)	repetir (*to repeat*)
entender (*to understand*)	dormir (*to sleep*)	
pensar (*to think*)	poder (*to be able to, can*)	
preferir (*to prefer*)		
querer (*to want, to love*)		

■ Use **pensar** + *infinitive* to express intention.

Pienso estudiar esta noche.	*I plan to study tonight.*
Pensamos comer a las ocho.	*We're planning to eat at 8:00.*

[1]Stem-changing verbs are identified in vocabulary lists as follows: **pensar** (ie); **volver** (ue); **pedir** (i).

- Note the irregular **yo** form in the following **e → ie** and **e → i** stem-changing verbs.

tener *(to have)*	**tengo**, tienes, tiene, tenemos, tenéis, tienen
venir *(to come)*	**vengo**, vienes, viene, venimos, venís, vienen
decir *(to say, tell)*	**digo**, dices, dice, decimos, decís, dicen
seguir *(to follow)*	**sigo**, sigues, sigue, seguimos, seguís, siguen

- The verb **jugar** (*to play* a game or a sport) changes **u** to **ue**.

  Mario **juega** muy bien, pero nosotros **jugamos** regular.

2. Expressions with *tener*

- Spanish uses **tener** + *noun* in many cases where English uses *to be* + *adjective*. You have already seen the expression **tener ... años.** These expressions always refer to people or animals but never to things.

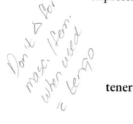

	hambre		*hungry*
	sed		*thirsty*
	sueño		*sleepy*
	miedo		*afraid*
tener	calor	*to be*	*hot*
	frío		*cold*
	suerte		*lucky*
	cuidado		*careful*
	prisa		*in a hurry*
	razón		*right, correct*

- With these expressions use **mucho/mucha** to indicate *very.*

  Tengo **mucho** calor. (frío, miedo, sueño, cuidado)
  Tienen **mucha** hambre. (sed, suerte, prisa)

- Use **tener** + **que** + *infinitive* to express obligation.

  Tengo que terminar hoy.   *I have to finish today.*

- Use **hay que** + *infinitive* to express obligation without emphasizing the subject.

  Hay que terminar hoy.   *It's necessary to finish today.*

¿Qué dice usted?

4-9 Asociaciones. Asocie las oraciones de la izquierda con las expresiones de la derecha.

1. Mi hermano va a comer mucho.
2. Mi hermana duerme 10 horas.
3. Mis primos están en el Polo Norte.
4. Mis abuelos toman mucha agua.
5. Mi mamá gana cuando juega a la lotería.
6. Son las 8:00 y necesito estar en casa a las 8:10.

4 a. Tienen sed.
6 b. Tengo prisa.
5 c. Tiene suerte.
2 d. Tiene sueño.
3 e. Tienen frío.
1 f. Tiene hambre.

4-10 ¿Cómo están estas personas?

MODELO: Pablo tiene frío.

Pablo

Lázaro *tiene hambre*

Sixto y Daniel *tienen sed y calor*

Josefina *tiene sed*

Julio *tiene miedo*

Aida *tiene sueño*

4-11 Preferencias de la familia. Diga qué prefieren tomar o comer usted y otro miembro de su familia. Después pregúntele a su compañero/a.

MODELO: jugo, café o té

   E1: Yo prefiero tomar té, pero mi hermano prefiere tomar café. ¿Y tú?

   E2: Pues yo prefiero té.

1. leche, chocolate o café
2. jugo, refresco o agua mineral
3. vino, cerveza o champaña
4. pollo, bistec o pescado
5. la comida mexicana, la comida italiana o la comida española

4-12 ¿Qué piensan hacer estas personas?

MODELO: Mi hermano desea estar delgado.

   Él piensa correr mucho (o estar a dieta, o comer poco).

1. Mi hermana tiene un examen mañana.
2. Mi tía está muy enferma.
3. Mis abuelos están de vacaciones.
4. Mi primo y yo vamos a un restaurante español esta noche.
5. Yo voy a ir a México.

4-13 La familia Altagracia. ¿Qué tienen que hacer los miembros de esta familia?

MODELO: Pedrito necesita unos libros para sus clases.

   Tiene que ir a la biblioteca/la librería.

1. La madre quiere ver una película argentina. *mother wants to see an argentina movie*
2. El niño tiene mucha hambre. *hungry*
3. Pedrito quiere sacar buenas notas. *wants to get good grades*
4. El papá está muy gordo. *my father is very fat*
5. La madre trabaja mucho. *work less*
6. Magdalena no entiende los problemas de matemáticas.

[handwritten margin notes: tiene que ir el cine / tiene que corre. / tiene que estudio mucho / No tiene que comer hambur guesa? / tiene que trabaja menos? / Tiene que secar tutor]

4-14 ¿Qué puede hacer? Usted es médico/a y su amigo/a le pide su opinión sobre las cosas que puede o no puede hacer su hijo enfermo.

MODELO: beber leche

   E1: ¿Puede beber leche?

   E2: Sí, puede beber leche.   o   No, no puede beber leche.

1. hacer ejercicio
2. jugar con otros niños
3. ir a la escuela *No puede va a la escuela*
4. comer fruta
5. tomar el sol
6. tomar aspirina

4-15 Comidas y bebidas. Pregúntele a su compañero/a qué pide para comer y beber en estos lugares. Él/Ella debe hacerle las mismas preguntas.

MODELO: en un partido de béisbol
   E1: ¿Qué pides en un partido de béisbol?
   E2: Pido un perro caliente y un refresco.

1. en un restaurante elegante
2. en un McDonald's
3. en un partido de fútbol
4. en un restaurante en la playa
5. en una pizzería
6. en un café al aire libre

4-16 Entrevista. Entreviste a su compañero/a. Después su compañero/a debe entrevistarlo/la a usted.

1. ¿A qué hora almuerzas? ¿Dónde? ¿Con quién?
2. ¿Qué prefieres almorzar?
3. ¿Qué bebes a la hora del almuerzo?
4. ¿Tienes sueño después del almuerzo? ¿Duermes la siesta?
5. ¿Vuelves a la universidad después del almuerzo?
6. ¿Qué tienes que hacer en tu casa por la tarde?

4-17 Una reunión. Usted y sus compañeros/as organizan una reunión del club de español. Deben explicarles los siguientes puntos a otros/as compañeros/as.

1. a qué hora empieza la reunión
2. número de personas que vienen
3. personas que no pueden venir
4. comida y bebida que van a servir
5. qué quieren hacer en la reunión
6. qué tienen que hacer sus compañeros/as

Situaciones

1. Find out a) what city your partner prefers to visit, b) why, c) when he/she is planning to go, and d) with whom.

2. Pretend that you are in your favorite restaurant. Use the verb **querer** to tell your partner all of the things that you want to drink and eat. Your partner should do the same.

3. Possessive adjectives

ADJECTIVES	
mi(s)	*my*
tu(s)	*your* (familiar)
su(s)	*your* (formal), *his, her, its, their*
nuestro(s), nuestra(s)	*our*
vuestro(s), vuestra(s)	*your* (familiar plural)

■ These possessive adjectives always precede the noun they modify.

mi mamá   **tu** hermana

■ Possessive adjectives change number (and gender for **nosotros** and **vosotros**) to agree with the thing possessed, not with the possessor.

mi casa, **mis** casas
nuestro padre, **nuestros** padres; **nuestra** familia, **nuestras** primas

■ **Su** and **sus** have multiple meanings. To ensure clarity, you may use **de** + the name of the possessor or the appropriate pronoun.

su madre = la madre

de ella (la madre de Elena)
de él (la madre de Jorge)
de usted
de ustedes
de ellos (la madre de Elena y Jorge)
de ellas (la madre de Elena y Olga)

¿Qué dice usted?

4-18 Comparaciones. Con su compañero/a, comparen las siguientes personas y cosas.

MODELO: E1: Mi bicicleta es negra y fea. ¿Cómo es tu bicicleta?
E2: Es azul y bastante vieja.

1. la familia
2. el/la novio/a
3. los primos
4. el restaurante favorito
5. las clases
6. la computadora
7. el perro
8. la casa/el apartamento

4-19 Mi familia. Marque sus respuestas en la columna correspondiente. Después entreviste a su compañero/a y entre los/las dos comparen sus respuestas.

	YO		MI COMPAÑERO/A	
	SÍ	NO	SÍ	NO
1. Vive en una ciudad grande.	_____	_____	_____	_____
2. Otros familiares viven con nosotros.	_____	_____	_____	_____
3. Siempre pasamos las vacaciones juntos.	_____	_____	_____	_____
4. Podemos conversar sobre muchos temas.	_____	_____	_____	_____
5. La abuela prepara el almuerzo y la cena.	_____	_____	_____	_____
6. Nuestros amigos vienen a la casa frecuentemente.	_____	_____	_____	_____

4-20 Nuestra universidad. Preparen una pequeña presentación oral sobre su universidad usando la forma correcta de **nuestro**. Algunos temas que pueden usar son: profesores, clases, estudiantes, equipo de fútbol o baloncesto.

Situaciones

1. Find out where your partner's family is from and what they do together as a family.

2. Find out who your partner's favorite family member is and why. Ask him/her to describe this person.

4. Present tense of *hacer, poner, salir, traer,* and *oír*

El padre pone la mesa.
set the table

La madre oye las noticias.
listens to the news

she brings toast to the table
La hija trae las tostadas a la mesa.

makes the bed
El hijo hace la cama.

El abuelo pone la televisión.
turns on the tv

La familia desayuna y sale.
they eat have breakfast + leave

HACER (to make, to do)			
yo	**hago**	nosotros/as	**hacemos**
tú	**haces**	vosotros/as	**hacéis**
Ud., él, ella	**hace**	Uds., ellos/as	**hacen**

PONER (to put)			
yo	**pongo**	nosotros/as	**ponemos**
tú	**pones**	vosotros/as	**ponéis**
Ud., él, ella	**pone**	Uds., ellos/as	**ponen**

■ **Poner** normally means *to put*. However, with electrical appliances, **poner** means *to turn on*.

Él va a **poner** los platos en la mesa.　　*He's going to put the plates on the table.*

Yo **pongo** la televisión por la tarde.　　*I turn on the T.V. in the afternoon.*

SALIR (to leave)			
yo	salgo *or go out*	nosotros/as	salimos
tú	sales	vosotros/as	salís
Ud., él, ella	sale	Uds., ellos/as	salen

- **Salir** can be used with several different prepositions: to express that you are leaving a place, use **salir de**; to express the place of your destination, use **salir para**; to express with whom you go out or the person you date, use **salir con**; to express what you are going to do, use **salir a**.

Yo **salgo de** mi cuarto ahora.	*I'm leaving my room now.*
Salgo para tu casa.	*I'm leaving for your house.*
Ella **sale con** Mauricio.	*She goes out with Mauricio.*
Salimos a bailar.	*We're going out to dance.*

TRAER (to bring)			
yo	traigo	nosotros/as	traemos
tú	traes	vosotros/as	traéis
Ud., él, ella	trae	Uds., ellos/as	traen

OÍR (to hear)			
yo	oigo	nosotros/as	oímos
tú	oyes	vosotros/as	oís
Ud., él, ella	oye	Uds., ellos/as	oyen

¿Qué dice usted?

4-21 ¿Quién hace estas cosas en su casa? Marque sus respuestas en la tabla y conteste las preguntas de su compañero/a.

MODELO: preparar la cena
E1: ¿Quién prepara la cena?
E2: Mi mamá prepara la cena.

ACTIVIDADES	MAMÁ	PAPÁ	YO	?
comprar la comida *food*			✓	
poner la mesa *sets the table*				
hacer el desayuno *make breakfast*				
hacer las camas *make the bed*				
poner la televisión				
oír las noticias por la tarde				

4-22 Intercambio. Hoy la familia de su compañero/a está muy ocupada. Hágale preguntas a su compañero/a para saber a qué hora salen y para dónde van las personas que aparecen en la tabla.

MODELO: E1: ¿A qué hora sale Juan?
E2: (Sale) a las 8 de la mañana.
E1: ¿Para dónde va Alicia?
E2: Va para la estación de autobuses.

NOMBRE	HORA	ACTIVIDAD
Juan	8:00 a.m.	gimnasio
Alicia	9:30 a.m.	estación de autobuses
tus tíos	11:00 a.m.	playa
tu sobrino	2:00 p.m.	aeropuerto
tú	…	…

4-23 Las clases de español de mi hermano. Hable con su compañero/a sobre las actividades escolares de su hermano. Después, pregúntele sobre sus actividades.

MODELO: E1: Mi hermano tiene la clase por la mañana. ¿Y tú?
E2: Yo tengo la clase por la tarde.   o   Yo también tengo la clase por la mañana.

1. Él hace la tarea por la noche. ¿Y tú?
2. Sale para la universidad a las nueve. ¿Y tú?
3. Pone la tarea sobre el escritorio del profesor. ¿Y tú?
4. A veces no trae los libros a la clase. ¿Y tú?
5. Sale de la clase a las diez. ¿Y tú?
6. Oye los casetes en el laboratorio. ¿Y tú?

4-24 Entrevista. Usted quiere saber qué hace su compañero/a en su tiempo libre. Hágale las siguientes preguntas.

1. ¿A qué hora sales de la universidad? *Salgo a las nueve seis de la noche*
2. Después de tus clases, ¿sales para tu casa o para otro lugar? *Salgo para tu casa*
3. ¿Qué haces cuando llegas a tu casa? *Yo bebo la bebes*
4. ¿Cuándo pones la televisión? *No pongo la television*
5. ¿Qué programa prefieres? *Prefiero*
6. ¿Con quién sales los fines de semana? ¿Adónde van?
Salgo con mi amiga

4-25 ¿De dónde salen, con quién y para dónde? Mire el dibujo y complete el siguiente párrafo con la forma correcta de **salir + de, para** o **con**.

1. Javier y Marcelo son amigos. Ellos _____ la casa de Javier. _____ el cine. Javier siempre _____ Marcelo los domingos por la tarde.

Ahora complete el siguiente párrafo de acuerdo con sus propias actividades y su propio horario. Compare sus respuestas con las de su compañero/a.

2. Yo _____ casa a las _____ de la mañana. _____ la universidad. Llego a la universidad a las _____. Las clases terminan a las _____. A esa hora _____ casa. Por las noches _____ mi novio/a.

Find out the following information about your partner's family: a) who sets the table, b) who prepares breakfast, c) who makes the beds, and d) what time each family member leaves the house.

Situaciones

Hace with expressions of time

- To say that an action/state began in the past and continues into the present, use **hace** + *length of time* + **que** + *present tense.*

  Hace dos horas que juegan.   *They've been playing for two hours.*

- If you begin the sentence with the present tense of the verb, do not use **que.**

  Trabajan hace dos horas.   *They've been working for two hours.*

- To find out how long an action/state has been taking place, use **cuánto tiempo** + **hace que** + *present tense.*

  ¿Cuánto tiempo hace que juegan?   *How long have they been playing?*

¿Qué dice usted?

4-26 Para conocernos mejor. Complete las siguientes oraciones según sus experiencias personales. Después compare sus respuestas con las de su compañero/a.

1. Estudio español hace ...
2. Mi programa favorito de televisión es ...
   Veo ese programa hace ...
3. Hace ... que tengo un perro.
4. Tengo un auto (bicicleta, motocicleta) hace ...
   Mi auto (bicicleta, etcétera) es ...

4-27 Entrevista. Hágale las siguientes preguntas a su compañero/a. Comparta la información con la clase.

1. ¿Dónde vives? ¿Cuánto tiempo hace que vives allí?
2. ¿Dónde trabaja tu padre/madre? ¿Cuánto tiempo hace que trabaja allí?
3. ¿Cuánto tiempo hace que estudias en esta universidad?
   ¿Y por qué estudias español?
4. ¿Practicas algún deporte? ¿Cuánto tiempo hace que juegas ...?
   ¿Juegas bien?

mosaicos

 A escuchar

A. Un matrimonio. Look at the marriage announcement below from the Chilean newspaper, *El Mercurio*. Answer the questions that you hear based on the announcement.

1. _____
2. _____
3. _____
4. _____
5. _____
6. _____
7. _____
8. _____
9. _____

> **F**ernando Montes Correa, María Cristina Allende de Montes, Alfonso Donoso Flores y Vitalia Schmidt de Donoso participan a usted el matrimonio de sus hijos Isabel Margarita Montes Allende y José Francisco Donoso Schmidt, y le invitan a la ceremonia religiosa que se efectuará con misa de precepto en el Colegio del Sagrado Corazón (Santa Magdalena Sofía 277), el día sábado 8 de mayo, a las 19:30 horas. Santiago, abril de 1998.
> Matrimonio Donoso Schmidt-Montes Allende.

B. Nora está preocupada. Take notes as you listen to the conversation between Nora and Rafael, paying special attention to the family relationships. Then listen again and mark the correct response.

1. Gloria es la hermana de …
   a. Nora.
   b. Rafael.
   c. la abuela.

2. Gloria tiene …
   a. cuatro hijos.
   b. tres hijos.
   c. dos hijos.

3. Susana es la …
   a. hermana de Gloria.
   b. sobrina de Gloria.
   c. hija de Gloria y Federico.

4. Susana trabaja por las …
   a. mañanas.
   b. tardes.
   c. noches.

5. Alicia y Ernesto son …
   a. primos.
   b. los abuelos de Rafael.
   c. hermanos.

6. Rafael piensa que sus padres …
   a. están enfermos.
   b. trabajan mucho.
   c. no comen bien.

7. Los abuelos de Rafael están …
   a. con Nora.
   b. bastante mal.
   c. muy jóvenes.

8. Nora está preocupada porque …
   a. sus sobrinos no tienen trabajo.
   b. su hermana está enferma.
   c. su amigo no duerme bien.

 A conversar

4-28 Entrevista. Pregúntele a su compañero/a a qué miembro de su familia asocia con los siguientes comentarios.

MODELO: beber cerveza
        E1: ¿Quién bebe cerveza en tu familia?
        E2: Mi tío Ramón.

1. Es fanático/a del trabajo.
2. Es muy tranquilo/a y no le gusta contestar el teléfono.
3. Siempre escribe cuando está de vacaciones.
4. Prefiere salir con amigos y no estar en casa.
5. Juega mucho con los niños.
6. Hace ejercicio tres o cuatro veces a la semana.
7. Oye música a todas horas.
8. Tiene un perro muy grande.

4-29 ¿Qué hacen? ¿Qué planes tienen? Pregúntele a su compañero/a qué hacen los miembros de su familia los fines de semana. Después, pregúntele qué planes tienen él/ella y sus amigos para este fin de semana. Su compañero/a debe hacerle las mismas preguntas a usted.

MODELO: E1: ¿Qué hace tu hermana los fines de semana?
        E2: Los viernes sale de clases temprano y almuerza con sus amigas. Por la tarde descansa y oye música en su cuarto. Después, por la noche, sale con sus amigos al cine.
        …

        E1: ¿Qué piensas hacer tú este fin de semana?
        E2: Pienso ver el partido de tenis en la televisión el sábado. El partido empieza a las 11:00 de la mañana, entonces puedo dormir hasta tarde.

4-30 Adivina, adivinador. Piense en una familia conocida *(well known)* de la televisión. Descríbale a su compañero/a los miembros de la familia y qué hacen en un episodio típico del programa. Su compañero/a debe adivinar qué familia es.

 A leer

4-31 Preparación. Mire esta fotografía y responda a las preguntas con un/a compañero/a.

1. ¿Es buena o mala la relación entre este niño y su abuela? ¿Por qué?
2. Probablemente, ¿de qué conversan el nieto y la abuela?
3. ¿Tienen ustedes abuelos maternos y paternos?
4. ¿Cuántos años tienen sus abuelos?
5. ¿Hablan ustedes de sus problemas personales con sus abuelos?

4-32 ¿Cómo reaccionan? ¿Con qué reacciones relaciona usted estas experiencias de familia? Escriba la letra al lado del número. A veces, hay más de una respuesta aceptable.

EXPERIENCIAS

_____d___ 1. Los niños no comen.
_____a___ 2. Usted desordena *(mess up)* la casa frecuentemente.
_____b___ 3. Su hermano limpia la cocina y usted la ensucia *(get dirty)* inmediatamente. cleans the kitchen + it gets dirty immediately
_____c___ 4. Su padre le dice a usted que no debe fumar *(smoke)*.
_____e___ 5. Su hermano toca música rock en su cuarto y usted quiere estudiar.
_____g___ 6. El bebé llora *(cries)* mucho por la noche.

REACCIONES

a. Su madre lo/la regaña *(reprimands)*.
b. Su hermano se queja *(complains)* a su madre.
c. Los padres se impacientan *(get restless)*.
d. Usted hace un gesto de fastidio *(annoyance)*.
e. Su padre grita *(yells)*.
f. Usted está enojado/a. angry
g. Los padres no duermen.

4-33 Primera mirada. Lea el artículo y luego indique si las afirmaciones a continuación son **Ciertas** (C) o **Falsas** (F). Si son falsas, indique en qué línea(s) del texto está la respuesta correcta.

LAS PELEAS EN LAS FAMILIAS

CÓMO PERROS Y GATOS

Comienza con un simple reclamo, y poco a poco se convierte en una auténtica batalla de gritos, discusiones y hasta golpes. Lo que se inicia con un desacuerdo entre dos, pronto involucra al resto de familiares.

Por Muriel López

Una escena típica en cualquier hogar. Los hijos que llegan tarde de la universidad entran a la cocina, se preparan algo para cenar, comen y, al apagar las luces del comedor y la cocina, dejan un rastro de migajas, platos sucios y desordenados, envases regados por todas partes, olvidando la advertencia que sobre orden y limpieza escuchan todos los días de la madre.

Al día siguiente, ocurre lo que tiene que ocurrir. La madre reclama la falta de colaboración, se queja al padre y éste regaña a los hijos, quienes hacen un gesto de fastidio, el progenitor se impacienta, endurece el reclamo y en pocos segundos, la casa entera se viene abajo con gritos, puertas cerradas con violencia y, lo que es peor, un auténtico inventario de todo lo malo, todo lo feo que ha ocurrido en los últimos años. Siempre ha sido así.

Sano y necesario

¿Por qué un reclamo se convierte en batalla campal? ¿Por qué las familias tienen que apelar a las trifulcas para resolver situaciones sencillas y cotidianas? ¿Qué hace uno con el resentimiento que va acumulándose?

Los psicólogos Jeffrey y Carol Rubin sostienen que peleamos con frecuencia en el hogar porque allí están el corazón de la familia y los afectos. A través de los conflictos con los seres queridos, logramos el sentido de identidad, definimos nuestro contorno y expresamos nuestra personalidad. O sea, pelear con el esposo, los padres, los hermanos o los parientes es necesario, normal, y al niño le sirve para conformar su personalidad, pero… algo puede hacerse sobre cómo peleamos, con quién y hasta dónde se justifica el daño que podemos hacernos y hacer a los demás.

_____E_____ 1. Según el artículo, los hijos cooperan con la madre porque mantienen la casa en orden.

_____ 2. La madre les sirve comida a sus hijos cuando llegan a casa después de la universidad.

_____ 3. Los hijos limpian y lavan los platos después de comer.

_____ 4. De acuerdo con este artículo, la madre nunca se impacienta.

_____ 5. Los psicólogos piensan que es normal pelear en la familia porque típicamente unos miembros de la familia detestan (detest) a otros.

_____ 6. Jeffrey y Carol Rubin creen que las peleas entre hermanos tienen un efecto positivo en la personalidad de los niños.

4-34 Segunda mirada. Mire el texto nuevamente e identifique lo siguiente:

[handwritten: following appt, textual] *[handwritten: negative attitudes + reactions]*

1. ¿Cuál(es) de las siguientes citas textuales indica(n) actitudes o reacciones negativas de las personas? Marque con una X.

   a. _____ Los hijos que llegan tarde de la universidad entran en la cocina, se preparan algo para cenar, …

   b. _____ La madre reclama … *[handwritten: complain]*

   c. _____ … dejan un rastro de migajas, platos sucios y desordenados, …

   d. _____ [la madre] … se queja al padre …

   e. _____ … y éste regaña a los hijos,

   f. _____ el progenitor se impacienta, …

2. Identifique cuatro cognados que le ayudaron (*helped you*) a identificar reacciones negativas en el texto.

4-35 Identificación. Encuentre en el texto los sustantivos asociados con los siguientes verbos. Luego subraye la terminación.

[handwritten: match in the text] *[handwritten: associated = the]* *[handwritten: following verbs. Then underline the ending.]*

VERBO	SUSTANTIVO	VERBO	SUSTANTIVO
1. reclamar	*[handwritten: La madre reclama]*	5. limpiar	_____
2. batallar	_____	6. ordenar	_____
3. discutir	_____	7. colaborar	_____
4. advertir	_____	8. dañar	_____

 A escribir

4-36 Preparación: Lluvia de ideas. Escriba cinco 'quejas' que sus padres tienen de usted y/o sus hermanos/as.

MODELO: Mi mamá dice que yo no limpio mi cuarto.

4-37 Manos a la obra. Usted participa en un programa de intercambio en Antigua, Guatemala y va a vivir con una familia guatemalteca hasta el fin del año académico. Su familia guatemalteca es muy importante para usted, pero últimamente usted tiene problemas con la madre. Escríbale a su consejero/a y pídale ayuda para resolver los problemas. Conteste estas preguntas en su carta:

1. ¿Cómo es su familia guatemalteca?
2. ¿Cómo está usted en este momento?
3. ¿Con quién/es tiene problemas usted?
4. ¿Cuáles son los problemas que tiene con su familia? Dé detalles.

4-38 Revisión. Su compañero/a editor/a va a ayudarle a expresar sus ideas bien para que el/la consejero/a comprenda sus problemas.

 Investigación

- ¿Sabe Ud. que el apellido Fernández viene del nombre Fernando?

- ¿Cuál es el origen de los siguientes apellidos?

Hernández	Ramiro
Álvarez	Martín
Martínez	Hernán
González	Álvaro
Ramírez	Gonzalo

- ¿Hay apellidos en inglés que tienen origen en un nombre?

- ¿Dónde ponemos el apellido de la mamá?

  La madre de Lucía es Susana Pérez y el padre es Ernesto Ruiz. Lucía se llama Lucía …

- Y usted, ¿cómo se llama? ¿Usa usted el apellido de su madre?

La familia

la abuela	grandmother
el abuelo	grandfather
el/la ahijado/a	godchild
la esposa	wife
el esposo	husband
la hermana	sister
el hermano	brother
la hija	daughter
el hijo	son
hijo/a único/a	only child
la madrastra	stepmother
la madre	mother
la madrina	godmother
la mamá	mom
la media hermana	half sister
el medio hermano	half brother
la nieta	granddaughter
el nieto	grandson
la novia	fiancée, girlfriend
el novio	fiancé, boyfriend
el padrastro	stepfather
los padres	parents
el padrino	godfather
el papá	dad
los parientes	relatives
el/la primo/a	cousin
la sobrina	niece
el sobrino	nephew
la tía	aunt
el tío	uncle

Verbos

almorzar (ue)	to have lunch
ayudar	to help
cerrar (ie)	to close
correr	to run
costar (ue)	to cost
decir (g, i)	to say; tell
dormir (ue)	to sleep
empezar (ie)	to begin, start
entender (ie)	to understand
hacer (g)	to do, to make
hacer la cama	to make the bed
hacer ejercicio	to exercise
jugar (ue)	to play (game, sport)
oír (g)	to hear
pedir (i)	to ask for
pensar (ie)	to think
pensar + inf.	to plan to + verb
poder (ue)	to be able to, can
poner (g)	to put, to turn on
poner la mesa	to set the table
preferir (ie)	to prefer
querer (ie)	to want
repetir (i)	to repeat
salir (g)	to leave
seguir (i)	to follow, to go on
servir (i)	to serve
tener (g, ie)*	to have
tener que + inf.	to have to + verb
traer (g)	to bring
venir (g, ie)	to come
volver (ue)	to return

*See page 120 for expressions with **tener** + *noun.*

Descripciones

divorciado/a	*divorced*
gemelo/a	*twin*
ocupado/a	*busy*
tranquilo/a	*calm, tranquil*
valiente	*brave*

Posesión

mi, mis	*my*
tu, tus	*your*
su, sus	*your, his, her, its, their*
nuestro(s), nuestra(s)	*our*

Palabras y expresiones útiles

el bautizo	*baptism, christening*
dos veces	*twice*
hay que	*It's necessary*
el/la mayor	*the oldest*
el/la menor	*the youngest*
noticia	*news*
un poco	*a little*

The following words appear in the directions of the various activities in this lesson. They are listed here for recognition only. You should become familiar with them since they will appear in activity directions from now on.

Palabras generales

cada	*each*
el dibujo	*drawing*
la firma	*signature*
el párrafo	*paragraph*
la pregunta	*question*
el pronombre	*pronoun*
la respuesta	*answer*
siguiente	*following*
la tabla	*chart*

Verbos

aprender	*to learn*
completar	*to complete*
contestar	*to answer*
entrevistar	*to interview*
escoger	*to choose*
firme(n)	*sign*
preguntar	*to ask a question*
sabes	*you know* (familiar)
sume(n)	*add*

La familia hispana

Para pensar

¿Tiene Ud. una familia grande o pequeña?

¿Quiénes forman parte de su familia? ¿Dónde viven?

¿Con qué frecuencia se ven? ¿Quiénes trabajan fuera de la casa?

¿Quiénes se ocupan de los quehaceres domésticos?

*L*a familia es una de las instituciones sociales má importantes en el mundo hispano. La mayor parte de la actividades sociales, almuerzos, paseos, fiestas, etc., se realizan siempre con la familia. Tradicionalmente, el núcleo familiar era grande y estaba formado por los padres y tres o cuatro hijos. Además la familia también incluía a los abuelos, tíos y sobrinos y muchas vece todos vivían en la misma casa. Ahora, la familia hispana es más pequeña y aunque todavía muchas familias viven con los abuelos, tíos y sobrinos esto ya no es tan común como antes. Debido a la mayor frecuencia de lo divorcios y las separaciones, hay muchas familias donde también existe la figura del padrastro o la madrastra.

En la familia tradicional sólo los hombres trabajaban fuera de la casa y las mujeres estaban a cargo de los quehaceres domésticos y de la crianza de los niños. Aunque en la actualidad en muchas familias las mujeres trabajan fuera de la casa, también tienen que ocuparse de las labores domésticas. Entre las familias hispanoamericanas de clase media y clase media alta, es común tener un/a empleado/a o más que ayudan con la cocina, la limpieza y el cuidado de los niños.

Además de los abuelos, tíos y primos, hay otras personas que forman parte de la familia hispana. Estas personas son los padrinos, los amigos íntimos de los padres a quienes se les llama cariñosamente "tíos", y los hijos de éstos, a quienes se les llama "primos". La vida social en los países hispanos es a menudo (*often*) una vida en familia, con abuelos, nietos, padrinos, tíos y primos, todos en las mismas reuniones y las mismas fiestas. La familia hispana tiene una larga tradición de ser numerosa y unida.

Una reunión familiar

Para contestar

Las familias. Con su compañero/a, haga las siguientes actividades.

1. Compare la familia hispana tradicional y la moderna.
2. Compare la familia hispana moderna y la familia norteamericana.
3. Aparte del núcleo familiar, ¿qué otras personas forman parte de la "familia" hispana? ¿Por qué cree que esto ocurre? ¿Cuáles son las ventajas y desventajas de tener una familia tan grande?

Riqueza cultural. En grupos de tres hablen de las ventajas y desventajas de vivir con los abuelos, tíos y primos en una misma casa.

Para investigar en la WWW

1. Busque en un periódico colombiano anuncios de bautizos, matrimonios, avisos fúnebres, etcétera y haga una lista de los miembros de la familia que se mencionan.
2. Compare estos anuncios con anuncios similares publicados en el periódico de su comunidad ¿qué familiares se mencionan, cuál es el orden de presentación, cuál es el tono de los anuncios–formal/informal?

Colombia

Ciudades importantes y lugares de interés:

Bogotá, la capital con seis millones de habitantes, es una hermosa ciudad de muchos contrastes: tiene zonas de gran riqueza y otras de gran pobreza, zonas muy modernas y zonas antiguas. El barrio de La Candelaria se caracteriza por sus mansiones e iglesias coloniales. Hay una gran variedad de museos interesantes en Bogotá. El famoso Museo del Oro tiene la colección de objetos de oro de la época precolombina más grande del mundo. Medellín, en la parte occidental de Colombia, es un centro industrial y comercial. Cartagena, en la costa del Caribe, es una ciudad de gran belleza colonial que también resulta atractiva por sus hermosas playas.

Expresiones colombianas:

estar sobre ascuas
to feel nervous or uneasy

No es soplar y hacer botellas.
It's not as easy as it looks.

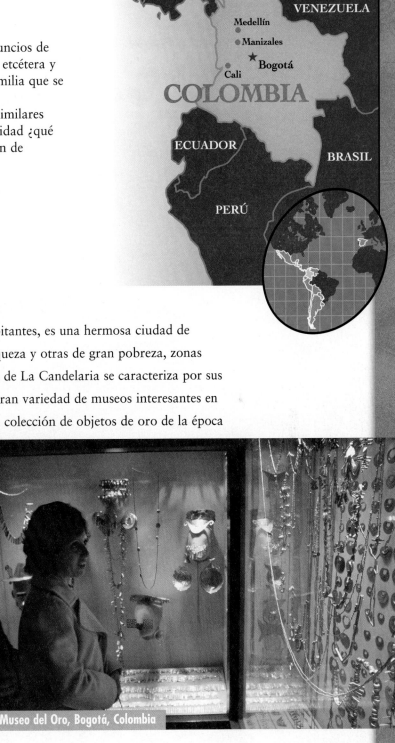
Museo del Oro, Bogotá, Colombia

Lección 5
La casa y los muebles

COMUNICACIÓN

- ✖ Asking about and describing housing and household items
- ✖ Discussing daily activities in the home
- ✖ Talking about colors
- ✖ Asking about and discussing daily schedules
- ✖ Expressing ongoing actions

ESTRUCTURAS

- ✖ Present progressive
- ✖ Direct object nouns and pronouns
- ✖ Demonstrative adjectives and pronouns
- ✖ **Saber** and **conocer**
- ✖ ALGO MÁS: More on adjectives

MOSAICOS

A ESCUCHAR

A CONVERSAR

A LEER

- ✖ Recognizing nouns derived from verbs
- ✖ Associating visuals and written description
- ✖ Determining meaning of new words by identifying their parts

A ESCRIBIR

- ✖ Reporting factual data to a friend

ENFOQUE CULTURAL

- ✖ Las casas y la arquitectura
- ✖ Nicaragua, El Salvador y Honduras

En casa

Una casa en un barrio de Ponce, Puerto Rico. Algunas personas prefieren vivir cerca del centro, generalmente en edificios de apartamentos. Creen que los barrios de las afueras están muy lejos del trabajo y de los centros de diversión.

[handwritten annotations: neighborhood; Believe the neighborhood outside very far o work + the centre of entertainment]

ÚLTIMOS APARTAMENTOS

Al más alto nivel y en la mejor zona de **Bravo Murillo**
Garaje opcional aire acondicionado calidades de lujo
ENTRADA: 1.100.000 ptas.
RESTO: 13 años
GEDECO
☎ 402-03-50 571-78-42

Décimo: Rodríguez

Noveno: Peralta

Octavo: Elizondo

Séptimo: Díaz

Sexto: Gómez

Quinto: Lizaur

Cuarto: Sánchez

Tercero: Carreras

Segundo: Iglesias

Primero: Olmos

Planta Baja

Cultura

Notice that the first floor is normally called **la planta baja** in most Hispanic countries. The second floor is called **el primer piso**.

Santa Bárbara

En la zona de Buganvilla. Lujoso apartamento para estrenar. 170m² Tres alcobas, cuatro baños. Sala de televisión. Estudio. Sala y comedor independientes, zona completa de servicios. Garaje doble. Acabados de lujo. Salón comunal. Gimnasio. Exclusivo y hermoso edificio. Teléfono: 2492010, Santa Fe de Bogotá.

VICTORIA: Bueno.

GUADALUPE: Hola, Victoria. ¿Qué estás haciendo?

VICTORIA: ¡Ay, Lupe! Estoy trabajando en la casa, limpiando todo, el baño, la cocina, la sala. ¿Y tú? *livingrm.*

GUADALUPE: Yo también. Estoy lavando la ropa y después voy a limpiar. *wash the Clothing + after I go to clean* Estoy muy cansada. Este apartamento tiene muchos muebles y siempre hay trabajo. *has a lot of furniture*

VICTORIA: ¿Por qué no descansas? Ya es la una, ¿no tienes hambre? *rest? Already, it's 1:00, aren't you hungry?*

GUADALUPE: Generalmente no almuerzo hasta las dos, pero si tú quieres almorzar ahora ... *no lunch I don't eat until 2:00, but if you want to eat now*

VICTORIA: Sí, y así conversamos un rato. ¿Por qué no vienes? *awhile Why don't you come over*

GUADALUPE: Buena idea. Llego en diez minutos. Hasta luego.

el aire acondicionado
el espejo
el armario
la ducha
el dormitorio
la calefacción
la toalla
la lámpara
el inodoro
la almohada
la cómoda
el baño
las sábanas
la manta
el lavabo
el radio
el cuarto
la cama
la bañadera
el refrigerador
la estufa
garaje
el cuadro
el televisor
la butaca
las cortinas
la chimenea
el fregadero
el horno
el sofá
la silla
la mesa
la cocina
la sala
la alfombra
el comedor
el jardín
la barbacoa
la terraza

La casa y los muebles ciento cuarenta y tres 143

Los colores

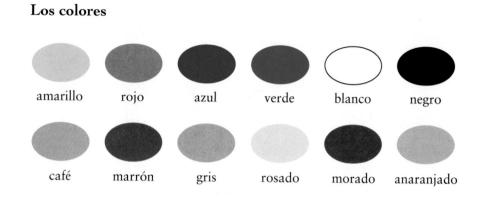

amarillo   rojo   azul   verde   blanco   negro

café   marrón   gris   rosado   morado   anaranjado

¿Qué dice usted?

5-1 **¿En qué parte de la casa están?** Marque con una X el lugar correcto. Después, con un/a compañero/a describa qué actividades ocurren normalmente allí.

	TERRAZA	COCINA	BAÑO	SALA	DORMITORIO	COMEDOR	JARDÍN
estufa y lavaplatos *secar*		✓					
barbacoa *Cocinar*	✓						
sofá y butacas				✓			
mesa de comer *Comer*						✓	
jabón y toallas *lavar (to wash)*			✓				
cama y cómoda *dormir*					✓		
televisor *mirar*				✓			
almohadas y sábanas *dormir*					✓		

5-2 **Mi casa.** Conteste las preguntas de su compañero/a, describiéndole los cuartos de su casa/apartamento.

MODELO: E1: ¿Cómo es la sala?

          E2: Es pequeña. La alfombra es verde y hay un sofá grande, dos sillas modernas y una mesa con una lámpara.

5-3 **Entrevista.** Hágale las siguientes preguntas a su compañero/a.

1. ¿Vives en una casa, un condominio o un apartamento?
2. ¿Está cerca o lejos de la universidad?
3. ¿Es grande o pequeño/a? ¿Hay garaje? ¿Es de uno o dos autos?
4. ¿Cuántos cuartos tiene? ¿qué muebles?
5. ¿Tiene aire acondicionado y calefacción? ¿chimenea? ¿piscina?

5-4 ¿De qué color son? Pregúntele a su compañero/a de qué color son los cuartos, los muebles y los accesorios en su casa o apartamento.

MODELO: la lámpara de la sala
E1: ¿De qué color es la lámpara de la sala?
E2: (La lámpara de la sala) Es blanca.

1. la cocina
2. las cortinas de la cocina
3. la sala
4. el sofá de la sala
5. su dormitorio

6. la alfombra de su cuarto
7. el baño
8. las toallas en el baño
9. las sábanas de la cama
10. …

Las tareas domésticas

Gustavo lava los platos.

Beatriz seca los platos.

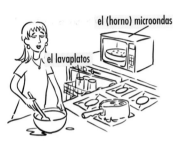

el (horno) microondas

el lavaplatos

Beatriz cocina.
Ella usa mucho los electrodomésticos.

Gustavo limpia el baño y pasa la aspiradora.

Gustavo saca la basura.

Gustavo barre la terraza.

Beatriz tiende la ropa.

Después la dobla cuando está seca.

Beatriz plancha la ropa.

¿Qué dice usted?

5-5 Por la mañana. ¿En qué orden hace usted estas cosas? Compare sus respuestas con las de su compañero/a. *(1st person)*

lavo ___4___ lavar los platos   ___2___ desayunar *desayuno*

prepiero ___1___ preparar el café   ___5___ secar los platos *seco*

salgo ___6___ salir para la universidad   ___3___ hacer la cama *hago*

5-6 Las tareas domésticas. Diga quién hace estas tareas domésticas en su casa. Después pregúntele a su compañero/a quién las hace en la casa de él/ella.

MODELO: limpiar las ventanas
         E1: En mi casa mi papá limpia las ventanas. ¿Y en tu casa?
         E2: Mi mamá.

1. hacer las camas
2. preparar las comidas
3. pasar la aspiradora
4. secar los platos

5. lavar la ropa
6. limpiar los baños
7. sacar la basura
8. planchar la ropa

5-7 Actividades en la casa. Pregúntele a su compañero/a dónde hace estas cosas normalmente.

MODELO: E1: ¿Dónde ves televisión?
              E2: Veo televisión en mi cuarto. *in my room*

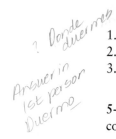

1. dormir la siesta *Donde duermes*
2. escuchar música
3. planchar *planches*

4. estudiar para un examen
5. almorzar durante la semana
6. desayunar el fin de semana

5-8 Firmas: mi casa. Hágales preguntas a sus compañeros de clase. Si contestan afirmativamente, deben firmar sus nombres.

MODELO: tener un sofá en la sala
         E1: ¿Tienes un sofá en la sala?
         E2: Sí.
         E1: Firma aquí, por favor.

1. vivir en un apartamento   _____
2. vivir en una casa   _____
3. vivir en un condominio   _____
4. estar su casa lejos de la universidad   _____
5. ser grande la casa/el apartamento/el condominio   _____
6. tener aire acondicionado   _____
7. tener terraza   _____
8. tener jardín   _____
9. cultivar flores en el jardín   _____
10. tener barbacoa   _____

5-9 En una mueblería. Usted es un cliente que está en la mueblería Sánchez Hoya. Su compañero/a es el/la dependiente/a y le va a contestar sus preguntas de acuerdo con la información de la tarjeta.

MODELO: E1: Perdón, ¿en qué piso están las lámparas?
E2: Están en el primer piso.
E1: ¿Y los muebles para niños?
E2: En el cuarto piso.

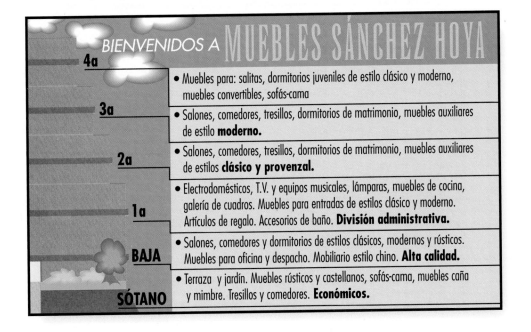

BIENVENIDOS A MUEBLES SÁNCHEZ HOYA

4a	• Muebles para: salitas, dormitorios juveniles de estilo clásico y moderno, muebles convertibles, sofás-cama
3a	• Salones, comedores, tresillos, dormitorios de matrimonio, muebles auxiliares de estilo **moderno.**
2a	• Salones, comedores, tresillos, dormitorios de matrimonio, muebles auxiliares de estilos **clásico y provenzal.**
1a	• Electrodomésticos, T.V. y equipos musicales, lámparas, muebles de cocina, galería de cuadros. Muebles para entradas de estilos clásico y moderno. Artículos de regalo. Accesorios de baño. **División administrativa.**
BAJA	• Salones, comedores y dormitorios de estilos clásicos, modernos y rústicos. Muebles para oficina y despacho. Mobiliario estilo chino. **Alta calidad.**
SÓTANO	• Terraza y jardín. Muebles rústicos y castellanos, sofás-cama, muebles caña y mimbre. Tresillos y comedores. **Económicos.**

A escuchar

¿Dónde vivir? You will hear a conversation between a real estate agent and two prospective buyers. Circle the correct information about the property they are going to visit.

1. a. apartamento
   b. casa

2. a. cerca del trabajo
   b. cerca de un parque

3. a. dos cuartos
   b. tres cuartos

4. a. dos baños
   b. tres baños

5. a. 125.000 pesos
   b. 145.000 pesos

Explicación y expansión

1. Present progressive

ing ending

	ESTAR (*to be*)	PRESENT PARTICIPLE (*-ando/-iendo*)
yo	estoy	
tú	estás	hablando
Ud., él, ella	está	comiendo
nosotros/as	estamos	escribiendo
vosotros/as	estáis	
Uds., ellos/as	están	

■ Use the present progressive to emphasize an action in progress at the moment of speaking, as opposed to a habitual action.

Marcela **está estudiando.**   *Marcela is studying.* (at this moment)
Marcela estudia mucho.   *Marcela studies a lot.* (normally)

■ Spanish does not use the present progressive to express future time.

Salgo esta noche.   *I'm leaving tonight.*

■ Form the present progressive with the present of **estar** + the present participle. To form the present participle, add **-ando** to the stem of **-ar** verbs and **-iendo** to the stem of **-er** and **-ir** verbs.

hablar	→	**hablando**
comer	→	**comiendo**
escribir	→	**escribiendo**

■ When the verb stem of an **-er** or an **-ir** verb ends in a vowel, add **-yendo**.

| leer | → | **leyendo** |
| oír | → | **oyendo** |

■ Stem-changing **-ir** verbs (o→ue, e→ie, e→i) change o→u and e→i in the present participle.

dormir	(duermo)	→	**durmiendo**
sentir	(siento)	→	**sintiendo**
pedir	(pido)	→	**pidiendo**

¿Qué dice usted?

5-10 La vida activa. ¿Qué están haciendo estas personas?

a.

b.

c.

d.

e.

f.

5-11 Lugares y actividades. Piense en un lugar y diga las cosas que están ocurriendo allí. Su compañero/a debe adivinar qué lugar es.

MODELO: E1: Unas personas están conversando y tomando café.
Otras están comiendo algo. Un camarero está hablando con unos señores.

E2: Estás pensando en un café.

1. It's the beginning of the semester and your mother/father is on the phone. He/She asks a) what you are studying, b) what you are doing right now, c) if you are eating well, d) if you are studying a lot, and e) other questions related to school and your social life.

2. You cannot attend a big reunion that your family is having and you feel homesick. Call your family, a) greet the family member who answers the phone, b) excuse yourself for not being there, c) find out who is at the reunion, how they are, and what they are doing.

2. Direct object nouns and pronouns

¿Qué hacen estas personas?

¿Quién lava **el auto**?
Juan **lo** lava.

¿Quién saca **la basura**?
Alicia **la** saca.

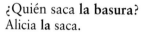

- Direct object nouns and pronouns answer the question *what?* or *whom?* in relation to the verb.

¿**Qué** lava Pedro?	*What does Pedro wash?*
Pedro lava **los platos**.	*Pedro washes the dishes.*
(Pedro lava) **Los platos**.	*(Pedro washes) The dishes.*

- When direct object nouns refer to a specific person, a group of persons, or to a pet, the word **a** precedes the direct object. This **a** is called the personal **a** and has no equivalent in English.

Amanda seca **los platos**.	*Amanda dries the dishes.*
Amanda seca **a la niña**.	*Amanda dries off the girl.*
¿Ves **a tus tíos**?	*Do you see your aunt and uncle?*

■ Direct object pronouns replace direct object nouns. These pronouns refer to people, animals, or things already mentioned, and are used to avoid repeating the noun.

DIRECT OBJECT PRONOUNS	
me	*me*
te	*you* (familiar, singular)
lo	*you* (formal, singular), *him, it* (masculine)
la	*you* (formal, singular), *her, it* (feminine)
nos	*us*
os	*you* (familiar plural, Spain)
los	*you* (formal and familiar, plural), *them* (masculine)
las	*you* (formal and familiar, plural), *them* (feminine)

(handwritten annotations in left margin: yo, tu, Ud./el, Ud./ella, Uds./ellos, Uds./ellas)

■ Place the direct object pronoun before the conjugated verb form.

¿Limpia Mirta **el baño?**
No, no **lo** limpia.

Does Mirta clean the bathroom?
No, she doesn't clean it.

¿Quieres mucho **a tu perro?**
Sí, **lo** quiero mucho.

Do you love your dog a lot?
Yes, I love him a lot.

■ With compound verb forms, composed of a conjugated verb and an infinitive or present participle, a direct object pronoun may be placed before the conjugated verb, or be attached to the accompanying infinitive or present participle. When a direct object pronoun is attached to a present participle, a written accent is needed over the stressed vowel (the vowel before -**ndo**) of the participle.

¿Vas a ver a **Rafael?**
Sí, **lo** voy a ver./Sí, voy a ver**lo.**

Are you going to see Rafael?
Yes, I'm going to see him.

¿Están limpiando **la casa?**
Sí, **la** están limpiando./
    Sí, están limpiándo**la.**

Are they cleaning the house?
Yes, they're cleaning it.

■ Since the question word **quién(es)** refers to people, use the personal **a** when **quién(es)** is used as a direct object.

¿**A quién(es)** vas a ver?
Voy a ver **a** Pedro.

Whom are you going to see?
I'm going to see Pedro.

¿Qué dice usted?

5-12 Mis responsabilidades en casa. Averigüe si su compañero/a es responsable por las siguientes tareas domésticas en su casa y después comparen sus respuestas.

MODELO: sacar la basura

        E1: ¿Sacas la basura?

        E2: Sí, la saco./No, no la saco. ¿Y tú?

        E1: _____

limpias la cocina

1. limpiar la cocina   *Si, la limpio*   4. tender las camas
2. lavar los platos   *Si, los lavo*   5. lavar la ropa
3. secar los platos   6. pasar la aspiradora

5-13 Una reunión. Usted y varios compañeros van a tener una reunión en su casa para los estudiantes de intercambio. Averigüen quién va a hacer cada cosa y cuándo la va a hacer. Contesten las preguntas basándose en la información que aparece en la tabla.

MODELO: E1: ¿Quién va a poner la mesa?

        E2: Berta y Jorge la van a poner/van a ponerla.

        E1: ¿Cuándo la van a poner/van a ponerla?

        E2: La van a poner/Van a ponerla a las seis.

RESPONSABILIDAD	QUIÉN	CUÁNDO
poner la mesa	Berta y Jorge	a las seis
preparar la ensalada	Mónica	esta tarde
hacer los sándwiches	Luis y yo	al mediodía
comprar la cerveza	Alicia y Pedro	por la mañana
traer discos y casetes	Sebastián *va*	a las siete
limpiar después de la reunión	todos	mañana por la mañana

5-14 El apartamento de mi compañero/a. Usted va a cuidar el apartamento de su compañero/a por una semana y quiere saber cuáles son sus responsabilidades y lo que puede o no puede hacer allí.

MODELO: E1: ¿Debo sacar la basura?

        E2: Sí, la debes sacar/debes sacarla todos los días.

¿DEBO O NO DEBO?	SÍ	NO	¿PUEDO O NO PUEDO?	SÍ	NO
tú sacar la basura	___	___	nadar en la piscina	___	___
pasear al perro	___	___	usar los electrodomésticos	___	___
Debo limpiar el apartamento	___	___	invitar a un/a amigo/a	___	___
poner la alarma	___	___	hacer la tarea en la computadora	___	___
…	___	___	…	___	___

5-15 Los preparativos para la visita. La familia Granados está muy ocupada porque espera la visita de unos parientes. Conteste las preguntas de su compañero/a sobre lo que está haciendo cada miembro de la familia.

MODELO: E1: ¿Quién está preparando la comida?

E2: La abuela la está preparando/está preparándola.

5-16 Entrevista. Pregúntele a su compañero/a algo sobre sus relaciones con otras personas.

1. ¿Quién te llama por teléfono?
2. ¿A quién(es) llamas tú?
3. ¿Quién te quiere mucho?
4. ¿A quién(es) quieres tú mucho?
5. ¿A quién(es) quieres un poco?
6. …

You are at a furniture store buying a sofa. Find out when they can deliver (**entregar**) it. The salesperson will tell you that they will deliver it next Monday morning. Tell him/her that you are not going to be home Monday morning, but that you will be home in the afternoon. The salesperson will tell you that they will deliver it in the afternoon.

Situaciones

3. Demonstrative adjectives and pronouns

Necesito esta silla aquí y
esa mesa allí.

Los otros muebles están
allá, en aquel edificio.

Demonstrative adjectives

■ Demonstrative adjectives agree in gender and number with the noun they modify. English has two sets of demonstratives (*this, these* and *that, those*), but Spanish has three sets.

this	este cuadro esta butaca	*these*	estos cuadros estas butacas
that	ese horno esa casa	*those*	esos hornos esas casas
that *(over there)*	aquel edificio aquella persona	*those* *(over there)*	aquellos edificios aquellas personas

■ Use **este, esta, estos,** and **estas** when referring to people or things that are close to you in space or time.

> **Este** señor tiene una pregunta. *This gentleman has a question.*
> **Esta** tarde vamos al centro. *We're going downtown this afternoon.*

■ Use **ese, esa, esos,** and **esas** when referring to people or things that are not relatively close to you. Sometimes they are close to the person you are addressing.

> **Ese** edificio es muy lindo. *That building is very pretty.*

■ Use **aquel, aquella, aquellos,** and **aquellas** when referring to people or things that are more distant.

> **Aquel** edificio es muy alto. *That building (over there) is very tall.*

Demonstrative pronouns

■ Demonstratives can be used as pronouns. A written accent mark is usually placed on the stressed vowel to distinguish demonstrative pronouns from demonstrative adjectives.

| Compran este espejo y **ése.** | *They are buying this mirror and that one.* |

■ To refer to a general idea or concept, or to ask for the identification of an object, use **esto, eso,** or **aquello.**

Trabajan mucho y **eso** es muy bueno.	*They work a lot and that is very good.*
¿Qué es **esto?**	*What is this?*
Es un espejo.	*It's a mirror.*

¿Qué dice usted?

5-17 En una tienda. Usted quiere saber los precios de los diferentes artículos. Pregúntele los precios a su compañero/a usando los demostrativos correctos.

MODELO: E1: ¿Cuánto cuesta aquel televisor?
E2: Cuesta 2.100 pesos.

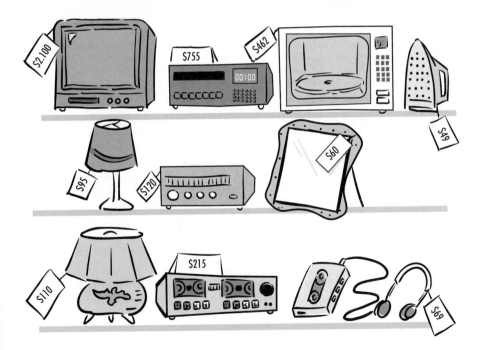

lengua

Some Spanish speakers also use the word *este* or *pues* when they are trying to remember a word while speaking.

Voy a ver la película en el cine ... este ... Riviera.

What word do English speakers use in this situation?

5-18 ¿De quién es? Señale diferentes objetos en el salón de clase y después pregúntele a su compañero/a de quién es cada objeto.

MODELO: E1: ¿De quién es este (o ese o aquel) bolígrafo?
E2: Éste (o ése o aquél) es de David.

5-19 Descripciones. Describa un objeto, mueble o parte de la casa. Su compañero/a debe adivinar qué es.

MODELO: E1: Este mueble está generalmente en la cocina o en el comedor. Puede ser grande o pequeño. Usamos este mueble cuando comemos.
E2: Es una mesa.

Situaciones

You are planning to buy a larger place. A real estate agent has already shown you a house and is now showing you a second one. Discuss with him/her a) the price, b) the number of rooms, and c) facilities such as laundry room, garage, and pool, of both houses. Tell him/her which of the two houses you prefer and say why.

4. *Saber* and *conocer* (*to know*)

Both **saber** and **conocer** mean *to know*, but they are not used interchangeably.

	SABER	CONOCER
yo	sé	conozco
tú	sabes	conoces
Ud., él, ella	sabe	conoce
nosotros/as	sabemos	conocemos
vosotros/as	sabéis	conocéis
Uds., ellos/as	saben	conocen

- Use **saber** to express knowledge of facts or pieces of information.

  Él **sabe** dónde está el edificio.   *He knows where the building is.*

- Use **saber** + *infinitive* to express that you know how to do something.

  Yo **sé jugar** al tenis.   *I know how to play tennis.*

- Use **conocer** to express acquaintance with someone or something. **Conocer** also means *to meet*. Remember to use the personal **a** when referring to people.

  Conozco a mis vecinos.   *I know my neighbors.*
  Conozco bien ese libro.   *I am very familiar with that book.*
  Ella quiere **conocer a** Luis.   *She wants to meet Luis.*

¿Qué dice usted?

5-20 ¿Sabes quién es ...? Pregúntele a su compañero/a si sabe quién es la persona mencionada y si la conoce.

MODELO: E1: ¿Sabes quién es el actor principal de *Apolo 13*?
          E2: Sí, sé quién es. Es Tom Hanks.
          E1: ¿Lo conoces?
          E2: No, no lo conozco./Sí, lo conozco.

1. tu representante en el congreso
2. el rector de la universidad
3. el jefe de tu papá o tu mamá
4. el rey de España
5. el/la estudiante más alto/a de la clase
6. ...

5-21 Adivina, adivinador. Lean las siguientes descripciones y adivinen quién es.

MODELO: E1: Es una chica muy pobre que va a un baile. Allí conoce a un príncipe, pero a las 12:00 de la noche ella debe volver a su casa.
          E2: Sí, sé quién es. Es Cenicienta (*Cinderella*).

1. Es un gorila gigante con sentimientos *(feelings)* humanos. En una película aparece en el edificio *Empire State* de Nueva York.

2. Es una cantante cubanoamericana que vive en Miami. Es joven, bonita y canta ritmos hispanos. Su marido trabaja con ella.

3. Es una diseñadora de ropa y joyas, hija de un famoso pintor español. Su perfume más famoso lleva su nombre.

4. Es un hombre de otro planeta con doble personalidad. Trabaja en un periódico, pero cuando se pone una ropa azul especial, puede volar *(to fly)*.

5. Es un hombre joven y fuerte, educado por los gorilas en la jungla.

6. Es un detective privado. Es inglés, alto y delgado. Su asistente es un doctor.

7. Es argentina y juega tenis muy bien. Participa en muchas competencias internacionales. Su nombre es de origen italiano.

8. Fue esposa de un famoso dictador argentino. Un musical moderno lleva su nombre. Madonna actúa en una película sobre ella.

5-22 ¿Qué sabes hacer? Pregúntele a su compañero/a si sabe hacer las siguientes cosas.

MODELO: bailar música rock
          E1: ¿Sabes bailar música rock?
          E2: Sí, sé bailar música rock./No, no sé bailar música rock.

1. tocar la guitarra
2. jugar al tenis
3. nadar
4. hacer tacos
5. planchar bien
6. trabajar con computadoras
7. usar el microondas
8. ...

5-23 Bingo. Para ganar el Bingo, usted debe llenar vertical, horizontal o diagonalmente tres casilleros con los nombres de los compañeros/as que contesten afirmativamente a las preguntas y den la respuesta correcta.

¿Sabes dónde está la ciudad de Ponce?	¿Sabe cocinar tu papá?	¿Conoces a un/a atleta famoso/a?
¿Conoces al/a la director/a del programa de español?	¿Conoces a la mamá o al papá de tu novio/a?	¿Sabe jugar al fútbol tu novio/a?
¿Sabes dónde vive tu profesor/a de español?	¿Conoces algún país hispano?	¿Sabes cuándo empiezan las vacaciones?

5-24 Saber o conocer. Con su compañero/a, complete el siguiente diálogo con las formas correctas de **saber** y **conocer**.

E1: ¿ _____ a esa chica?

E2: Sí, yo _____ a todas las chicas aquí.

E1: Entonces, ¿ _____ dónde vive?

E2: No, no lo _____.

E1: Pero _____ su número de teléfono, ¿verdad?

E2: No, tampoco lo _____.

E1: Y ... ¿ _____ cómo se llama?

E1: Pues, la verdad es que no lo _____.

E2: ¿Cómo dices que la _____? Tú no _____ dónde vive, tú no _____ su nombre.

E1: Es que yo tengo muy mala memoria.

Situaciones

Your partner wants to set a blind date for you with a friend, but you want to have some information about his/her friend before agreeing on a date. Using **saber** or **conocer**, ask your partner if he/she knows a) his/her friend's family, b) how old his/her friend is, and c) how long has he/she known this friend. Also, find out if your date knows how to play tennis, and if he/she likes to dance.

More on adjectives

- Ordinal numbers are adjectives and agree in gender and number with the noun they modify (e.g., **la segunda casa, el cuarto edificio**). **Primero** and **tercero** drop the final **o** when used before a masculine singular noun.

    el **primer** cuarto   el **tercer** piso

- When **bueno** and **malo** precede masculine singular nouns, they are shortened to **buen** and **mal**.

    Es un **buen** edificio.   *It's a good building.*
    Es un **mal** momento para comprar.   *It's a bad time to buy.*

- **Grande** shortens to **gran** when it precedes any singular noun. Note the meaning associated with each position.

    Es una casa **grande**.   *It's a big house.*
    Es una **gran** casa.   *It's a great house.*

¿Qué dice usted?

5-25 ¿En qué piso viven? Pregúntele a su compañero/a dónde viven las diferentes personas. Su compañero/a debe contestarle de acuerdo con el dibujo.

MODELO: E1: ¿Dónde viven los Girondo?
        E2: Viven en el cuarto piso.

PB-A Martínez	PB-B Casal
1-A Jiménez	1-B Valbuena
2-A Cárdenas	2-B García-Gil
3-A Ozollo	3-B Ponce
4-A Girondo	4-B Mujica

5-26 Opiniones. Usted y su compañero/a deben dar su opinión sobre las siguientes personas y lugares. Después deben dar más información para justificar su opinión.

MODELO: el Museo del Prado
        Es un gran museo. Tiene cuadros de grandes pintores. Es un museo muy grande que tiene muchas salas.

1. el Parque Central
2. Antonio Banderas
3. la Casa Blanca
4. Barbara Streisand
5. la Quinta Avenida en Nueva York

mosaicos

 A escuchar

A. ¿Lógico o ilógico? Listen to the following statements and indicate whether each is **Lógico** or **Ilógico**.

	LÓGICO	ILÓGICO			LÓGICO	ILÓGICO
1.	_____	_____		5.	_____	_____
2.	_____	_____		6.	_____	_____
3.	_____	_____		7.	_____	_____
4.	_____	_____		8.	_____	_____

B. La casa de los Pérez Esquivel. Based on the drawing below, determine whether each of the following statements is **Cierto** or **Falso**.

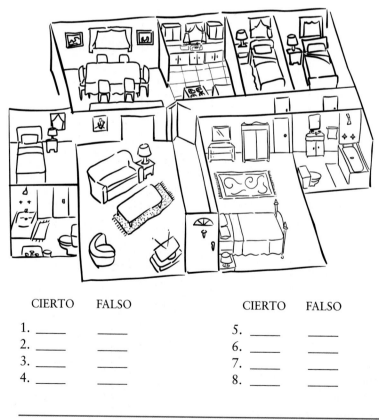

	CIERTO	FALSO			CIERTO	FALSO
1.	_____	_____		5.	_____	_____
2.	_____	_____		6.	_____	_____
3.	_____	_____		7.	_____	_____
4.	_____	_____		8.	_____	_____

5-27 El apartamento de mis vecinos. Su compañero/a le va a hacer preguntas sobre el apartamento y usted debe contestar de acuerdo con el dibujo.

MODELO: E1: ¿Tiene dos dormitorios el apartamento?
E2: No, tiene tres dormitorios.

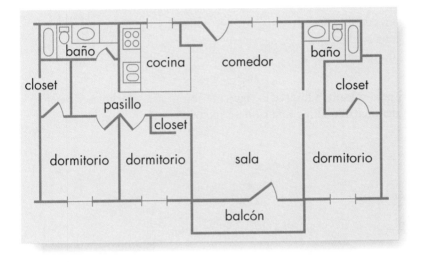

5-28 Estamos buscando apartamento. Usted y su compañero/a necesitan alquilar un apartamento. Un/a tercer/a compañero/a les dice que en su edificio hay un apartamento que es muy bueno y sabe que lo quieren alquilar. Háganle preguntas para obtener la información que necesitan.

MODELO: E1 o E2: ¿En qué piso está el apartamento?
E3: En el cuarto piso.

USTEDES QUIEREN SABER …

1. el piso
2. número de habitaciones
3. número de baños; bañadera o ducha
4. alquiler
5. con muebles o sin muebles
6. aire acondicionado y calefacción

SU COMPAÑERO/A SABE …

1. cuarto piso
2. dos habitaciones
3. dos baños; con bañadera
4. $500.00
5. muebles muy buenos
6. aire acondicionado: no;
   calefacción: sí

5-29 La casa o apartamento ideal. En parejas, describan su casa o apartamento ideal. Incluyan en su descripción los muebles y accesorios y la ciudad donde van a tener este apartamento o casa.

 A leer

5-30 Preparación. Entreviste a un/a compañero/a.

1. ¿Te gusta la cocina de tu casa? ¿Cómo es?
2. ¿Te gusta cocinar?
3. ¿Qué plato preparas bien?
4. ¿Cuál(es) de los siguientes utensilios necesitas para prepararlo?

_____ un cuchillo *(knife)*
_____ una cuchara *(spoon)*
_____ un tenedor *(fork)*

5-31 Primera mirada. Observe la siguiente fotografía y luego escriba el número del utensilio al lado de su descripción.

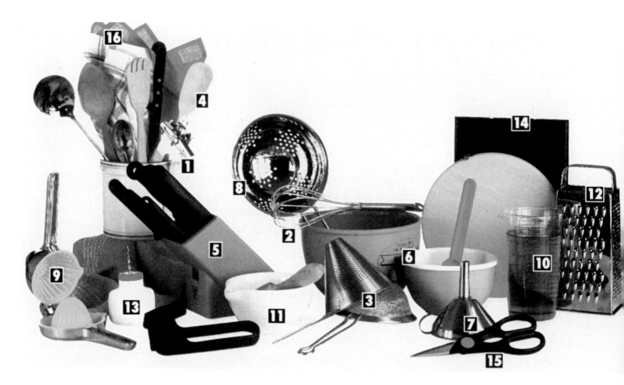

_____ **Embudo.** Es muy útil para pasar líquidos de un recipiente a otro.

_____ **Rallador.** De metal es mejor. Sirve para rallar pan, cebolla, queso.

_____ **Sacacorchos.** Un poquito de vino da más sabor a sus platos. Este utensilio ayuda a sacar el corcho de las botellas.

_____ **Cuencos.** Es conveniente tener uno pequeño y otro grande, especialmente para preparar ensaladas.

_____ **Colador.** Lo va a necesitar para colar salsas o la comida del bebé.

_____ **Abrelatas.** Es muy útil para abrir latas de sopa o de atún. Seleccione uno resistente y fácil de usar.

_____ **Cuchillos.** Necesita un juego completo para cortar diversos tipos de alimentos. Los de acero inoxidable son eternos. Deben estar siempre bien afilados.

_____ **Batidora.** Úsela para agitar o batir cremas o claras de huevo cuando prepara tortas de cumpleaños. Puede ser manual o eléctrica.

_____ **Escurridor.** Lo va a usar para escurrir el agua de los espaguetis cuando están cocidos.

_____ **Exprimidor.** Manual o eléctrico sirve para sacarles el jugo a las naranjas, los limones, etcétera.

_____ **Tabla.** Úsela para picar o cortar alimentos.

_____ **Mortero.** Se utiliza para majar o moler especias, ajos, etcétera.

_____ **Trapos de cocina.** Son útiles para secarse las manos, secar los platos, los cubiertos, etcétera.

_____ **Jarra graduada.** Indica el volumen o el peso de algunos ingredientes básicos de la cocina (azúcar, harina, etcétera).

_____ **Tijeras.** Son extremadamente útiles en la cocina. Deben adaptarse bien a su mano. Sirven para cortar.

_____ **Cucharas.** Pueden ser de madera o de acero inoxidable. Sirven para cocinar o comer.

5-32 Segunda mirada. ¿Con qué verbos asocia usted estos utensilios? Con un/a compañero/a, escriba los verbos.

1. abrelatas _____
2. batidora _____
3. colador _____
4. escurridor _____
5. exprimidor _____
6. rallador _____
7. sacacorchos _____

5-33 Ampliación. En 5-31 usted descubrió que la palabra compuesta **sacacorchos** significa: utensilio que se usa para sacar corchos de las botellas. Con un/a compañero/a, determine el significado de los siguientes objetos y diga dónde es posible encontrarlos en la casa.

lavaplatos	guardarropa	portadocumentos	tocadiscos
limpiavidrios	quitasol	cortavientos	paraguas

A escribir

5-34 Preparación. Antes de hacer 5-35, lea el siguiente artículo.

Compra y cocina
17h 30m semanales a 800 ptas./h
= **14.000**

Costura
2h 48m semanales a 600 ptas./h
= **1.680**

Limpieza vivienda
17h 30m semanales a 800 ptas./h
= **14.000**

Cuidado niños
6h 18m semanales a 600 ptas./h
= **3.780**

Limpieza ropa y calzado
6h 18m semanales a 1.200 ptas./h
= **7.560**

**TOTAL AL MES:
177.753 PTAS.**

UNA LABOR IMPAGABLE

Antonio se quedó de piedra cuando su esposa le presentó una cuenta de 250.000 pesetas por los trabajos de la casa. El precio incluyó los trabajos de la casa: la limpieza del piso, el lavado y planchado de la ropa. Esta situación imaginaria puede ocurrir en 6.000.000 de hogares españoles.

De acuerdo con un estudio de una compañía inglesa, las inglesas dedicadas exclusivamente a su hogar trabajan un total de 71 horas semanales en las diferentes tareas de mantenimiento, que van desde cocinar hasta cuidar el jardín. Esto representaría un salario de unas 60.000 pesetas. Los resultados del estudio no son muy científicos, pero el debate sobre el salario del ama de casa vuelve a surgir.

No hay un estudio similar en España, pero datos del Instituto de la Mujer dicen que la mujer española dedica, como promedio, 6 horas y 12 minutos por día a las tareas de la casa. Y que un 20,3% de las españolas dedican entre 6 y 10 horas diarias a sus hogares y un 15,4% más de 10. En realidad, nadie cree que deba darse un salario por este trabajo. Según la directora del Instituto de la Mujer, Purificación Gutiérrez, aceptar el pago sería aceptar el estereotipo de la "mujer en casa" y "el hombre fuera".

La directora del Instituto de la Mujer opina que hay que luchar para demostrar que "las tareas domésticas no son exclusivas de las mujeres, sino responsabilidad compartida de la familia y la sociedad".

Adaptación de *El País*, domingo 14 de febrero 1993.

5-35 Manos a la obra: fase preliminar. En grupos, respondan a la siguiente encuesta. La columna **lo hace más** va a presentar los resultados del grupo:

¿QUIÉN ...?	UD.	MAMÁ	PAPÁ	HERMANO/A	NADIE	OTRA PERSONA	FRECUENCIA POR SEMANA	LO HACE MÁS
1. cocina								
2. compra la comida								
3. limpia la casa								
4. lava la ropa								
5. cose								
6. plancha la ropa								
7. cuida el jardín								
8. cuida a los niños								

5-36 Manos a la obra. Rocío, una de sus amigas españolas, leyó *(read)* el artículo *Una labor impagable* y decidió darle una copia a usted. Rocío quiere saber si las estadísticas sobre el trabajo de las amas de casa en los EE.UU. son similares o diferentes a las de España. Escríbale una carta a Rocío para darle la información que usted obtuvo en su clase. Usted puede darle ejemplos de su propia familia si desea.

5-37 Revisión. Su compañero/a editor/a va a ayudarle a expresar sus ideas bien para que Rocío comprenda su carta.

En una casa

el aire acondicionado	air conditioning
el armario	closet, armoire
el baño	bathroom
la barbacoa	barbecue
la basura	garbage, trash
la calefacción	heater
la chimenea	fireplace
la cocina	kitchen
el comedor	dining room
el cuarto/dormitorio	bedroom
el garaje	garage
el jardín	backyard, garden
el pasillo	hall
la piscina	swimming pool
el piso	floor
la planta baja	first floor
la sala	living room
la terraza	terrace

Muebles y accesorios

la alfombra	carpet, rug
la butaca	armchair
la cama	bed
la cómoda	dresser
la cortina	curtain
el cuadro	picture
el espejo	mirror
la lámpara	lamp
la mesa de noche	night stand
el sillón	armchair
el sofá	sofa

Electrodomésticos

la aspiradora	vacuum cleaner
la lavadora	washing machine
el lavaplatos	dishwasher
el (horno) microondas	microwave oven
la plancha	iron
el/la radio	radio
el refrigerador	refrigerator
la secadora	dryer
el televisor	TV set

Para la cama

la almohada	pillow
la manta	blanket
la sábana	sheet

En el baño

la bañadera	tub
la ducha	shower
el inodoro	toilet
el lavabo	washbowl, (bathroom) sink
la toalla	towel

En la cocina

la estufa	stove
el fregadero	(kitchen) sink
el plato	dish, plate

Lugares

las afueras	outskirts
el barrio	neighborhood
el centro	downtown, center
cerca (de)	near (close to)
el edificio	building
lejos (de)	far (from)

Verbos

barrer	to sweep
cocinar	to cook
conocer (zc)	to know, to meet
creer	to believe
doblar	to fold
lavar	to wash
limpiar	to clean
pasar la aspiradora	to vacuum
planchar	to iron
preparar	to prepare
saber	to know
secar	to dry
tender (ie)	to hang (clothes); to make (a bed)

* For ordinal numbers see pages 142 and 159
For colors see page 144.

Las casas y la arquitectura

Para pensar

¿Vive Ud. en un apartamento o en una casa? ¿Cómo es, grande o pequeño/a? ¿moderno/a o antiguo/a? ¿Hay apartamentos/casas parecidos/as al/a la suyo/a en su vecindario? ¿Dónde está situado/a, cerca del centro de la ciudad o en las afueras?

Hay mucha variedad en las viviendas en los países hispanos. En realidad, una de las cosas que más llama la atención del visitante extranjero es la variedad que existe entre las casas. Cada casa tiene su sello, su estilo personal que la diferencia de todas las otras a su alrededor.

Las casas/apartamentos pueden estar cerca del centro de la ciudad o en las afueras. Algunas personas prefieren vivir cerca del centro de la ciudad para poder disfrutar de (*enjoy*) todos los beneficios de la ciudad —cines, teatros, centros comerciales, bancos, variedad de medios de transporte, etcétera. Otras prefieren vivir lejos del centro para tener más tranquilidad y seguridad. Generalmente, en el centro o cerca del centro de la ciudad hay más edificios de apartamentos, y en las afueras hay más casas.

El tipo de casas y apartamentos varía de acuerdo a la ciudad o el pueblo donde están situados. En algunos lugares sólo se encuentran casas y edificios modernos, mientras que en otros también se ven casas de estilo colonial, con hermosos balcones de madera, grandes patios interiores y azulejos (*tiles*) en los pisos o en las paredes.

El tipo de construcción también depende del clima de la ciudad o país. Donde el clima es generalmente templado, la mayor parte de las casas no tiene aire acondicionado ni calefacción. En San Salvador y otras ciudades centroamericanas, por ejemplo, es común ver casas o apartamentos de amplios ventanales y balcones adornados con variedad de plantas y flores. En zonas más frías, sin embargo, esto no siempre es posible y muchas veces las puertas y ventanas permanecen cerradas.

Generalmente en las casas hispanas no hay la gran variedad de electrodomésticos que hay en una casa en los Estados Unidos, debido principalmente a su alto costo y también a la posibilidad de tener empleados que ayuden en los quehaceres domésticos.

En resumen, ¡las casas hispanas tienen mucha personalidad!

Para contestar

Las casas. Con su compañero/a responda a las siguientes preguntas.

1. Uds. van a mudarse a un país hispano. Digan ¿dónde preferirían vivir? ¿en el centro o en las afueras? ¿por qué?
2. ¿Cómo son las casas coloniales? ¿En qué ciudades creen Uds. que se pueden ver casas de este estilo? ¿Por qué?
3. ¿Qué electrodomésticos hay en su casa? ¿Cuáles creen que se encuentran o que no se encuentran en la mayoría de las casas hispanas? ¿Por qué?

Riqueza cultural. En grupos de tres, usando la información de arriba, describan cómo sería su casa hispana ideal.

Para investigar en la WWW

1. Busque anuncios de agencias de bienes raíces en Managua, Tegucigalpa y San Salvador. Diga qué tipo de viviendas anuncian, en qué zona de la ciudad quedan, cómo son, qué precio tienen, etcétera. Si es posible, traiga una ilustración a clase de diferentes tipos de viviendas.
2. Busque información acerca de viviendas de estilo colonial en diferentes ciudades hispanoamericanas (descripción, situación dentro de la ciudad, origen, estado en el que se encuentran— bien conservada/necesita mejoras, etcétera.)

Nicaragua

Datos y lugares de interés:

Cerca de Managua, la capital de Nicaragua, se encuentran la Laguna de Xiloá (lugar de recreo) y las Huellas de Acahualinca (lugar de interés arqueológico). Como en los demás países centroamericanos, la mayor parte de la población nicaragüense es mestiza. En 1990, después de una larga historia de problemas económicos y sociales, Violeta Chamorro ganó unas elecciones democráticas y el país empezó un período de recuperación.

Casa de estilo colonial

El Salvador

Lago Ilopango, El Salvador

Datos y lugares de interés: En San Salvador, la capital de El Salvador, se puede visitar el pueblo tradicional de Pachimalco. El Salvador, como Nicaragua, tiene una larga historia de problemas políticos y económicos, pero en 1992 un tratado de paz terminó con más de diez años de guerra civil. Durante esos años, muchos salvadoreños vinieron a los Estados Unidos, especialmente al área de Washington, D.C., donde hoy en día hay una importante comunidad salvadoreña.

Expresiones salvadoreñas:

| chinear | *to pamper or spoil someone* |
| cipote | *child* |

Honduras

Datos y lugares de interés: A poca distancia de Tegucigalpa, la capital de Honduras, está el bosque tropical La Tigral. Como el resto de Centroamérica, Honduras tiene una población mayoritariamente mestiza, sin embargo, una gran parte del pueblo hondureño es de origen africano y la influencia africana se nota en la música, los bailes y el folclor del país.

Expresiones hondureñas:

| coger a uno de ojo de gallo | *to have ill will towards someone* |
| hacerse el zunte | *to keep quiet, pretend ignorance or innocence* |

Lección 6
El tiempo y los deportes

COMUNICACIÓN

✖ Expressing and describing physical activities
✖ Asking and answering questions about weather conditions
✖ Expressing measurements
✖ Talking about past events
✖ Expressing when, where, or how an action is done

ESTRUCTURAS

✖ Preterit tense of regular verbs
✖ Preterit of **ir** and **ser**
✖ Reflexive verbs and pronouns
✖ Adverbs
✖ Preterit of **-er** and **-ir** verbs whose stem ends in a vowel
✖ Preterit of stem-changing **-ir** verbs (e → i) (o → u)
✖ ALGO MÁS: **Hace** meaning *ago*

MOSAICOS

A ESCUCHAR

A CONVERSAR

A LEER

✖ Differentiating factual information from opinion

A ESCRIBIR

✖ Reporting factual data and stating personal opinion

ENFOQUE CULTURAL

✖ El fútbol y los deportes
✖ Uruguay

Los deportes

El esquí es un deporte que practican muchas personas en Argentina, Chile y España. Aquí vemos a un joven que esquía en las pistas de Bariloche, Argentina, uno de los centros de esquí más importantes de la América del Sur.

El ciclismo es otro deporte popular. El ciclista español Miguel Induráin ganó el Tour de Francia cinco veces (1991-1995). En esta carrera, que dura más de 20 días, los ciclistas recorren a veces unos 200 kilómetros, el equivalente de 120 millas, en un solo día.

El fútbol es el deporte número uno en los países hispanos, excepto en el área del Caribe. Hay excelentes equipos en España, Argentina, Uruguay, Colombia, México y otras naciones latinoamericanas. En algunos países, los mejores jugadores forman un equipo nacional. Esta selección representa al país en campeonatos internacionales y participa, cada cuatro años, en la Copa Mundial.

Otros deportes

el bate

el béisbol

el guante

el golf

los hierros

los palos

la raqueta

la cesta

los jugadores

la cancha (court)

la pelota

el tenis

la red

el baloncesto

el voleibol

¿Qué dice usted?

6-1 Deportes: ¿dónde? ¿quiénes? Con su compañero/a, llene los espacios con los nombres de los países y de los jugadores o atletas importantes.

DEPORTE	PAÍSES	JUGADORES
fútbol		
tenis		
béisbol		
golf		
baloncesto		
ciclismo		

6-2 ¿Qué necesitamos para jugar? Además de una pelota, necesitamos ciertas cosas para practicar estos deportes. Complete la siguiente tabla con su compañero/a.

DEPORTE	EQUIPO
béisbol	
golf	
voleibol	
baloncesto	
	una raqueta

6-3 ¿Qué deporte es? Identifique cada deporte con su compañero/a.

el béisbol baseball *each/every team*
1. Hay nueve jugadores en cada equipo y usan un bate y una pelota.

el tenis
2. Es un juego para dos o cuatro personas; necesitamos raquetas y una pelota.

el fútbol *sport game*
3. En este deporte los jugadores no pueden usar las manos. *hands*

ciclismo
4. Para practicar este deporte necesitamos tener bicicleta.

el baloncesto
5. Hay cinco jugadores en cada equipo que pueden lanzar *(throw)* la pelota a un cesto.

el voleibol
6. Para este deporte que es popular en la playa necesitamos una red y una pelota.

6-4 Tu deporte favorito. Hágale las siguientes preguntas a su compañero/a. Después él/ella debe hacerle las mismas preguntas a usted.

1. ¿Cuál es tu deporte favorito? *Correr*
2. ¿Dónde lo practicas? ¿con quién? ¿cuándo?
3. ¿Conoces a algún jugador famoso de este deporte?
4. ¿Practicas otros deportes? ¿cuáles?
Nadar, esquí

6-5 Encuesta. Primero completen esta encuesta y luego comparen los resultados de su grupo con los de otro grupo.

1. deporte favorito _____
2. jugador/a favorito/a _____
3. equipo favorito _____
4. asistencia a los partidos
   a. todos _____
   b. pocos _____
   c. ninguno _____
5. ver los partidos por televisión
   a. todos _____
   b. pocos _____
   c. ninguno _____

6. saber jugarlo bien
   sí _____
   no _____

7. conocer personalmente a un/a jugador/a profesional del deporte
   no _____
   sí _____
   (Nombre _____)

El tiempo y las estaciones

verano *Summer*
What's the weather like?
¿Qué tiempo hace? Hace
It's good weather. It's hot.
buen tiempo y hace calor. El
The sky is clear. It's sunny
cielo está despejado y hace
mucho sol.

otoño *Fall*
It's chilly + windy
Hace fresco y mucho viento.

invierno *Winter*
bad weather. It's
Hace mal tiempo. Está
snowing + cold. There's
nevando y hace frío. Hay
a lot of snow on the
mucha nieve en las calles.
streets

primavera *Spring*
cloudy
Hoy está nublado y está
lloviendo, pero mañana va
a hacer buen tiempo. La
Rain is good for the
lluvia es muy buena para
plants + flowers
las plantas y las flores.

¿Qué dice usted?

6-6 ¿Qué tiempo hace? Pregúntele a su compañero/a qué tiempo hace y averigüe cuáles son sus planes. Después su compañero/a debe hacerle preguntas a usted.

MODELO: E1: ¿Qué tiempo hace? *What's the weather like*

E2: _____

E1: ¿Y qué piensas hacer esta tarde/noche? *What are you doing this aft./evening when the weather's like that*

E2: _____

1. hace sol
hace buen tiempo

2. hace viento
hace frio

3. hace calor

4. esta nevando
nieva (snowy)

5. esta nublado
(cloudy)

6. hace frio

7. esta lloviendo
or llueve (llover)

6-7 Las estaciones y los deportes en mi ciudad. Hágale preguntas a su compañero/a sobre las estaciones del año en su ciudad de origen y los deportes que practica en cada estación. Llene la tabla en la próxima página con la información obtenida. Después, su compañero/a debe hacerle las mismas preguntas a usted para llenar su tabla.

MODELO: E1: ¿De dónde eres?

E2: _____.

E1: ¿Y qué tiempo hace allí en _____?

E2: _____.

E1: ¿Qué deportes practicas?

E2: _____.

ciudad:				
estación	invierno	primavera	verano	otoño
deportes				
tiempo				

6-8 Las temperaturas máximas y mínimas. Escoja una ciudad española y complete el siguiente diálogo con su compañero/a. En los países hispanos se usa el sistema centígrado. Para hacer la conversión al sistema Farenheit, hay que multiplicar la temperatura por 1,8 y sumarle 32 (e.g., 10°C x 1,8 = 18; 18 + 32 = 50°F).

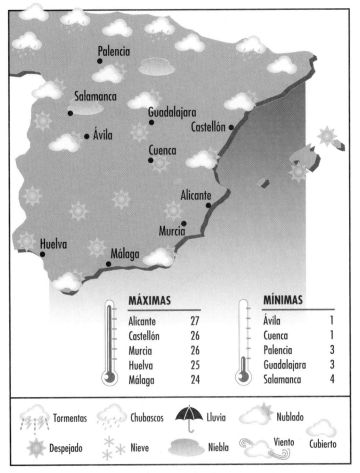

MÁXIMAS
Alicante	27
Castellón	26
Murcia	26
Huelva	25
Málaga	24

MÍNIMAS
Ávila	1
Cuenca	1
Palencia	3
Guadalajara	3
Salamanca	4

Tormentas   Chubascos   Lluvia   Nublado
Despejado   Nieve   Niebla   Viento   Cubierto

E1: ¿Qué temperatura hace en _____? *Malaga*
E2: _____ grados, más o menos. *de gree*
E1: ¿Por el día o por la noche?
E2: Por _____.
E1: ¿Cuánto es eso en Farenheit?
E2: _____.
E1: ¿Y qué tiempo hace allí? *What's the weather like there*
E2: _____. *Esta despejado*

Un partido importante

Hoy es el juego decisivo del campeonato de fútbol.

Rigoberto se despierta temprano.

Se levanta.

Se lava los dientes.

Se afeita.

Se viste.

Se sienta a desayunar.

Es el fin del partido y el equipo de Rigoberto gana. Los aficionados aplauden porque están muy emocionados. Un miembro del equipo contrario está discutiendo con el árbitro porque no está de acuerdo con su decisión.

Rigoberto se quita el uniforme.

Se baña.

Se seca.

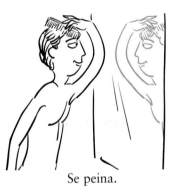

Se peina.

Se pone la ropa.

Va a una fiesta para celebrar el triunfo.

Vuelve a casa muy tarde.
Está muy cansado y se acuesta.

¿Qué dice usted?

6-9 ¿Qué significa? Con su compañero/a, busque el significado de cada palabra.

1. ganar
2. equipo
3. decisión
4. partido
5. árbitro
6. campeón/campeona

a. jugador/a número 1 en un deporte
b. persona que mantiene el orden en un partido
c. tener más puntos al terminar un juego
d. juego entre dos equipos o individuos
e. la palabra final del árbitro
f. un grupo de jugadores

6-10 Las actividades de Rigoberto. Con su compañero/a, conteste las preguntas sobre las actividades de Rigoberto el día del partido.

1. ¿A qué hora se despierta Rigoberto?
2. Después de levantarse, ¿se lava los dientes o se viste?
3. ¿Se afeita por la mañana o por la noche?
4. ¿Qué usa para secarse?
5. ¿Adónde va después de bañarse y vestirse?
6. ¿Cuándo se acuesta?

[handwritten annotations:] See (P. 199) Se means the verb is reflexive — Se la dos vientes — Va a una fiesta — reflexive so use se — Rigoberto se despierta a las seis y media de la mañana — Se afeita por la mañana — Se secar con una toalla — para + verb: (infinitive) Usa una toalla para secarse — Se acuesta a diez

6-11 La rutina diaria de mi compañero/a. Ponga estas acciones en el orden en que usted cree que su compañero/a las hace. Después verifique el orden con él/ella.

_____ se sienta a desayunar   _____ se peina
_____ se seca   _____ se baña
_____ se despierta   _____ se levanta
_____ se viste   _____ se lava los dientes

 A escuchar

A. Los deportes. You will hear some young people talking about sports. Can you guess what sports they are?

1. _____ esquí   _____ fútbol   _____ tenis   _____ ciclismo
2. _____ buceo   _____ baloncesto _____ fútbol   _____ voleibol
3. _____ ciclismo   _____ béisbol   _____ esquí   _____ boxeo
4. _____ tenis   _____ golf   _____ ciclismo   _____ baloncesto

B. El tiempo. You will now hear some weather forecasts. Place an X on the chart to indicate whether each forecast predicts good or bad weather.

	BUEN TIEMPO	MAL TIEMPO
1.	_____	_____
2.	_____	_____
3.	_____	_____
4.	_____	_____

Explicación y expansión

1. Preterit tense of regular verbs

Spanish has two simple tenses to express the past: the preterit and the imperfect (**el pretérito y el imperfecto**). Use the preterit to express what was completed in the past.

	HABLAR	COMER	VIVIR
yo	hablé	comí	viví
tú	hablaste	comiste	viviste
Ud., él, ella	habló	comió	vivió
nosotros/as	hablamos	comimos	vivimos
vosotros/as	hablasteis	comisteis	vivisteis
Uds., ellos/as	hablaron	comieron	vivieron

- Note that the **nosotros** form of the preterit of **-ar** and **-ir** verbs is the same as the present **nosotros** form. Context will help you determine if it is present or past.

  Llegamos a las tres.

  We arrive at three.
  We arrived at three.

- Stem-changing **-ar** and **-er** verbs in the present do not change in the preterit.

  pensar: pensé, pensaste, pensó, pensamos, pensasteis, pensaron
  volver: volví, volviste, volvió, volvimos, volvisteis, volvieron

- Verbs ending in **-car, -gar,** and **-zar** have a spelling change in the **yo** form.

  sacar: saqué, sacaste, sacó ...
  llegar: llegué, llegaste, llegó ...
  empezar: empecé, empezaste, empezó ...

- Some expressions that you can use with the preterit to denote past time are:

anoche	*last night*
anteayer	*day before yesterday*
anteanoche	*night before last*
ayer	*yesterday*
el año/mes pasado	*last year/month*
la semana pasada	*last week*

2. Preterit of *ir* and *ser*

IR AND SER	
yo	fui
tú	fuiste
Ud., él, ella	fue
nosotros/as	fuimos
vosotros/as	fuisteis
Uds., ellos/as	fueron

Ir and **ser** have identical forms in the preterit. Context will determine the meaning.

Ernesto fue a las Olimpiadas de Atlanta.	*Ernesto went to the Olympic Games in Atlanta.*
Fue uno de los nadadores de nuestro equipo.	*He was one of the swimmers on our team.*

¿Qué dice usted?

6-12 Ayer yo … Marque cuáles fueron sus actividades ayer y añada una actividad en cada grupo. Después compare sus respuestas con las de su compañero/a.

1. Por la mañana:
   desayuné
   escribí una composición
   tomé el sol en la playa
   estudié español
   …

2. Por la tarde:
   almorcé en la cafetería
   jugué tenis
   saqué libros de la biblioteca
   fui al cine
   …

3. Por la noche:
   preparé la cena
   miré televisión
   planché ropa
   salí con mis amigos
   …

6-13 Hoy es diferente. Su compañero/a le va a decir qué hacen los jugadores y el/la entrenador/a cuando tienen un partido. Usted le va a contestar que sí, pero que ayer no hicieron esas cosas.

MODELO: practicar por la mañana
        E1: Los jugadores siempre practican por la mañana.
        E2: Sí, pero ayer no practicaron.

LOS JUGADORES

1. almorzar a las doce
2. llegar al estadio a las cuatro
3. correr antes del partido
4. empezar el partido a las 5:00
5. beber agua durante el partido

EL/LA ENTRENADOR/A

1. comer muy poco al mediodía
2. ir al partido con su esposo/a
3. hablar con los jugadores
4. discutir con el árbitro
5. usar una estrategia diferente

6-14 El sábado pasado. ¿Qué hicieron Yolanda y Pedro?

1.

2.

3.

4.

5.

6.

7.

8.

6-15 Un partido muy importante. Usted y su compañero/a fueron a un partido de tenis (golf, béisbol, fútbol) ayer. Hagan una lista de todas las cosas que hicieron antes y durante el partido. Comparen su lista con la de otros/as compañeros/as. ¿Hicieron cosas similares o diferentes?

Situaciones

1. After winning the game last night, the coach took the team out to dinner at a very fancy restaurant. One of you will play the part of a member of the team, the other will ask questions to find out a) where you had dinner, b) with whom, c) what you ate, and d) who paid **(pagar)**.

2. One of you went to a football game last Saturday. The other should find out a) which teams played, b) which team won, c) with whom you went, and d) where you went after the game.

3. Reflexive verbs and pronouns

REFLEXIVES		
yo	**me lavo**	*I wash myself*
tú	**te lavas**	*you wash yourself*
Ud.	**se lava**	*you wash yourself*
él/ella	**se lava**	*he/she washes himself/herself*
nosotros/as	**nos lavamos**	*we wash ourselves*
vosotros/as	**os laváis**	*you wash yourselves*
Uds.	**se lavan**	*you wash yourselves*
ellos/ellas	**se lavan**	*they wash themselves*

- Spanish uses reflexive verbs to express what people do to or for themselves. The pronoun **se** attached to the end of an infinitive shows that the verb is reflexive: **lavar** *to wash,* **lavarse** *to wash oneself.*

    REFLEXIVE

    Margarita **se lava.**   *Margarita bathes/washes.*
    (Margarita is the doer and the receiver.)

    NON REFLEXIVE
                                    object
    Margarita **lava** el auto.   *Margarita washes the car.*
                                    (Margarita is the doer and the car is the receiver.)
                      receives the action

- A reflexive pronoun refers back to the subject of the sentence. In English this is expressed by pronouns ending in *-self* or *-selves* (e.g., *myself, themselves*). In many cases, Spanish uses reflexives where English does not (e.g. **afeitarse,** *to shave*).

- Place reflexive pronouns before the conjugated verb and after the word **no** in negative constructions.

    Él (no) **se** afeita.   *He shaves/doesn't shave.*

- With verbs followed by an infinitive, reflexive pronouns may precede the conjugated verb or be attached to the infinitive.

  Yo **me** voy a acostar a las diez. *I'm going to go to bed at ten.*
  Yo voy a acostar**me** a las diez.

- With the present progressive (**estar + -ndo**), place reflexive pronouns before the conjugated form of **estar** or attach them to the present participle. When attaching a pronoun, add a written accent mark to the stressed vowel (the vowel preceding **-ndo**) of the present participle.

  Pedro **se** está vistiendo ahora. *Pedro is getting dressed now.*
  Pedro está vistiéndo**se** ahora.

- When referring to parts of the body and articles of clothing, use definite articles rather than possessives with reflexive verbs.

  Me lavo **los** dientes. *I brush my teeth.*
  Me pongo **la** sudadera. *I put on my sweatshirt.*

- Some verbs change meaning when used reflexively.

acostar	*to put to bed*	acostarse	*to go to bed, to lie down*
dormir	*to sleep*	dormirse	*to fall asleep*
ir	*to go*	irse	*to go away, to leave (for)*
levantar	*to raise, to lift*	levantarse	*to get up*
llamar	*to call*	llamarse	*to be called*
quitar	*to take away*	quitarse	*to take off*

¿Qué dice usted?

6-16 ¿Qué hacemos? Su compañero/a va a hablar sobre el horario de sus actividades. Conteste diciendo cuándo las hace usted.

MODELO: E1: Yo me despierto a las siete.
        E2: Y yo (me despierto) a las ocho.

1. Yo me levanto _a las_. seis y media
2. Después me lavo _a las_. seis y media
3. Me voy a la universidad _a las_. seis de la tarde
4. Yo me baño _a las_. ocho y media de la noche
5. Me acuesto _a las_. diez y media de la noche
6. Me duermo _a las_. once

stem s verbs

6-17 Los horarios. Explique las diferencias entre los horarios de estos atletas y el de usted.

MODELO: acostarse / 11:00 / 10:30
     E1: Arturo se acuesta a las once.
     E2: Y Alicia y Berta se acuestan a las diez y media. ¿Y tú?
     E1: Yo me acuesto a _____.

	ARTURO	ALICIA Y BERTA	YO
despertarse *(wake up)* *despierta* *despiertan* *despierto*	8:00	7:00	
levantarse *levantana* *levantan* *levantaro*	8:15	7:05	
bañarse *baña* *bañan* *baño*	8:20	7:10	
afeitarse/maquillarse *(makeup)* *afeitarsa* *afeitarsan* *afeitarse*	8:30	7:20	
vestirse *vista* *vistan* *visto*	8:40	7:45	

6-18 Mis actividades ayer. Haga una lista de sus actividades ayer, desde que se levantó hasta que se acostó. Después compárela con la de su compañero/a.

6-19 Nuestros planes para el sábado. Usted y su compañero/a van a representar a su universidad en un campeonato de tenis el próximo sábado en otra ciudad. Digan qué cosas van a hacer.

Situaciones

1. One of you will play the part of a well-known athlete. The other will be a newspaper reporter who will ask as many questions as possible about the famous athlete's daily schedule.

2. One of you will play the part of the director of a summer camp, the other will ask questions regarding the daily activities of the campers. Find out a) what time the campers get up, b) what sports they play, c) what they do in the evenings, and d) what time they go to bed.

4. Adverbs

- You have used Spanish adverbs when expressing time (**ayer, mañana, anoche, siempre**) and place (**aquí, allí, debajo**). You have also used adverbs when expressing how you feel (**bien, muy mal, regular**). These same adverbs can be used when expressing how things are done.

    Rafael nada **muy bien**.   *Rafael swims very well.*

- Spanish also uses adverbs ending in **-mente**, which corresponds to the English *-ly*, to qualify how things are done. To form these adverbs, add **-mente** to the feminine form of the adjective. With adjectives that do not have a special feminine form, simply add **-mente**.

    María plancha **perfectamente**.   *María irons perfectly.*
    Cantan **alegremente**.   *They sing happily.*

- Adjectives that have a written accent keep the accent when **-mente** is added:

    fácil → fácilmente.

- Some commonly used adverbs ending in **-mente** are:

generalmente	normalmente	frecuentemente
realmente	básicamente	simplemente
tranquilamente	regularmente	perfectamente
relativamente	tradicionalmente	lógicamente

¿Qué dice usted?

6-20 **¿Lenta o rápidamente?** ¿Qué hace usted rápidamente y qué hace usted lentamente? Prepare una lista y compárela con la de su compañero/a.

MODELO: Nado lentamente pero corro rápidamente.

6-21 **¿Está de acuerdo o no?** Indique si está de acuerdo (**Sí**) o no (**No**) con las siguientes afirmaciones. Después usted y su compañero/a deben comparar sus respuestas y decir por qué están o no están de acuerdo.

1. _Si_ Un buen deportista practica diariamente. *daily*
2. _No_ Cuando están furiosos, los jugadores hablan lentamente. *slowly (lento is the adj.)*
3. _Si_ Los árbitros deben saber perfectamente las reglas de los deportes. *refs know the rules of the game*
4. _Si_ ~~No~~ Un buen árbitro piensa rápidamente. *ref thinks rapidly*
5. _Si_ ~~No~~ Los corredores de distancias cortas tienen que correr rápidamente.
6. _Si_ Los buenos tenistas juegan frecuentemente.

6-22 Entrevista. Hágale estas preguntas a su compañero/a. Después él/ella se las debe hacer a usted.

E1: ¿Qué haces normalmente por la tarde?
E2: _____
E1: ¿Adónde sales regularmente y con quiénes?
E2: _____
E1: Generalmente, ¿adónde vas por la noche?
E2: _____
E1: ¿Adónde vas para conversar tranquilamente con tus amigos?
E2: _____

Situaciones

One of you is conducting a survey regarding sports on television, the other is a TV viewer. Find out a) what sports programs he/she watches, b) how often, c) where, and d) with whom.

5. Preterit of -er and -ir verbs whose stem ends in a vowel

LEER			
yo	leí	nosotros/as	leímos
tú	leíste	vosotros/as	leísteis
Ud., él, ella	leyó	Uds., ellos/as	leyeron

OÍR			
yo	oí	nosotros/as	oímos
tú	oíste	vosotros/as	oísteis
Ud., él, ella	oyó	Uds., ellos/as	oyeron

The preterit endings of verbs whose stem ends in a vowel are the same as those of regular **-er** and **-ir** verbs, except for the **usted, él, ella** form and the **ustedes, ellos, ellas** form, which end in **-yó** and **-yeron.**

6. Preterit tense of stem-changing -ir verbs (e → i) (o → u)

PREFERIR			
yo	preferí	nosotros/as	preferimos
tú	preferiste	vosotros/as	preferisteis
Ud., él, ella	prefirió	Uds., ellos/as	prefirieron

DORMIR			
yo	dormí	nosotros/as	dormimos
tú	dormiste	vosotros/as	dormisteis
Ud., él, ella	durmió	Uds., ellos/as	durmieron

- The preterit endings of stem-changing -ir verbs are the same as those for regular -ir verbs.

- Stem-changing -ir verbs (e → ie, e → i, o → ue) change e → i and o → u in the usted, él, ella and ustedes, ellos, ellas preterit forms.

  Marta prefirió salir temprano.   *Marta preferred to leave early.*
  José durmió tranquilamente.   *José slept calmly.*

¿Qué dice usted?

6-23 **Los horarios.** ¿Qué hicieron estas personas ayer?

MODELO: E1: ¿Quién sirvió espaguetis?/¿Qué hizo el entrenador
             por la noche?
        E2: El entrenador sirvió espaguetis.

	CARLOS	EL ENTRENADOR	SUSANA Y MIRTA
por la mañana	leer la sección de deportes jugar al tenis	ver el video del partido	dormir hasta las ocho
por la tarde	oír un partido de béisbol por radio	practicar con los jugadores	leer un libro
por la noche	vestirse salir con su novia	invitar a unos amigos servir espaguetis	ir a un restaurante pedir pescado

6-24 Encuesta. En pequeños grupos, hagan la siguiente encuesta y después compartan la información con otros grupos.

1. ¿Quiénes leyeron el periódico ayer?
2. ¿Quiénes oyeron las noticias?
3. ¿Quiénes fueron a un partido de tenis o béisbol?
4. ¿Quiénes practicaron un deporte?
5. ¿Quiénes durmieron siete horas o más?
6. ¿Quiénes durmieron menos de seis horas?

6-25 El domingo pasado. En pequeños grupos preparen una lista de sus actividades del domingo pasado. Después comparen su lista con la de otro grupo. ¿Qué actividades son las mismas?

6-26 Situaciones locas. En pequeños grupos lean estas situaciones locas y digan cuál les parece más loca o más simpática. Después preparen dos situaciones locas para compartir con la clase.

1. Ayer leímos tres libros en la clase de español en quince minutos.
2. Ayer mi gato habló español con mi perro. Los dos hablan español perfectamente.
3. Esta mañana empecé un programa de ejercicios aeróbicos y perdí quince kilos.
4. Ayer mi hermano durmió diez horas. Se despertó, desayunó y durmió diez horas más.
5. Anoche cené en un restaurante francés muy elegante. Pedí pescado, bebí champán y sólo pagué quince centavos.
6. Ayer el equipo de la universidad jugó con los Yankees de Nueva York. Nuestro equipo ganó 40-0.

Situaciones

1. There was an important baseball game last night. One of you fell asleep and did not go to the game, but wants to find out about it. The other is a baseball fan who went to the game. Call and explain what happened to you and ask as many questions as possible about the game.

2. One of you read about a famous football player's interview on TV tonight in today's newspaper. The other should find out a) in which newspaper you read about the interview, b) the time of the interview, c) the channel **(el canal)**, and d) who will do the interview.

Hace meaning *ago*

■ To indicate the time that has passed since an action was completed, use **hace** + *length of time* + **que** + *preterit tense*.

   Hace dos horas que llegaron.   *They arrived two hours ago.*

■ If you begin the sentence with the preterit tense of the verb, do not use **que**.

   Llegaron **hace** dos horas.

6-27 ¿Cuánto tiempo hace ...? Su compañero/a quiere saber cuánto tiempo hace que usted hizo estas cosas. Complete su respuesta con detalles adicionales.

MODELO: ganar el campeonato
      E1: ¿Cuánto tiempo hace que ganaste el campeonato?
      E2: Hace dos años. Fue un día extraordinario. Todos mis amigos me felicitaron y después fuimos a un café a celebrar.

1. conocer a tu novio/a (esposo/a)
2. jugar tenis/golf, etcétera por primera vez
3. leer una buena revista de deportes
4. ir a la playa con tus amigos
5. visitar una gran ciudad
6. ver un partido de la Copa Mundial

6-28 Una figura importante del tenis. Su compañero/a es un/a tenista extranjero/a muy famoso/a y usted quiere obtener cierta información. Hágale preguntas usando **hace** y después comparta la información con la clase.

MODELO: empezar a jugar
      E1: ¿Cuánto tiempo/Cuántos años hace que empezó a jugar?
      E2: Empecé a jugar hace doce años.

1. ganar su primer campeonato
2. perder un partido
3. salir en el periódico/la televisión
4. llegar a los EE.UU. para participar en este campeonato
5. hacer su primera publicidad para *Adidas*
6. ...

mosaicos

A escuchar

A. ¿Qué deportes practican? Write the number of the description beside the corresponding illustration.

B. ¿Lógico o ilógico? Indicate whether each of the following statements is **Lógico** or **Ilógico**.

	LÓGICO	ILÓGICO
1.	_____	_____
2.	_____	_____
3.	_____	_____
4.	_____	_____
5.	_____	_____

	LÓGICO	ILÓGICO
6.	_____	_____
7.	_____	_____
8.	_____	_____
9.	_____	_____
10.	_____	_____

 **A conversar**

6-29 ¿Y usted? Pregúntele a cuatro o cinco compañeros qué deportes practican, cuándo, dónde y con quién. Luego haga una lista de los deportes más populares entre los estudiantes.

6-30 *Radio Continental* **y el estado del tiempo en el mundo.** Preparen un informe del tiempo en cuatro ciudades. Deben basarse en la información que aparece más abajo y añadir el pronóstico del tiempo para mañana. Preséntenlo a la clase y contesten las preguntas de sus compañeros/as.

MODELO: Aquí *Radio Continental* con el informe del tiempo en el mundo. En la ciudad de Lima, Perú, el cielo está despejado con una temperatura mínima de 18 grados y una máxima de 24. Mañana va a estar nublado durante el día.

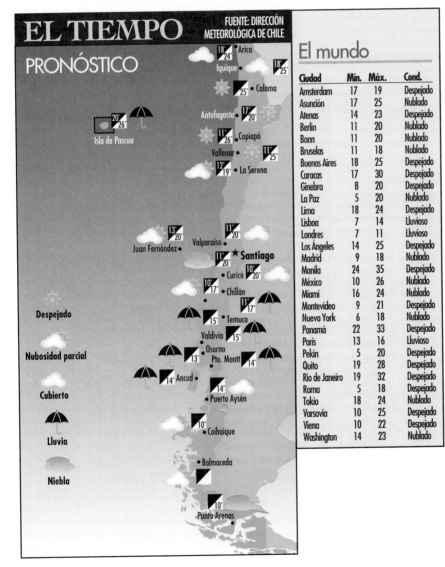

EL TIEMPO FUENTE: DIRECCIÓN METEOROLÓGICA DE CHILE

PRONÓSTICO

Arica 18/24°
Iquique 18/25°
Calama 25°
Antofagasta 17/20°
Isla de Pascua 20/26°
Copiapó 11/26°
Vallenar 11/25°
La Serena 12/19°
Juan Fernández 13/20°
Valparaíso 11/20°
Santiago 11/20°
Curicó 10/20°
Chillán 10/17°
Temuco 11/17°
Valdivia 15°
Osorno 13°
Pto. Montt 14°
Ancud 14°
Puerto Aysén 14°
Coihaique 10°
Balmaceda
Punta Arenas 10°

Despejado
Nubosidad parcial
Cubierto
Lluvia
Niebla

El mundo

Ciudad	Mín.	Máx.	Cond.
Amsterdam	17	19	Despejado
Asunción	17	25	Nublado
Atenas	14	23	Despejado
Berlín	11	20	Nublado
Bonn	11	20	Nublado
Bruselas	11	18	Nublado
Buenos Aires	18	25	Despejado
Caracas	17	30	Despejado
Ginebra	8	20	Despejado
La Paz	5	20	Nublado
Lima	18	24	Despejado
Lisboa	7	14	Lluvioso
Londres	7	11	Lluvioso
Los Ángeles	14	25	Despejado
Madrid	9	18	Nublado
Manila	24	35	Despejado
México	10	26	Nublado
Miami	16	24	Nublado
Montevideo	9	21	Despejado
Nueva York	6	18	Nublado
Panamá	22	33	Despejado
París	13	16	Lluvioso
Pekín	5	20	Despejado
Quito	19	28	Despejado
Río de Janeiro	19	32	Despejado
Roma	5	18	Despejado
Tokio	18	24	Nublado
Varsovia	10	25	Despejado
Viena	10	22	Despejado
Washington	14	23	Nublado

 **A leer**

6-31 Preparación. Con un/a compañero/a, clasifique cada palabra en la columna correspondiente. Luego, respondan a las preguntas.

futbolista   pelota   guante   esquiador/a
esquiar   golfista   piscina   nadar
nieve   botas   pista   tenista
cancha   raqueta   jugar   batear

DEPORTISTA	MATERIAL DEPORTIVO	LUGAR DE PRÁCTICA	VERBO

1. ¿Le gustan a usted los deportes individuales o prefiere los de equipo? ¿Por qué?
2. ¿Sabe usted esquiar? ¿Esquía usted bien?
3. ¿Dónde se puede encontrar información sobre el esquí: en revistas, en periódicos, en el Internet?
4. ¿Dónde están las estaciones de esquí más atractivas para los esquiadores de su país?

6-32 Primera mirada. Después de leer el siguiente artículo, diga si las siguientes citas textuales *(quotations)* representan información factual (F) o una opinión (O) del/la autor/a.

1. _____ Línea 12: "Desde diciembre del 94 podemos obtener información sobre la estación..."
2. _____ Líneas 22–25: según José Guerrero, "sería de enorme importancia tener este web actualizado diariamente con datos sobre el estado de las pistas, las condiciones y calidad de la nieve o el funcionamiento de los servicios mecánicos".
3. _____ Línea 29: "Indudablemente este servicio es fabuloso".
4. _____ Línea 30: "Sin duda, Internet va a cambiar la planificación de las vacaciones".
5. _____ Líneas 32–34: "Hoy ya es posible planificar on-line unas vacaciones de esquí en Francia accediendo al servidor Ski in ...The Global Ski Guide".
6. _____ Líneas 40–41: "Hay muchos otros clubes que también descubrieron las posibilidades de la red para promocionarse y comunicarse".

Esquiar por el ciberespacio

Llegó el tiempo del esquí. Y al esquí le llegó el momento de entrar en la ruta de las infovías, en el cibermundo de Internet. Información sobre el estado de las pistas, propuestas para deslizarse sobre la nieve de cualquier lugar del mundo o la posibilidad de comprar un par de botas on-line son algunas de las opciones que ya ofrece la red. 5

La estación de esquí de Sierra Nevada (Granada) fue designada en mayo de 1990 para recibir los XXIV Campeonatos del Mundo de Esquí Alpino en el invierno de 1995. La falta[1] de nieve no permitió la celebración de este evento, el segundo en importancia para deportes de invierno después de los Juegos Olímpicos, en la estación de esquí más alta 10 de España.

Desde diciembre del 94 podemos obtener información sobre la estación y el ambicioso proyecto que se realizó[2] para la celebración de los campeonatos en una página de web que diseñó la Universidad de Granada. (http://www.ugr.es/sn_95/entrada.html) 15

Un mapa de las pistas, posibilidades de alojamiento[3] o de dónde alquilar unos esquís y links a otros recursos relacionados con la estación de Sierra Nevada es lo que podemos encontrar navegando por esta página. También es posible ver imágenes de las pistas localizando el mapa de la estación y haciendo un click sobre algunos de los puntos seleccionados. 20

El web de Sierra Nevada es un servidor académico y, por tanto, movido por un interés cultural, pero, según José Guerrero, "sería de enorme importancia tener este web actualizado diariamente con datos sobre el estado de las pistas, las condiciones y calidad de la nieve o el funcionamiento de los servicios mecánicos". 25

En las páginas del Cyberski se puede encontrar desde la historia del esquí en España hasta links a tiendas y comercios del sector, pasando por información sobre la Federación Española de Deportes de Invierno (FEDI). Indudablemente este servicio es fabuloso.

Sin duda, Internet va a cambiar la planificación de las vacaciones. La 30 visita a la agencia de viajes o la consulta de catálogos impresos van a modificarse sustancialmente. Hoy ya es posible planificar on-line unas vacaciones de esquí en Francia accediendo al servidor Ski in ...The Global Ski Guide.

Las escuelas o clubes de esquí de diferentes países también tienen su 35 casa en Internet. El Nordic Ski Club of East Anglia (NorSCEA), por ejemplo, utiliza su web como un vehículo para presentarse a cualquier persona interesada en el esquí nórdico y también como vehículo de comunicación con sus asociados.

Hay muchos otros clubes que también descubrieron las posibilidades de 40 la red para promocionarse y comunicarse. Por zonas, por tipo de esquí o por nivel de sus asociados, sólo falta descubrirlos.

[1]*lack* [2]*took place* [3]*lodging*

6-33 Opiniones. Subraye las expresiones de opinión usadas por el/la autor/a en el artículo.

6-34 Segunda mirada. Lea el artículo otra vez y complete las siguientes tareas.

1. Indique tres opciones que ofrece la red cibernética de intercomunicaciones según este artículo.
2. Dé tres datos sobre la estación de esquí de Sierra Nevada.
3. En su opinión, ¿cambió ya el Internet la planificación de sus vacaciones? Explique.

6-35 Ampliación. Conteste las siguientes preguntas con su compañero/a.

1. ¿Qué significan: infovías, cibermundo, Internet?
2. ¿A qué se refiere **los** (línea 42) en "sólo falta descubrir**los**."?
3. ¿Cómo se dice *server* y *navigate* en español?

 A escribir

6-36 Manos a la obra: fase preliminar. En grupos, respondan a estas preguntas:

1. ¿Cómo se llama y dónde está la estación de esquí más cercana al lugar donde usted vive?
2. ¿Qué atracciones o servicios le ofrece a un turista extranjero?
3. ¿Qué información sobre este centro puede obtener un usuario en la página de la red?
4. ¿Alguna vez hubo un torneo nacional/internacional importante en este centro de esquí? ¿Cuándo? ¿Quién o qué país recibió una medalla?

Ahora, llene la tabla con la información indicada.

NOMBRE DEL CENTRO DE ESQUÍ _____
Ciudad más cercana:
Nº de pistas:
Torneos:
Atracciones y servicios:

6-37 Manos a la obra. Usted es un/a periodista deportivo/a para la revista *Esquí* en Colorado. *Esquí* va a tener una página en la red, y usted va a ser la persona responsable de informar a los usuarios de habla española sobre competencias de esquí en un centro que usted conoce. En su primer informe *(report)*, dé información factual y, también, su opinión sobre el lugar y los servicios que les ofrece a los esquiadores/turistas.

Expresiones útiles

PARA DAR INFORMACIÓN FACTUAL

Los datos de/en ... indican que ...
En realidad ...
Es posible/Se puede obtener ...
En ... se puede ...
Hay/Existe(n) ...

PARA EXPRESAR OPINIÓN

Pienso/Creo que ...
Me parece que ... (*It seems to me that ...*)
En mi opinión ...
Según el/la señor/señora ...

Vocabulario

Deportes

el baloncesto/basquetbol	*basketball*
el béisbol	*baseball*
el ciclismo	*cycling*
el esquí	*skiing, ski*
el fútbol	*soccer*
la natación	*swimming*
el voleibol	*volleyball*

Equipo deportivo

el bate	*bat*
la bicicleta	*bicycle*
el/la cesto/a	*basket, hoop*
el guante	*glove*
el hierro	*golf club (iron)*
el palo	*golf club*
la pelota	*ball*
la raqueta	*racket*
la red	*net*

Eventos

el campeonato	*championship*
la carrera	*race*
el juego/partido	*game*
el resultado	*result, outcome*

Lugares

la cancha	*court*
el centro	*center*
la pista	*slope, court, track*

Personas

el/la aficionado/a	*fan*
el árbitro	*umpire, referee*
el campeón	
la campeona	*champion*
el/la ciclista	*cyclist*
el/la corredor/a	*runner, cyclist*
el/la entrenador/a	*coach*
el equipo	*team*
el/la esquiador/a	*skier*
el/la jugador/a	*player*
el/la tenista	*tennis player*

Estaciones

el invierno	*winter*
el otoño	*autumn*
la primavera	*spring*
el verano	*summer*

Tiempo

despejado/a	*clear*
fresco/a	*cool*
llover (ue)	*to rain*
la lluvia	*rain*
nevar (ie)	*to snow*
la nieve	*snow*
nublado/a	*cloudy*
el sol	*sun*
el viento	*wind*

Descripciones

contrario/a	*opposite, contrary*
emocionado/a	*excited*
mejor	*best*
mundial	*worldwide*

Verbos

acostar (ue)	to put to bed
acostarse	to go to bed, to lie down
afeitar(se)	to shave
aplaudir	to applaud
bañar(se)	to bathe, to take a bath
despertar(se) (ie)	to wake up
discutir	to argue
dormirse (ue)	to fall asleep
durar	to last
esquiar	to ski
irse	to go away, to leave
lavar(se) los dientes	to brush one's teeth
levantar	to raise
levantar(se)	to get up
maquillar(se)	to put on makeup
peinar(se)	to comb
perder (ie)	to lose
quitar	to take away, to remove
quitar(se)	to take off
sentar(se) (ie)	to sit down
vestir(se) (i)	to dress, to get dressed

Palabras y expresiones útiles

anoche	last night
anteanoche	night before last
anteayer	day before yesterday
el año/mes pasado	last year/month
ayer	yesterday
estar de acuerdo	to agree
el fin	end
¿Qué tiempo hace?	What's the weather like?
tarde	late
temprano	early

El fútbol y los deportes

Igual que en los Estados Unidos, en los países hispanos se practican muchos deportes: el béisbol, el voleibol, el basquetbol, el golf, el tenis, la natación, el buceo, el ciclismo, el esquí, el polo, etc., pero el deporte más popular de todos es el fútbol. Los niños practican este deporte desde temprana edad en los patios de sus casas, en los parques, en las calles, en las escuelas, en todos los sitios que pueden. En realidad, no es nada raro (*strange*) ver a niños bajar del autobús del colegio y patear una piedra, un papel o una pelota cualquiera mientras caminan a sus casas.

Además de los equipos locales, cada ciudad, departamento o estado tiene su equipo y sus aficionados que van a verlo jugar. Los mejores jugadores de los diferentes equipos del país son seleccionados para formar parte del equipo nacional. Este equipo representa a su país en competencias regionales, el Sudamericano de Fútbol, por ejemplo, y cada cuatro años en la Copa Mundial. Uruguay es uno de los países que tiene un excelente equipo de fútbol y ha sido campeón mundial más de una vez. ¡El fútbol es una pasión!

Para contestar

Los deportes. Con su compañero/a, responda a las siguientes preguntas.

1. ¿Qué deportes se practican en los países hispanos?
   ¿Qué deportes piensa usted que no se practican? ¿Por qué?
2. ¿Cuál es el deporte favorito de los hispanos? ¿Quiénes lo practican? ¿Dónde? ¿Cuándo?
3. ¿Qué competencias regionales y mundiales hay?

Riqueza cultural. En grupos de tres, mencione dos jugadores hispanos famosos de cada uno de los siguientes deportes: fútbol, tenis, béisbol.

Para investigar en la WWW

1. Busque el nombre de dos equipos de fútbol de cada uno de los siguientes países: Uruguay, Argentina, Perú, Chile.
2. ¿Cuál fue el último partido de fútbol que se llevó a cabo en Uruguay? ¿Qué equipos jugaron? ¿Quién ganó? ¿Cuánto a cuánto?

Uruguay

Ciudades importantes y lugares de interés:

Montevideo, la capital, es una ciudad de 1,5 millones de habitantes y se dice que de todas las ciudades de Hispanoamérica es una de las más cosmopolitas. Como en Buenos Aires, la diversidad étnica y cultural dan a Montevideo un aire muy europeo. En Montevideo se puede disfrutar de tiendas, museos, cafés, mercados y ferias. Entre sus museos se destacan el Museo Blanes, el Museo Nacional de Artes Visuales, y el Museo del Gaucho y la Moneda donde se puede apreciar todo lo relacionado con los gauchos, los vaqueros (*cowboys*) típicos de Uruguay y Argentina. Punta del Este es un balneario hermoso y muy popular en el Atlántico donde se llevan a cabo todos los años festivales y conferencias internacionales.

Expresiones uruguayas:	¡Fenómeno!	*Great!*
	¡Bárbaro!	*Great!*

Punta del Este, Uruguay

Gaucho

Lección 7
La ropa y las tiendas

COMUNICACIÓN

- ✖ Talking about clothing and shopping
- ✖ Asking for and telling prices
- ✖ Expressing likes and dislikes
- ✖ Expressing satisfaction and dissatisfaction
- ✖ Talking about past events

ESTRUCTURAS

- ✖ Indirect object nouns and pronouns
- ✖ The verb **dar**
- ✖ **Gustar** and similar verbs
- ✖ Pronouns after prepositions
- ✖ Some irregular preterits
- ✖ ALGO MÁS: Some uses of **por** and **para**

MOSAICOS

A ESCUCHAR

A CONVERSAR

A LEER

- ✖ Problem solving
- ✖ Identifying word endings that indicate places and people

A ESCRIBIR

- ✖ Narrating chronologically

ENFOQUE CULTURAL

- ✖ De compras en el mundo hispano
- ✖ Venezuela

203

A primera vista

La ropa

… de mujer

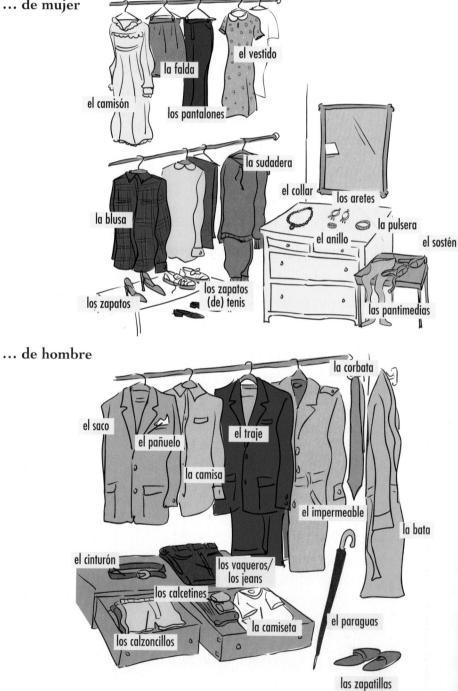

el camisón
la falda
los pantalones
el vestido
la sudadera
el collar
los aretes
la blusa
el anillo
la pulsera
el sostén
los zapatos
los zapatos (de) tenis
las pantimedias

… de hombre

la corbata
el saco
el pañuelo
el traje
la camisa
el impermeable
la bata
el cinturón
los vaqueros/ los jeans
los calcetines
la camiseta
el paraguas
los calzoncillos
las zapatillas

Para el invierno

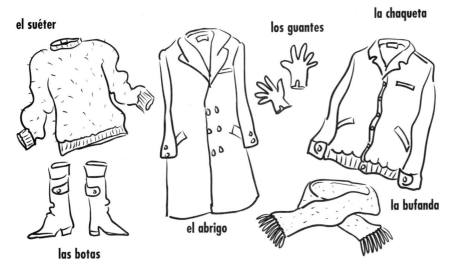

el suéter

los guantes

la chaqueta

las botas

el abrigo

la bufanda

Para el verano

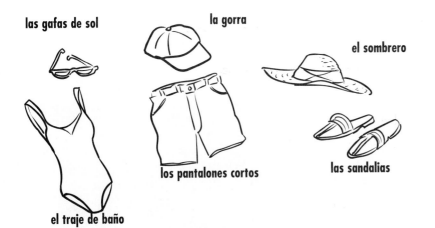

las gafas de sol

la gorra

el sombrero

los pantalones cortos

las sandalias

el traje de baño

¿Qué dice usted?

7-1 ¿Cuándo se usa? Asocie cada artículo de ropa de la columna de la izquierda con una situación en la columna de la derecha.

1. los guantes _gloves_
2. las gafas de sol _glasses_
3. el piyama _pyjamas_
4. la bata _robe_
5. el impermeable _coat_
6. el traje de baño _swimsuit_

_4_ a. después de bañarse y antes de vestirse
_3_ b. para ir a dormir
_2_ c. para ver cuando hace mucho sol
_6_ d. en la piscina/playa
_1_ e. para esquiar
_5_ f. cuando está lloviendo

7-2 Vacaciones en Puerto Rico. Usted y su amigo/a van a pasar sus vacaciones en Puerto Rico. Preparen una lista de la ropa que necesitan para estar en la playa de día y en las discotecas de noche.

VACACIONES	YO	MI COMPAÑERO/A
De día De noche		

7-3 ¿Qué deben llevar estas personas? De acuerdo con las situaciones, usted y su compañero/a van a decir qué deben llevar estas personas.

MODELO: Raúl y Rosa van a ir a una fiesta en casa del rector de la universidad.
Raúl debe llevar pantalones, una camisa y una corbata.
Rosa debe llevar un vestido o una falda y una blusa.

1. Dos estudiantes van a ir a un picnic.
2. Una chica y un chico tienen una entrevista para un trabajo en una oficina.
3. Dos mujeres van a un desfile de modas de la diseñadora Carolina Herrera.
4. Un chico va a jugar tenis con los amigos.
5. Los Sres. Montes van a ir a un té muy elegante en la Embajada de Japón.
6. El Sr. Jiménez y su esposa van a trabajar en el jardín de su casa.

De compras

... a lo moderno

Un almacén moderno donde venden de todo. Hay ropa para la familia, muebles, accesorios y electrodomésticos para la casa, juguetes para los niños y, en algunos almacenes, hasta un supermercado.

MARTA: Las rebajas son magníficas. Mira esa chaqueta. Está rebajada de 120.000 pesetas a 90.000. ¿Por qué no entramos para ver si tienen tu talla?

ANA: Sí, y así me pruebo la chaqueta para ver si me queda bien. Está muy barata y es preciosa.

MARTA: O te pruebas la chaqueta en casa y si te queda mal, la cambias.

DEPENDIENTA: ¿En qué
puedo servirle?

CLIENTE: Quisiera comprar un regalo para una muchacha joven. Una bolsa o una billetera, por ejemplo.

DEPENDIENTA: Hay unas bolsas de cuero preciosas y no son muy caras. Enseguida le muestro las que tenemos. (La dependienta trae unas bolsas.)

CLIENTE: Me gustaría comprar ésta.

DEPENDIENTA: Muy bien, señor. ¿Va a pagar con tarjeta de crédito o en efectivo?

CLIENTE: En efectivo.

... a lo tradicional

Muchas personas prefieren ir de compras a los mercados al aire libre. Estas mujeres están buscando ropa en un mercado de Mérida, México.

Telas y diseño

Blusas y camisas en todas las telas

lana

algodón

seda

de rayas

de cuadros

de lunares

de color entero

Le queda estrecha.

Le queda ancha.

¿Qué dice usted?

7-4 El cumpleaños de Nuria. Usted y su compañero/a van a una tienda para comprarle un regalo a Nuria, pero cada artículo que ven presenta un problema.

Analicen cada problema y piensen en la solución.

ARTÍCULO	PROBLEMA	SOLUCIÓN
collar	es muy caro	Debemos buscar uno rebajado/más barato.
impermeable	le queda ancho	
vaqueros	son de poliéster	
sudadera	es pequeña	
blusa	las rayas son muy anchas	
bolsa	no es de cuero	
falda	le queda estrecha	

7-5 ¿Cuánto cuesta/n ...? Su compañero/a le va a preguntar el precio de algunos de los artículos en la próxima página. Contéstele que usted tiene el mismo artículo y dígale cuánto pagó. Dé una breve descripción y diga cuándo lo usa. Después cambien de papel.

MODELO: E1: ¿Cuánto cuesta la bufanda?

E2: Cuesta $7. Yo tengo una igual y pagué $5. Es de lana y la uso mucho en el invierno.

7-6 Para estar a la última moda. Con un/a compañero/a, hagan los papeles de diseñador/a y cliente/a. El/la diseñador/a debe contestar las preguntas del/de la cliente/a para tratar de venderle una de sus creaciones.

1. ¿Cuáles son los colores de moda este año?
2. ¿Y este diseño es de color entero o de rayas?
3. ¿Tiene mi talla?
4. ¡Ah, pero es de algodón! Yo prefiero …
5. ¿Me muestra otro modelo?
6. …

7-7 Unos regalos. Explíquele a su compañero/a para quiénes son los regalos que usted debe hacer. Su compañero/a le va a sugerir algunos regalos y el lugar donde los puede comprar, basándose en los anuncios que aparecen más abajo. Después deben cambiar de papel.

REGALOS PARA:

1. un sobrino que tiene cinco años
2. su mamá por el Día de la Madre
3. un/a amigo/a que necesita ropa informal
4. su hermano que va a pasar unos días en el Caribe
5. su padre por su cumpleaños

 **A escuchar**

La ropa y los eventos. You will hear four conversations regarding events and the clothes people are going to buy or wear for those events. Write the number of the conversation next to the appropriate clothes and events.

ROPA

_____ ropa informal
_____ traje y corbata
_____ falda, chaqueta y blusa
_____ pantalones cortos y camiseta

EVENTOS

_____ fiesta elegante
_____ reunión de jóvenes
_____ partido de fútbol
_____ entrevista para un trabajo

Explicación y expansión

1. Indirect object nouns and pronouns

Ana María le da un regalo
  a su amigo.
¿Qué le dice su amigo?
¿Qué le contesta Ana María?

INDIRECT OBJECT PRONOUNS	
me *to/for me*	**nos** *to/for us*
te *to/for you* (familiar)	**os** *to/for you* (familiar)
le *to/for you* (formal), *him, her, it*	**les** *to/for you* (formal), *them*

- Indirect object nouns and pronouns tell to whom or for whom an action is done.

    El profesor **me** explica la lección.   *The professor explains the lesson to me.*

- Indirect object pronouns have the same form as direct object pronouns except in the third person: **le** and **les.**

- Place the indirect object pronoun before the conjugated verb form. It may be attached to an infinitive or to a present participle. Note the written accent mark when attaching an indirect object pronoun to the present participle.

    Te voy a comprar un regalo.
    Voy a comprar**te** un regalo.   *I'm going to buy you a present.*

    Juan **nos** está preparando la cena.
    Juan está preparándo**nos** la cena.   *Juan is preparing dinner for us.*

- Use indirect object pronouns even when the indirect object noun is stated explicitly.

    Yo **le** compro un regalo
      a Victoria.   *I'm buying Victoria a present.*

- To eliminate ambiguity, **le** and **les** are often clarified with the preposition **a** + *pronoun.*

<table>
<tr><td>**Le** hablo **a usted.**</td><td>*I'm talking to you. (not to him)*</td></tr>
<tr><td>Siempre **les** compro algo
a ellos.</td><td>*I always buy them something.*
(not you)</td></tr>
</table>

- For emphasis or clarification, use **a mí, a ti, a nosotros/as,** and **a vosotros/as** with indirect object pronouns.

Pedro **te** habla **a ti.**	*Pedro is talking to you.* *(not to someone else)*

2. The verb *dar*

DAR *(to give)*		
	PRESENT	PRETERIT
yo	doy	di
tú	das	diste
Ud., él, ella	da	dio
nosotros/as	damos	dimos
vosotros/as	dais	disteis
Uds., ellos, ellas	dan	dieron

- **Dar** is almost always used with indirect object pronouns. Notice the difference in meaning between **dar** (*to give*) and **regalar** (*to give as a gift*).

Ella le **da** la camisa a Pedro.	*She gives (hands) Pedro the shirt.*
Ella le **regala** la camisa a Pedro.	*She gives Pedro the shirt (as a gift).*

- In the preterit, **dar** uses the endings of **-er** and **-ir** verbs.

¿Qué dice usted?

7-8 Nuestro/a profesor/a. De la lista que aparece más abajo, escoja con su compañero/a las cosas que hace su profesor/a por ustedes. Después deben añadir una actividad más y compartir sus ideas con otros/as compañeros/as.

MODELO: hacer preguntas
Nos hace preguntas.

1. limpiar la casa
2. hablar en español
3. comprar ropa

4. dar buenas notas
5. explicar las lecciones
6. ...

7-9 Para estar a la última moda. Use su imaginación o las sugerencias que están más abajo para contestar las preguntas de su compañero/a. Después dígale a otro/a estudiante qué le recomendó su compañero/a.

MODELO: E1: Quiero estar a la última moda. ¿Qué me recomiendas?
  E2: Te recomiendo comprar ropa de colores claros.
  E1: ¿Qué más me recomiendas?
  E2: Te recomiendo leer la revista *Elegancia*.

1. ir a *El Corte Inglés*/a boutiques elegantes/a París
2. usar zapatos italianos/franceses/de cuero blanco
3. comprar unos pantalones cortos/estrechos/largos
4. buscar blusas/camisas muy grandes/de seda/de algodón
5. llevar gafas de sol/pequeñas/grandes
6. ...

7-10 Regalos en diciembre. Prepare una lista de sus parientes y amigos y de los regalos que les va a comprar. Después, dígale a su compañero/a qué le va a regalar a cada persona.

7-11 Entrevista. Hágale las siguientes preguntas a su compañero/a. Después él/ella debe hacerle las mismas preguntas a usted.

1. ¿Te gusta ir de compras? *Do you like to go shopping*
2. ¿Te gusta ir a las tiendas cuando tienen rebajas?
3. ¿Le compras regalos a tu novio(a)/esposo(a)/pareja cuando hay rebajas?
4. ¿Qué le diste por su último cumpleaños?
5. ¿Le gustó el regalo?
6. ...

One of you is a client at a department store, the other is the salesperson. Tell the salesperson that a) you are looking for a present for a young man/lady, b) that you are not sure what you should buy, and c) the amount that you can spend (**gastar**). Let him/her make suggestions.

Situaciones

3. *Gustar* and similar verbs

¿Le gusta esta camisa?
No, no me gusta.

Me gustan éstas. ¿Y a usted?
Me gustan mucho.

- In previous lessons you have used the verb **gustar** to express likes and dislikes. As you have noticed, **gustar** is not used the same way as the English verb *to like*. **Gustar** is similar to the expression *to be pleasing (to someone)*.

  Me gusta ese vestido.

  I like that dress.
  (That dress is pleasing to me.)

- In this construction, the subject is the person or thing that is liked. The indirect object pronoun shows to whom something is pleasing.

Me		*I*
Te		*You* (familiar)
Le	gusta el traje.	*You* (formal), *He/She*
Nos		*We* } *like/s the suit.*
Os		*You* (familiar)
Les		*They, You* (formal and familiar)

- Generally, only two forms of **gustar** are used for the present (**gusta, gustan**) and two forms for the preterit (**gustó, gustaron**). If *one* person or thing is liked, use **gusta/gustó.** If *two* or more persons or things are liked, use **gustan/gustaron.** To express what people like or do not like to do, use **gusta** followed by infinitives.

  Me **gusta** ese collar.
  No me **gustaron** los anillos.
  Nos **gusta caminar** por la mañana.
  ¿No **te gusta correr** y **nadar?**

  I like that necklace.
  I didn't like the rings.
  We like to walk in the morning.
  Don't you like to run and swim?

 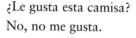

- Some other Spanish verbs that follow the pattern of **gustar** are **encantar** (*to delight, to love*), **interesar** (*to interest, to matter*), **parecer** (*to seem*), and **quedar** (*to fit, to have something left*).

- To express that you like or dislike a person, you may also use **caer bien** or **caer mal,** which follow the pattern of **gustar.**

  Les cae bien Miriam.   *They like Miriam.*
  La dependienta **me cae mal.**   *I don't like the salesclerk.*

- To emphasize or clarify to whom something is pleasing, use **a + mí, a + ti, a + él/ella,** etc.

  A mí me gustaron mucho los zapatos.   *I liked the shoes a lot.*
  A él no le gustaron.   *He didn't like them.*

¿Qué dice usted?

7-12 Mis preferencias en la ropa. Complete la siguiente tabla según sus preferencias. Después compare sus preferencias con las de su compañero/a.

ROPA	ME ENCANTA/N	ME GUSTA/N	NO ME GUSTA/N
la ropa deportiva los colores fuertes las chaquetas de cuero los suéteres de lana las blusas/camisas de seda los vaqueros los pantalones cortos …			

7-13 Problemas. Lean los siguientes problemas y busquen la solución.

MODELO: Pilar tiene $50,00. Paga $20,00 por una blusa y $10,00 por unos aretes. ¿Cuánto dinero le queda?
Le quedan $20,00.

1. Ernesto tiene $75,00. Le da $15,00 a su hermano.
   ¿Cuánto dinero le queda?

2. Érica tiene $25,00. Va al cine y a cenar con una amiga.
   El cine cuesta $6,00 y la cena $12,00. ¿Cuánto dinero le queda?

3. Gilberto tiene $40,00. Compra un suéter por $39,00.
   ¿Cuánto dinero le queda?

4. Mis amigos tienen $30,00. Van a la playa y almuerzan en un restaurante al lado del mar. El almuerzo cuesta $25,00. ¿Cuánto dinero les queda?

7-14 Los gustos de mi mejor amigo/a. Hágale preguntas a su compañero/a sobre los gustos de su mejor amigo/a. Puede basar sus preguntas en las columnas que aparecen más abajo o crear sus propios lugares y actividades. Su compañero/a debe darle la mayor información posible en sus respuestas.

MODELO: almacenes grandes   comprar ropa nueva todo el tiempo
        E1: ¿Le gustan los almacenes grandes?
        E2: No, no le gustan. Prefiere las tiendas pequeñas.
        E1: ¿Le gusta comprar ropa nueva todo el tiempo?
        E2: Sí, le gusta/encanta comprar ropa nueva.

LUGARES	ACTIVIDADES
almacenes elegantes	ir de compras
tiendas pequeñas	gastar mucho en ropa
centros comerciales	usar la misma ropa varios años
mercados al aire libre	leer revistas de moda
tiendas de antigüedades	comprar por catálogo

7-15 ¿Qué planes tienes? Usted y su compañero/a van a ir a una recepción muy elegante el sábado próximo. Averigüe qué ropa piensa llevar o comprar su compañero/a y qué le gustaría hacer después de la recepción. Después él/ella debe preguntarle a usted.

Situaciones

1. One of you is shopping at a clothing store, the other is the clerk. Tell the clerk a) what you need (e.g., pants, shoes, and so on), b) ask the price of each item, c) say whether you like each one or not, and d) decide if you will buy it/them. He/She will ask you pertinent questions.

2. One of you is the client at a store and the other is the clerk. Tell the clerk that a) you bought a pair of jeans last week, b) you tried them on at home and they didn't fit, and c) that you would like to exchange them. The clerk will tell you that they don't have any other sizes in that style and will try to interest you in another style.

4. Pronouns after prepositions

Voy a la reunión ahora. ¿Quieres ir conmigo?

Sí, voy contigo.

■ In this lesson, you have used **a + mí, ti,** etc. to clarify or emphasize the indirect object pronoun: **Le di el suéter a él.** These same pronouns are used after other prepositions, such as **de, para,** and **sin.**

Siempre habla **de ti.**	*He's always talking about you.*
El regalo es **para mí.**	*The present is for me.*
No quieren ir **sin nosotros.**	*They don't want to go without us.*

■ In some cases, Spanish does not use **mí** and **ti.** After **con,** use **conmigo** and **contigo.** After **entre,** use **yo** and **tú.**

¿Vas de compras **conmigo?**	*Are you going shopping with me?*
Sí, voy **contigo.**	*Yes, I'm going with you.*
Va a sentarse entre **tú** y **yo.**	*He is going to sit between you and me.*

¿Qué dice usted?

7-16 El horario de la tienda. En grupos de tres, hagan preguntas para saber quién va a trabajar con quién. Contesten según la tabla.

MODELO: E1: ¿Con quién trabaja Jorge el sábado?
E3: Trabaja conmigo. (o E2: Trabaja con él/ella.)

LUNES	MARTES	MIÉRCOLES	JUEVES	VIERNES	SÁBADO
Pedro	Alicia	Carmen	Jorge	Carmen	Jorge
E1	E2	E3	E1	E2	E3

7-17 Antes de ir a un desfile de modas. Complete el siguiente diálogo con su compañero/a usando pronombres.

E1: Yo salgo ahora. ¿Vienes conmigo?
E2: No, no puedo ir _____. Tengo que trabajar media hora más en la tienda.
E1: ¡Cuánto lo siento! Entonces, ¿vas a ir con Roberto?
E2: Sí, voy a ir con _____.
E1: Seguro que él no quiere ir sin _____. Tú eres su mejor amigo/a.
E2: Sí, somos muy buenos amigos. ¿Y tú sabes dónde te vas a sentar?
E1: Sí, voy a sentarme entre _____ y _____.

5. Some irregular preterits

■ Some irregular verbs do not stress the last syllable in the **yo**, and **usted, él, ella** preterit forms.

■ The verbs **hacer, querer,** and **venir** have an **i** in the preterit stem.

INFINITIVE	NEW STEM	PRETERIT FORMS
hacer	hic	hice, hiciste, hizo, hicimos, hicisteis, hicieron
querer[1]	quis	quise, quisiste, quiso, quisimos, quisisteis, quisieron
venir	vin	vine, viniste, vino, vinimos, vinisteis, vinieron

■ The verbs **decir, traer,** and all verbs ending in -**ducir** (e.g., **traducir**–*to translate*) have a **j** in the stem and use the ending -**eron** instead of -**ieron**. **Decir** also has an **i** in the stem.

INFINITIVE	NEW STEM	PRETERIT FORMS
decir	dij	dije, dijiste, dijo, dijimos, dijisteis, **dijeron**
traer	traj	traje, trajiste, trajo, trajimos, trajisteis, **trajeron**
traducir	traduj	traduje, tradujiste, tradujo, tradujimos, tradujisteis, **tradujeron**

■ The verbs **estar, tener, poder, poner,** and **saber** have a **u** in the preterit stem.

INFINITIVE	NEW STEM	PRETERIT FORMS
estar	estuv	estuve, estuviste, estuvo, estuvimos, estuvisteis, estuvieron
tener	tuv	tuve, tuviste, **tuvo**, tuvimos, tuvisteis, tuvieron
poder[2]	pud	pude, pudiste, pudo, pudimos, pudisteis, pudieron
poner	pus	puse, pusiste, puso, pusimos, pusisteis, pusieron
saber[3]	sup	supe, supiste, supo, supimos, supisteis, supieron

---

[1]The verb **querer** in the preterit followed by an infinitive normally means *to try (but fail) to do something.*

    Quise hacerlo ayer.   *I tried to do it yesterday.*

[2]**Poder** used in the preterit usually means *to manage to do something.*

    Pude hacerlo esta mañana.   *I managed to do it this morning.*

[3]**Saber** in the preterit normally means *to learn* or *to find out.*

    Supe que llegaron anoche.   *I learned that you arrived last night.*

¿Qué dice usted?

7-18 ¿Qué hizo el sábado pasado? Usted fue de compras a un centro comercial y sólo pudo hacer dos o tres cosas de la lista que aparece más abajo. Marque las cosas que hizo y las que no pudo hacer y después conteste las preguntas de su compañero/a.

MODELO: comprar el regalo de Magdalena
E1: ¿Compraste el regalo de Magdalena?
E2: Quise comprarlo, pero no pude./Sí, pude comprarlo.

	SÍ	NO
1. conocer al nuevo dependiente	_____	_____
2. cambiar los pantalones	_____	_____
3. probarse el traje azul	_____	_____
4. comprar los zapatos	_____	_____
5. usar la tarjeta de crédito	_____	_____
6. mirar los modelos del otoño	_____	_____
7. entrar en la tienda *La Maravilla*	_____	_____
8. almorzar con sus amigos	_____	_____

7-19 ¿Qué ocurrió? En parejas, expliquen qué le ocurrió a la señora Ruiz. Deben dar la mayor información posible.

7-20 Unos días de descanso. Su compañero/a estuvo unos días en un país hispanoamericano. Hágale las siguientes preguntas para saber dónde estuvo y qué hizo.

1. ¿Adónde fuiste?
2. ¿Cuánto tiempo estuviste allí?
3. ¿Qué cosas interesantes hiciste?
4. ¿Pudiste hablar español con otras personas?
5. ¿Tuviste alguna experiencia inolvidable?
6. ¿Qué te gustó más del viaje?
7. …

7-21 ¿Qué hicieron ayer? En grupos de tres, cada estudiante va a hacer el papel de una de estas personas y va a hablar de sus actividades de ayer. Los otros le deben hacer preguntas para obtener más información.

MODELO: estar en el almacén ayer
        E1: Estuve en el almacén ayer.
        E2: ¿Cuántas horas estuviste en el almacén?
        E1: Estuve ocho horas.

1. Un/a dependiente/a

   muchos clientes venir / vender mucha ropa de invierno / un cliente traer un suéter para cambiar / poder almorzar tranquilamente / poner las camisetas rebajadas sobre una mesa / pedir información sobre el crédito de un cliente / …

2. Un/a profesor/a

   venir temprano a la universidad / tener una reunión con el director del programa / saber la fecha del examen final / explicarles la tarea a los alumnos / hacerles preguntas / traducir unos ejercicios / …

3. Un/a atleta

   despertarse temprano / ir al estadio / ponerse el uniforme / hacer ejercicio / jugar un partido con sus compañeros/as / bañarse y vestirse / …

Situaciones

1. One of you has been saving money for a long time and went on a shopping spree last weekend. Your partner will ask you questions to find out a) where you went, b) with whom, c) what you bought, d) what you couldn't buy, and e) why you couldn't buy it.

2. Tell your partner that there is a sale at your favorite store and what your sister bought at the sale. Your partner will ask you how you found out about the sale and if you are planning to go again. Make plans to go together.

Some uses of *por* and *para*

■ Use **por** to indicate the reason or motivation for an action.

Le compró un collar **por** su
cumpleaños.

*He bought her a necklace for
her birthday.*

If you use a verb to express the reason or motivation, then you must
use **porque**.

Le compró un collar **porque** era su
cumpleaños.

*He bought her a necklace
because it was her birthday.*

■ Use **para** to indicate for whom something is intended or done.

Compró el collar **para** ella.

He bought the necklace for her.

¿Qué dice usted?

7-22 ¿Cuál es el motivo? Con su compañero/a, use **por** o **porque** para
terminar las oraciones de la columna de la izquierda con un motivo lógico de
la columna de la derecha.

MODELO: Pedro compró un traje   el examen del lunes
         Pasamos el fin de semana preocupados   lo invitaron a una fiesta

         Pedro compró un traje porque lo invitaron a una fiesta.
         Pasamos el fin de semana preocupados por el examen del lunes.

1. Pepito quiere una bicicleta   a. le queda grande
2. Los jugadores practican todos los días b. sus buenas notas
3. Rebeca va a cambiar el vestido   c. el tráfico
4. Ellos llegaron tarde   d. quieren ganar el campeonato
5. Voy a ir de compras hoy   e. son muy cortos
6. No va a comprar los pantalones   f. las rebajas

7-23 Unos regalos. Usted estuvo en México la semana pasada y su
compañero/a quiere saber para quién son los regalos que trajo.

MODELO: una pulsera
         E1: ¿Para quién es la pulsera?
         E2: Es para mi hermana.

1. unos libros de español   4. un collar
2. un vestido típico mexicano   5. una guayabera
3. unas camisetas   6. …

mosaicos

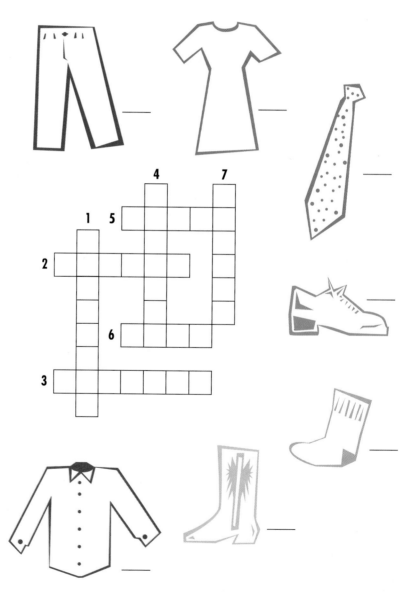

A escuchar

A. Crucigrama. Complete the crossword with the correct word. Then put the number next to each item.

B. ¡Qué problema! Andrea, Carolina, Roberto, and Darío left their shopping bags at the counter and now they are all mixed up. Listen and decide to whom each shopping bag belongs.

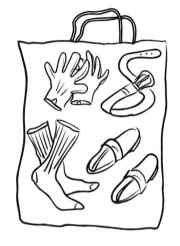

_____

_____

_____

_____

C. ¿Lógico o ilógico? Indicate whether each of the following statements is **Lógico** or **Ilógico.**

LÓGICO   ILÓGICO

1. _____   _____
2. _____   _____
3. _____   _____
4. _____   _____
5. _____   _____
6. _____   _____

Investigación

- ¿Sabe usted qué significa regatear? Si no lo sabe, debe averiguarlo porque usted tiene que regatear en este ejercicio.
- Usted va a pagar con soles. ¿En qué país está usted?

 **A conversar**

7-24 En un mercado. Uno/a de ustedes tiene que comprar algo en un mercado (una blusa, un sombrero, una alfombra, etc.). El/La otro/a va a ser el/la dependiente/a. El/La cliente/a debe preguntar el precio y regatear para obtener el mejor precio posible. Pueden usar expresiones como:

CLIENTE/A	VENDEDOR/A
¡Es muy caro/a!	¡Imposible! Me cuesta más …
No tengo tanto dinero. Sólo puedo pagar …	No puedo darle un precio más bajo.

7-25 ¡De rebajas! Divídanse en grupos de cuatro. Cada grupo debe:

- hacer un aviso con las rebajas de una tienda de ropa incluyendo el nombre de la tienda y las fechas de las rebajas
- poner avisos con la ropa que tiene descuento
- elegir dos dependientes/as

Las otras dos personas de cada grupo van a ir de compras a otros grupos.

 **A leer**

7-26 Preparación. Marque con una X los productos o servicios que se pueden obtener en un centro comercial de su país.

1. _____ zapatos y/o artículos de cuero
2. _____ gafas de sol
3. _____ reparación de lentes
4. _____ perfumes
5. _____ seguro de autos
6. _____ tarjetas de cumpleaños
7. _____ ropa interior
8. _____ corte de pelo
9. _____ fotografías de pasaportes
10. _____ joyas (anillos de oro, collares, pulseras)

7-27 Primera mirada. Observe el anuncio del centro comercial Apumanque. Luego, complete las oraciones que siguen.

PARA CANTAR BAJO LA LLUVIA

Cuando conozca la gran variedad que Apumanque tiene para esta temporada Otoño – Invierno, podrá cantar bajo la lluvia. Porque en Apumanque tenemos abrigos, parkas, sweaters, calcetines de lana, botas, bufandas, impermeables, gorros y todo lo que necesita para pasar un invierno bajo la lluvia.
Para cantar bajo la lluvia ...
venga a Apumanque.

APU MAN QUE
DONDE ESTA LA ACCIÓN

Confiterías:
5 Tiendas

Peluquerías:
2 Tiendas

Ópticas:
4 Tiendas

Discos, casetes y Compact Disc:
5 Tiendas

Artículos para deportes:
5 Tiendas

Joyerías, fantasía y accesorios:
5 Tiendas

Menaje:
20 Tiendas

Librerías y artículos de escritorio:
6 Tiendas

Vestuario juvenil:
26 Tiendas

Perfumerías:
5 Tiendas

Vestuario masculino:
23 Tiendas

Vestuario femenino:
64 Tiendas

Lencería:
11 Tiendas

... y mucho más en las 336 tiendas y 33 rubros de Apumanque

Artículos de cuero y calzado:
37 Tiendas

Cordonerías, medias y calcetines:
8 Tiendas

TEMPORADA **OTOÑO INVIERNO**

1. Este anuncio le hace propaganda a las temporadas de _____ e _____.
2. Un _____, unas _____ y una _____ son fundamentales para el mal tiempo.
3. Un sinónimo de vestuario es _____.
4. Para comprar unas gafas, uno tiene que ir a la _____.
5. Las botas y las sandalias se clasifican como _____.
6. Para cortarse el pelo, uno tiene que ir a la _____.

7-28 Segunda mirada. Con un/a compañero/a lean las siguientes situaciones y respondan a las preguntas.

1. Rocío asistió a la fiesta de cumpleaños de Marité. Le compró un par de aretes y una pulsera. ¿A qué tipo de tienda fue?

2. Oscar —un chico peruano muy tradicional— va a celebrar su graduación de la universidad el próximo 16 de diciembre. Quisiera llevar ropa radicalmente diferente. ¿Qué tiendas debe visitar? ¿Por qué?

3. Josué y Martina se casaron el sábado pasado. Los invitados a la boda les llevaron regalos como juegos de loza *(china)* y copas finas, dos cámaras fotográficas, pulseras de oro para la novia, una colección de música clásica, dos pares de esquís. ¿Dónde compraron los regalos?

4. La madre de Rocío quiso ayudarla comprándole ropa para la luna de miel *(honeymoon)*. ¿En qué tiendas estuvo y qué le compró?

7-29 Ampliación. Complete la tabla.

PRODUCTOS/SERVICIOS	TIENDA	VENDEDOR/A	HAY EN UN CENTRO COMERCIAL	
frutas	fruter**ía**	frut**ero/a**	sí	(no)
joyas			sí	no
libros, revistas			sí	no
sandalias, zapatos			sí	no
corte de pelo			sí	no
pescados			sí	no
confites			sí	no
pasteles			sí	no

 A escribir

7-30 Preparación. La Asociación de Centros Comerciales preparó un concurso para los consumidores de su ciudad. Éstos deben narrar la peor experiencia/fantasía imaginable en un centro comercial. El premio consiste en una excursión de compras con diez mil dólares en efectivo. Usted y un/a compañero/a van a participar en el concurso, relatando una experiencia/fantasía horrible que les ocurrió en un centro comercial el año pasado. Las siguientes preguntas les pueden ayudar a obtener el primer premio:

1. ¿A quiénes les ocurrió esta experiencia? ¿Cuándo?
2. ¿En qué centro comercial les ocurrió?
3. ¿Qué les pasó primero? ¿luego? ¿más tarde? ¿finalmente?
4. ¿Qué hicieron ustedes?
5. ¿Cómo terminó la historia/fantasía?

7-31 Manos a la obra. Escriban la narración juntos.

Expresiones útiles

primero
luego/después
más tarde
finalmente

7-32 Revisión. Verifique con su compañero/a el contenido de la historia y también la forma.

Vocabulario

Los accesorios

el anillo	ring
el arete	earring
la billetera	wallet
la bolsa	purse
la bufanda	scarf
el cinturón	belt
el collar	necklace
las gafas de sol	sunglasses
la gorra	cap
el guante	glove
el paraguas	umbrella
la pulsera	bracelet
el sombrero	hat

Las compras

el almacén	department store
la caja	cash register
el centro comercial	shopping center
el mercado al aire libre	open-air market
la rebaja	sale
el regalo	present
la talla	size
la tarjeta de crédito	credit card
la tienda	store

Telas y diseño

el algodón	cotton
de color entero	solid color
de cuadros	plaid
de cuero	leather
la lana	wool
de lunares	polka-dotted
el poliéster	polyester
de rayas	striped
la seda	silk

La ropa

el abrigo	coat
la bata	robe
la blusa	blouse
la bota	boot
el calcetín	sock
el calzoncillo	boxer shorts
la camisa	shirt
la camiseta	T-shirt
el camisón	nightgown
la chaqueta	jacket
la corbata	tie
la falda	skirt
el impermeable	raincoat
las medias	stockings, socks
los pantalones	pants
los pantalones cortos	shorts
las pantimedias	pantyhose
el saco	blazer
la sandalia	sandal
el sostén	bra
la sudadera	jogging suit, sweatshirt
el suéter	sweater
el traje	suit
el traje de baño	bathing suit
los vaqueros/jeans	jeans
el vestido	dress
la zapatilla	slipper
el zapato	shoe

Verbos

caer bien	*to like*
caer mal	*to dislike*
cambiar	*to change, to exchange*
contestar	*to answer*
dar	*to give*
encantar	*to delight, (to love)*
entrar	*to go in, to enter*
gustar	*to be pleasing to, to like*
interesar	*to interest*
llevar	*to wear*
mostrar (ue)	*to show*
pagar	*to pay*
parecer (zc)	*to seem*
probarse (ue)	*to try on*
quedar	*to fit, to be left over*
recomendar (ie)	*to recommend*
regalar	*to give (a present)*
traducir	*to translate*
vender	*to sell*

Descripciones

ancho/a	*wide*
barato/a	*inexpensive, cheap*
caro/a	*expensive*
estrecho/a	*narrow, tight*
magnífico/a	*great*
precioso/a	*beautiful*
rebajado/a	*marked down*

Palabras y expresiones útiles

conmigo	*with me*
contigo	*with you*
en efectivo	*cash*
¿En qué puedo servirle(s)?	*How may I help you?*
enseguida	*immediately*
estar seguro/a	*to be sure*
Me gustaría …	*I would like …*
por ejemplo	*for instance*
Quisiera …	*I would like …*
sin	*without*

De compras en el mundo hispano

Para pensar

¿Cuáles son los sitios más populares para ir de compras en los Estados Unidos? ¿Qué puede Ud. comprar allí? ¿Cómo paga Ud. por sus compras? ¿Pide rebaja?

Hay una gran variedad de lugares donde uno puede ir de compras en los países hispanos: los centros comerciales, las tiendas pequeñas y las boutiques en el centro de la ciudad, o los mercados al aire libre. Todo depende de sus gustos y también de su presupuesto.

En las grandes ciudades como Caracas, Buenos Aires, la ciudad de México y Madrid hay grandes y lujosos centros comerciales con variedad de tiendas y servicios. En estos centros comerciales se puede comprar ropa, calzado, electrodomésticos, computadoras, muebles, adornos y un sinfín de productos nacionales e importados. Generalmente, los artículos son de alta calidad y los precios son altos y fijos y en general, no se puede pedir rebaja. La forma de pago es en efectivo aunque también se usan las tarjetas de crédito.

En todas las ciudades, generalmente a lo largo de las avenidas del centro de la ciudad, existen las innumerables tiendas pequeñas que se especializan en determinados productos. Por ejemplo, uno puede caminar por el Bulevar de Sabana Grande en Caracas y parar en diferentes tiendas según lo que uno quiera comprar: ropa deportiva o elegante, ropa para hombres, mujeres o niños, zapatos y carteras, perfumes, etcétera. En estas tiendas se prefiere el pago en efectivo, aunque algunas aceptan tarjetas de crédito.

Por último, están los mercados al aire libre que consisten en pequeños puestos que se alinean en las veredas del centro de la ciudad o en una zona determinada por el gobierno local. En estos mercados se ofrece una gran variedad de productos: ropa, juguetes, perfumes, artículos de ferretería (*hardware*). Los precios son mucho más bajos y es posible regatear, pero la única forma de pago es en efectivo. Sin embargo, es muy difícil cambiar o devolver el producto si lo que usted compró no le conviene o no le queda bien. En Caracas hay muchos mercados al aire libre. El Mercado de Chacao y el Mercado de Guacaipuro, por ejemplo, son muy populares.

Sabana Grande, Caracas

Para contestar

Las tiendas. Con su compañero/a, responda a las siguientes preguntas.

1. Compare los centros comerciales, las tiendas pequeñas y los mercados al aire libre de los países hispanos. Mencione cuáles son las ventajas y desventajas de cada lugar.
2. ¿En qué tiendas se puede pedir rebaja en los países hispanos? Y en los Estados Unidos, ¿dónde se puede pedir rebaja?

Riqueza cultural. En grupos de tres, comparen y contrasten los diferentes tipos de lugares adonde uno puede ir de compras en los Estados Unidos y en los países hispanos.

Para investigar en la WWW

1. Busque algunas ofertas de productos para el hogar en los periódicos de Caracas, Venezuela. ¿Qué productos se ofrecen? Traiga una copia de los anuncios que encuentre para presentarlos a la clase.
2. Busque información sobre centros comerciales en Venezuela y traiga una copia de los anuncios que encuentre para discutirlos en clase.
3. ¿Qué productos nacionales y qué productos importados se pueden comprar en Venezuela?

Las cataratas El Salto del Ángel

Venezuela

Ciudades importantes y lugares de interés:

Caracas, la capital, es una intensa y bulliciosa *(busy)* ciudad cosmopolita de 4 millones de habitantes que es el centro financiero, comercial, cultural, artístico y gubernamental del país, En Caracas se puede ir no solamente a una gran variedad de cines, teatros, discotecas, cafés y restaurantes, sino también a interesantes museos de arte, como el Museo de Bellas Artes, a museos históricos como el Museo Bolívar y la Casa Natal de Bolívar y a hermosos parques, como el Parque del Este y el Parque Los Chorros. Maracaibo, la segunda ciudad más grande de Venezuela, está situada a las orillas del Lago Maracaibo y es el centro de la industria petrolera. Mérida, ciudad andina, es también llamada la Ciudad de los Caballeros. En Mérida se pueden visitar la hermosa Catedral Metropolitana, el Museo de Arte Colonial y el Museo Arqueológico. En el Parque Nacional Canaima, en la parte oriental del país, se encuentran las cataratas más altas del mundo, el Salto del Ángel.

Expresiones venezolanas:

¡Cónchale!   *Darn!*
Amaneció con la   *He/She woke up in a bad mood.*
cara amarrada.

231

Lección 8
Fiestas y tradiciones

COMUNICACIÓN

- ✖ Talking about holiday activities
- ✖ Expressing ongoing actions in the past
- ✖ Extending, accepting, and declining invitations
- ✖ Making comparisons

ESTRUCTURAS

- ✖ The imperfect
- ✖ Imperfect of regular and irregular verbs
- ✖ The preterit and the imperfect
- ✖ Comparisons of inequality
- ✖ Comparisons of equality
- ✖ The superlative

MOSAICOS

A ESCUCHAR

A CONVERSAR

A LEER

- ✖ Looking for specific information
- ✖ Making inferences

A ESCRIBIR

- ✖ Reporting data taken from a poll
- ✖ Comparing/contrasting information

ENFOQUE CULTURAL

- ✖ La religión
- ✖ México
- ✖ Guatemala

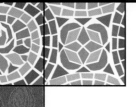

A primera vista

Fiestas y tradiciones

[handwritten: Party or celebration   traditional]

[handwritten: covered wagons   made their way]

Estas carretas adornadas "hicieron el camino" para llegar a El Rocío, un pequeño pueblo de la provincia de Huelva en España, donde está la Ermita de la Virgen del Rocío. *[handwritten: sm. church]* En este pueblo se reúnen cada año *[handwritten: every yr.]* cerca de un millón de personas *[handwritten: close]* para celebrar la fiesta de la Virgen del Rocío, cincuenta días después del Domingo de Resurrección. *[handwritten: Easter Sunday]*

[handwritten: Day of the Death]
El Día de los Muertos, también conocido como el Día de los Difuntos, se conmemora el 2 de noviembre y muchas familias van al cementerio ese día o el día anterior para recordar y llevarles flores a sus familiares o amigos difuntos. Especialmente en México, los preparativos para el Día de los Muertos comienzan con mucha *[handwritten: to spend time]* anterioridad y hay familias que pasan la noche del primero al 2 de noviembre acompañando a sus muertos en el cementerio, como se ve en esta foto tomada en Pátzcuaro. *[handwritten: town in Mexico]*

Las fiestas y los bailes que se celebran ayudan a *[handwritten: help]* mantener las costumbres de los antepasados. La Diablada es uno de los festivales folclóricos con más colorido en Hispanoamérica. Se celebra durante el Carnaval de Oruro en Bolivia y también en el norte de Chile y otros países, entre ellos, Perú.

234 doscientos treinta y cuatro   Lección 8

La música, el baile y la alegría reinan en los carnavales. Hay comparsas *group of people & the same costumes + instruments* que bailan en las calles, muchas personas se disfrazan y todo el mundo se divierte. El último día de Carnaval es el martes antes del comienzo de la Cuaresma. *Lent*

Ésta es una de las procesiones de Semana Santa en Arcos de la Frontera, España. Durante la semana hay procesiones que comienzan por la tarde, casi siempre alrededor de las seis, y no terminan hasta la madrugada. *dawn*

El día de San Fermín, el 7 de julio, se inicia la celebración de los sanfermines en Pamplona. Esta celebración, que dura del 7 al 14 de julio, es famosa mundialmente por los **encierros**. *close* Los jóvenes corren por las calles de Pamplona seguidos de los toros *bulls* hasta llegar a la plaza donde encierran a los *to shut up* toros y más tarde tienen lugar las corridas.

Más días y fechas importantes

dates

la Nochebuena
(midnight mass)

la Navidad

last night of the year

la Nochevieja

ENERO 1

el Año Nuevo

SEPTIEMBRE 16

Independence Day

el Día de la Independencia

Easter

la Pascua

Mother's Day

el Día de la(s) Madre(s)

Father's Day

el Día del (de los) Padre(s)

el Día de Acción de Gracias
Thanksgiving

Halloween

el Día de las Brujas

Catorce

14 de febrero
Valentine's Day

el Día de los Enamorados/
del Amor y la Amistad

Cultura

En muchos países de habla hispana, los niños reciben regalos de Papá Noel o del Niño Dios el día de Navidad; sin embargo, la Nochebuena se considera el día más importante. Muchas personas van a la iglesia a la medianoche para asistir a la Misa de Gallo. El seis de enero, día de la Epifanía, se celebra la llegada de los Reyes Magos con sus regalos para el Niño Dios. Muchos niños se acuestan la noche del 5 de enero esperando la visita de los tres reyes montados en sus camellos con regalos para ellos.

¿Qué dice usted?

8-1 Asociaciones. Con su compañero/a, asocie las fechas de la izquierda con los días festivos de la derecha. _Celebramos_

1. el 25 de diciembre   4   a. el Día de la Independencia en los Estados Unidos
2. el 2 de noviembre   8   b. el Día de las Brujas
3. el 6 de enero   5   c. la Nochebuena
4. el 4 de julio   6   d. la Nochevieja
5. el 24 de diciembre   7   e. el Día de los Enamorados
6. el 31 de diciembre   3   f. el Día de los Reyes Magos
7. el 14 de febrero   2   g. el Día de los Muertos
8. el 31 de octubre   — 1   h. la Navidad

8-2 Unos días festivos. ¿Cómo celebra usted estas fechas?

MODELO: E1: ¿Cómo celebras tu cumpleaños?

E2: Recibo regalos y lo celebro con mi familia y mis amigos. Mi madre prepara mi comida favorita con pastel de chocolate de postre. Después escuchamos música, conversamos y a veces bailamos. ¿Y tú?

1. la Nochevieja
2. la Navidad
3. el Día de Acción de Gracias
4. el Día de la Independencia
5. el Año Nuevo
6. el Día de la Madre

8-3 Festivales o desfiles. Piense en algunos festivales o desfiles importantes y llene la tabla. Su compañero/a va a hacerle preguntas sobre ellos.

MODELO: E1: ¿En qué fiesta o desfile importante estás pensando?

E2: En el Cinco de Mayo

E1: ¿Dónde lo celebran?

E2: En México y en algunas ciudades de los Estados Unidos como Austin, Texas.

FESTIVAL	FECHA	LUGAR	DESCRIPCIÓN	OPINIÓN

8-4 Una celebración importante. Usted y su compañero/a estuvieron en un país hispano durante una celebración importante (Carnaval, Día de la Independencia, Año Nuevo, Semana Santa, etcétera). Explíquenles a otros/as dos compañeros/as dónde estuvieron, qué celebraron y qué hicieron.

Otras celebraciones

Una invitación a cenar

SRA. MENA: Pedro, tenemos que invitar a los Sosa a cenar.

SR. MENA: Es verdad. Ellos nos invitaron el mes pasado. ¿Por qué no los llamas ahora? Podemos reunirnos este fin de semana o el próximo.

(Unos minutos más tarde, las dos señoras hablan por teléfono.)

SRA. MENA: ¿Pueden cenar con nosotros el sábado?

SRA. SOSA: ¡Ay, María! Lo siento muchísimo, pero este sábado tenemos entradas para el teatro.

SRA. MENA: Ah, ¡qué lástima! ¿Y el sábado 15?

SRA. SOSA: Encantados. Tenemos muchos deseos de verlos.

SRA. MENA: Y nosotros también.

8-5 Una invitación. Con su compañero/a, llene la siguiente tabla según la conversación de la señora Mena y la señora Sosa.

FECHAS DE LAS INVITACIONES	EXPRESIONES QUE USA LA SRA. SOSA
primera invitación:	para disculparse por no aceptar:
segunda invitación:	para aceptar la invitación:

Ahora invite a su compañero/a a cenar, ir al teatro o a un partido importante. Después, su compañero/a debe invitarlo/la a usted. Además de las expresiones del diálogo, pueden usar alguna de las siguientes:

PARA ACEPTAR	PARA DISCULPARSE
Gracias. Me encanta la idea.	Me gustaría ir, pero ...
Con mucho gusto.	¡Qué pena! Ese día tengo que ...

Celebraciones personales

Una foto familiar de una boda en España. En los países hispanos, el padrino de la boda es la persona que acompaña a la novia al altar y generalmente es su padre. La madrina está en el altar con el novio y normalmente es su madre.

[handwritten annotations: "wedding", "godfather", "girlfriend or bride", "godmother fiancé"]

8-6 Una invitación de boda. Lean la invitación de boda y la de la recepción y contesten las preguntas. Luego preparen una lista con las diferencias que encuentran ustedes entre estas invitaciones y las de este país.

Pedro Martín Salda
Juana Montoya de Martín

Edward Jay Wolf
Mary Louise Samm

participan el matrimonio de sus hijos

Estelita

y

Robert Arthur

y tienen el honor de invitarle a la Ceremonia Religiosa que se celebrará el viernes 10 de febrero a las diecinueve treinta horas en el convento de San Joaquín, Santa Cruz Cocalco N° 15, Legaria, dignándose impartir la Bendición Nupcial el R. P. José Ortuño, S. J. Ciudad de México, 1998

Agradecemos su presencia después de la Ceremonia Religiosa en el Club de Golf Chapultepec, Av. Conscripto N° 425, Lomas Hipódromo

R. S. V. P.
529-99-43
520-16-85

Personal

1. ¿Cómo se llaman los padres de la novia? ¿Y los del novio?
2. ¿Cómo se llaman los novios?
3. ¿Qué día es la boda?
4. ¿A qué hora es?
5. ¿En qué país se celebra esta boda?
6. ¿Adónde van a ir los invitados después de la ceremonia?

8-7 Un banquete de boda. Lea el anuncio con su compañero/a y marquen el espacio correspondiente de acuerdo con las afirmaciones dadas. Si los datos no son correctos, deben dar la información adecuada. Después, preparen una lista de las ventajas que ofrece el Hotel El Dorado a los novios.

Gratis

El Hotel El Dorado los invita a probar el menú de su boda. Venga con los padrinos.

Tenemos una amplia selección desde 4.500 pesos.

Además, si celebran su boda con nosotros tendrán

- *Coche de lujo para su traslado al hotel*
- *Su noche de bodas en una suite*
- *Desayuno con champán*
- *Un fin de semana en su primer aniversario*

Todo totalmente GRATIS

Vengan a vernos
Departamento de Banquetes
Hotel El Dorado
Avenida de la Constitución 10
Teléfono 236-8800

Cultura

Los mariachis son grupos musicales de México que cantan y tocan violines, guitarras, guitarrones, trompetas y vihuelas. Muchos creen que la palabra mariachi viene del francés *mariage*, que significa boda. En la época colonial, los novios llevaban estas bandas a sus bodas para festejar a la novia. Otros opinan que mariachi proviene de una palabra indígena que designa la plataforma donde se paraban los músicos para tocar.

	SÍ	NO
1. El hotel invita a comer sólo a los novios.	____	____
2. El menú más barato del hotel cuesta 4.500 pesos.	____	____
3. Si los novios celebran la boda en el hotel, reciben un auto de regalo.	____	____
4. El hotel les ofrece a los novios una habitación muy elegante sin pagar.	____	____
5. Los novios pueden pasar una semana en el hotel.	____	____
6. Para su primer aniversario, reciben un desayuno con champán.	____	____

8-8 Un día especial. Lea la invitación con su compañero/a y contesten las preguntas.

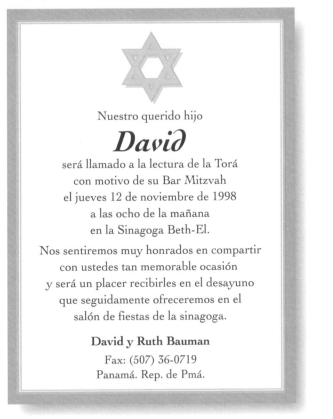

Nuestro querido hijo

David

será llamado a la lectura de la Torá
con motivo de su Bar Mitzvah
el jueves 12 de noviembre de 1998
a las ocho de la mañana
en la Sinagoga Beth-El.

Nos sentiremos muy honrados en compartir
con ustedes tan memorable ocasión
y será un placer recibirles en el desayuno
que seguidamente ofreceremos en el
salón de fiestas de la sinagoga.

David y Ruth Bauman

Fax: (507) 36-0719
Panamá. Rep. de Pmá.

1. ¿Cuál es el motivo de la celebración?
2. ¿Qué día es la celebración? ¿A qué hora?
3. ¿Hay algo más que la celebración religiosa?
4. ¿Quiénes son David y Ruth Bauman?
5. ¿En qué país tiene lugar esta celebración?

8-9 Una fiesta especial. Piense en una celebración especial en la que usted participó recientemente. Cuéntele a su compañero/a cómo fue. Incluya todos los detalles: el número de invitados, el lugar, el menú, la música, cuánto costó todo, etcétera.

 **A escuchar**

Fechas importantes. Listen to the following conversations. Identify the holiday each conversation refers to by writing the appropriate conversation number next to it.

_____ el Día del Amor y la Amistad   _____ el Día de los Reyes Magos
_____ la Navidad   _____ el Día de las Brujas
_____ el Carnaval   _____ el Día de los Muertos

Explicación y expansión

1. The imperfect

Antes la música era más suave y
romántica. Tenía más melodía.

Hoy en día no hay música, hay sólo
ruido y la gente se mueve mucho
para bailar.

Antes las familias hablaban y había
más seguridad en las calles.

Y seguro que
tu abuela decía
lo mismo de
los niños.

Ahora es horrible. Hay mucha
violencia, mucha droga, mucho
sexo, y los niños no respetan a las
personas mayores.

- As you are aware, Spanish has two past tenses: the preterit and the imperfect. In the preceding monolog, the grandmother used the imperfect because she was focusing on what used to happen when she was young. If she had been focusing on the fact that an action was completed, like something she did yesterday, she would have used the preterit. Generally, the imperfect is used to:

1. express habitual or repeated actions in the past

   Nosotros **íbamos** a la playa todos los días.

   We used to go to the beach every day.

2. express an action or state that was in progress in the past *not taking right now*

   En ese momento Agustín **hablaba** con su hermana.

   At that moment Agustín was talking with his sister.

3. describe characteristics and conditions in the past

   La casa **era** blanca y **tenía** dos dormitorios.

   The house was white and it had two bedrooms.

4. tell time in the past

   Era la una de la tarde, no **eran** las dos.

   It was one in the afternoon, it wasn't two.

5. tell age in the past

   Ella **tenía** quince años entonces. *(tener)*

   She was fifteen years old then.

- Some time expressions that often accompany the imperfect to express ongoing or repeated actions/states in the past are: **mientras, a veces, generalmente,** and **frecuentemente.**

2. Imperfect of regular and irregular verbs

REGULAR IMPERFECT			
	HABLAR	COMER	VIVIR
yo	hablaba	comía	vivía
tú	hablabas	comías	vivías
Ud., él, ella	hablaba	comía	vivía
nosotros/as	hablábamos	comíamos	vivíamos
vosotros/as	hablabais	comíais	vivíais
Uds., ellos/as	hablaban	comían	vivían

- Note that the endings for **-er** and **-ir** verbs are the same. All these forms have a written accent over the í of the ending.

- The Spanish imperfect has several English equivalents.

Mis amigos **bailaban** mucho.
$\left\{\begin{array}{l}\end{array}\right.$
My friends danced a lot.
My friends were dancing a lot.
My friends used to dance a lot.
My friends would dance a lot.
(implying a repeated action)

- There are no stem changes in the imperfect.

Ella no d**ue**rme bien ahora, pero antes dormía muy bien.
She doesn't sleep well now, but she used to sleep very well before.

- Only three verbs are irregular in the imperfect.

ir: iba, ibas, iba, íbamos, ibais, iban

ser: era, eras, era, éramos, erais, eran

ver: veía, veías, veía, veíamos, veíais, veían

- The imperfect form of **hay** is **había** (*there was, there were, there used to be*).

Había una invitación en el correo.
There was an invitation in the mail.

Había muchas personas en la fiesta.
There were many people at the party.

¿Qué dice usted?

8-10 **Cuando tenía cinco años.** Marque cuáles eran sus actividades cuando usted tenía cinco años. Después compare sus respuestas con las de su compañero/a.

1. _____ Jugaba en el parque con mi perro.
2. _____ Ayudaba a mi mamá en la casa.
3. _____ Salía con mis padres los fines de semana.
4. _____ Iba a la playa en el verano.
5. _____ Miraba televisión hasta muy tarde.
6. _____ Celebraba el Año Nuevo con mis amigos.
7. _____ Asistía a las fiestas de la familia.
8. _____ ...

8-11 En la escuela secundaria. Marque en la tabla la frecuencia con que usted y sus amigos/as hacían estas cosas. Compare sus respuestas con las de su compañero/a.

MODELO: leer muchos libros

Siempre (frecuentemente / a veces / nunca) leíamos muchos libros.

ACTIVIDADES	SIEMPRE	FRECUENTEMENTE	A VECES	NUNCA
practicar deportes				
bailar mucho en las fiestas				
ir a los partidos de fútbol				
asistir a conciertos				
reunirse con amigos en centros comerciales				
disfrazarse el Día de las Brujas				

[handwritten above table: always frequently sometimes never]

8-12 Entrevista. Hágale las siguientes preguntas a su compañero/a para saber cómo era su vida cuando era pequeño/a. Después, su compañero/a le debe hacer las mismas preguntas a usted.

1. ¿Dónde vivías y con quién? *Vivía en Calgary sola*
2. ¿A qué escuela ibas? *Iba escuela mec*
3. ¿Quién era tu mejor amigo/a? ¿Cómo era? *(Descrip.) imperfect. Mi mejor amiga era Cheryl. Ella era delgada y alto t muy liste.*
4. ¿Qué deportes practicabas? *Practicaba correr*
5. ¿Qué programas de televisión veías? *Véia West Wing y ER.*
6. ¿Qué te gustaba hacer en tu tiempo libre? *time free Me gustaba comer en restaurante con mis amigas.*

8-13 Las fiestas infantiles. Explíquele a su compañero/a cómo eran las fiestas de cumpleaños y el Día de las Brujas cuando usted era pequeño/a. Después, su compañero/a debe hacer lo mismo. Deben incluir los siguientes puntos en su explicación:

- lugar
- horas
- actividades
- personas que participaban
- comida y bebida que servían

8-14 Antes y ahora. En pequeños grupos, expliquen cómo era la vida antes y cómo es ahora con respecto a los siguientes temas:

- la familia
- la mujer en la sociedad
- las ciudades
- los jóvenes

8-15 Mi casa. Descríbale a su compañero/a cómo era la casa o apartamento donde usted vivía cuando era niño/a. Después, su compañero/a debe hacer lo mismo.

1. One of you is conducting interviews on what families used to do on important occasions; the other will answer the questions. The interviewer should find out a) what the family celebrated together, b) when, c) how (music, food, beverages, etc.), and d) who participated.

2. One of you is an exchange student, the other is the host. The exchange student would like to find out about the host's weekend and holiday activities when he/she was in high school. The host should provide him/her with as many details as possible.

3. The preterit and the imperfect

■ The preterit and the imperfect are not interchangeable.

■ Use the **preterit:**

1. to talk about the beginning or end of an event or state.

   Pepito **empezó** a leer en primer año.
   Pepito started to read in first grade.

   El niño **se enfermó** el sábado.
   The child got sick on Saturday. (began feeling sick)

   Pepito **leyó** el cuento.
   Pepito read the story. (finished it)

   El niño **estuvo** enfermo ayer.
   The child was sick yesterday. (he is no longer sick)

2. to talk about an action or state that occurred over a period of time with a definite beginning and end.

   Vivieron en España por diez años.
   They lived in Spain for ten years.

3. to narrate a sequence of completed actions in the past (note that there is a forward movement of narrative time).

   Oyeron un ruido, se **levantaron, bajaron** las escaleras y **revisaron** la chimenea.
   They heard a noise, got up, went downstairs, and checked out the chimney.

- Use the imperfect:

  1. to talk about customary or habitual actions or states in the past.

     Todos los días **llovía.**
     It used to rain every day.

  2. to talk about an ongoing part of an event or state.

     En ese momento **llovía** mucho.
     At that moment it was raining a lot.

- In a story, the imperfect provides the background information, whereas the preterit tells what happened. Note that an ongoing action expressed with the imperfect is often interrupted by a completed action expressed with the preterit.

     Era Navidad. Todos **dormíamos** cuando los niños **oyeron** un ruido en el techo.
     It was Christmas. All of us were sleeping when the children heard a noise on the roof.

¿Qué dice usted?

8-16 Actividades interrumpidas. Usted y su compañero/a deben usar un verbo de la columna de la derecha para interrumpir una actividad de la columna de la izquierda. Usen su imaginación para crear una narración simpática y luego compárenla con la de otra pareja.

MODELO: dormir / sonar el teléfono
          Yo dormía tranquilamente cuando sonó el teléfono.

1. preparar
2. desayunar
3. hablar
4. servir
5. caminar
6. ...

a. irse la electricidad
b. llamar
c. llegar
d. escuchar
e. ver
f. ...

8-17 La última vez. Pregúntele a su compañero/a cuándo fue la última vez que hizo estas cosas y cómo se sentía mientras las hacía.

MODELO: correr en los sanfermines
          E1: ¿Cuándo fue la última vez que corriste en los sanfermines?
          E2: Corrí el año pasado.
          E1: ¿Cómo te sentías mientras corrías?
          E2: Tenía mucho miedo.

1. participar en un campeonato
2. ganar un premio
3. estar en un desfile

4. disfrazarse
5. bailar en un carnaval
6. ...

Preterite—actions that took place once

8-18 ¿Préterito o imperfecto? Con su compañero/a, complete esta narración usando el pretérito o el imperfecto.

El año pasado mi familia y yo (1) *fuimos* [Preterite] (ir) a Guatemala de vacaciones. (2) *Iba* (Ser) abril, en plena primavera. [description] Un día, mi padre (3) *decio* [said] (decir) que (4) *queria* (querer) salir a caminar por la plaza central. Así que todos lo (5) *acompañamos* [P] (acompañar). (6) *Salimos* [P] (Salir) del hotel y (7) *llegamos* [P, specific] (llegar) a la plaza, donde (8) _____ (haber) mucha gente, [description] pero nosotros no (9) *sabia* (saber) lo que (10) _____ (hacer) la gente allí. De repente, (11) _____ [P] (oír) una música triste y solemne [precise] y (12) *vimos* [P] (ver) a un grupo de personas que (13) *caminaba* [descrip.] (caminar) por la calle. Los participantes *llevan* [descrip] (llevar) túnicas muy largas y (14) *caminaba* [I] (caminar) lentamente. (15) _____ (Cargar) crucifijos y estatuas de santos. Por fin, alguien nos (16) *explico* [somebody explained] (explicar) que (17) _____ [I] (ser) las procesiones de Semana Santa.

8-19 Un evento inolvidable. Descríbale a su compañero/a con lujo de (muchos) detalles una celebración, día festivo o evento especial, y algo inesperado que ocurrió. Su compañero/a debe hacerle preguntas para obtener más detalles.

Situaciones

1. One of you was chosen king/queen (**rey/reina**) of an important festival last week. The other is a newspaper reporter who wants to know a) how you felt when you found out you were the king/queen, b) what you were thinking during the ceremony, and c) how you felt when the ceremony ended.

2. One of you saw a UFO (**OVNI = Objeto Volador No Identificado**) and the other will ask questions a) to find out when you saw it, b) to find out what it looked like, and c) if there were other people with you.

4. Comparisons of inequality

En esta fiesta hay **más** personas **que** en la otra.

Es **más** divertida **que** la otra.
Las personas bailan **más**.

En esta fiesta hay **menos** personas **que** en la otra.

Esta fiesta es **menos** alegre **que** la otra.
Las personas se divierten **menos**.

■ Use **más ... que** or **menos ... que** to express comparisons of inequality with nouns, adjectives, and adverbs.

COMPARISONS OF INEQUALITY		
Alina tiene	{ **más** **menos** }	amigos que Pepe.
Alina has	{ *more* *fewer* }	*friends than Pepe.*
Ella es	{ **más** **menos** }	activa que él.
She is	{ *more* *less* }	*active than he.*
Sale	{ **más** **menos** }	frecuentemente que él.
She goes out	{ *more* *less* }	*frequently than he.*

- Use **de** instead of **que** before numbers.

> Hay **más de** diez carrozas en el desfile.
> *There are more than ten floats in the parade.*
>
> El año pasado tuvimos **menos de** diez.
> *Last year we had fewer than ten.*

- The following adjectives have regular and irregular comparative forms.

bueno	más bueno/mejor	*better*
malo	más malo/peor[1]	*worse*
pequeño	más pequeño/menor	*smaller*
joven	más joven/menor	*younger*
grande	más grande/mayor	*bigger*
viejo	más viejo/mayor[2]	*older*

> Esta banda es $\left\{ \begin{array}{l} \text{mejor} \\ \text{peor} \end{array} \right\}$ que aquélla.
>
> *This band is* $\left\{ \begin{array}{l} better \\ worse \end{array} \right\}$ *than that one.*

- When **bien** and **mal** function as adverbs, they have the same irregular comparative forms as **bueno** and **malo**.

bien → mejor	Yo canto **mejor** que Héctor.	*I sing better than Héctor.*
mal → peor	Héctor canta **peor** que yo.	*Héctor sings worse than I.*

¿Qué dice usted?

8-20 Comparación de dos desfiles. La banda de su universidad sólo puede participar en uno de estos dos desfiles. Usted y su compañero/a deben comparar los desfiles, decidir en cuál va a participar la banda y explicar por qué.

	DESFILE DE SAN MARCOS	DESFILE DE URABÁ
habitantes	200.000	310.000
asistencia	8.000 personas	12.000 personas
número de bandas	4	5
transporte	$1.000	$1.400
hotel	0	$600
comidas	$200	$300

---

[1]**Más bueno** and **más malo** are not used interchangeably with **mejor** and **peor**. **Más bueno** and **más malo** refer to a person's moral qualities.

[2]Use **mayor** to refer to a person's age. **Más viejo** is generally used with nouns other than people.

8-21 Personas famosas. Compare a las siguientes personas con respecto a su aspecto físico, edad, calidad de trabajo, dinero o popularidad.

1. Arnold Schwarzenegger y Andy García
2. Madonna y Cher
3. Michael Jordan y Charles Barkley
4. el presidente y el vicepresidente

5. Comparisons of equality

COMPARISONS OF EQUALITY	
tan ... como	*as ... as*
tanto/a ... como	*as much ... as*
tantos/as ... como	*as many ... as*
tanto como	*as much as*

■ Use **tan ... como** to express comparisons of equality with adjectives and adverbs.

| La boda fue **tan** elegante **como** la fiesta. | *The wedding was as elegant as the party.* |
| El padre bailó **tan** bien **como** su hija. | *The father danced as well as his daughter.* |

■ Use **tanto(s)/tanta(s) ... como** to express comparisons of equality with nouns.

Había **tanto** ruido **como** en el Carnaval.	*There was as much noise as at Mardi Gras.*
Había **tanta** alegría **como** en el Carnaval.	*There was as much joy as at Mardi Gras.*
Había **tantos** desfiles **como** en el Carnaval.	*There were as many parades as at Mardi Gras.*
Había **tantas** orquestas **como** en el Carnaval.	*There were as many orchestras as at Mardi Gras.*

■ Use **tanto como** to express comparisons of equality with verbs.

| Ellos bailaron **tanto como** nosotros. | *They danced as much as we did.* |

¿Qué dice usted?

8-22 Cuatro personas. Hagan comparaciones entre estas cuatro personas.

MODELO: E1: Vilma tiene tantos hermanos como Marta.
E2: Sí, pero tiene más hermanos que Ricardo.

	PEDRO	VILMA	MARTA	RICARDO
hermanos	2	3	3	2
clases	5	5	4	6
dinero	$15	$8	$15	$8
discos	200	180	180	215
videos	40	32	40	32

8-23 Opiniones. Expresen su opinión comparando a las siguientes personas, desfiles, etcétera. Pueden usar las palabras que aparecen entre paréntesis o usar otras.

MODELO: E1: Julia Roberts es tan bonita como Melanie Griffith.
E2: Sí, estoy de acuerdo/tienes razón. *o*
No, Melanie Griffith es más bonita que Julia Roberts.

1. Julia Roberts y Melanie Griffith
(joven, alta, famosa, …)

2. el Desfile de las Rosas de Pasadena y el del Carnaval de Nueva Orleans
(número de personas, carrozas, divertido, …)

3. dos películas nominadas para el Óscar
(actores, fotografía, acción, …)

4. dos programas cómicos de la televisión
(actores, chistes *(jokes)*, hora, …)

8-24 Las diversiones. En pequeños grupos, comparen las películas o los programas de televisión de antes con los de hoy en día basándose en lo siguiente: los temas, el uso de la tecnología, la violencia y el sexo. ¿Creen que debe existir cierto control sobre ellos? ¿Hay demasiado sexo y violencia hoy en día? ¿Cómo afecta esto a los niños?

Situaciones

One of you is in favor of small weddings and the other prefers big weddings. Compare both in regard to a) expenses **(gastos)**, b) stress **(estrés)** for the bride and groom, c) work involved, and d) problems.

6. The superlative

- Use superlatives to express *most* and *least* as degrees of comparison. To form the superlative, use *definite article* + *noun* + **más/menos** + *adjective*. To express *in* or *at* with the superlative, use **de**.

    Es **el** disfraz **más/menos** caro (**de** la fiesta).
    It is the most/least expensive costume (at the party).

- Do not use **más** or **menos** with **mejor, peor, mayor,** and **menor.**

    Son **los mejores** vinos del país.
    They are the best wines in the country.

- You may delete the noun when it is clear to whom or to what you refer.

    Son **los mejores** del país.
    They're the best (ones) in the country.

Superlative with -*ísimo*

- To express the idea of *extremely,* add the ending -**ísimo** (-**a,** -**os,** -**as**) to the adjective. If the adjective ends in a consonant, add -**ísimo** directly to the singular form of the adjective. If it ends in a vowel, drop the vowel before adding -**ísimo**.

    | fácil | El baile es **facilísimo.** | *The dance is extremely easy.* |
    | grande | La carroza es **grandísima.** | *The float is extremely big.* |
    | bueno | Las bandas son **buenísimas.** | *The bands are extremely good.* |

¿Qué dice usted?

8-25 **Encuesta.** Después de contestar estas preguntas sobre su universidad y su pueblo/ciudad, debe comparar sus respuestas con las de su compañero/a.

1. ¿Dónde sirven ...?

    la mejor pizza _____

    la mejor hamburguesa _____

    el peor café _____

    el mejor helado _____

    la peor comida _____

2. ¿Cuál es ...?

    la clase más fácil _____

    el/la profesor/a más
    interesante _____

    el cine más barato _____

    la tienda más cara _____

    el deporte más popular _____

8-26 Mis compañeros/as. En pequeños grupos decidan cuáles son los compañeros/as que tienen estas características. Después, contesten las preguntas de otros grupos.

MODELO: simpático/a

E1: ¿Quién es el/la más simpático/a de la clase?

E2: ... es el/la más simpático/a (de la clase).

1. popular
2. serio/a
3. trabajador/a
4. elegante
5. optimista
6. hablador/a

8-27 Preguntas personales. Hágale las siguientes preguntas a su compañero/a. Después, su compañero/a le va hacer las mismas preguntas a usted.

1. ¿Quién es tu mejor amigo? ¿Y tu mejor amiga?
2. ¿Hablas con tu mejor amigo/a cuando tienes un problema?
3. ¿Cuál es el peor día de la semana para ti? ¿Por qué?
4. ¿Y cuál es el mejor día? ¿Por qué?

8-28 Premios al talento. En pequeños grupos, deben decidir qué compañeros/as son los ganadores de estos premios. Dos de ustedes van a anunciar los premios principales y después deben mencionar algunos de los logros (*accomplishments*) de los ganadores. Piensen en otras categorías posibles y anuncien a los ganadores.

MODELO: mejor diseñador/a

La mejor diseñadora es (la Srta.) Asunción Benítez. El año pasado ganó el Premio de la Moda por sus diseños y vestidos clásicos. La ropa de Asunción Benítez es siempre elegantísima.

1. mejor cantante
2. mejor actor/actriz
3. mejor bailarín/bailarina
4. mejor pianista/violinista
5. mejor escritor/a
6. la persona más creativa

Situaciones

One of you has to write an article on the best movies of the year, the other is a well-known film critic. Ask questions to find out a) which is the best American film, b) why, c) who is the best actor/actress, and d) which is the worst film.

mosaicos

A escuchar

A. Costumbres diferentes. Sandra, Elvira, and Daniel are talking about the holidays. Read the statements that follow, then listen to their conversation to determine whether each statement is **Cierto** or **Falso**.

	CIERTO	FALSO
1. Elvira y Daniel sólo celebran la Navidad.	_____	_____
2. Para Sandra y su familia el día más importante es el 25.	_____	_____
3. Hay un gran almuerzo en casa de los abuelos de Sandra el día de Navidad.	_____	_____
4. Daniel no sabe qué es la Misa del Gallo.	_____	_____
5. La Misa del Gallo es al mediodía.	_____	_____
6. Todos compran muchos regalos para la Navidad.	_____	_____
7. Estos amigos van a reunirse para la Nochebuena.	_____	_____
8. En España se recibe el Año Nuevo comiendo uvas.	_____	_____

B. ¿Lógico o ilógico? You will hear several statements. As you listen, indicate whether each statement is **lógico** or **ilógico**.

LÓGICO	ILÓGICO		LÓGICO	ILÓGICO
1. _____	_____	5. _____	_____
2. _____	_____	6. _____	_____
3. _____	_____	7. _____	_____
4. _____	_____	8. _____	_____

C. Fiestas tradicionales. You will hear descriptions of various celebrations. Match each date with one of the celebrations described.

1. el 6 de enero
2. el 24 de diciembre
3. el 31 de diciembre
4. el 5 de mayo
5. el 2 de noviembre
6. el 12 de octubre

 A conversar

8-29 Hablando de la niñez. Hágales las siguientes preguntas a tres de sus compañeros/as. Luego prepare un informe para la clase.

1. Cuando eras pequeño/a, ¿ibas al parque? ¿Cuándo, con quién, por qué y para qué?
2. ¿Cuándo recibías juguetes de regalo?
3. ¿Qué fiestas eran las más importantes en tu familia?
4. ¿Cómo celebraban esas fiestas?
5. ¿Participabas en desfiles y procesiones?
6. ¿Te disfrazabas todos los años en alguna celebración?

8-30 Entrevista. Hágale una entrevista a un/a compañero/a sobre su último cumpleaños. Pregúntele ...

1. cómo lo quería celebrar
2. cómo lo celebró
3. quiénes lo/la llamaron
4. qué quería recibir de regalo
5. qué recibió
6. ...

 A leer

8-31 Preparación. La corrida de toros es una de las grandes tradiciones españolas. El toreo, hasta hace muy poco tiempo, se practicaba exclusivamente entre los hombres. En el siguiente artículo, usted va a leer sobre cómo nació una torera española.

Antes de leer el artículo, usted y su compañero/a deben decidir si las siguientes afirmaciones son posibles o imposibles.

La torera aficionada *(amateur)* ...

1. sintió atracción por los toros desde pequeña.

2. al comienzo les tenía miedo a los toros, pero luego le gustaron.

3. descubrió su real vocación por la tradición taurina de casualidad *(by chance)*.

4. tenía aptitudes especiales para esta actividad desde niña: era física y mentalmente muy fuerte y atlética.

5. tuvo que practicar las técnicas del toreo sola; ningún matador la ayudó.

6. entró en el círculo de toreros muy fácilmente porque era mujer.

8-32 Primera mirada. Lea el artículo y luego siga las instrucciones.

Se rompe la tradición del toreo masculino

¡QUÉ DRAMA! LA TRAGEDIA CLÁSICA SE sacude[1] en la arena manchada de sangre y el toro muere sonriendo porque conoció una gloria que muy pocos toros pueden conocer: lo ha matado Cristina Sánchez.

Esta vez, el valor tiene forma de rubio prodigio. Veintiún años, una voluntad de hierro, como el de la espada que maneja, una belleza serena, una buena cabeza y una naturalidad sorprendente que la impulsa a pasar desapercibida. Ahora que se convirtió en noticia de moda para la prensa extranjera, Cristina descubrió que los protagonismos le producen alergia. Y junto a una técnica impecable, la crítica destaca[2] una importante faceta de emoción y pureza en su personal interpretación del toreo. Pero, ¿cómo empezó esta larga historia de enamorada pasión por los toros?

—Desde que era muy niña solía acompañar a mi padre a todas partes, al fútbol y, por supuesto, a las corridas de toros. Él quiso ser torero, pero resultó ser un mundo tan difícil que se desanimó mucho; entonces se hizo banderillero, oficio que hacía paralelamente con la profesión de bombero. Yo creo, por el contrario, que este mundo es fascinante. Te atrapa poco a poco y cuando te quieres dar cuenta[3] no puedes escapar.

El caso es que, con diez años, aquella niña rubita bajaba para hacer gimnasia a la plaza de toros de Parla, donde vivía. Allí se entrenaban los chicos de su edad. Sin embargo, en el momento en que empezaban las clases de aquellos chavales, ella se retiraba discretamente detrás de los coches y, sin que nadie la viera, sacaba su muleta y repetía sus movimientos. Su padre la reñía: "¡Cristina, vete! ¡No hagas eso!".

—Me hice muy amiga de los chicos, me llevaba bien con todos y ellos me enseñaban lo que iban aprendiendo. Un día, cuando tenía catorce años, fuimos a torear una becerrita, y yo también salí a la plaza... ¡No iba a ser menos! Y aquello fue una impresión enorme. Experimenté una sensación nueva, porque me di cuenta de que todo aquello que había aprendido de mis amigos me sirvió de mucho en el momento en que tuve al animal delante. Cada vez que la vaca pasaba a mi lado, sentía una emoción en el cuerpo que ahora no puedo explicar. Allí lo vi muy claro, "¡He encontrado realmente lo que quiero ser en mi vida!"

Adaptación de *Blanco y negro*, 25 de abril de 1993

---

[1] *it's shaken*   [2] *points out*   [3] *to realize*

¿Cierto o falso? Si las afirmaciones son falsas, dé la información apropiada. Localice las frases que sustentan (*support*) sus respuestas en la lectura.

1. _____ Según el artículo, el toro murió contento porque lo mató una mujer.
2. _____ Cristina Sánchez es bonita, natural y fuerte, pero no es inteligente.
3. _____ A la torera estrella le fascina ser el centro de atención de la Prensa.
4. _____ Según los críticos del deporte taurino, Cristina torea a la perfección.
5. _____ Cristina Sánchez posee su estilo propio para torear.
6. _____ Por el artículo sabemos que el padre de Cristina contribuyó a su interés por los toros.

8-33 Ampliación. Subraye en la lectura tres actividades en la infancia de Cristina que demuestran su interés por llegar a ser torera.

 **A escribir**

8-34 Manos a la obra: fase preliminar. Usted trabaja para una agencia de investigación social del gobierno norteamericano. Esta organización publica una revista en varias lenguas y usted es el/la encargado/a de la edición en castellano. En el siguiente número, la revista va a publicar los resultados de una encuesta que indica las preferencias de los jóvenes norteamericanos con respecto a las fiestas o tradiciones religiosas. Hágales la encuesta a sus compañeros/as.

OFICINA DE INVESTIGACIÓN SOCIAL
DEPARTAMENTO DE ESTADO
GOBIERNO DE LOS ESTADOS UNIDOS DE AMÉRICA
1998

Favor de poner su respuesta en un círculo o completar con la información personal adecuada.

---

1. La celebración más importante en mi familia es …
   a. la Navidad
   b. el Ros Hashaná
   c. el Ramadán
   d. otra: _____

2. Esta celebración dura …
   a. un día
   b. dos o tres días
   c. más de una semana

3. Cuando éramos pequeños, pensábamos que esta celebración era …
   a. muy divertida
   b. divertida
   c. ni divertida ni aburrida
   d. aburrida

4. Cuando éramos pequeños, para esta celebración llevábamos …
   a. ropa nueva
   b. disfraces
   c. la ropa de todos los días

5. Durante mi infancia, para esta celebración la familia …
   a. preparaba comida especial
   b. compraba comida
   c. salía a comer fuera de casa

6. Cuando celebrábamos este día, los menores del grupo familiar …
   a. jugábamos
   b. mirábamos la tele
   c. dormíamos la siesta
   d. otra: _____

7. Hoy en día esta celebración …
   a. me gusta
   b. no me gusta
   c. me es indiferente
   d. otra: _____

8. A diferencia de mi infancia, hoy en día celebro … haciendo lo siguiente (indique lo que hace usualmente): _____

8-35 Manos a la obra. Ahora escriba el informe para su revista. Las siguientes expresiones pueden resultarle muy útiles.

Expresiones útiles

Para dar el punto de vista o la fuente de información	según … de acuerdo a los datos de … … indica/n que …
Para dar datos estadísticos	la mayoría/la minoría/ la mitad (de) … el … por ciento (de) …
Para indicar contrastes	a diferencia de … por el contrario …
Para indicar semejanzas	al igual que … como … así/tal como …
Para dar ejemplos	por ejemplo, …

8-36 Revisión. Su compañero/a editor/a va a ayudarle a expresar sus ideas bien antes de publicar su informe.

Vocabulario*

Las fiestas

la alegría	joy
la boda	wedding
el camino	road, way
la carreta	cart, wagon
la carroza	float
la celebración	celebration
la comparsa	costumed group
la corrida (de toros)	bullfight
la costumbre	custom
el desfile	parade
el disfraz	costume
la entrada	ticket for admission
la flor	flower
la invitación	invitation
la procesión	procession
el toreo	bullfighting
la tradición	tradition

Las personas

el antepasado	ancestor
el bailarín/la bailarína	dancer
el/la torero/a	bullfighter

En el mundo moderno

la droga	drug
el ruido	noise
el sexo	sex
la seguridad	safety, security
la violencia	violence

La música

la melodía	melody
la orquesta	orchestra

Lugares

el cementerio	cemetery
la iglesia	church
la plaza (de toros)	bullring
el teatro	theater

Tiempo

casi siempre	almost always
entonces	then
frecuentemente	frequently
hoy en día	nowadays
la madrugada	early morning

Descripciones

difunto/a, muerto/a	dead
divertido/a	amusing, funny
libre	free
suave	soft

Verbos

acompañar	to accompany
celebrar	to celebrate
comenzar (ie)	to begin
disfrazarse	to wear a costume
divertirse (ie, i)	to have a good time
encerrar (ie)	to lock up
invitar	to invite
mover (ue)	to move
recordar (ue)	to remember
respetar	to respect
reunirse	to get together

Palabras y expresiones útiles

alrededor	around
había	there was, there were
lo mismo	the same thing
más ... que	more ... than, ...er than (e.g., shorter than)
menos ... que	less than, fewer than
¡qué lástima/pena!	what a pity!
tan ... como	as ... as
tanto/a como	as much ... as
tantos/as como	as many ... as
tener deseos de + infinitive	to feel like + present participle

*See pages 234-236 for holidays.

La religión

Para pensar

¿Hay una religión oficial en los Estados Unidos? ¿Cuáles son algunas religiones que hay en este país? ¿Qué fiestas religiosas se celebran aquí? ¿Cómo se celebran? ¿Qué hace Ud. en estas fiestas?

The official religion in many hispanic countries is Catholic + for that matter there are many holidays of religious character. Some ex. are:

La religión oficial en muchos países hispanos es la religión católica y por eso hay muchos feriados de carácter religioso. Algunos ejemplos son: la *Jan. 6* Pascua de Reyes (el 6 de enero), el Viernes Santo, el día de San *Jun. 24* Juan (el 24 de junio), *Assumption* el día de la Asunción de la Virgen (el 15 de *Aug. 15* agosto), *Day of* el Día de los Difuntos (el 2 de noviembre), *Nov. 2* el día de la *Immac. Conception Dec. 8   Christmas* Inmaculada Concepción (el 8 de diciembre), la Navidad (el 25 de *+ many others   many of the religious holidays* diciembre) y muchos otros más. Muchos de los feriados religiosos *are celebrated only in some countries.   Dec 12* se festejan sólo en algunos países. Por ejemplo, el 12 de diciembre *celebrate   Aug. 30* se celebra el día de la Virgen de Guadalupe en México, el 30 de *celebrate* agosto se celebra el día de Santa Rosa de Lima en el Perú, y el 7 *July 7 celebrate* de julio se celebra el día de San Fermín en Pamplona, España.

the religious holidays are celebrated in many forms.
Los feriados religiosos se celebran de muchas formas. Por ejemplo, en México, el día de la Virgen de Guadalupe hay *there* *are many processions for every country + thousands of people* muchas procesiones por todo el país y miles de personas van a la *go to* *+ gather at favorite halls or to pray for* Basílica de Guadalupe a agradecer favores recibidos o a rezar por *the* *some need.   Many   go to pray   kneel   most* alguna necesidad. Muchas de ellas van rezando de rodillas los últimos metros de su peregrinaje. *pilgrimage?*

other religious holidays very celebrated in Mexico
Otro feriado religioso muy celebrado en México es el Día de los Difuntos, que no tiene un *that* *inapprop. tragic. The families visit their dead relatives at the cemetaries* tono trágico. Las familias visitan a sus familiares fallecidos (muertos) en los cementerios *take flowers + candles. In that time of yr. many travelling salesmen sell* llevándoles flores y velas. En esta época del año muchos vendedores ambulantes venden *carmels + sweets in the form of skeletons or human skulls that children eat* caramelos y dulces en forma de esqueletos o cráneos humanos que los niños comen sin *fear some   At Christmas time   in the little people or within the neighborhood* temor alguno. En la época de Navidad, en los pueblos pequeños o dentro del vecindario, *the relatives take in tell that   in home sing Christmas Carols* la gente va de posada, es decir que van de casa en casa cantando villancicos de Navidad. *Later the owner of the house invites the guests to spend + celebrate the Xmas* Luego, los dueños de la casa invitan a los posaderos a pasar y a celebrar las fiestas navideñas. *holidays*

every month of Nov.
En Guatemala también hay muchas celebraciones religiosas. A fines del mes de noviembre *+ during the week the men   devil? +   the children of the street* y durante una semana, los hombres se visten de diablos y persiguen a los niños por las calles *when   take end/rope   Also 9* hasta el día 7 de diciembre cuando se lleva a cabo la Quema del Diablo. También nueve *days before the xmas celebrate   like that in Mexico* días antes de la Navidad celebran Las Posadas. En Guatemala, al igual que en México, Las *search that make   + the purpose to obtain* Posadas dramatizan la búsqueda que hicieron José y María con el propósito de conseguir *shelter +   religious world   very* albergue para el nacimiento de Jesús. Los feriados religiosos del mundo hispano son muy *vary + picturesque* variados y pintorescos.

Para contestar

Las fiestas religiosas. Con su compañero/a, haga los siguientes ejercicios.

1. Mencionen tres feriados religiosos que se celebran en el mundo hispano. ¿En qué países se celebran? ¿Cómo y cuándo se celebran?
2. Discutan dónde, cómo y cuándo se celebra el día de la Virgen de Guadalupe.
3. Mencionen dos fiestas religiosas que sólo se celebran en algunos países hispanos.

Riqueza cultural. En grupos de tres, comparen cómo se celebran dos fiestas religiosas en los Estados Unidos y en el mundo hispano.

Para investigar en la WWW

Busque información sobre la celebración de alguna de las siguientes fiestas religiosas y presente un informe al resto de la clase: la Semana Santa en Guatemala, el día de la Virgen del Carmen en México, el día de San Agustín en Puebla, México y el día de Corpus Christi en México.

México

Ciudades importantes y lugares de interés:

La ciudad de México (llamada también el D.F. por Distrito Federal), es la capital. Es una de las ciudades más pobladas de todo el mundo, con cerca de 24 millones de habitantes y es el centro político, económico y cultural del país. Tiene hermosos parques, museos, iglesias, maravillosos y excelentes restaurantes y una intensa vida nocturna. Guadalajara, la segunda ciudad más grande del país, tiene un encanto colonial indiscutible. Es el lugar de origen de los mariachis y el tequila. En la península de Yucatán, se puede apreciar ruinas precolombinas extraordinarias, como las ciudades mayas de Chichén Itza y Uxmal, y también disfrutar de hermosas playas.

Expresiones mexicanas:

mi cuate
my buddy

Se me hace que ...
It seems to me that ...

¿Qué tanto ...?
How much ...?

Basílica de Guadalupe, México, D.F.

Ciudad de Guatemala

Guatemala

Ciudades importantes y lugares de interés:

La ciudad de Guatemala, la capital, con tres millones
de habitantes, es una ciudad que tiene no sólo
interesantes museos con excelentes colecciones de la
cultura maya, sino también discotecas y una intensa
vida nocturna. Santiago de Atitlán tiene una iglesia
muy interesante. Chichicastenango es un auténtico
pueblo indígena donde todos los jueves y domingos
se celebra uno de los más famosos mercados de artesanía en América
Latina. Tikal es, hasta estos momentos, la ciudad maya más grande
que se conoce. En 1979, fue declarada Patrimonio de la humanidad
por la UNESCO.

Lección 9
El trabajo

COMUNICACIÓN

- Talking about the workplace and professions
- Discussing job skills and abilities
- Giving formal orders and instructions

ESTRUCTURAS

- Se + *verb* constructions
- More on the preterit and the imperfect
- Direct and indirect object pronouns
- Formal commands

MOSAICOS

A ESCUCHAR

A CONVERSAR

A LEER

- Identifying categories
- Identifying pros and cons

A ESCRIBIR

- Answering questions in writing

ENFOQUE CULTURAL

- La economía
- Chile

265

A primera vista

Las profesiones

Una chef de Puerto Rico muestra
algunas de sus especialidades.

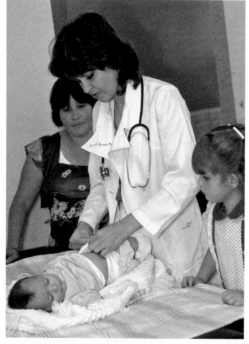

Una médica examina a un bebé
en su consultorio en San José,
Costa Rica.

med. ordenes
office

Dra. Alicia Gonica De Pérez
CARDIÓLOGA

Consultorio
Instituto de Salud
Calle de la Otra Banda 54
San José, Costa Rica
Teléfonos 367-7812 / 367-5434

pump
Unos bomberos apagan
un incendio en la Ciudad
de México.

fire
accident

Una ejecutiva de Bogotá, Colombia, atiende la llamada telefónica de un cliente. *answers the phone*

Dos locutores *speak* de radio esperan la señal para comenzar un programa de noticias en una estación de radio. *news*

Un técnico revisa los controles de una compañía petrolera.

Daniel De J. Arboleda
Ing. Jefe de Mantenimiento

Apartado Aéreo 1179
Tels. 266-92 90 266-64 64
Telex: 66773
Medellín, Colombia

SMURFIT
Cartón de Colombia

Una peluquera de Madrid peina a una de sus clientas.

Otras profesiones, oficios y ocupaciones

el/la juez

el/la abogado/a
lawyers

el actor/la actriz

el ama/o de casa
feminine
person in charge of the house

el/la analista de sistemas
Scientist

el/la bibliotecario/a

el/la cajero/a

el/la chofer

el/la científico/a

el/la contador/a

el/la electricista

el/la enfermero/a
nurse

el hombre/la mujer de negocios
business-man — woman

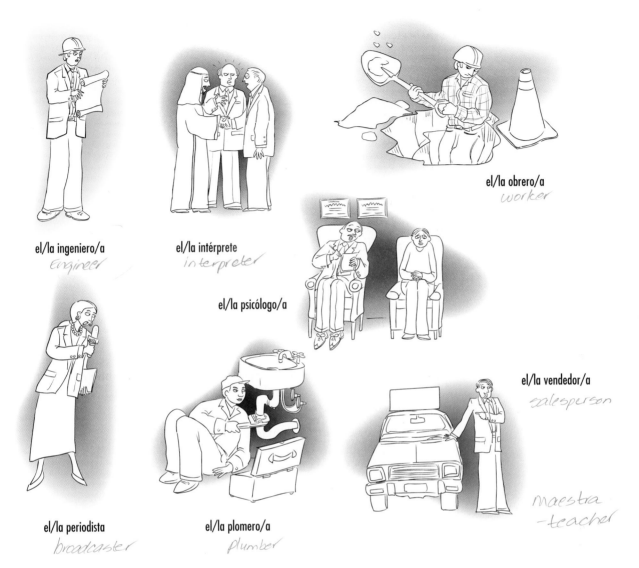

el/la ingeniero/a
Engineer

el/la intérprete
interpreter

el/la obrero/a
worker

el/la psicólogo/a

el/la vendedor/a
salesperson

el/la periodista
broadcaster

el/la plomero/a
plumber

maestra
-teacher

¿Qué dice usted?

9-1 Las profesiones y las características personales. Con su compañero/a, decida cómo deben ser estas personas.

MODELO: un piloto
        inteligente / serio / perezoso(a) / …
        Debe ser inteligente y serio. No debe ser perezoso.

1. un/a psiquiatra
   valiente / romántico(a) / irónico(a) / antipático(a) / inteligente / …
2. un actor/una actriz
   guapo(a) / atractivo(a) / simpático(a) / delgado(a) / alto(a)/ …
3. un hombre/una mujer de negocios
   autoritario(a) / serio(a) / perezoso(a) / viejo(a) / responsable / …
4. un/a recepcionista …
5. un/a astronauta …
6. un ama de casa …

9-2 Asociaciones. Con su compañero/a, asocie una o más profesiones con los siguientes lugares de trabajo y digan lo que hacen estas personas.

LUGAR	PROFESIÓN	¿QUÉ HACE?
el hospital		
el restaurante		
la clase		
la estación de radio		
la tienda de ropa		
el consultorio médico		
la peluquería		
el banco		

9-3 ¿Cuál es la profesión? En grupos de tres, un estudiante debe decir cuál es la ocupación o profesión, basándose en la descripción. El segundo estudiante debe decir cuáles son las ventajas de esta ocupación y el tercero debe decir cuáles son las desventajas.

MODELO: Trabaja en la casa, limpia y lava los platos.
    E1: Es un ama de casa.
    E2: Una ventaja es que puede estar con los niños.
    E3: Una desventaja es que no gana dinero.

Used to

1. Escribe artículos para el periódico.
2. Hace reparaciones de automóviles.
3. Atiende a las personas cuando están enfermas.
4. Traduce documentos del inglés al español.
5. Mantiene el orden público.
6. Apaga incendios.
7. Diseña casas y edificios.
8. Defiende o acusa a personas delante de un/a juez.

9-4 Mi ocupación ideal para el futuro. Piense en su ocupación/profesión ideal. Su compañero/a le va a hacer preguntas sobre lo que hacen en esta ocupación/profesión para tratar de adivinar cuál es.

La entrevista

SRA. ARCE: Buenos días, Sr. Solano. Soy Manuela Arce, presidenta de la compañía.

SR. SOLANO: Mucho gusto, señora.

SRA. ARCE: Siéntese, por favor. Usted solicita el puesto de gerente de ventas, ¿verdad?

SR. SOLANO: Sí, señora. Me dijeron por teléfono que hay una vacante.

SRA. ARCE: Así es. Aquí tengo la solicitud que usted llenó y también su currículum. Por cierto, es excelente.

SR. SOLANO: Muchas gracias.

SRA. ARCE: Actualmente usted trabaja en la empresa Badosa. ¿Por qué quiere dejar su puesto?

SR. SOLANO: Bueno, en realidad yo estoy muy contento allí, pero a mí me gustaría trabajar en una compañía internacional y poder usar otras lenguas. Como usted ve en mi currículum, yo hablo inglés, español y portugués.

SRA. ARCE: En su solicitud, usted indica que desea un sueldo de 130.000 colones al mes. Sin embargo, en el puesto que tenemos, el sueldo que se ofrece es de 115.000 colones.

SR. SOLANO: Sí, lo sé, pero la diferencia no es tan importante. Lo importante es que aquí tengo la oportunidad de comunicarme con los clientes en su propia lengua. Yo creo que esto puede mejorar las ventas de Computel notablemente.

SRA. ARCE: Pues si le parece bien el sueldo, ¿por qué no pasamos a la oficina del director general para seguir hablando?

SR. SOLANO: ¡Cómo no!

¿Qué dice usted?

9-5 Buscando información. Con su compañero/a, busque la siguiente información en el diálogo anterior.

1. nombre de la presidenta de la compañía
2. puesto que solicita el Sr. Solano
3. nombre de la compañía donde trabaja el Sr. Solano
4. nombre de la compañía donde desea trabajar
5. lenguas que habla
6. sueldo que desea el Sr. Solano
7. sueldo que se ofrece en el nuevo puesto
8. motivo para cambiar de puesto

9-6 Buscando trabajo. Diga en qué orden se hacen estas cosas.

_5_ Me llaman de la Compañía Rosell para una entrevista.

_8_ Les contesto que no, que se cerró el almacén.

_1_ Leo los anuncios del periódico.

_3_ Envío la solicitud al apartado postal de la Compañía Rosell.

_6_ Voy a la compañía para la entrevista.

_7_ Me preguntan si me despidieron del trabajo anterior.

_4_ Preparo mi currículum para la Compañía Rosell.

_9_ Me ofrecen el puesto de vendedor/a.

_2_ Lleno la solicitud para la Compañía Rosell.

9-7 ¿Qué (no) se debe hacer? Su amigo/a va a ir a una entrevista para el puesto de recepcionista. Con su compañero/a, prepare una lista de seis cosas que debe y no debe hacer. Después comparen su lista con la de otros/as compañeros/as.

9-8 Entrevista para un trabajo. Con su compañero/a, uno/a de ustedes va a hacerle una entrevista al/a la otro/a para uno de los trabajos que aparecen en los anuncios. Hágale las preguntas necesarias para obtener la siguiente información.

1. nombre de la persona que solicita el puesto
2. estudios que tiene
3. lenguas que habla
4. lugar donde trabaja y responsabilidades
5. experiencia anterior
6. razones para querer trabajar en esta compañía

HOTEL CENTROAMÉRICA
necesita

RECEPCIONISTA
• Buena presentación
• Bilingüe español-inglés

CAMARERA
• Mín. 2 años experiencia
• Disponible trabajar por las mañanas y las tardes

Dirigirse al Hotel Centroamérica,
Directora de Personal
3200 Av. España tel: 296-85-31

IMPORTADORA INTERNACIONAL
requiere

CONTADOR

Requisitos:
• Experiencia mínima 5 años
• Colegio Contadores Públicos

Para cita llamar al 234-87-20
Traer currículum vitae

VENDEDORES PROFESIONALES

Empresa Internacional requiere 4 personas

REQUISITOS:
1. Mayor de 25 años
2. Educación Universitaria
3. Trabajar de 5 p.m. a 11 p.m. (lunes a viernes)

OFRECEMOS:
1. Ingreso superior a los ₡400.000
2. Capacitación profesional
3. Viajes al exterior

Interesados enviar currículum y foto reciente al

Apdo. 2491-3 San José o al Fax: 331-9181

INSTITUTO DE CIRUGÍA SAN JOSÉ
requiere los servicios de

SECRETARIA EJECUTIVA

Requisitos:
• Buena presentación personal
• Bilingüe español-inglés
• Manejo de Windows, Excel, Word
• 3 años de exp. mínimo

Interesadas enviar currículum vitae con fotografía reciente a color
Avenida 5 entre Alfarache y Los Cerros

o◄►o A escuchar

Mi profesión. You will hear a woman talking about her profession. Mark the appropriate ending to each statement based on what you hear.

1. Julieta Odriozola es ...
   _____ artista
   _____ mujer de negocios
   _____ periodista

2. El horario de Julieta es ...
   _____ de 9 a 5
   _____ variable
   _____ de lunes a sábado

3. Julieta hace casi todo su trabajo en ...
   _____ su auto
   _____ su casa
   _____ diferentes lugares

4. Julieta trabaja básicamente con ...
   _____ niños que necesitan ayuda
   _____ personas importantes
   _____ empleados de la comunidad

5. A Julieta le gusta mucho hablar con los ...
   _____ ejecutivos
   _____ artistas
   _____ choferes

Explicación y expansión

1. *Se + verb* constructions

Se necesita
DIRECTOR
- Para hotel de 3 estrellas con más de 150 habitaciones
- Situado en el sur de España

Enviar solicitudes con *currículum vitae* y pretensiones económicas al apartado de Correos de Madrid número 46.283.

Se necesitan
VENDEDORES DE MUEBLES
con experiencia

Solicitar entrevista con el Sr. Alonso. Tel. 697 54 06.

■ Spanish uses the **se** + *verb* construction to emphasize the occurrence of an action rather than the person(s) responsible for that action. The noun (what is needed, sold, offered, etc.) usually follows the verb. The person(s) who sell(s), offer(s), etc., is not mentioned. This is normally done in English with the passive voice (*is/are + past participle*).

> **Se habla** español aquí.   *Spanish is spoken here.*

■ Use a singular verb with singular nouns and a plural verb with plural nouns.

> **Se necesita** un auto para ese trabajo.   *A car is needed for that job.*
> **Se venden** flores allí.   *Flowers are sold there.*

■ When the **se** + *verb* construction is not followed by a noun, but rather by an adverb, an infinitive, or a clause, use a singular verb. This is done in English with indefinite subjects such as *they, you, one, people.*

> **Se trabaja** mucho en esa oficina.   *They work a lot in that office.*
> **Se podía** hablar con el jefe a cualquier hora.   *You could talk to the boss any time.*
> **Se dice** que recibió un aumento.   *They say she/he got a raise.*

¿Qué dice usted?

9-9 Asociaciones. Con su compañero/a, asocie las actividades con los lugares donde ocurren.

ACTIVIDADES

1. Se cambian cheques en ...
2. Se vende ropa en ...
3. Se toma el sol y se nada en ...
4. Se sirven comidas en ...
5. Se dan noticias en ...
6. Se presentan dramas en ...

LUGARES

a. un almacén.
b. un restaurante.
c. una estación de radio.
d. una playa.
e. un teatro.
f. un banco.

9-10 Organizando la oficina. Usted está cambiando de lugar los muebles y otras cosas de su oficina. Su compañero/a lo/la va a ayudar y le pregunta dónde se ponen. Usted debe contestarle de acuerdo con el dibujo.

MODELO: el sofá
      E1: ¿Dónde se pone el sofá?
      E2: Se pone entre las dos mesas pequeñas.

1. la mesa larga
2. las revistas
3. la lámpara
4. las dos sillas
5. la computadora
6. la butaca grande

9-11 La oficina de antes y la de ahora. Decida con su compañero/a qué cosas se necesitaban en una oficina hace veinte años y qué se necesita ahora, basándose en la lista que aparece más abajo. Comparen sus respuestas con las de otros compañeros.

EQUIPO DE OFICINA	ANTES	AHORA
escritorio		
fotocopiadora		
computadora		
grabadora		
módem		
máquina de escribir		
teléfono		
calculadora		
fax		

9-12 Anuncios locos. Lea estos anuncios "locos" con su compañero/a y digan cuáles les gustan más. Después preparen un anuncio loco para compartir con la clase.

1. Se necesitan ingenieros para diseñar y construir un puente desde California hasta China. Los interesados deben enviar su currículum en chino.
2. Se necesita urgentemente un robot para hacer todas las tareas de español. El robot debe ser bilingüe.
3. Se busca un/a secretario/a para un ejecutivo muy desorganizado. Debe saber hablar y escribir 40 lenguas.
4. Se compra un monstruo para aterrorizar a los clientes del hotel que nos hace la competencia. También se acepta un Drácula o un Frankenstein.
5. Se necesitan tres extraterrestres para organizar una línea aérea interplanetaria. Deben tener su propio OVNI.

Situaciones

1. One of you is the president of an important company and the other is the advertising manager (**gerente de publicidad**). The company is going to start a new advertising campaign (**campaña de publicidad**). The advertising manager brings two ads to the president and asks a) if he/she likes them, b) where he/she wants to place them, and c) explains what is needed for the new campaign.

2. One of you is conducting interviews for your company, the other is a prospective employee. The interviewer asks the candidate a) where he/she read the ad for the job, b) where he/she worked before, c) what he/she used to do there, d) where he/she is working now, and e) why he/she wants to change jobs and work for your company.

2. More on the preterit and the imperfect

■ In *Lección 7* you practiced the preterit of **saber** with the meaning of finding out about something. You also practiced the preterit of **querer** with the meaning of wanting or trying to do something, but failing to accomplish it.

> **Supe** que llegaron anoche.
> *I found out that they arrived last night.*

> **Quise** ir, pero fue imposible.
> *I wanted (and tried) to go, but it was impossible.*

In the negative, the preterit of **querer** conveys the meaning of refusing to do something.

> **No quise** ir.
> *I refused to go.*

■ Other verbs that have a change of meaning in the preterit follow:

IMPERFECT		PRETERIT	
Yo **conocía** a Ana.	*I knew Ana.*	**Conocí** a Ana.	*I met Ana.*
Podía hacerlo.	*I could do it. (was able)*	**Pude** hacerlo.	*I accomplished it. (managed to)*
No podía hacerlo.	*I couldn't do it. (wasn't able)*	**No pude** hacerlo.	*I couldn't do it. (tried and failed)*

■ To express intentions in the past, use the imperfect of **ir** + **a** + *infinitive*.

> **Iba a salir**, pero era muy tarde.
> *I was going to go out, but it was very late.*

■ You have used the imperfect to express an action that was in progress in the past. You may also use the imperfect progressive, especially when you want to emphasize the ongoing nature of the activity. Form the imperfect progressive with the imperfect of **estar** and the present participle (**-ndo**).

> Pepe **estaba hablando** con el cajero cuando llegó el policía.
> *Pepe was talking to the cashier when the policeman arrived.*

¿Qué dice usted?

9-13 Una oficina muy ocupada. Pregúntele a su compañero/a qué estaban haciendo estas personas cuando usted llamó a su oficina. Su compañero/a debe contestar basándose en el dibujo.

9-14 ¿Tiene usted buena memoria? Piense en el momento en que usted entró en la clase hoy. Dígale a su compañero/a qué estaban haciendo tres de las personas de la clase. Después, su compañero/a debe decirle qué estaban haciendo otras tres personas cuando él/ella entró.

9-15 A usar la imaginación. Estas descripciones muestran lo que estaban haciendo varias personas ayer. Trabajando en parejas, decidan cuál era el oficio o profesión de estas personas y qué iban a hacer después.

MODELO: Un señor miraba los planos de un edificio y dijo que ciertas cosas no estaban bien.
E1: Era el arquitecto del edificio.
E2: Iba a hacer unos cambios en los planos.

1. Un señor tenía un secador en la mano y le tocaba el cabello a una señora que estaba sentada enfrente de él.
2. Unos señores iban en un camión *(truck)* rojo con una sirena. El camión iba muy rápido y los autos y autobuses paraban al lado derecho de la calle.
3. Una joven que llevaba un vestido como en la época de Cleopatra hablaba frente a una cámara. Estaba muy maquillada y tenía una línea negra alrededor de los ojos.
4. Esta persona llevaba un traje para viajar por el espacio con guantes, botas muy grandes y un plástico transparente frente a los ojos para poder ver.
5. Un hombre miraba por un microscopio en un laboratorio donde había computadoras y diferentes productos químicos.
6. Una señora estaba enfrente de un micrófono en un estudio. Tenía unos papeles sobre un escritorio y miraba con mucha atención una señal para empezar a hablar.

9-16 Una explicación lógica. Ayer tuvieron una reunión muy importante en su compañía para mostrarles unos productos nuevos a unas empresas extranjeras, pero varias cosas salieron mal. Usted y su compañero/a deben buscar una explicación lógica para lo que sucedió.

MODELO: La secretaria no contestaba el teléfono.
Estaba buscando un intérprete/un salón más grande.

1. Varios empleados llegaron tarde.
2. El técnico no pudo arreglar una computadora que se necesitaba para la presentación.
3. Los periodistas no podían comprender lo que decía un director extranjero.
4. No les sirvieron café ni refrescos a los invitados.
5. Uno de los vendedores no quiso mostrar los productos nuevos.
6. No pusieron anuncios en los periódicos.

One of you is an employee who was supposed to attend a meeting at the office, but could not make it. The other is the boss who is going to ask questions to find out what happened. The employee should apologize and explain why he/she was absent.

Situaciones

3. Direct and indirect object pronouns

- When direct and indirect object pronouns are used in the same sentence, the indirect object pronoun precedes the direct object pronoun. Place double object pronouns before conjugated verbs.

Ella me dio la solicitud.	*She gave me the application.*
Ella **me la** dio.	*She gave it to me.*

- In compound verb constructions, you may place double object pronouns before the conjugated verb or attach them to the accompanying infinitive or present participle. Note the written accent mark when attaching double object pronouns.

Él quiere darme el contrato.	*He wants to give me the contract.*
Él quiere dár**melo**.	
Él **me lo** quiere dar.	*He wants to give it to me.*
Te está diciendo la verdad.	*She's telling you the truth.*
Te la está diciendo.	
Está diciéndo**tela**.	*She's telling it to you.*

- **Le** and **les** cannot be used with **lo, los, la,** or **las.** Change **le** or **les** to **se.**

Le dio el puesto a Berta.	*He gave the job to Berta.*
Se lo dio.	*He gave it to her.*
Les va a mostrar el anuncio.	*She's going to show them the ad.*
Se lo va a mostrar.	*She's going to show it to them.*

- When a direct object pronoun and a reflexive pronoun are used together, the reflexive pronoun precedes the direct object pronoun.

Siempre me lavo las manos.	*I always wash my hands.*
Siempre **me las** lavo.	*I always wash them.*

¿Qué dice usted?

9-17 El nuevo empleado. Su jefe/a estuvo fuera de la oficina ayer y usted tuvo que ocuparse del nuevo empleado. Su jefe/a le va a hacer preguntas para saber qué hizo o no hizo usted con el nuevo empleado.

MODELO: dar los documentos al nuevo empleado
      E1: ¿Le dio los documentos al nuevo empleado?
      E2: Sí, se los di./No, no se los di.

1. mostrarle la oficina
2. explicarle los documentos
3. contestarle sus preguntas
4. darle el horario de verano

9-18 Usted estuvo de jefe/a. Usted tenía que tratar con el encargado de la publicidad durante la ausencia de su jefe/a. Ahora su jefe/a quiere saber qué hizo esta persona.

MODELO: darle el contrato (a usted)
         E1: ¿Le dio el contrato?
         E2: Sí, me lo dio.

1. mostrar los anuncios
2. traer las revistas
3. pedir el cheque
4. dejar las fotos

9-19 El servicio en un restaurante elegante. Formen grupos de tres. Dos de ustedes cenaron en el restaurante de un hotel muy elegante y el tercero es el encargado del servicio del hotel. Éste les va a hacer preguntas y tomar notas para saber la opinión de ustedes sobre el servicio que recibieron.

1. ¿Cuándo les sirvieron el agua?
2. ¿Les mostraron la carta *(list)* de vinos enseguida?
3. ¿Les trajeron pan caliente a la mesa?
4. ¿Les dijo el camarero cuáles eran los platos especiales del día?
5. ¿Se los explicó?
6. Después que ustedes empezaron a comer, ¿les preguntó el camarero si la comida estaba buena?
7. ¿Les ofrecieron postres y café?
8. ¿Cómo fue el servicio en general?

Situaciones

1. One of you is a reporter (**reportero/a**) who has to go to a place where something very important happened, but someone stole your car with your tape recorder, camera (**cámara**), etc. Explain to a friend what happened and ask him/her to lend (**prestar**) you what you think you will need for this assignment. Your friend will ask questions to find out more about your ordeal.

2. One of you is an employee who has just returned from an errand delivering a letter, the other is the boss. The boss will ask questions to find out a) if you delivered the letter, b) to whom you gave the letter, c) when, and d) if the person signed a receipt (**recibo**).

4. Formal commands

Por favor, llene la solicitud y mándela por correo.

■ Commands (**los mandatos**) are the verb forms used to tell others to do something. Use formal commands with people you address as **usted** or **ustedes**. To form these commands, drop the final **-o** of the **yo** form of the present tense and add -e(n) for -ar verbs and -a(n) for -er and -ir verbs.

		USTED	USTEDES	
hablar →	hablo	hable	hablen	*speak*
comer →	como	coma	coman	*eat*
escribir →	escribo	escriba	escriban	*write*

■ Verbs that are irregular in the **yo** form of the present tense maintain the same irregularity in the command.

		USTED	USTEDES	
pensar →	pienso	piense	piensen	*think*
dormir →	duermo	duerma	duerman	*sleep*
repetir →	repito	repita	repitan	*repeat*
poner →	pongo	ponga	pongan	*put*

- The use of **usted** and **ustedes** with command forms is optional. When used, they normally follow the command.

  Pase.   *Come in.*
  Pase **usted**.

- To make a formal command negative, place **no** before the affirmative command.

  No salga ahora.   *Don't leave now.*

- Object and reflexive pronouns are attached to the end of affirmative commands (note the written accent over the stressed vowel). Object and reflexive pronouns precede negative commands, and are not attached.

  Cómpre**la**.
  No **la** compre.

  Háblen**le**.
  No **le** hablen.

  Siénte**se**.
  No **se** siente.

- The verbs **ir**, **ser**, and **saber** have irregular command forms.

  ir: **vaya, vayan**
  ser: **sea, sean**
  saber: **sepa, sepan**

- Verbs ending in **-car**, **-gar**, **-zar**, and **-guir** have spelling changes in command forms.

sacar	sa~~co~~	→	sa**que**, sa**quen**
jugar	jue~~go~~	→	jue**gue**, jue**guen**
almorzar	almuer~~zo~~	→	almuer**ce**, almuer**cen**
seguir	si~~go~~	→	si**ga**, si**gan**

¿Qué dice usted?

9-20 ¿Dónde se dicen estas cosas? Con un compañero/a, decida cuáles de estos mandatos escucharía o leería usted en a) la sala de emergencia de un hospital, b) un almacén o c) un estudio de televisión.

1. Mande su solicitud para la tarjeta de crédito por correo.
2. No interrumpa a los médicos cuando hablan con los pacientes.
3. Compren sus regalos de cumpleaños aquí.
4. Pague en la caja.
5. No haga visitas después de las 9 de la noche.
6. Mueva el micrófono a la derecha.

9-21 ¿Qué quiere el/la jefe/a? Conteste las órdenes que le va a dar su jefe/a diciendo que ya usted hizo lo que le está pidiendo.

MODELO: llamar al Sr. Palma
   E1: Llame al Sr. Palma, por favor.
   E2: Ya lo llamé.

1. buscar la carta del Sr. Vega
2. contestar la carta
3. llamar a la Sra. Narváez
4. pedir más información en el banco
5. terminar el informe hoy
6. enviar el informe enseguida por correo certificado

9-22 Preguntas de un/a estudiante. Este/a estudiante estuvo ausente unos días y quiere saber qué tiene que hacer para la clase. El/La profesor/a le contesta afirmativamente a sus preguntas.

MODELO: estudiar la lección 9
   E1: ¿Estudio la lección 9?
   E2: Sí, estúdiela.

1 contestar las preguntas
2. escuchar el casete
3. escribir estas palabras
4. leer esta página
5. hacer la tarea de ayer
6. terminar la composición para mañana

9-23 En el hospital. Mientras usted está en el hospital, un/a enfermero/a entra en su habitación y le hace las siguientes preguntas. Contéstele y déle una razón por su respuesta.

MODELO: E1: ¿Le abro las cortinas?
   E2: Sí, ábramelas, por favor. Quisiera leer./No, no me las abra. Voy a dormir.

1. ¿Le pongo la televisión?
2. ¿Le sirvo agua?
3. ¿Le pongo otra almohada?
4. ¿Me llevo estas flores?
5. ¿Le tomo la temperatura?

9-24 Mandatos del entrenador de un equipo. Con su compañero/a, haga una lista de las órdenes que normalmente les da el/la entrenador/a a los miembros de su equipo. Compare su lista con la de otros estudiantes.

MODELO: practicar todos los días
Practiquen todos los días.

9-25 ¿Qué deben hacer estas personas? Con su compañero/a, busque una solución a los siguientes problemas y dígale a cada una de las personas lo que debe hacer.

MODELO: El Sr. Álvarez no está contento en su trabajo.
Busque otro trabajo./Hable con su jefe.

1. La Sra. Jiménez necesita más vendedores en su compañía.
2. El Sr. Jiménez es contador y tiene que terminar un informe, pero su computadora no funciona.
3. Unos hombres de negocios van a ir a Chile y no saben hablar español.
4. La Sra. Peña tuvo un accidente serio con su auto y el otro chofer le dijo que iba a llamar a la policía.
5. La Sra. Hurtado entra en su apartamento y ve que hay agua en el piso de la cocina.
6. La cantante Mirta del Valle tiene un concierto esta noche, pero se siente bastante mal.

Situaciones

1. One of you will be out of town for a week for a series of job interviews. The other is a neighbor who has volunteered to watch your apartment. Tell your neighbor what to do and not to do in your absence. Some possibilities: **regar las plantas, sacar al perro, darle comida al gato,** etc.

2. One of you has just opened a checking account (**una cuenta corriente**) in Spain, the other is a bank teller who will show you how to write a check step-by-step. Explain where a) to put the date, b) to write the payee's name, c) to write the amount (**cantidad**) in numbers, d) to write the amount in words, and e) to sign the check.

BANCO DE MADRID **8 2** **55**-270

OFICINA PRINCIPAL
PL. DEL SIGLO, S-N
29080 MÁLAGA

Ptas.

Páguese por este cheque a

Pesetas

de _____ de 19 ____
Lugar de emisión y fecha en letra

SERIE **B 0317811 6**

CUENTA DE PESETAS DE NO RESIDENTES

mosaicos

A escuchar

A. Las profesiones. Before listening to the recording, look at the illustrations below. How would you describe what these people do in their respective jobs? Listen to the description and write the number beside the corresponding illustration.

_____ _____ _____

_____ _____ _____

B. ¿Lógico o ilógico? You will hear several statements. As you listen, indicate whether each statement is **Lógico** or **Ilógico.**

	LÓGICO	ILÓGICO		LÓGICO	ILÓGICO
1.	_____	_____	5.	_____	_____
2.	_____	_____	6.	_____	_____
3.	_____	_____	7.	_____	_____
4.	_____	_____	8.	_____	_____

 **A conversar**

9-26 Adivina, adivinador. Dígale a su compañero/a lo que hace una persona en su oficio o profesión. Su compañero/a debe tratar de adivinar cuál es este oficio o esta profesión. Después cambien de papel.

MODELO: E1: Es la persona que viene a arreglar el baño de mi casa cuando tenemos un problema.
E2: Es muy fácil. Es el plomero.

9-27 Don Mandón. Uno de ustedes va a hacer el papel del mandón y los otros deben cumplir sus órdenes. Cambien el papel del mandón después de tres órdenes.

9-28 Las profesiones. La clase se divide en dos grupos, **A** y **B**. Las personas del grupo **A** son las que buscan trabajo. Las del grupo **B** deben hacerles preguntas a las del grupo **A** hasta encontrar a las personas de la profesión que buscan. Después de encontrarlas, deben hacerles preguntas sobre su experiencia, sus estudios, etcétera. Las personas del grupo **A** deben estar preparadas para contestar esas preguntas.

Las profesiones son:

abogado/a	programador/a	enfermero/a	peluquero/a
actor/actriz	vendedor/a	electricista	obrero/a
arquitecto/a	mecánico/a	ingeniero/a	bombero/a

Investigación

Mandar significa dar órdenes. Un hombre que siempre está dando órdenes es un mandón. ¿Y una mujer?

9-29 Los avisos. En pequeños grupos, hablen de los trabajos que se ofrecen y decidan cuál les interesa más y por qué.

JEFE DE SERVICIO
necesita importante empresa de
SERVICIOS FUNERARIOS

Se requiere: Experiencia de 5 años en empresa del sector en puesto de similar responsabilidad. *Se ofrece:* Buenas perspectivas de desarrollo profesional. Integración en empresa en expansión.

Interesados, enviar CV y fotografía reciente, especificando pretensiones económicas, al apartado de Correos 61.242 de Madrid.

COLEGIO PRIVADO
necesita
DIRECTOR/A
Lugar de residencia noroeste de la península

Requisitos:
• Titulación adecuada.
• Experiencia contrastada en cargo similar.
• Madurez y responsabilidad.
• Capacidad de organización, coordinación y trabajo.
• Relaciones públicas.

Sueldo interesante, a convenir.

Interesados, enviar "currículum", con fotografía reciente, al apartado de Correos 61.298, 28080 Madrid.

EMPRESA DE ÁMBITO NACIONAL
necesita para Madrid y Comunidad
(Interesados en provincias contactar telefónicamente)

8 VENDEDORES/AS

250.000 Pta./mes, ampliamente superables

Se exige: Experiencia en ventas directas. Buena presencia y deseos de superación. Mayor de 22 años. Coche propio (no imprescindible). Incorporación inmediata.

Se ofrece: Trabajo programado por la empresa. Formación a cargo de la misma. Visitas previamente concertadas. Producto sin competencia. Promoción inmediata a quien demuestre valía. Fijo más comisión. S.S.R.G. pasado periodo de prueba.

Interesados, llamar a los teléfonos 521 90 96 · 521 36 93 · 521 91 62 Lunes día 3, de 8 a 15 horas, señorita Pilar.

 A leer

9-30 Preparación. Indique si los siguientes son **bienes** (B) o **servicios** (S) que se ofrecieron.

_____ 1. Josefa construyó una casa para los Muñoz.

_____ 2. Luis pintó un centro comercial.

_____ 3. Antonia le pagó a Miguel por reparar sus zapatos.

_____ 4. Loreto le vendió un teléfono a su mejor amiga.

_____ 5. La familia Flores compró una casa en la costa.

_____ 6. Después del huracán Hugo, la compañía constructora _La Perfección_ le reparó la casa a Jaime.

9-31 Primera mirada. Lea el siguiente artículo y luego siga las instrucciones.

APOYO MUTUO
ALTERNATIVA AL DINERO

Se llaman "planetas", "estrellas", "dólares verdes", "iris" o "kas" ... Son vales[1]. No son monedas de curso legal, pero ya se están usando para intercambiar favores entre la gente. El truco consiste en ofrecer o solicitar bienes y servicios, trabajos, conocimientos y habilidades sin que intervenga el papel moneda.

¿Cómo funciona?

Para constituir una red LETS (_Local Exchange Trading System_) es necesario reunir un mínimo de 25 personas interesadas. Se crea un archivo[2] con el nombre de cada miembro y los bienes y servicios que puede ofrecer. Para hacerlo se precisa un simple formulario y el establecimiento de una unidad de intercambio. Los servicios y oficios intercambiables en la cooperativa son de lo más diverso y dependen de lo que cada individuo busca y ofrece. La lista puede incluir servicios domésticos, de educación y formación, locales y viviendas, herramientas, material deportivo, máquinas... O también reparaciones, bricolaje, transporte y distribución y, cómo no, gestiones de tipo administrativo o informático.

Cuando alguien requiere algún bien o servicio tan sólo debe consultar la última lista, con las habilidades y aptitudes de cada socio, preparada por la cooperativa. Los socios se ponen en contacto directamente y llegan a un acuerdo sobre el trabajo que se va a realizar o el bien que se quiere adquirir. Una vez realizado el trabajo se paga la cantidad acordada con vales emitidos por la

[1]_voucher_   [2]_file_

cooperativa quedando reflejados en las respectivas cuentas de los socios, en un caso como salida y en el otro como ingreso. Una vez al mes se publica una lista de las cuentas de los socios donde se reflejan los movimientos y los saldos[3].

Las cantidades que cobran los socios son decididas por ellos mismos aunque la asamblea de la cooperativa sugiere una tabla de tarifas. Y aunque un plomero pueda cobrar más vales por hora que un canguro, el objetivo es que la diferencia sea mucho menor que en el mercado laboral. "Nuestra filosofía —indica un miembro de la Cooperativa El Trueque— es que nuestro tiempo libre tiene el mismo valor para todos."

En el caso de El Trueque para hacerte socio tienes que abonar 1.000 pesetas y 10 vales. Cada persona empieza con una deuda de 10 vales para que la cooperativa tenga una cuenta a su favor para retribuir a las personas que trabajan en la cooperativa y pagar los gastos organizativos.

El Trueque es la primera cooperativa de este tipo en la Península Ibérica y sus vales se denominan kas, procedentes de "ValleKas", en Madrid. Disponen de un programa informativo de gestión de grupos LETS, que gestiona la lista de socios, la organización e impresión de listas de ofertas y demandas y las cuentas de los vales.

Existen grupos que están organizándose en el tema en Ávila, Barcelona, Canarias y Madrid.

---

[3]balances

¿Cierto o falso? Si es falso, diga por qué.

_____ 1. El kas es un tipo de moneda como el dólar que se utiliza para pagar favores recibidos.

_____ 2. Los "planetas", "estrellas", "dólares verdes", etc. forman parte de un sistema de oferta y demanda de bienes y servicios.

_____ 3. Las personas que utilizan este sistema de apoyo mutuo solamente piden servicios.

_____ 4. Si alguien desea obtener un servicio/bien específico puede consultar la lista preparada por la cooperativa.

_____ 5. El valor de los bienes/servicios es determinado por la cooperativa.

_____ 6. La palabra "trueque" significa intercambio.

9-32 Segunda mirada. Una persona de su ciudad leyó el artículo anterior y desea crear una red LETS. Use mandatos para decirle tres procedimientos que debe seguir.

9-33 Ampliación. Con otro/a compañero/a determine tres aspectos positivos y tres negativos de LETS.

Lo positivo de LETS es que ...   Lo negativo de LETS es que ...

 A escribir

9-34 Manos a la obra: fase preliminar. Usted, José Fuentes, es un padre soltero, contador de profesión. Hace un par de meses envió varias solicitudes de trabajo a diversos bancos. El Banco de Salamanca le ofreció un puesto con un excelente sueldo. Como miembro de la cooperativa *El Trueque*, usted contactó a un canguro (niñera) de su cooperativa para cuidar a Andrés, su hijito de dos años. El canguro le escribió el siguiente mensaje electrónico. Léalo.

De: sofia.morales@contur.salamanca.2
Para: josefuentes@unicorn.banco.salaman
Ref.:   cuidado de Andrés

Estimado señor Fuentes:

Gracias por contactarme para cuidar a Andrés. Como le dije en nuestra conversación, soy secretaria de profesión, y no tengo mucha experiencia cuidando a niños; por eso quiero hacerle algunas preguntas preliminares.

Primero, con respecto al temperamento y gustos del niño: ¿cómo es Andrés? ¿es sociable? ¿se adapta fácilmente a personas desconocidas? ¿llora mucho cuando usted no está cerca? ¿hay algo que debo hacer para mantenerlo feliz? ¿le gusta escuchar cuentos?

Segundo, en relación con sus hábitos: ¿se despierta y se levanta temprano? ¿duerme la siesta? ¿debo bañarlo después de la siesta? ¿cómo se divierte? ¿le gusta caminar o prefiere pasar mucho tiempo sentado?

Tercero, con respecto a la comida: ¿qué desayuna? ¿debo preparar el desayuno o usted lo compra preparado? ¿hay algo que prefiere comer o beber? ¿hay algo que no debe comer o beber? ¿a qué hora almuerza?

Finalmente, ¿a qué hora vuelve usted a casa? Yo debo estar en mi casa antes de las 6:00 de la tarde.

Tengo muchos deseos de conocer a Andrés. Creo que vamos a ser muy buenos amigos.

Atentamente,
Sofía Morales

9-35 Manos a la obra. Contéstele el correo electrónico a su canguro.

 **Expresiones útiles**

BEBIDAS PARA NIÑOS

leche
agua de yerbas con azúcar
jugo de naranja
jugo de manzana
jugo de otras frutas

COMIDA PARA NIÑOS

gelatina de frutas
sopa de pollo/verduras
puré de papas
huevo duro
cereal con leche

9-36 Revisión. Verifique que respondió a todas las preguntas de Sofía.

Vocabulario

Profesiones, oficios y ocupaciones

el/la abogado/a	lawyer
el actor/la actriz	actor/actress
el ama de casa	housewife, homemaker
el/la analista de sistemas	systems analyst
el/la arquitecto/a	architect
el/la bibliotecario/a	librarian
el/la bombero/a	firefighter
el/la cajero/a	cashier
el/la cantante	singer
el/la carpintero/a	carpenter
el/la chofer	driver
el/la científico/a	scientist
el/la contador/a	accountant
el/la ejecutivo/a	executive
el/la electricista	electrician
el/la empleado/a	employee
el/la enfermero/a	nurse
el/la gerente (___ de ventas)	manager (sales ___)
el hombre/la mujer de negocios	businessman/woman
el/la ingeniero/a	engineer
el/la intérprete	interpreter/translator
el/la juez	judge
el/la locutor/a	radio announcer
el/la médico/a	medical doctor
el/la obrero/a	worker
el/la peluquero/a	hairdresser
el/la periodista	journalist
el/la plomero/a	plumber
el policía/ la (mujer) policía	policeman, policewoman
el/la (p)sicólogo/a	psychologist
el/la (p)siquiatra	psychiatrist
el/la técnico/a	technician
el/la vendedor/a	salesman, saleswoman

Lugares

el banco	bank
la compañía/empresa	company
el consultorio	doctor's office
la peluquería	beauty salon, barbershop

Trabajo

el anuncio	ad (advertisement)
el apartado de correos	P.O. box
el currículum	résumé
la entrevista	interview
la experiencia	experience
el incendio	fire
las noticias	news
el puesto	position
la solicitud	application
el sueldo	salary
la vacante	opening
las ventas	sales

Verbos

abrir	to open
apagar	to extinguish, to turn off
arreglar	to repair
atender (ie)	to answer, to attend
comenzar (ie)	to begin
comunicar(se)	to communicate
dejar	to leave
despedir (i)	to fire, to terminate; to say goodbye
diseñar	to design
entender (ie)	to understand
enviar	to send
indicar	to indicate
llenar	to fill (out)
mandar	to send
mejorar	to improve
ofrecer (zc)	to offer
pasar	to pass, to come in
preguntar	to ask (a question)
solicitar	to apply (for)
tratar	to try

Palabras y expresiones útiles

actualmente	at the present time
¡Cómo no!	Of course!
por cierto	by the way
realmente	really
la señal	signal

La economía

Para pensar

¿A qué edad comienzan a trabajar los jóvenes en Estados Unidos? ¿Qué tipo de trabajo generalmente buscan y consiguen? ¿Es fácil conseguir trabajo después de graduarse de la universidad? ¿Hay mucha inflación en los Estados Unidos? ¿Hay mucho desempleo?

En los Estados Unidos es muy común que los jóvenes empiecen a trabajar a los dieciséis años ya sea en un restaurante, una tienda, o haciendo trabajos para los vecinos (cortando el césped, lavando el carro, por ejemplo). Esta práctica no es común en los países hispanos. Generalmente, los jóvenes de clase media y clase alta no trabajan antes de terminar la escuela secundaria. Los jóvenes de las clases pobres, sin embargo, sí trabajan desde muy temprana edad vendiendo periódicos y dulces en la calle, limpiando zapatos, y aun como empleados domésticos para ayudar a sus padres.

Conseguir trabajo después de graduarse de la universidad no es muy fácil tampoco. Por supuesto, esto depende de la situación económica del país. En algunos países, como Chile, por ejemplo, la economía ha dado un tremendo paso adelante en los últimos diez años. En otros países como Perú y Venezuela, la situación es diferente. Hay inflación y un alto índice de desempleo.

En los países con problemas económicos hay pocas posibilidades de empleo en el sector privado así como también en el sector público. Además, los sueldos no son muy altos y esto trae una serie de consecuencias de tipo político y social (los jóvenes tienen que permanecer en la casa de sus padres, deben conseguir dos y hasta tres trabajos, etcétera). Debido a esto, muchos jóvenes salen de su país en busca de un mejor porvenir.

En los países con una economía más fuerte, la situación es diferente. El índice de desempleo es bajo y el descontento político y social es menor. Chile, por ejemplo, es una de las naciones de mayor desarrollo industrial en América Latina. La producción agrícola, minera e industrial ha mejorado significativamente en los últimos años y varias compañías que habían sido nacionalizadas bajo gobiernos anteriores ahora están en manos del sector privado.

Para contestar

Los trabajos. Con su compañero/a, responda a las siguientes preguntas:

1. Compare la participación de los jóvenes en la economía del país en los países hispanos y en los Estados Unidos. ¿Cuáles son las ventajas y las desventajas de cada situación?
2. ¿Cuáles son algunas consecuencias de una economía con problemas?

Riqueza cultural. En grupos de tres, discutan las zonas de los Estados Unidos que tienen un mayor desarrollo económico y las razones para ello. Luego, hagan lo mismo con los diferentes países hispanos: ¿cuál es la base de su economía? ¿qué consecuencias tiene esto?, etcétera.

Valparaíso, Chile

1. Busque información acerca de la economía de Chile. Específicamente, busque información acerca del índice de desempleo, la inflación, los recursos naturales, y las principales industrias.

2. Busque en la página de un periódico chileno qué trabajos se ofrecen, cuáles son los requisitos necesarios para obtenerlos, qué sueldos se ofrecen, etcétera. Compare estos avisos con los avisos de los periódicos en los Estados Unidos.

Chile

Ciudades importantes y lugares de interés:

Santiago, la capital, es una ciudad moderna de más de 5 millones de habitantes. En Santiago, se puede visitar el Museo Precolombino que tiene artefactos de las culturas indígenas de América Central y América del Sur, el Parque de Artesanos donde se puede apreciar no sólo a artistas y músicos sino también objetos de artesanía de cobre, de lana, de madera, de cuero, etcétera y antigüedades. Cerca de Santiago también se encuentran muchos lugares para ir a esquiar, como Portillo y Farellones. Viña del Mar es una ciudad de hermosos jardines, lujosos restaurantes y hoteles y una animada vida nocturna. En Viña del Mar se lleva a cabo el famoso Festival Internacional de la Canción.

Cerro Santa Lucía, Santiago, Chile

Expresiones chilenas:

Me tinca que ...	*I have the feeling ...*
Está sin chaucha.	*He/she is broke.*

Lección 10
La comida y la nutrición

COMUNICACIÓN

- Discussing food, shopping, and planning menus
- Expressing wishes and hope
- Making requests and expressing opinions
- Giving informal orders and instructions

ESTRUCTURAS

- The present subjunctive
- The subjunctive used to express wishes and hope
- The subjunctive with verbs and expressions of doubt
- Informal commands

MOSAICOS

A ESCUCHAR

A CONVERSAR

A LEER

- Identifying associated words

A ESCRIBIR

- Giving advice

ENFOQUE CULTURAL

- Los mercados al aire libre y los artesanales
- Ecuador
- Bolivia
- Paraguay

En el supermercado

Frutas y verduras

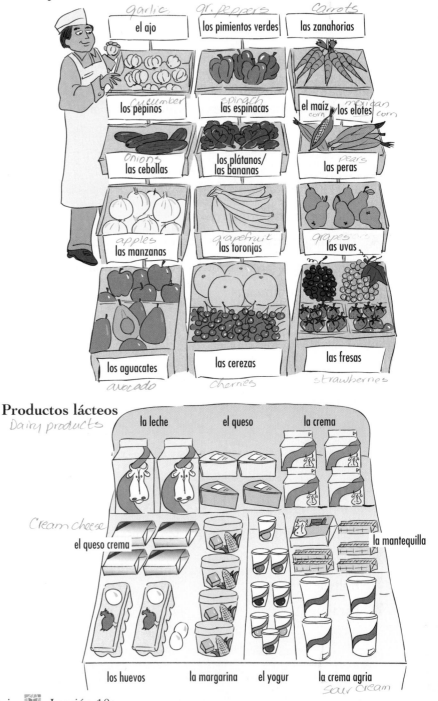

garlic
el ajo

gr. peppers
los pimientos verdes

carrots
las zanahorias

cucumber
los pepinos

spinach
las espinacas

mexican corn
el maíz los elotes *corn*

onions
las cebollas

los plátanos/
las bananas

pears
las peras

apples
las manzanas

grapefruit
las toronjas

grapes
las uvas

los aguacates
avocado

las cerezas
cherries

las fresas
strawberries

Productos lácteos
Dairy products

la leche

el queso

la crema

cream cheese
el queso crema

la mantequilla

los huevos

la margarina

el yogur

la crema agria
sour cream

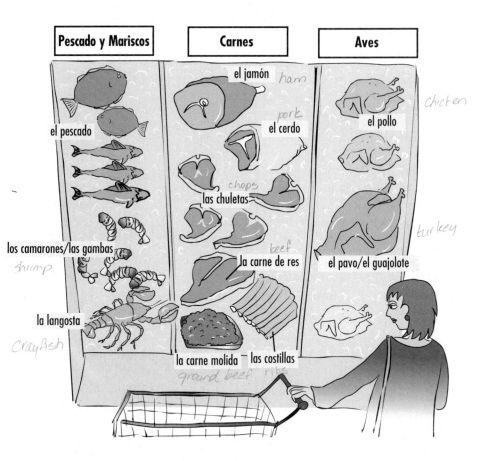

| Pescado y Mariscos | Carnes | Aves |

el jamón *ham*

el pescado

el cerdo *pork*

el pollo *chicken*

las chuletas *chops*

los camarones/las gambas
shrimp

la carne de res *beef*

el pavo/el guajolote *turkey*

la langosta
crayfish

la carne molida — las costillas
ground beef *ribs*

Los condimentos

la sal *salt*

la pimienta *pimento*

el pan *bread*

la mostaza *mustard*   la vainilla

la harina *flour*

las galletas

los churros

el/la azúcar *sugar*

el vinagre   el aceite *oil*

el aderezo
salad dressing

el pan dulce
sweet bread

deep fried

la manteca
lard

la salsa de tomate

la mayonesa

los refrescos

el vino

La comida y la nutrición   doscientos noventa y siete   297

¿Qué dice usted?

10-1 Asociaciones. Después de asociar cada explicación con la palabra adecuada, hable con su compañero/a para ver si le gustan o no estos alimentos.

1. Se toma mucho en el verano, cuando hace calor.   6 a. el jamón
2. Se dice que mejoran los ojos.   3 b. las uvas
3. Se pone en la ensalada.   5 c. las manzanas
4. Se usan para hacer vino.   8 d. la mayonesa
5. Se le dan al profesor de regalo.   2 e. las zanahorias
6. Se come en el desayuno con huevos fritos.   1 f. el helado
7. Se prepara para el Día de Acción de Gracias.   3 g. el aderezo
8. Se usa para preparar la ensalada de atún o de pollo. 7 h. el pavo

10-2 Dietas diferentes. Con su compañero/a, llene la tabla con comidas adecuadas para estas dietas. Al terminar, digan por qué se debe o no se debe comer cada cosa.

DIETA	SE DEBE COMER	NO SE DEBE COMER
vegetariana		
para diabéticos		
para engordar		
para bajar de peso		

10-3 ¿Qué necesitamos? Usted y su compañero son estudiantes de intercambio en Ecuador. Ustedes le quieren preparar una cena a la familia con la que viven, pero no tienen todos los ingredientes necesarios. ¿Qué necesitan ustedes y cuánto cuestan estos ingredientes?

MODELO: E1: Vamos a preparar hamburguesas. Necesitamos un kilo de carne molida.
E2: Eso cuesta 10.000 sucres el kilo.

10-4 Los estudiantes y la comida. En pequeños grupos, hablen de las comidas típicas de los estudiantes de su universidad. ¿Qué comen? ¿Cuándo comen? Hagan una lista de recomendaciones para una dieta estudiantil más saludable.

La mesa

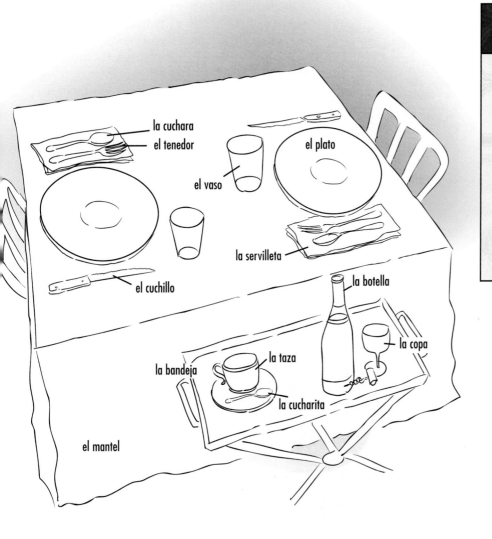

la cuchara
el tenedor
el plato
el vaso
la servilleta
el cuchillo
la botella
la copa
la bandeja
la taza
la cucharita
el mantel

¿Qué dice usted?

10-5 Entrenamiento de un/a camarero/a. Usted y su compañero/a son camareros/as en un restaurante y uno/a de ustedes acaba de comenzar. Dígale a su compañero/a dónde debe poner cada cosa de acuerdo con el dibujo.

MODELO: E1: Ponga el cuchillo a la derecha del plato.
           E2: Muy bien. ¿Y dónde pongo la copa?
           E1: _____.

¿Dónde se compra?

Las frutas tropicales como los plátanos, los mangos, las piñas y las papayas son muy populares en el área del Caribe. En Estados Unidos, durante el invierno, se importan muchas frutas de Chile y otros países del hemisferio sur.

Los dulces maravillosos de una pastelería en la Ciudad de México.

España es uno de los países que tiene más variedad de pescados y mariscos. En la dieta de los españoles, el pescado ocupa un lugar muy importante.

Los mercados al aire libre son lugares donde se puede comprar toda clase de comidas y artesanías, además de ser importantes centros de reunión.

¿Qué dice usted?

10-6 La compra y los preparativos. En parejas, preparen un menú y una lista de lo que tienen que comprar para una cena. Después, cada pareja le debe hacer preguntas a otra pareja para obtener la siguiente información:

1. menú
2. ingredientes
3. número de invitados
4. costo de la cena
5. división del trabajo
6. limpieza

10-7 Una cena. Usted estaba muy ocupado/a ayer porque iba a tener invitados en la casa. Dígale a su compañero/a todas las cosas que tenía que hacer. Su compañero/a le va a preguntar dónde hizo la compra, a quién invitó y qué sirvió.

Tortilla a la española

8 huevos
200 grs. de patatas
2 decilitros de aceite
Sal

Sirve 4 personas

Las patatas, una vez peladas, se lavan en agua fría y se secan con un pañito. A continuación se cortan en rajitas delgadas y se fríen en aceite o en manteca de cerdo. Cuando están fritas se les escurre un poco la grasa y se sazonan con sal. En un bol se baten los huevos, se les añade la sal correspondiente y se procede a hacer la tortilla, redonda y plana, procurando que adquiera un ligero color rubio por ambos lados. Al servirla suele acompañarse de alguna ensalada, aparte de lechuga o escarola sola, o con tomate, cebolla, aceitunas y algunos trocitos de atún en escabeche o aceite.

lengua

Al dar una receta en español, normalmente se usan mandatos *(cocine/cocina el arroz)* o la construcción de *se* + verbo *(se cocina el arroz y se fríen los plátanos)*.

10-8 Mi receta favorita. Entre usted y su compañero/a, escojan una receta simple. Escriban los ingredientes y después explíquenle a otro grupo de estudiantes cómo se prepara. Las siguientes palabras pueden facilitarle la explicación: **batir** *(to beat)*, **añadir** *(to add)*, **hervir (ie)** *(to boil)*, **freír (i)** *(to fry)*, **cortar** *(to cut)*.

A escuchar

Un cocinero. You will hear two short descriptions of Mr. Benítez and his cooking, followed by some related statements. Mark the appropriate column to indicate whether each statement is **Cierto** or **Falso.** Do not worry if there are words you do not understand.

DESCRIPCIÓN 1		DESCRIPCIÓN 2	
CIERTO	FALSO	CIERTO	FALSO
1. _____	_____	1. _____	_____
2. _____	_____	2. _____	_____
3. _____	_____	3. _____	_____
4. _____	_____	4. _____	_____

Antes de seguir ...

The indicative and the subjunctive

In previous lessons, you used the indicative mood to state facts (what is happening, what regularly happens, or what has happened) and to talk about what you are certain will occur. Thus, in the sentence **Yo sé que Pepe siempre come en ese restaurante,** the speaker is stating the facts as he or she knows them to be true: Pepe always eats at that restaurant. The indicative is used to talk about actions or states the speaker sees as real.

In this chapter, you will learn about the subjunctive, a verbal mood used for anticipated or hypothetical actions or states. You already know and have used two forms of the subjunctive when you practiced the formal commands in *Lección 9*. With a command, you are trying to impose your will on someone else since you are expressing what you want that person to do: **Venga temprano** is equivalent to saying **Quiero que venga temprano.** Note that the arrival has not happened yet, in fact, it may not happen at all; therefore, it is an unrealized action and the subjunctive is needed.

In this chapter, you will learn about the use of the subjunctive to talk about what you want, hope, or doubt will happen.

Explicación y expansión

1. The present subjunctive

SR. MENA: ¿Qué traigo del supermercado?

SRA. MENA: Necesito que traigas un kilo de camarones frescos y lechuga y tomate para la ensalada.

SR. MENA: ¿Eso es todo?

SRA. MENA: Sí, y espero que vuelvas rápido y que me puedas ayudar. Tengo mil cosas que hacer.

■ To form the present subjunctive, use the **yo** form of the present indicative, drop the final **-o,** and add the subjunctive endings. Notice that as with **usted/ustedes** commands, **-ar** verbs change the **-a** to **-e,** and **-er/-ir** verbs change the **-e/-i** to **-a.**

	HABLAR	COMER	VIVIR
yo	hable	coma	viva
tú	hables	comas	vivas
Ud., él, ella	hable	coma	viva
nosotros/as	hablemos	comamos	vivamos
vosotros/as	habléis	comáis	viváis
Uds., ellos/as	hablen	coman	vivan

- The present subjunctive of these verbs with irregular indicative **yo** forms is as follows:

conocer:	**conozca, conozcas** …	salir:	**salga, salgas** …
decir:	**diga, digas** …	tener:	**tenga, tengas** …
hacer:	**haga, hagas** …	traer:	**traiga, traigas** …
oír:	**oiga, oigas** …	venir:	**venga, vengas** …
poner:	**ponga, pongas** …	ver:	**vea, veas** …

- The present subjunctive of **hay** is **haya**. The following verbs also have irregular subjunctive forms:

ir: **vaya, vayas** … saber: **sepa, sepas** … ser: **sea, seas** …

- Stem-changing **-ar** and **-er** verbs follow the same pattern as the present indicative.

pensar: **piense, pienses, piense, pensemos, penséis, piensen**

volver: **vuelva, vuelvas, vuelva, volvamos, volváis, vuelvan**

- Stem-changing **-ir** verbs follow the same pattern as the present indicative, but have an additional change in the **nosotros** and **vosotros** forms.

preferir: **prefiera, prefieras, prefiera, prefiramos, prefiráis, prefieran**

dormir: **duerma, duermas, duerma, durmamos, durmáis, duerman**

- Verbs ending in **-car**, **-gar**, **-zar**, and **-guir** have spelling changes.

sacar: **saque, saques, saque, saquemos, saquéis, saquen**

jugar: **juegue, juegues, juegue, juguemos, juguéis, jueguen**

almorzar: **almuerce, almuerces, almuerce, almorcemos, almorcéis, almuercen**

seguir: **siga, sigas, siga, sigamos, sigáis, sigan**

¿Qué dice usted?

10-9 En la cocina. Usen los siguientes verbos en el subjuntivo para describir lo que le dice un chef a su nuevo asistente.

volver	venir	hablar
almorzar	comprar	ayudar

1. Es importante que _____ vegetales frescos.
2. Espero que _____ rápido del mercado.
3. Necesito que me _____ con las ensaladas.
4. Es necesario que _____ temprano al trabajo mañana.
5. Quiero que _____ conmigo y con la dueña *(owner)*.
6. Es bueno que nosotros _____ sobre el nuevo menú.

10-10 La excursión del sábado. David está organizando una excursión y le dejó una nota a usted y otra a su compañero/a. Explíquele a su compañero/a lo que les dice David en la nota.

MODELO: preparar unos sándwiches
David dice que preparemos unos sándwiches.

Llamar a Federico.
Desayunar bien antes de salir.
Salir temprano.

Buscar a Magdalena.
Comprar refrescos.
Poner al perro en el garaje.

2. The subjunctive used to express wishes and hope

- Notice in the examples below that there are two clauses, each with a different subject. When the verb of the main clause expresses a wish or hope, use a subjunctive verb form in the dependent clause.

MAIN CLAUSE	DEPENDENT CLAUSE
La mamá **quiere**	que Lalo **ponga** la mesa.
The mother wants	*Lalo to set the table.*
Yo **espero**	que él **termine** temprano.
I hope	*he will finish early.*

- When there is only one subject, use an infinitive instead of the subjunctive.

  La mamá **quiere poner** la mesa.
  The mother wants to set the table.

  Yo **espero terminar** temprano.
  I hope to finish early.

  La jefa **quiere hacer** el trabajo.
  The boss wants to do the work.

- With the verb **decir**, use the subjunctive in the dependent clause when expressing a wish or an order. Use the indicative when reporting information.

  Dice que los niños **duermen.**
  She says (that) the children are sleeping. (reporting information)

  Dice que los niños **duerman.**
  She says (that) the children should sleep. (expressing an order)

- Some common verbs that express want and hope are **desear, esperar, necesitar, pedir, preferir, permitir, prohibir,** and **querer.**

  With **pedir, permitir,** and **prohibir,** Spanish speakers sometimes use an indirect object.

  Les permite que salgan esta noche.   *She allows them to go out tonight.*

- The expression **ojalá (que)** (*I/we hope*), which comes from Arabic, originally meaning *May Allah grant that …*, is always followed by the subjunctive.

  Ojalá (que) ellos **vengan** temprano.
  I hope they'll come early.

  Ojalá (que) **puedas** ir al supermercado.
  I hope you can go to the supermarket.

- You may also try to impose your will or express your influence, wishes, and hope through some impersonal expressions such as **es necesario, es importante, es bueno,** and **es mejor.**

  Es necesario que ellos **vengan** *venir* temprano.
  It's necessary that they come early.

  Es mejor que **comas** pescado.
  It's better that you eat fish.

  If you are not addressing or speaking about someone in particular, use the infinitive.

  Es mejor **comer pescado.**
  It's better to eat fish.

¿Qué dice usted?

10-11 Una fiesta de aniversario. La Sra. de Sánchez está muy ocupada preparando la fiesta. ¿Qué quiere/necesita/espera ella que hagan estas personas?

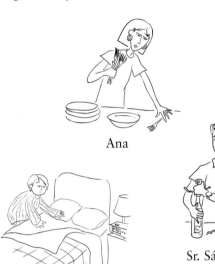

Ana

Sr. Sánchez

Elena

Jorgito

Los Mena

10-12 Una fiesta del club de español. Responda a los comentarios de su compañero/a usando **ojalá que …**

MODELO: servir comida
       E1: Dicen que van a servir comida.
       E2: Ojalá que sirvan comida mexicana.

1. empezar a las nueve
2. tocar música
3. invitar a los estudiantes extranjeros
4. servir vino y cerveza
5. cantar el coro
6. terminar temprano

10-13 Unos invitados para el fin de semana. Prepare una lista de las cosas que usted necesita hacer y otra lista con lo que espera que hagan sus invitados. Después, compare sus listas con las de un/a compañero/a.

MODELO: E1: Necesito limpiar la sala el viernes.
       E2: Yo también necesito limpiar. / No, la sala está limpia. Yo
           necesito comprar leche y jugo.
       E1: Espero que mis invitados lleguen temprano.
       E2: Y yo espero que a mis invitados les gusten los platos que voy
           a preparar.

10-14 Consejos y sugerencias. En grupos de tres, uno de ustedes debe decirles a los/as otros/as dos cómo se siente (deprimido/a, cansado/a, triste, tenso/a, etcétera) y pedirles consejo. Los/as otros/as dos deben decirle qué debe hacer.

MODELO: E1: Me siento …
E2: Es importante que hables con otras personas.
E3: También es bueno que estés ocupado/a.

Situaciones

You are unable to go to the market this week because you were in an accident. Call a friend and ask him/her to go for you. Tell your friend what you want him/her to buy. You will need some items from the following categories: a) **carne,** b) **verduras,** c) **frutas,** and d) **bebidas.**

3. The subjunctive with verbs and expressions of doubt

■ When the verb in the main clause expresses doubt or uncertainty, use a subjunctive verb form in the dependent clause.

Dudo que ella **conozca** a Amanda. | *I doubt (that) she knows Amanda.*

■ When the verbs **creer** and **pensar** are used in the negative and doubt is implied, the subjunctive is used. In questions with these verbs, the subjunctive may be used to express uncertainty or to anticipate a negative response. If the question simply seeks information, use the indicative.

SUBJUNCTIVE

Hace sol, no creo que **llueva** hoy. | *It's sunny out, I don't think it will rain.*

¿Crees que **haga** frío? | *Do you think it will be cold out?* *(I don't./I'm not sure.)*

INDICATIVE

¿Crees que **hace** frío? | *Do you think it is/will be cold out?* *(Should I wear a coat?)*

■ Use the subjunctive with impersonal expressions that denote doubt or uncertainty, such as: **es dudoso que, es difícil que, es probable que,** and **es posible que.**

Es dudoso que **haga** el trabajo hoy. | *It's doubtful that he'll do the work today.*
Es posible que lo **termine** mañana. | *It's possible that he'll finish it tomorrow.*

■ Use the indicative with impersonal expressions that denote certainty:
es cierto/verdad que, es seguro que, and **es obvio que.**

> Es verdad/cierto que Ana **llega** hoy.   *It's true that Ana arrives today.*

■ Since the expressions **tal vez** and **quizá(s)** convey uncertainty, the subjunctive is normally used.

> Tal vez
> Quizá(s) } ella **pruebe** el postre.   *Perhaps she'll try the dessert.*

¿Qué dice usted?

10-15 ¿Qué creen ustedes? Con su compañero/a, ofrezca opiniones sobre las afirmaciones que se hacen más abajo.

MODELO: El aceite de oliva es bueno para la salud.
      E1: Yo creo que el aceite de oliva es mejor que el (aceite) de maíz.
      E2: Tal vez/Quizá(s) sea mejor, pero debemos usar poco.

1. El yogur con frutas tiene muchas calorías.
2. Todos debemos beber mucha agua.
3. El agua que se bebe en las ciudades de este país es muy buena.
4. Los dulces engordan más que el queso.
5. El pescado es mejor que la carne para la salud.
6. La comida afecta nuestra personalidad.

10-16 Opiniones. Dígale su opinión sobre los siguientes temas a su compañero/a y pregúntele qué opina él/ella. Después, comparen sus opiniones con las de otros/as compañeros/as y compartan el resultado con la clase.

MODELO: las vacaciones
      E1: Creo que las vacaciones son importantes para todos.
      E2: Estoy de acuerdo, pero dudo que las vacaciones muy cortas
          sean buenas para todos.

1. las bebidas alcohólicas   3. las frutas y las verduras
2. el pescado   4. la vida sedentaria

10-17 Una cita muy especial. Usted y su compañero/a van a hacer una lista de lo que ustedes esperan que pase en una cita especial y lo que dudan que pase. Comparen su lista con la de otra pareja.

Go to your local market and find the section where they have Hispanic foods. Write down the names of the foods you can find, the prices, and if possible, what they are used for. During the next class meeting, interview a classmate about what he/she discovered and what he/she thinks about the market, the prices, and the food they sell. Then he/she will do the same with you. Report your findings to the class.

Situaciones

4. Informal commands

Consejos para una vida sana

Come muchas frutas y verduras.
No comas mucha grasa.
Empieza un programa de ejercicios.
Cuídate y no te canses mucho
    los primeros días.

- Use informal commands with those whom you address as **tú**. To form the affirmative **tú** command, use the present indicative **tú** form without the final **-s**.

	PRESENT INDICATIVE	AFFIRMATIVE *tú* COMMAND
llamar:	llamas	**llama**
leer:	lees	**lee**
escribir:	escribes	**escribe**

- To form the negative **tú** command, use the **usted** command + **-s** (same as **tú** subjunctive form).

usted COMMAND	NEGATIVE *tú* COMMAND
llame	no llames
lea	no leas
escriba	no escribas

- Placement of object and reflexive pronouns with **tú** commands is the same as with **usted** commands.

AFFIRMATIVE	NEGATIVE
Bébe**la**.	No **la** bebas.
Hábla**le**.	No **le** hables.
Siénta**te**.	No **te** sientes.

- The plural of **tú** commands in Spanish-speaking America is the **ustedes** command.

    Escribe (tú).   **Escriban** (ustedes).

■ Some -er and -ir verbs have shortened affirmative **tú** commands, but their negative command takes the subjunctive form like other verbs.

	AFFIRMATIVE	NEGATIVE
poner:	**pon**	**no pongas**
salir:	**sal**	**no salgas**
tener:	**ten**	**no tengas**
venir:	**ven**	**no vengas**
hacer:	**haz**	**no hagas**
decir:	**di**	**no digas**
ir:	**ve**	**no vayas**
ser:	**sé**	**no seas**

¿Qué dice usted?

10-18 Consejos. Con su compañero/a, escoja el consejo más adecuado para cada situación.

1. Su compañero/a saca notas muy bajas en la clase de química.
   a. Mira más programas de televisión.
   b. Practica en el laboratorio.
   c. Ve al cine con tu novio/a.

2. Su hermano quiere estar más delgado.
   a. No comas hamburguesas.
   b. No hagas ejercicio.
   c. No bebas té.

3. Su amiga quiere organizar una fiesta.
   a. Ve al cine por la noche.
   b. Camina por el campo.
   c. Invita a un grupo simpático.

4. A su amiga le gustan unos platos que vio en una tienda.
   a. Cómpralos.
   b. Bátelos.
   c. Fríelos.

5. Su amiga quiere preparar una tortilla a la española.
   a. Corta las papas en rajitas finas.
   b. Compra más tomates y lechuga.
   c. Hierve los huevos durante diez minutos.

6. Su amiga necesita comprar un postre para la fiesta.
   a. Cómpralo en la zapatería de la esquina.
   b. Ve a la dulcería *La gran vía*.
   c. Pon el cuchillo a la derecha.

10-19 La rutina de la mañana. Usted y su compañero/a van a hacer el papel de los padres de Pepito. Díganle todas las cosas que debe hacer.

MODELO: despertarse
           Despiértate.

1. levantarse
2. lavarse la cara y los dientes
3. vestirse
4. ponerse las medias y los zapatos
5. venir a desayunar
6. beber el jugo de naranja
7. comer el cereal
8. ...

Ahora díganle lo que no debe hacer.

MODELO: bañar al perro en el lavabo
           No bañes al perro en el lavabo.

1. comer dulces antes del almuerzo
2. jugar con el cuchillo
3. encender la estufa
4. poner las manzanas en el piso
5. traer a tus amigos a la cocina
6. ...

10-20 Una vida sana. Usted y su compañero/a quieren ayudar a un/a amigo/a que lleva una vida sedentaria y no se cuida. En pequeños grupos, preparen una lista de lo que debe hacer y no debe hacer para cambiar su estilo de vida. Comparen su lista con las de otros grupos.

10-21 Órdenes en grupo. Cada estudiante debe darle una orden a otro/a estudiante del grupo. Este/a estudiante debe hacer lo que le indicaron.

MODELO: Ve a la pizarra y escribe tu nombre.

10-22 El correo sentimental. Usted y su compañero/a están a cargo del correo sentimental de un periódico y tienen que contestar las cartas que se reciben. ¿Qué consejos le van a dar a *Un enamorado*?

Querida Violeta:

Estoy desesperado y no sé con quién debo hablar ni qué debo hacer. Soy estudiante universitario y estoy en el último año de mi carrera. Hace poco conocí a una muchacha muy bonita y simpática en una de mis clases. Empezamos a salir y yo me enamoré de ella el primer día. Ella me decía que también me quería mucho y que debíamos casarnos después de terminar los estudios. Yo también le decía que la quería mucho, pero un día le dije que era mejor esperar un poco antes de tomar una decisión tan seria como el matrimonio. Ella lo comprendió y me dijo que estaba de acuerdo conmigo.

Poco después empecé a notar que cada vez que venía a mi apartamento, faltaban cosas. Un día fue un cuchillo, otro día fue un tenedor, más adelante fue mi cámara, la semana pasada desapareció mi billetera, etc. La otra noche fuimos a un restaurante a comer y vi que ponía dos cucharitas en su bolsa.

¿Qué debo hacer? ¿Debo hablar con ella? Ella es una muchacha de una familia muy decente y no necesita estas cosas. Me siento culpable, pues no sé si esto es la consecuencia de nuestra conversación sobre el matrimonio. Estoy totalmente confundido. Aconséjeme, por favor.

Un enamorado

Situaciones

1. One of you is expecting company for the weekend, the other has come to help you with the housework and the cooking. Tell your friend to a) open the windows, b) vacuum the living room, c) put towels in the bathroom, and d) prepare a salad.

2. One of you is organizing a surprise party for a friend. Two classmates are going to help. Tell them a) what to do, b) whom to call, etc. Your classmates should give you some ideas for the party as well.

mosaicos

A escuchar

Investigación

El gazpacho es una sopa fría típica del sur de España. Muchas familias tienen una receta especial que consideran "la mejor". ¿Hay algún plato típico de su región? ¿Tiene su familia alguna "receta especial"? ¿Cuál es?

A. Una receta. Sara wants to serve **gazpacho** at a dinner for some friends, but is unsure of the recipe. She left a message for her father and is now calling again to see if he can help. As you listen to the conversation, mark all ingredients that Sara will need for the **gazpacho**.

VERDURAS	LÍQUIDOS	OTROS
_____ aguacate *avocado*	_____ aceite *dressing*	✓ azúcar *sugar*
✓ ajo *garlic*	✓ agua *H₂0*	_____ mayonesa
✓ cebolla *onion*	_____ jugo de naranja *orange juice*	_____ pan *bread*
_____ pepino *cucumber*	_____ jugo de limón *lemon juice*	_____ pimienta *pepper*
✓ pimiento *pepper*	_____ vinagre	_____ cerdo *pork*
✓ tomate	_____ vino blanco	_____ mostaza
_____ zanahoria *carrot*	_____ vino tinto	✓ sal

B. ¿Logico o Ilógico? You will hear several statements. As you listen, indicate whether each statement is **Lógico** or **Ilógico**.

LÓGICO	ILÓGICO		LÓGICO	ILÓGICO
1. _____	_____	4. _____	_____
2. _____	_____	5. _____	_____
3. _____	_____	6. _____	_____

C. Otra vez un lío. Carolina, Roberto, Darío, and Andrea went grocery shopping and they have exactly the same bags. While waiting in one of the shops they put their bags on the floor and got them mixed up. Help them figure out which bag belongs to whom.

_____   _____   _____   _____

10-23 Encuesta. En parejas, averigüe si a su compañero/a le gustan o no le gustan las siguientes comidas. Después, en pequeños grupos, decidan cuáles son los alimentos más populares y comparen los resultados de su grupo con los de otros grupos.

MODELO: E1: ¿Te gustan los camarones?
E2: Me encantan. ¿Y a ti?
E1: A mí no me gustan.

ALIMENTO	ENCANTAR	GUSTAR MUCHO	GUSTAR	NO GUSTAR
los camarones				
las espinacas				
el queso				
el jamón				
la carne de res				
el helado de chocolate				
los dulces				

10-24 ¡Ojalá! En grupos de tres, cada estudiante debe decir qué desea para el futuro. Los/as otros/as dos deben decir si creen que se van a cumplir sus deseos o no.

MODELO: E1: ¡Ojalá que pueda obtener un buen empleo!
E2: Yo creo que lo vas a obtener. Tú sacas buenas notas y eres muy trabajador/a.
E3: Yo también creo que lo vas a obtener. / Yo dudo que obtengas un buen empleo enseguida. Necesitas tener más experiencia.

10-25 Adivina, adivinador. Déle a su compañero/a unas instrucciones para hacer algo. Él/Ella debe adivinar para qué son las instrucciones.

MODELO: E1: Saca algo del refrigerador. Bátelo bien y ponle un poco de sal. Fríelo en aceite.
E2: Son las instrucciones para hacer una tortilla de huevos.

10-26 Mil decisiones. Ustedes tienen que decidir las actividades, el número de invitados, la comida, las bebidas, dónde poner la mesa, los muebles, la música, etcétera para una fiesta que van a dar. Usted es muy práctico/a pero su compañero/a es poco práctico/a. Discutan las propuestas y traten de influenciar a su compañero/a.

MODELO: E1: Es mejor que compremos tenedores plásticos.
E2: No, es mejor usar nuestros tenedores porque son más formales.

Investigación

La palabra *ojalá* viene del árabe. Otras palabras de origen árabe son: *aceite, alcalde, alfombra, almacén, azúcar, cero, zanahoria,* etcétera. ¿Cuándo estuvieron los árabes en España? ¿Fue éste un período importante en la historia de España? ¿En qué parte de España vivieron más tiempo?

 **A leer**

10-27 Preparación. ¿Qué efectos tienen estos alimentos y actividades en el organismo de un individuo? Con un/a compañero/a, clasifíquelos en la tabla a continuación.

ALIMENTOS	ENGORDA	ADELGAZA	DA ENERGÍA	FATIGA	REJUVENECE	ENVEJECE
café						
mantequilla						
granos						
azúcar						
pan						
carne de pollo						
frutas						
papas fritas						
verduras						

ACTIVIDADES						
trabajar demasiado						
hacer deportes						
quedarse sentado por muchas horas						
beber licor diariamente						
meditar						
consumir pescado						
comer alimentos con mucha sal						

10-28 Primera mirada. Lea el artículo en la próxima página y después, complete las siguientes ideas.

1. La macrobiótica es una filosofía que permite que el individuo _____ y _____.
2. El propósito final de la macrobiótica es _____.
3. El *ying* está representado por _____.
4. El *yang* incluye _____.
5. El macrobiótico es longevo porque _____.
6. Los individuos sanos duermen bien, _____, _____, _____ y _____.

+ energía, — cansancio, + memoria y — problemas intestinales =
La buena vida macrobiótica

Por Ligia Villaseñor

"La macrobiótica es una filosofía oriental que se traduce como el arte del rejuvenecimiento y la longevidad; nos introduce a la ciencia de los alimentos y el control sobre ellos —nos explica Raúl Brambila, conocedor y seguidor de esta disciplina—. Mucha gente la ha malinterpretado y no la acepta porque dentro de su dieta no se consume carne ni productos de origen animal. Lo que no saben es que su sistema sólo busca el equilibrio en la alimentación para lograr la salud".

La macrobiótica, tradición milenaria, se inicia en las escuelas del Tibet, donde se consumen arroz integral y cereales. La macrobiótica marca un orden entre lo que es el placer al paladar y la alimentación real para el cuerpo. Logra producir en los que la practican una transmutación en el metabolismo, consistente en darle al cuerpo una alimentación sencilla para que no tenga que producir energía extra con la cual metabolizar los alimentos, y

para que en cambio pueda utilizarla en una actividad intelectual. A partir de esto, la vida de un macrobiótico se vuelve más metódica. En esta filosofía existen los principios del equilibrio entre ying y yang que se practican en China. El ying es agua y el yang es fuego. El hombre es yang y la mujer es ying. La actividad es yang y la pasividad es ying. Los alimentos yang son todos aquellos que contienen sales y son de origen animal; los ying son los azúcares y los provenientes del agua. El perfecto equilibrio de estos alimentos es la macrobiótica.

Dieta Macrobiótica

Los pasos para llegar a la dieta macrobiótica son bajar de niveles en la gama[1] alimenticia, consumir más alimentos naturales y fibra proveniente de los cereales, algas marinas y semillas[2]; abandonar lo químico, lo producido por el hombre, disminuir el consumo de proteína animal e incrementar la proteína vegetal que se encuentra en vegetales

y semillas. El 85 por ciento de la dieta se compone de cereales.

La sencillez de la cocina macrobiótica implica el descanso de los órganos, y el comer sencillo evita al cuerpo la fatiga y digestiones pesadas. La utilización de productos naturales limpia el intestino. Por lo tanto, no hay estreñimiento[3], diarrea o dolor de estómago; aumenta el entusiasmo, ya que se empieza a gastar menos energía en la digestión.

"El macrobiótico no vive para el gusto, sino para salvar energía, porque entre más energía ahorre[4], será más longevo", **agrega Raúl Brambila.**

Los signos de la salud son: ausencia de cansancio, buena memoria, buen apetito, buen sueño y honestidad de pensamiento. Los síntomas de la enfermedad son: cansancio, mal sueño, falta de apetito, mala memoria y principio de neurosis.

---

[1]*scope*   [2]*seeds*   [3]*irregularity*   [4]*saves*

10-29 Segunda mirada. Siga las instrucciones a continuación.

1. Indique qué es necesario que haga alguien que quiere ser macrobiótico.
2. Diga por qué a alguna gente no le gusta la macrobiótica.
3. Indique cuatro ventajas de la macrobiótica para los seres humanos.
4. Mencione cinco síntomas que indican que alguien está enfermo.

10-30 Ampliación. Localice en el texto el sustantivo asociado con los siguientes verbos. Subraye la terminación de la palabra. ¿La palabra es femenina o masculina?

1. rejuvenecer _____
2. entusiasmar _____
3. alimentar _____
4. digerir _____

5. metabolizar _____
6. utilizar _____
7. estreñir _____
8. equilibrar _____

 A escribir

10-31 Preparación. Usted acaba de recibir la carta de la próxima página de uno de sus buenos amigos. Léala.

10-32 Manos a la obra. Ahora, escriba en una columna los problemas de su amigo y en otra las posibles soluciones que usted le puede ofrecer. Luego, responda a la carta de su amigo.

Expresiones útiles

PARA EXPRESAR PREOCUPACIÓN:

Me preocupa (muchísimo) que ...
Siento que ...

PARA HACER RECOMENDACIONES:

Te recomiendo que ...
Te aconsejo que ...
Es importante/necesario que ...

10-33 Revisión. Su compañero/a editor/a va a ayudarle a expresar sus recomendaciones para Tomás.

Querido/a amigo/a del alma,

Siento muchísimo no haberte escrito antes, pero, como verás, tengo más excusas de las que quisiera. Hace bastante tiempo que me siento siempre fatigado. Aunque no lo creas, sólo estoy trabajando seis horas por día, pero a las 3:00 de la tarde ya quiero irme a casa a descansar. Como tampoco tengo ganas de comer no cocino mucho. De vez en cuando me preparo una hamburguesa y, a veces, cuando me canso de la carne de res, cocino una chuleta de cerdo con bastantes aliños. ¡Ah, claro que siempre me encontrarás en los cafés de la universidad bebiendo un café solo o un capuchino! Lo necesito para tener energía y hacer todo mi trabajo. El único problema es que la cafeína me llena de energía y entusiasmo de día, pero no puedo dormir de noche. Las mañanas son una verdadera tortura.

Creo que voy a tener que esperar para ir al médico porque no tengo dinero ahora. ¿Qué te parece? Estoy pobre y enfermo.

Bueno, escríbeme para saber qué tal te va a ti. Te contestaré tan pronto pueda.

Cuídate mucho.

Un abrazo,

Tomás

Vocabulario

Comida

el aceite	oil
el aderezo	salad dressing
el aguacate	avocado
el ajo	garlic
el alimento	food
el aliño	seasoning
las aves	poultry, foul
el/la azúcar	sugar
el camarón	shrimp
la carne	meat
molida	ground beef
de res	beef/steak
la cebolla	onion
el cerdo	pork
la cereza	cherry
la chuleta	chop
la crema	cream
la costilla	rib
las espinacas	spinach
la fresa	strawberry
la galleta	cookie
la gelatina	gelatin
la harina	flour
la langosta	lobster
el limón	lemon
el maíz/elote	corn
la manteca	lard
la manzana	apple
la margarina	margarine
los mariscos	seafood
la mayonesa	mayonnaise
la mostaza	mustard
el pavo/guajolote	turkey
el pepino	cucumber
la pera	pear
la pimienta	pepper
el pimiento verde	green pepper
la piña	pineapple
el plátano	banana
la receta	recipe
la sal	salt
la salsa de tomate	tomato sauce

la toronja	grapefruit
la uva	grape
la vainilla	vanilla
la verdura	vegetable
el vinagre	vinegar
el vino (tinto)	(red) wine
el yogur	yogurt
la zanahoria	carrot

En la mesa

la bandeja	tray
la botella	bottle
la copa	(stemmed) glass
la cuchara	spoon
la cucharita	teaspoon
el cuchillo	knife
el mantel	tablecloth
el plato	plate, dish
la servilleta	napkin
la taza	cup
el tenedor	fork
el vaso	glass

Verbos

añadir	to add
batir	to beat
cansarse	to get tired
cortar	to cut
cuidar(se)	to care for
escurrir	to drain off
esperar	to hope, to expect, to wait for
freir (i)	to fry
hervir (ie, i)	to boil
permitir	to permit, to allow
prohibir	to prohibit, to forbid

Descripciones

agrio/a	sour
lácteo/a	dairy (product), milky
sano/a	healthy

Palabras y expresiones útiles

ojalá	I/we hope
quizá(s)/tal vez	maybe

Los mercados al aire libre y los artesanales

artisan markets are very common in many hispanic countries especially those with a large indigenous population like

Los mercados artesanales son muy comunes en muchos de los países hispanos, especialmente aquellos con una población indígena grande, como Bolivia, Ecuador y

markets can find a big variety of products—articles of wool + alpaca like sweaters or coats hats gloves slippers tapestries + carpets articles of leather like handbags, furniture carved by hand gold + silver like earrings, rings bracelets, necklaces + decorations for the home. In these market

Paraguay. En estos mercados se puede encontrar una gran variedad de productos: artículos de lana y alpaca como suéteres o chompas, abrigos, ponchos, sombreros, guantes, zapatillas, tapices y alfombras; artículos de cuero como bolsos; muebles tallados a mano; artículos de oro y plata como aretes, sortijas, pulseras, collares y adornos para el hogar. En estos mercados

same artesans that sell their products + for such reason price is more buer that shop or the commercial center. well-known in the market of many artesans sell their products in the market town but also travel to large cities in the world + sell at artesan fairs.

generalmente los mismos artesanos son los que venden sus productos y, por tal razón, los precios son más bajos que en las tiendas o los centros comerciales. Uno de los mercados más conocidos es el mercado de Otavalo en Ecuador. Muchos de los artesanos otavaleños no sólo venden sus productos en el mercado de su pueblo, sino que también viajan a las grandes ciudades del mundo y los venden en ferias y en centros artesanales.

Also in the artesan markets exist the open-air markets where you can obtain all types of fresh fruit, veg. + medicinal herbs. there are many Among, the more famous are the

Además de los mercados artesanales, existen los mercados al aire libre donde se puede conseguir todo tipo de frutas frescas, verduras y hierbas medicinales. En el Ecuador hay muchos mercados al aire libre. Entre los más famosos están los de Latacunga, Pujilí, Saquisilí y San Miguel de Salcedo en los Andes Centrales.

Go to buy at the artesan markets or open-air markets you can be very entertained + practical not only for the variety + quality also for the low price + direct contact t the artisans

Ir de compras a los mercados artesanales o a los mercados al aire libre puede ser muy entretenido y práctico, no sólo por la variedad y calidad de los productos, sino también por sus precios bajos y el contacto directo con los artesanos.

Para contestar

Los mercados al aire libre. Con su compañero/a, responda a las siguientes preguntas:

1. ¿Qué son los mercados artesanales y qué se puede conseguir en ellos? Hagan una lista de los productos que ustedes quisieran comprar.
2. ¿Qué se puede conseguir en los mercados al aire libre? ¿Son muy comunes en los países hispanos? Justifique su opinión.
3. ¿Quiénes, piensan ustedes, van más a los mercados artesanales o a los mercados al aire libre? Justifiquen su respuesta.

Riqueza cultural. En grupos de tres, discutan las ventajas y desventajas de comprar en un mercado artesanal o en un mercado al aire libre. Luego, presenten a la clase sus conclusiones.

Para investigar en la WWW

1. Busque información acerca de los mercados artesanales en Bolivia, Ecuador y Paraguay. Diga dónde están, qué tipo de productos venden, y traiga a clase una ilustración de los productos que ofrecen.
2. Busque las fechas de ferias regionales en los países hispanos. Diga dónde se van a llevar a cabo, qué tipo de ferias son, y traiga a clase una ilustración de un aviso de publicidad.

ECUADOR

Ciudades importantes y lugares de interés:

Quito, la capital, es una ciudad de más de un millón de habitantes situada en un fértil valle de los Andes a una altura de 2850 m. (9350 pies) sobre el nivel del mar. Al igual que en otras ciudades hispanoamericanas, en Quito se puede encontrar una mezcla de arquitectura colonial y moderna. Se puede visitar hermosas iglesias (la catedral, la iglesia de San Francisco, la iglesia de la Merced), interesantes museos (el Museo de Arte Colonial, el Museo Amazónico) y también una variedad de salsatecas (discotecas donde se toca y se baila salsa, merengue y cumbia) y peñas (lugares donde se puede escuchar música típica ecuatoriana). En las Islas Galápagos, frente a las costas del Ecuador, existe una gran variedad de especies, algunas de las cuales no se encuentran en ninguna otra parte del mundo.

> El mercado de Otavalo

Expresiones ecuatorianas: Me dio un cuaje de risa.   *It was hilarious./I laughed a lot.*

Bolivia

Ciudades importantes y lugares de interés:

La Paz, la capital más alta del mundo, tiene aproximadamente 1,5 millones de habitantes. Entre los lugares más interesantes de La Paz están sus mercados donde se puede comprar de todo. El lago Titicaca es el lago navegable más alto del mundo. En el lago se encuentran las islas del Sol y de la Luna. En la Isla del Sol no sólo hay bellas playas, sino también ruinas incas, como el Palacio de Pikokaina. En la Isla de la Luna también existen ruinas incas como el Palacio de Iñak Uyu.

Expresiones bolivianas:

Es tan desconfiado/a como gallo tuerto.
He/she distrusts everybody.

> El lago Titicaca

PARAGUAY

Lugares importantes y datos de interés:

Asunción, la capital, es una ciudad de más de un millón de habitantes donde se pueden encontrar construcciones de la época colonial así como también del siglo XIX. Paraguay fue el destino de muchos misioneros jesuitas durante la época colonial. A medida que fueron enseñándoles español a los indígenas, muchos misioneros aprendieron guaraní, una lengua que sigue viva en Paraguay como segunda lengua oficial.

Expresiones paraguayas:

No seas caigue.   *Don't be lazy.*

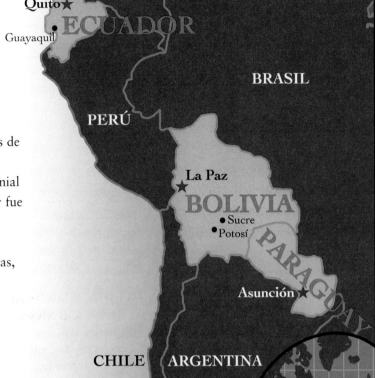

Asunción, Paraguay

Lección 11
La salud y los médicos

COMUNICACIÓN

- Talking about the body
- Describing health conditions and medical treatments
- Expressing emotions, opinions, and attitudes
- Expressing expectations and wishes
- Expressing goals and purposes

ESTRUCTURAS

- The subjunctive with expressions of emotion
- Indirect commands
- The equivalents of English *let's*
- **Por** and **para**
- Relative pronouns

MOSAICOS

A ESCUCHAR

A CONVERSAR

A LEER

- Discriminating relevant from irrelevant information
- Discovering the meaning of new words through derivation

A ESCRIBIR

- Summarizing information
- Addressing a group to give advice

ENFOQUE CULTURAL

- Las farmacias y la medicina no tradicional
- Cuba
- La República Dominicana

A primera vista

Las partes del cuerpo

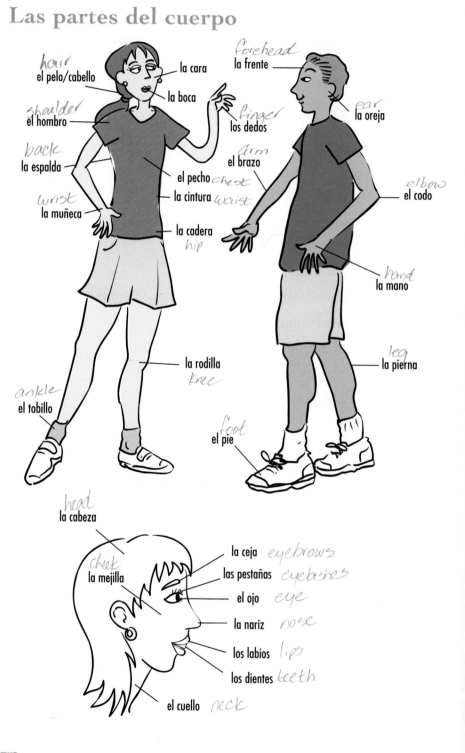

hair
el pelo/cabello

la cara

la boca

shoulder
el hombro

back
la espalda

wrist
la muñeca

el pecho *chest*

la cintura *waist*

la cadera
hip

forehead
la frente

ear
la oreja

finger
los dedos

arm
el brazo

elbow
el codo

hand
la mano

leg
la pierna

la rodilla
knee

ankle
el tobillo

foot
el pie

head
la cabeza

cheek
la mejilla

la ceja *eyebrows*

las pestañas *eyelashes*

el ojo *eye*

la nariz *nose*

los labios *lips*

los dientes *teeth*

el cuello *neck*

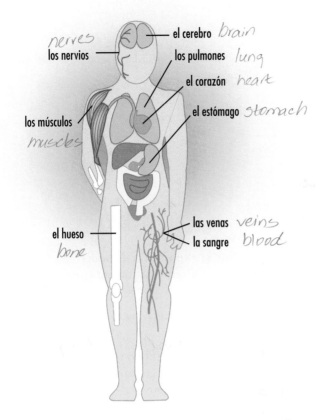

nerves
los nervios — el cerebro *brain*
los pulmones *lung*
el corazón *heart*
el estómago *stomach*
los músculos
muscles

el hueso — las venas *veins*
bone — la sangre *blood*

¿Qué les pasa a estas personas?

Tiene catarro.

Se torció el tobillo.

Se cayó y se fracturó un brazo.

¿Qué dice usted?

11-1 Asociación. Con su compañero/a, decida en qué parte del cuerpo se ponen estos accesorios y esta ropa.

1. los calcetines _g_
2. el anillo _b_
3. los guantes _h_
4. el cinturón _c_
5. el collar _e_
6. los aretes _d_
7. el reloj _a_
8. el sombrero _f_

a. la muñeca _wrist or doll!_
b. el dedo
c. la cintura
d. las orejas
e. el cuello
f. la cabeza
g. los pies
h. las manos

11-2 ¿Para qué sirve/n? Asocie la explicación de la derecha con la parte del cuerpo correspondiente. Después, usted y su compañero/a deben decir para qué sirven estas partes del cuerpo.

MODELO: los dedos   Hay cinco en cada mano.
              Sirven para tocar el piano.

1. las manos _hand_
2. la sangre
3. los pulmones _lung_
4. los brazos
5. los ojos
6. las piernas
7. los dientes
8. el cerebro

_4_ a. Unen las manos con el cuerpo. _hand_ _body_
_5_ b. Permiten que las personas vean.
_3_ c. Toman el oxígeno del aire y lo pasan a la sangre.
_2_ d. Es un líquido rojo que circula por el cuerpo.
_6_ e. Unen el cuerpo con los pies. _body_
_7_ f. Se deben lavar después de comer.
_1_ g. Están al final de los brazos.
_8_ h. Le da órdenes al cuerpo.

Jorgito está enfermo

SRA. VILLA: Jorgito, tienes muy mala cara. ¿Estás enfermo?

JORGITO: Me siento muy mal y tengo dolor de garganta. Anoche tosí mucho.

SRA. VILLA: *(Le pone el termómetro)* Tienes una fiebre de 39 grados. Te voy a dar una aspirina y enseguida llamo al médico.

DOCTOR: Vamos a ver, Jorgito.
Cuéntame cómo te sientes.

Doctor comes to the house
Tell me

JORGITO: Ahora me duele la cabeza
y también me duelen los
oídos.

DOCTOR: Vamos a examinarte los
oídos y la garganta. Abre
bien la boca y di "Ah".
Tienes una infección. No
es seria, pero es necesario
que te cuides.

Let's examine you.
It's necessary
Take care of yourself

JORGITO: Doctor, no quiero que me
ponga una inyección.

I don't want a shot

Dismisses what he's heard — Like — 'No way'

DOCTOR: ¡No, qué va! Te voy a
recetar unas pastillas.
Debes tomarlas cada
cuatro horas.

write a prescrip.
Tomarlas
pills
every
4 hrs.

JORGITO: Está bien, doctor.

DOCTOR: Además, tienes gripe.
Debes descansar y beber
mucho líquido. Aquí está
la receta, señora.

moreover
flu

SRA. VILLA: Gracias, doctor.

ASOCIACIÓN MÉDICA DE LOS ANDES

Avenida 9 N°. 11-720 Cons. 303 Bogotá, Colombia

Felipe Gómez Jaramillo, M.D.

Tels: 612-2434 - 215-2893
Fax: 612-2382
Buscapersonas: 312-0252
Fuera de Bogotá: 9-800-16001

Jorge Villa
Enero 28/97
1- Winadeine F.
tomar 1 tableta cada 4
horas.   tab. # 20

¿Qué dice usted?

11-3 La enfermedad de Jorgito. Con su compañero/a, llene la tabla con la información correcta.

Temperatura	
Síntomas	
Recomendaciones	
Nombre del médico	

11-4 Usted es el/la doctor/a. ¿Qué recomienda en estos casos? Escoja la mejor recomendación, compare sus repuestas con las de su compañero/a, y piensen en otras sugerencias para el mismo problema.

1. Su paciente tiene una infección en los ojos.
   a. que nade en la piscina
   b. que tome antibióticos
   c. que lea mucho
   d. _____

2. Su paciente tiene fiebre y le duele el cuerpo.
   a. que descanse y tome aspirinas
   b. que coma mucho y camine
   c. que vaya a su trabajo
   d. _____

3. A su paciente le duelen mucho una rodilla y un pie.
   a. que corra todos los días
   b. que tome clases de baile
   c. que descanse y no camine
   d. _____

4. A su paciente le duele la garganta y tiene tos.
   a. que hable poco y no salga
   b. que vaya a esquiar
   c. que cante en el concierto
   d. _____

11-5 ¿A quién debo llamar? Explíquele a su compañero/a sus síntomas o lo que usted necesita. Su compañero/a le va a decir a quién debe llamar de acuerdo con los anuncios.

MODELO: necesitar un examen médico para un nuevo trabajo
        E1: Necesito un examen médico para un nuevo trabajo.
        E2: Llama a la Dra. Corona López.

Dr. Fco. Javier Amador Cumplido
Cirugía y enfermedades de los ojos
86-43-57
Consultorio 204

Dra. Silvia Corona López
Medicina Interna
86-51-49

Clínica de Asma y Alergias
Dr. Rubén Shturman
Amsterdam 219-A
2° piso
294-3866
584-0153

Dr. Raúl Elguezábal R.
Medicina Familiar y Cirugía
86-34-73 EU.
428-4846
Consultorio 309

Dr. Héctor Molina Oviedo
Psiquiatra
86-51-49
Consultorio 402

Dr. Jaime A. Rodríguez Peláez
Pediatra
Niños y Adolescentes
86-17-15

Dra. Gabriela Jacobo de Alcaraz
Cirujano Dentista
86-48-44
Consultorio 314

1. dolerle la cabeza cuando lee o mira televisión
2. sentirse triste y deprimido/a
3. estar enfermo/a y tener fiebre
4. buscar un médico para un sobrino de cinco años
5. no poder respirar bien y tener la piel irritada
6. dolerle los dientes cuando come
7. no poder dormir
8. ...

Médicos, farmacias y hospitales

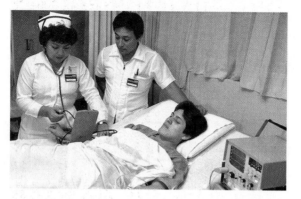

Un médico observa a una enfermera que le toma la tensión arterial a un paciente en un hospital de Mérida, México.

En muchos países hispanos, los médicos recién graduados tienen que trabajar en zonas rurales o muy pobres, como una forma de servicio social, antes de establecer su propio consultorio o trabajar en un hospital.

En los países hispanos hay menos restricciones sobre las medicinas y se pueden obtener muchas de ellas sin receta médica. En casos que no son graves, los clientes siguen los consejos del farmacéutico, estableciéndose de esta forma una relación personal entre ellos. Los farmacéuticos también ponen inyecciones y toman la tensión arterial.

¿Qué dice usted?

11-6 En el consultorio. Usted tiene un catarro terrible y va a ver a su médico/a. Usted le dice cómo se siente y le pregunta qué es bueno para mantenerse con buena salud. El/La médico/a debe hacerle alguna recomendación y contestarle las preguntas.

MODELO: E1: Me siento … / Tengo …
            E2: Creo que …
            E1: ¿Es / No es bueno comer muchas frutas y verduras?
            E2: Es excelente comer frutas y vegetales porque tienen muchas vitaminas.

RECOMENDACIONES
- tomar vitaminas, especialmente vitamina C
- comer carne frecuentemente
- beber ocho vasos de agua todos los días
- hacer ejercicio cada día
- …

11-7 Una emergencia. Usted está de viaje en España y su amigo Raúl se enferma. Son las 10:30 de la noche. ¿A qué farmacia llama? Haga la llamada, describa la enfermedad, pregunte cómo llegar allí, etcétera. El/La farmacéutico/a le debe hacer preguntas y sugerir la medicina adecuada.

✚ Farmacias de guardia

De nueve y media de la mañana a diez de la noche: Puerta-Nueva, 3 (esquina a Carretería). Gallito, 1 (junto ambulatorio Los Girasoles, sector Carretera Cádiz) frente a barriada La Paz. Avenida Juan Sebastián Elcano, 123 (Pedregalejo, junto cochera de autobuses). Capitán Huelin, 11 (Haza de Cuevas, detrás del Cine Cayri). Arroyo de los Ángeles, B1. Venus (frente Colegio Gibraljaire). Urbanización Parque del Sur, Bl. 16 (Ciudad Jardín). Alemania, 3-7 (junto antiguo mercado de mayoristas).

De diez de la noche a nueve y media de la mañana: Larios, 8, teléfono 211915. Serrato, s/n (barriada Santa Isabel), teléfono 333345.

TORREMOLINOS-BENALMÁDENA

De nueve y media de la mañana a diez de la noche: Arroyo de la Miel, Avda. de la Concepción, Bloque I (a 80 metros centro salud), Benalmádena. Montemar, calle Aladino, 19, Torremolinos.

De diez de la noche a nueve y media de la mañana: Arroyo de la Miel, Avda. de la Concepción, Bloque I (a 80 metros centro salud), Benalmádena.

 A escuchar

Descripción de síntomas. How would you describe your symptoms if you had twisted your ankle? Work on a description with your partner. Then, listen to two patients describing their ailments. After each description, you will hear some advice. Mark the appropriate column to indicate whether it is good or bad advice.

	BUENO	MALO			BUENO	MALO
1. a.	____	____		2. a.	____	____
b.	____	____		b.	____	____
c.	____	____		c.	____	____
d.	____	____		d.	____	____

1. The subjunctive with expressions of emotion

Me molesta que fumen

- When the verb of the main clause expresses emotion (e.g., fear, happiness, sorrow), use a subjunctive verb form in the dependent clause.

  Sentimos que ellos no **puedan** venir. *We're sorry (that) they cannot come.*

  Me alegro de que **estés** aquí. *I'm glad (that) you're here.*

- Some common verbs that express emotion are **alegrarse (de), sentir, gustar, encantar, molestar,** and **temer** (*to fear*).

- Impersonal expressions and other expressions that show emotion are also followed by the subjunctive.

  Es triste que el niño **esté** enfermo. *It's sad that the child is sick.*
  ¡**Qué lástima que** no **puedas** ir! *What a shame that you cannot go!*

¿Qué dice usted?

11-8 Un amigo enfermo. Con su compañero/a, asocie cada comentario sobre la enfermedad de su amigo con la expresión adecuada.

1. Pedro está muy enfermo.
2. Sus padres llegan hoy para estar con él.
3. Creo que el doctor Pérez lo va a operar.
4. Dicen que es una operación seria.
5. No va a poder participar en el campeonato.

a. Me alegro de que vengan.
b. Siento mucho que esté tan mal.
c. ¡Qué bueno que sea ése el médico!
d. Es una lástima que no pueda jugar.
e. Ojalá que no tenga complicaciones.

11-9 Una visita a un amigo. Usted y su compañero/a van a visitar al amigo que han operado en la clínica. ¿Qué le dicen ustedes a su amigo?

1. Siento que …
2. No me gusta que …
3. Temo que …
4. Me alegro de que …
5. ¡Qué agradable que …
6. Espero que …

11-10 Reacciones. Su compañero/a le va a hablar de lo que María Luisa y Rafael van a hacer. Reaccione a lo que dice su compañero/a usando algunas expresiones como **me alegro de que, siento que, me gusta que, temo que** o **es maravilloso que.**

PERSONAS	LUNES	MIÉRCOLES	VIERNES	DOMINGO
María Luisa	empezar una dieta	ir al gimnasio	hacer ejercicio en su casa	caminar 2 Km.
Rafael	quedarse en el hospital	salir del hospital	trabajar en su casa	reunirse con sus amigos

11-11 ¿Qué me molesta? Haga una lista de los hábitos de otras personas que le molestan a usted. Compare su lista con la de su compañero/a.

MODELO: Me molesta que mis amigos lleguen tarde.

1. One of you takes aerobics classes and follows a healthy diet. The other should ask questions to get information about the classes and the diet. After giving the information, the aerobics student should invite the other to join the classes. He/She should decline and explain why, while the aerobics student expresses disappointment at his/her not joining the group.

2. One of you is a doctor and the other is a patient. The patient should describe all his/her symptoms and his/her lifestyle (**activa, sedentaria**). While the patient is talking, the doctor should ask pertinent questions and approve or disapprove of his/her lifestyle. As a final step, the doctor should give some advice or prescribe some medication for the patient.

2. Indirect commands

You have used commands directly to tell others to do something: **Salga/Salgan/Sal ahora.** Now you are going to use indirect commands to say what someone else should do: **Que salga Berta.** Note that this indirect command is equivalent to saying **Quiero que Berta salga,** but without expressing the main verb **quiero.**

- The word **que** introduces the indirect command.

<blockquote>

Que entre el doctor Véguez.   *Let Dr. Véguez come in.*
Que escriba la receta.   *Let him write the prescription.*

</blockquote>

- Reflexive and object pronouns always precede the verb. The subject, if stated, normally follows the verb.

<blockquote>

Que **se acueste** el enfermo.   *Let the patient lie down.*
Que **le den** dos pastillas.   *Let them give him two pills.*
Que **se las tome** con la comida.   *Let him take them with food.*

</blockquote>

3. The equivalents of English *let's*

- **Vamos + a** + *infinitive* is commonly used in Spanish to express English *let's* + *verb*.

<blockquote>

Vamos a empezar ahora.   *Let's begin now.*

</blockquote>

- Use **vamos** by itself to mean *let's go*. The negative *let's not go* is **no vayamos.**

<blockquote>

Vamos al hospital.   *Let's go to the hospital.*
No vayamos al hospital.   *Let's not go to the hospital.*

</blockquote>

- Another equivalent for *let's* + *verb* is the **nosotros** form of the present subjunctive.

<blockquote>

Hablemos con el médico.   *Let's talk to the doctor.*
No hablemos con la enfermera.   *Let's not talk to the nurse.*

</blockquote>

- The final **-s** of reflexive affirmative commands is dropped when the pronoun **nos** is attached. Note the additional written accent.

<blockquote>

Levantemos + **nos**   →   **Levantémonos.**
Sirvamos + **nos**   →   **Sirvámonos.**

</blockquote>

- Placement of object and reflexive pronouns is the same as with **usted(es)** and **tú** commands.

<blockquote>

Comprémosla.   *Let's buy it.*
No la compremos.   *Let's not buy it.*

</blockquote>

¿Qué dice usted?

11-12 El Centro de Salud. Usted y su compañero/a participan en la organización de unas conferencias sobre el Centro de Salud de la universidad. Su compañero/a le va a preguntar quién debe hacer las diferentes tareas. Conteste de acuerdo con la tabla que aparece más abajo.

MODELO: E1: ¿Quiénes van a preparar los anuncios?   Alicia y Pedro
E2: Que los preparen Alicia y Pedro.

TAREA	¿QUIÉN?
traer el micrófono	Beatriz
buscar las sillas	Alberto y Rubén
recibir a los invitados	Dr. Miñoso
mostrar las transparencias	Miguel
servir los refrescos	Elena y Álvaro
...	...

11-13 Resoluciones de Año Nuevo. Dígale a su compañero/a lo que ustedes deben hacer para vivir una vida más sana en el nuevo año. Su compañero/a debe asentir a su sugerencia.

MODELO: comer más verduras
E1: Vamos a comer más verduras.
E2: Sí, comamos más verduras.

1. tomar vitaminas
2. caminar tres kilómetros diariamente
3. comer menos carne roja
4. beber ocho vasos de agua todos los días
5. dormir ocho horas todas las noches
6. ...

11-14 Los preparativos para un beneficio. En pequeños grupos, decidan qué van a hacer para recaudar *(collect)* fondos a beneficio de un hospital.

MODELO: Invitemos al equipo de basquetbol.

You and your partner are planning to visit a classmate who is in the hospital. Decide a) when you will visit, b) what you are going to take him/her, and c) what you can do for your classmate after he/she leaves the hospital. Then, exchange this information with another pair of students.

Situaciones

4. *Por* and *para* (review)

In the previous lessons, you have used **por** in expressions such as **por favor, por ejemplo,** and **por ciento.** You have also used **por** and **para** to express the following meanings:

POR	PARA
MOVEMENT	
through or by a place	toward a destination
Caminaron **por** el hospital. *They walked through the hospital.*	Caminaron **para** el hospital. *They walked toward the hospital.*
TIME	
duration of an event	action deadline
Estuvo con el médico **por** una hora. *He was with the doctor for an hour.*	Necesita el antibiótico **para** el martes. *He needs the antibiotic by Tuesday.*
ACTION	
reason or motive of an action	for whom something is intended or done
Ana fue al consultorio **por** el dolor de garganta. *Ana went to the doctor's office because of a sore throat.*	Compró el antibiótico **para** Ana. *He bought the antibiotic for Ana.*

5. Additional uses of *por* and *para*

Use **por** to:

- indicate exchange or substitution

  Irma pagó $120 **por** la medicina.
  Cambió estas pastillas **por** ésas.

  Irma paid $120 for the medicine.
  She changed these pills for those.

- express unit or rate

  Yo camino 5 kilómetros **por** hora.
  El interés es (el) diez **por** ciento.

  I walk 5 kilometers per hour.
  The interest is ten per cent.

- express means of transportation

  Lo mandaron **por** avión.
  Prefieren ir **por** tren.

  They sent it by plane.
  They'd rather go by train.

- express the object of an errand

  Fue **por** las aspirinas.
  Pasamos **por** ti a las 5:00.

  He went for the aspirins.
  We'll come by for you at 5:00.

Use **para** to:

- express judgment or point of view

Para nosotros, ésta es la mejor farmacia.	*For us, this is the best drugstore.*
Es un caso difícil **para** un médico joven.	*It's a difficult case for a young doctor.*

- indicate intention or purpose followed by an infinitive

Fueron **para** comprar aspirinas.	*They went to buy aspirin.*
Salió **para** ayudar a los enfermos.	*He left to help the sick people.*

¿Qué dice usted?

11-15 ¿Por dónde van y para dónde van? Conteste las preguntas de su compañero/a según los siguientes dibujos.

MODELO: E1: ¿Por dónde va el alumno?
E2: Va por el pasillo.
E1: ¿Para dónde va?
E2: Va para su clase de español.

1.

3.

2.

4.

11-16 En el laboratorio. Usted necesita saber cuándo van a estar listos los resultados de los análisis de unos pacientes. Su compañero/a le va a contestar con la información correcta.

MODELO: Alfredo Benítez   1 análisis   2:00 p.m.
            E1: ¿Cuándo va a estar listo el análisis del Sr. Alfredo Benítez?
            E2: Va a estar listo para las dos (de la tarde).

PACIENTES	ANÁLISIS	RESULTADOS
Hilda Corvalán	1	11:00 a.m.
Alfonso González	2	esta tarde
Jorge Pérez Robles	3	3:15 p.m.
Aleida Miranda	1	mañana por la mañana
César Gómez Villegas	4	martes
Irene Santa Cruz	1	...

11-17 Mi vida y mis planes. Usted y su compañero/a deben completar cada oración según sus propias experiencias.

1. Para mí, el mejor programa de televisión es _____ porque _____.

2. En mis próximas vacaciones yo quiero ir a _____. Pienso viajar por _____. Voy a estar allá por _____ días.

3. El mes pasado yo compré _____. Pagué _____ por _____.

4. Para el sábado yo tengo que _____. No sé si voy a hacerlo el viernes por la tarde o _____.

5. Yo (no) camino _____ kilómetros por hora. A mí (no) me gusta caminar porque _____.

6. Necesito comprarle un regalo a _____ por _____. Para comprarle un regalo yo voy a ir a _____. Yo no quiero pagar más de _____ por el regalo.

7. Por mi cumpleaños yo quiero que me regalen _____. Yo prefiero ese regalo porque _____.

8. Nosotros vamos a celebrar _____. Para tener todo listo, por la mañana yo voy a _____ y por la tarde voy a _____.

11-18 ¿Para qué fueron? Pregúntele a su compañero/a para qué fueron las personas a estos lugares. Su compañero/a debe usar su imaginación para contestarle y darle detalles adicionales.

MODELO: Pablo fue al supermercado.
 E1: ¿Para qué fue al supermercado?
 E2: Fue para comprar leche y huevos. Quiere hacer un postre.

1. Jorge fue al hospital.
2. Ignacio fue a la farmacia.
3. Sara y Gloria fueron al gimnasio.
4. La Sra. Méndez fue al centro comercial.
5. Alejandro y Martín fueron a México el 24 de diciembre.
6. Carlos fue a ver al psicólogo.

11-19 La graduación de un nuevo médico. Complete estos párrafos sobre la graduación de Fernando con **por** o **para** según el contexto.

El 14 de junio es la graduación de Fernando. Sus padres, los señores Jaramillo, viven en otra ciudad, pero van a ir (1) _____ la graduación y quieren llevarle un regalo a Fernando. El lunes pasado fueron a una tienda y pagaron $100 (2) _____ un regalo muy bonito (3) _____ Fernando. Graciela, su hermana gemela, no puede ir (4) _____ su trabajo. Ella también le compró un regalo y se lo envió (5) _____ avión porque quiere que llegue (6) _____ el día de la graduación.

El día 14 (7) _____ la mañana, los padres de Fernando salieron (8) _____ la universidad. Estaba lloviendo y (9) _____ eso salieron temprano. Normalmente, ellos pueden estar en la universidad en unas cinco horas, pero (10) _____ la lluvia, el viaje duró seis horas. (11) _____ ellos, que son unas personas mayores, el viaje fue un poco largo, pero al final pudieron pasar este día tan importante con su hijo.

1. One of you is stressed out and needs to rest following doctor's orders. The other is a landlord. You would like to rent an apartment at the beach for a short period of time. Talk to the landlord and tell him/her a) when you will need the apartment, b) for how long, and c) ask how much the rent will be. The landlord should answer your questions and ask how many people will be staying at the apartment. Make an appointment to see the apartment and reach a compromise for the rent.

2. You are back after your stay at the beach and have gone to see your doctor. He/She should find out a) where you went, b) how long you stayed, c) your opinion about the place, d) how you are feeling, and e) give you some recommendations for the future.

6. Relative pronouns

- The relative pronouns **que** and **quien(es)** combine two clauses into one sentence.

Los médicos trabajan en ese hospital.	*The doctors work at that hospital.*
Los médicos son excelentes.	*The doctors are excellent.*
Los médicos **que** trabajan en ese hospital son excelentes.	*The doctors who work at that hospital are excellent.*

- **Que** is the most commonly used relative pronoun. It introduces a dependent clause and it may refer to persons or things.

Las vitaminas **que** yo tomo son muy caras.	*The vitamins that I take are very expensive.*
Ése es el doctor **que** me receta las vitaminas.	*That's the doctor who prescribes the vitamins.*

- **Quien(es)** refers only to persons and may replace **que** in a clause set off by commas.

Los Márquez, **quienes/que** viven en la ciudad, prefieren el campo.	*The Márquezes, who live in the city, prefer the country.*

- Use **quien(es)** after a preposition when referring to people.

Allí está el enfermero **con quien** hablé esta mañana.	*There is the nurse with whom I spoke this morning.*
Ésos son los señores **a quienes** les debes dar la receta.	*Those are the gentlemen to whom you should give the prescription.*

¿Qué dice usted?

11-20 Una telenovela. Complete el siguiente párrafo con **que** o **quien**.

Mi corazón es la telenovela (1) _____ tiene más público. El actor

principal es Agustín Montalvo. Él es el actor de (2) _____ todos hablan.

La crítica cree que este año va a ganar el premio Talía, (3) _____ es el

equivalente del Óscar norteamericano. El 90% de las chicas dice que Agustín

es el actor con (4) _____ les gustaría salir. En la telenovela, Agustín hace

el papel del médico (5) _____ quiere salvar la vida de Silvina del Bosque,

la actriz principal, (6) _____ tuvo un accidente terrible y está

inconsciente. Agustín es el hombre (7) _____ ella quiere, pero Agustín

está enamorado de Esmeralda del Valle, una mujer a (8) _____ sólo le

interesa el dinero de Agustín. La telenovela es muy melodramática y siempre

hay problemas (9) _____ mantienen el interés del público.

11-21 Un accidente. Con un/a compañero/a, complete esta conversación con
el nombre de una persona y los pronombres **que** o **quien.**

E1: ¿Qué haces aquí en el hospital? ¿A quién viniste a ver?

E2: A _____, el/la chico/a con _____ estoy saliendo.

E1: ¿Y cómo está?

E2: Bastante bien, gracias a Dios. Tuvimos un accidente bastante serio con
el carro _____ su padre le regaló.

E1: ¡Qué horror! ¿Y llamaste a alguien?

E2: No tuve tiempo. Enseguida llegó la policía. Bueno, te hablo después.
Allí viene la doctora _____ nos atendió y quiero hacerle unas
preguntas.

11-22 Mi médico/a o dentista. Descríbale su médico/a o dentista a su
compañero/a. Mencione por lo menos tres características.

MODELO: Mi médico/a es ... Es un/a médico/a / dentista que ...

One of you is involved in the celebration of **El día de la salud** at your university.
Tell your friend that the faculty of the School of Medicine will give advice on health
and nutrition and will do free (**gratis**) blood pressure exams. Your friend should
ask a) more about the celebration, b) who is going with you, and c) if he/she can
go as well.

Situaciones

mosaicos

A escuchar

A. ¿Cómo está Sebastián? Listen to the statements made by some of Sebastián's friends regarding his health. Do they express facts or emotions?

	HECHOS	EMOCIONES
1.	_____	_____
2.	_____	_____
3.	_____	_____
4.	_____	_____
5.	_____	_____
6.	_____	_____
7.	_____	_____
8.	_____	_____

B. ¿Quién es quién? Listen to the following descriptions to identify the people in the pictures.

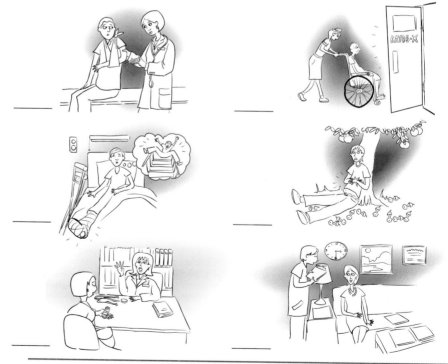

 A conversar

11-23 ¿Te quieres o no te quieres? Complete las siguientes tablas según sus actividades y hábitos.

ACTIVIDADES DURANTE LA SEMANA	6/7 DÍAS	4/5	2/3	1/0
1. hacer ejercicio/caminar				
2. comer grasas animales				
3. comer frutas/verduras				
4. practicar un deporte				
5. comer carne roja				
6. comer pollo o pescado				

HÁBITOS/EXÁMENES MÉDICOS	SÍ	NO
1. fumar		
2. usar mucha sal		
3. hacerse examen médico anual		
4. medir la tensión arterial		
5. hacerse análisis de sangre		

Ahora lea el siguiente anuncio del Ministerio de Sanidad y Consumo y decida si usted está entre las personas que se quieren o entre las que no se quieren. Después, en parejas, cada uno debe decir qué hace para estar en ese grupo. Si lo considera necesario, déle consejos a su compañero/a para mejorar sus hábitos.

Te quieres si llevas una vida sana, **si no fumas** o moderas el consumo de tabaco, si tu dieta es rica **en fibra, frutas y verduras**, si vigilas tu peso, si haces **ejercicio** y te mides la tensión de vez en cuando. Así, reduces los riesgos de enfermedad cardiovascular y tendrás un **corazón sano** para toda la vida.

No te quieres si no cuidas tu corazón. No te quieres cuando **fumas,** cuando tomas **mucha sal** o exceso de **grasa animal** que aumenta peligrosamente el colesterol en tu sangre.

Tampoco te quieres si no te preocupas de medirte la tensión.

Quiérete un poquito más, y cuidate, de CORAZÓN.

MINISTERIO DE
SANIDAD Y
CONSUMO

 **A leer**

11-24 Preparación. ¿Con qué asocia usted una enfermedad infecciosa? Marque con una X las afirmaciones apropiadas.

_____ 1. El/la paciente tiene una fiebre alta.

_____ 2. Las defensas de la persona bajan.

_____ 3. El/la paciente no se enferma nunca.

_____ 4. Al/a la paciente se le cae el pelo.

_____ 5. La víctima a veces tiene manchas rojas en diversas partes del cuepo.

_____ 6. Es necesario ponerle una inyección a la víctima.

_____ 7. Es posible que la persona tenga inflamación de los pulmones.

_____ 8. A veces hay algún tipo de secreción en el cuerpo del infectado.

11-25 Primera mirada. Lea el folleto en la próxima página. Después, marque con una X las afirmaciones que mejor reflejan el contenido del folleto, y luego, siga las indicaciones.

_____ 1. El SIDA es una enfermedad viral que provoca una alteración de las defensas del cuerpo.

_____ 2. Aunque las defensas sean bajas, no hay peligro de que el paciente contraiga alguna enfermedad.

_____ 3. El virus sólo contagia a los adultos.

_____ 4. Una de las fuentes de contagio pueden ser las relaciones sexuales.

_____ 5. Un cuchillo, por ejemplo, nunca constituye un peligro de contagio.

_____ 6. No es ningún problema compartir objetos personales, como el cepillo de dientes o la máquina de afeitar, con otros.

11-26 Segunda mirada. Según el folleto sobre el SIDA, indique cinco fuentes de contagio y dos formas de evitarlo.

11-27 Ampliación. Encuentre la palabra del folleto que se asocia con la columna de verbos. Luego, clasifíquela en la columna apropiada. ¿Qué género tiene el sustantivo, femenino o masculino?

VERBO	SUSTANTIVO	GÉNERO	ADJETIVO
1. infectar			
2. defender			
3. contagiar			
4. secretar			
5. sangrar			
6. transmitir			
7. gestar			
8. transplantar			

¿Qué es el S.I.D.A?

El SIDA es una infección causada por un virus que puede desorganizar las defensas del organismo, dando lugar a la aparición de enfermedades oportunistas.

SIGNIFICADO

S indrome: Conjunto de síntomas característicos de una enfermedad.

I nmuno: Referido al sistema de defensa de nuestro cuerpo contra las enfermedades (Sistema Inmunitario).

D eficiencia: Indica que el sistema de defensa funciona deficientemente o no funciona.

A dquirida: Basado en el contagio persona a persona, a través de elementos o secreciones sexuales y/o sanguíneas.

¿CÓMO SE CONTAGIA?

VÍA SEXUAL
VÍA SANGUÍNEA

- A través de instrumentos punzantes y/o cortantes.
- Transfusiones sanguíneas.

OTROS

- Cepillos dentales.
- Máquinas de afeitar.
- Contagio Madre - Hijo. Transmisión de la madre infectada al feto durante la gestación y a través de la leche materna.
- Transplante de órganos infectados.

¿CÓMO SE PREVIENE?

... ACTÚE CON PRUDENCIA EN TODO MOMENTO

No comparta agujas, jeringas, cepillos dentales, máquinas de afeitar, etc.

¿CÓMO NO SE CONTAGIA?

NO se contagia por:

- Trabajar, estudiar, dar la mano, tocar, abrazar o sentarse en compañía de un infectado.
- Compartir vajilla, vasos, botellas, alimentos, bombillas, ropa, sábanas, toallas.
- Exposición a la tos, estornudos, lágrimas o sudor.
- NO se propaga en: medios públicos de transporte, ni por el agua de las piscinas, ni a través de las picaduras de insectos.

 A escribir

11-28 Manos a la obra. Usted es el nuevo Jefe de Personal de una gran compañía en un país hispano donde hay un brote (*breakout*) de tifoidea. Escriba un folleto informativo que enseñe a los trabajadores a protegerse contra esta enfermedad infecciosa.

11-29 Revisión. Su compañero/a editor/a va a ayudarle a pulir (*polish*) su folleto.

Expresiones útiles

Para evitar ... *(to avoid)*
Para su protección, (no) ...

Asegúrese de que ... *(Be sure that ...)*
Es importante/necesario que ...

# Vocabulario

El cuerpo humano

la boca	mouth
el brazo	arm
el cabello	hair
la cabeza	head
la cadera	hip
la cara	face
la ceja	eyebrow
el cerebro	brain
la cintura	waist
el codo	elbow
el corazón	heart
el cuello	neck
el dedo	finger
el diente	tooth
la espalda	back
el estómago	stomach
la frente	forehead
la garganta	throat
el hombro	shoulder
el hueso	bone
el labio	lip
la mano	hand
la mejilla	cheek
la muñeca	wrist
el músculo	muscle
la nariz	nose
el nervio	nerve
el oído	(inner) ear
la oreja	(outer) ear
el pecho	chest
la pestaña	eyelash
el pie	foot
la pierna	leg
el pulmón	lung
la rodilla	knee
la sangre	blood
el tobillo	ankle
la vena	vein

La salud

el catarro	cold
la enfermedad	illness
el/la farmacéutico/a	pharmacist
la fiebre	fever
la gripe	flu
la infección	infection
el síntoma	symptom
la tensión (arterial)	(blood) pressure
la tos	cough

Tratamiento médico

la aspirina	aspirin
la inyección	injection
la pastilla	pill
la receta	prescription
el termómetro	thermometer

Verbos

alegrarse (de)	to be glad (about)
caer(se)	to fall
doler (ue)	to hurt
enfermarse	to become sick
examinar	to examine
fracturar(se)	to fracture, to break
fumar	to smoke
molestar	to bother, to be bothered by
recetar	to prescribe
seguir (i)	to follow
sentir (ie, i)	to be sorry
sentirse (ie, i)	to feel
temer	to fear
torcer(se) (ue)	to twist
toser	to cough

Lugares

la clínica	*clinic, hospital*
la farmacia	*pharmacy*
el hospital	*hospital*

Descripciones

deprimido/a	*depressed*
enfermo/a	*sick*
grave	*serious*
irritado/a	*irritated*
serio/a	*serious*

Palabras y expresiones útiles

cada … horas	*every … hours*
poner una inyección	*to give a shot/injection*
propio/a	*own*
¿Qué te/le(s) pasa?	*What's wrong (with you)?*
qué va	*nothing of the sort, no way*
tener catarro	*to have a chest cold*
tener dolor de …	*to have a(n) … ache*
tener mala cara	*to look terrible*

Las farmacias y la medicina no tradicional

En la mayor parte de los países hispanos existen servicios de salud, financiados por el gobierno, en todas las regiones del país. Cualquier persona que tiene una emergencia médica o que quiere controlar su salud, puede ir a un hospital o a cualquier centro de salud público sin tener que pagar absolutamente nada por los servicios o medicinas que recibe. En Cuba, por ejemplo, todos los servicios médicos son gratuitos. En algunos países, además de este servicio público existen los hospitales y las clínicas privadas. En estos lugares, sin embargo, las personas tienen que pagar por la atención médica que reciben.

En el mundo hispano, las farmacias están en locales separados; no son parte de los mercados u otros almacenes como en los Estados Unidos. En las farmacias venden todo tipo de remedios y artículos de belleza. En muchos lugares no se necesita tener receta médica para comprar antibióticos. Muchas veces el/la farmacéutico/a le recomienda a uno qué remedio o antibiótico debe comprar para tal o cual enfermedad.

Además de los médicos y las farmacias existen los curanderos, quienes según la creencia popular, tienen poderes especiales para curar todo tipo de enfermedad. Especialmente en los países caribeños, algunas personas visitan tanto al médico como al curandero para remediar sus males. Otras prefieren curarse con remedios caseros o hierbas medicinales. Por ejemplo, para el dolor de estómago muchas personas recomiendan tomar un té de manzanilla (*camomile*), o un té de ruda (*rue*). Una de las más conocidas hierbas medicinales es la uña de gato (*cat's claw*) que se estima buena para el tratamiento del cáncer.

En una palabra, el sistema de salud en los países hispanos es muy variado. Aunque no existen tantos recursos tecnológicos como en los Estados Unidos, los médicos hispanos están muy bien preparados. En Cuba, por ejemplo, el gobierno ha invertido mucho tiempo y esfuerzo en el desarrollo de medicamentos y tratamientos para enfermedades como el cáncer, y muchas personas van a Cuba para recibir tratamientos que no tienen en sus países.

Para contestar

El sistema de salud. Con su compañero/a, conteste las siguientes preguntas:

1. ¿Qué saben ustedes del sistema de salud público y privado en algunos países hispanos?
2. ¿Cómo son las farmacias en los países hispanos? ¿Qué venden?
3. Además de las medicinas tradicionales, ¿qué otro tipo de medicinas toman algunas personas en los países hispanos? Nombre dos o tres de estas otras medicinas.
4. ¿En qué tiendas en los Estados Unidos venden medicinas no tradicionales?

Riqueza cultural. En grupos de tres, comparen el sistema de salud de algún país hispano y el de los Estados Unidos. Señalen las ventajas y desventajas de cada uno.

Para investigar en la WWW

1. Busque información acerca de tratamientos no tradicionales en Cuba y en la República Dominicana para las siguientes enfermedades: úlceras, cáncer, dolor de espalda. Traiga una copia de las medicinas o tratamientos discutidos y preséntelos en clase.
2. Busque información acerca de algunos desarrollos medicinales que se están llevando a cabo en Cuba.

Convento de Los Dominicos, Santo Domingo

La República Dominicana

Ciudades importantes y lugares de interés:

Santo Domingo, la capital, tiene una zona colonial con hermosas construcciones que datan del siglo XVI. Algunas de estas construcciones son la Catedral de Santa María la Menor, la catedral más antigua del continente americano, el Hospital de San Nicolás de Bari, el primer hospital en las Américas, las ruinas del Monasterio de San Francisco, el Alcázar de Colón, etc. Otros sitios de interés son las hermosas playas caribeñas de Puerto Plata, Samaná y La Romana, entre otras.

Expresiones dominicanas:

Me tiene varado/a.	*He/she keeps me from succeeding.*
Está aceitado/a.	*He/she is ready to comply.*

Cuba

Ciudades importantes y lugares de interés:

La Habana, capital de la isla, está situada junto a la bahía del mismo nombre. El Castillo del Morro, fortaleza construida a la entrada de la bahía en el siglo XVI, defendió muchas veces a la ciudad y a sus habitantes de los ataques de los piratas. En la parte antigua de La Habana hay plazas y edificios de gran belleza y valor histórico como la Plaza de Armas, la Plaza de la Catedral, el Templete, el Palacio de Aldama y el de los Condes de Santovenia. En Cienfuegos, llamada también La Perla del Sur, se encuentra un excelente jardín botánico. En Cuba, al igual que en las otras islas del Caribe, la influencia africana es notable en la música, y también, aunque en menor grado, en otras manifestaciones artísticas, en las prácticas religiosas y en las comidas.

Expresiones cubanas: guagua   *bus*

El Castillo del Morro

Lección 12
Las vacaciones y los viajes

COMUNICACIÓN

✖ Making travel arrangements

✖ Asking about and discussing itineraries

✖ Describing and getting hotel accommodations

✖ Expressing denial and uncertainty

✖ Expressing possession (emphatically)

✖ Talking about the future

ESTRUCTURAS

✖ Indicative and subjunctive in adjective clauses

✖ Affirmative and negative expressions

✖ Stressed possessive adjectives

✖ Possessive pronouns

✖ The future tense

MOSAICOS

A ESCUCHAR

A CONVERSAR

A LEER

✖ Summarizing a text

A ESCRIBIR

✖ Giving advice and stating facts about an issue

ENFOQUE CULTURAL

✖ La música y el baile

✖ Panamá

✖ Costa Rica

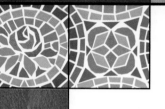

A primera vista

Los medios de transporte

Mucha gente usa el transporte público. Los autobuses son populares en las ciudades y también para viajar largas distancias. Son la solución para las personas a quienes no les gusta manejar en la carretera.

AVE, el tren español de alta velocidad entre Madrid y Sevilla, viaja a unos 300 kilómetros por hora. La RENFE (Red Nacional de Ferrocarriles Españoles) es tan importante en España, un país relativamente pequeño, como las líneas aéreas en los Estados Unidos.

El metro es otra forma de transporte eficiente en los centros urbanos, como Madrid, Barcelona, Santiago, Buenos Aires, Caracas y la ciudad de México.

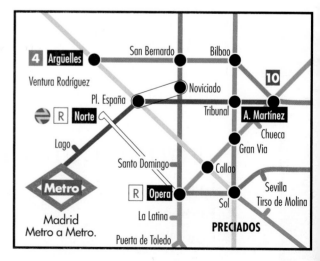

Un crucero es otra forma de viajar. En barcos modernos con una capacidad
de 400 hasta más de 2.000 pasajeros se puede hacer de todo. En las escalas
en los diferentes puertos hay excursiones organizadas y oportunidades para
ir de compras. De noche, la diversión continúa en la discoteca, el casino y el
teatro. Un crucero es un medio de transporte y un lugar para pasar las
vacaciones.

En el aeropuerto

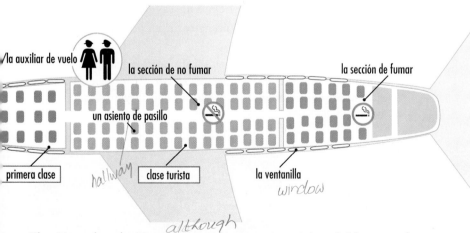

El avión es la solución, aunque más cara, para viajar rápidamente de un
lugar a otro, especialmente en zonas donde es difícil construir carreteras por
la geografía o el clima, como en las selvas y en las montañas.

Los pasajeros hacen cola frente al mostrador de la aerolínea para facturar el equipaje y conseguir la tarjeta de embarque.

En el mostrador de la línea aérea

EMPLEADA: Buenos días. Su pasaporte y su boleto, por favor.

VIAJERO: Aquí están. Y si es posible, prefiero un asiento en la sección de no fumar.

EMPLEADA: Muy bien. ¿Ventanilla o pasillo?

VIAJERO: Pasillo, por favor. Señorita, ¿usted sabe si se venden cheques de viajero aquí en el aeropuerto?

EMPLEADA: Sí, hay una oficina de American Express enfrente a la derecha.

VIAJERO: Gracias. ¿Me acreditó los kilómetros a mi programa de viajero frecuente?

EMPLEADA: Sí, y su pasaje es de ida y vuelta, así que va a tener bastantes kilómetros. Su asiento a Bogotá es el 10F. Aquí tiene su tarjeta de embarque. La puerta de salida es la 80. ¡Que tenga un buen viaje!

El avión para Morelia, Guadalajara y Durango sale a la una menos cuarto por la puerta 1A. ¿A qué hora sale el vuelo para Puerto Escondido?

¿Qué dice usted?

12-1 Asociaciones. Asocie cada palabra con su descripción. Luego, con su compañero/a, hable de sus experiencias relacionadas con este vocabulario.

MODELO: avión
>   E1: Viajé por avión a México el año pasado. El vuelo fue muy bueno y conocí a unos estudiantes muy agradables.
>   E2: Yo no viajé en avión. Fui en tren a casa de unos amigos.

1. tren de alta velocidad
2. viaje en un barco grande
3. persona que sirve la comida en un vuelo
4. transporte subterráneo
5. inspección al llegar a otro país
6. documento de identificación necesario para viajar al extranjero
7. pasaje para ir de Lima a Santiago y volver a Lima
8. se viaja en un asiento cómodo y la comida es muy buena

3 a. el/la auxiliar de vuelo
6 b. pasaporte
8 c. primera clase
1 d. AVE *Alta Velocidad España*
4 e. metro
5 f. aduana
7 g. boleto de ida y vuelta
2 h. crucero

12-2 Archivo de los clientes. Usted es un/a agente de viajes que prepara un archivo en su computadora con la información de su cliente/a. Hágale preguntas a su cliente para completar el archivo y después déle algunas recomendaciones para el viaje.

NOMBRE: _____

No. de pasaporte: _____

Fecha/s de viaje: _____

Medio de transporte: _____

Destino: _____

No. de asiento: _____ ventanilla _____ pasillo _____

Sección   de fumar _____ de no fumar _____

12-3 En una agencia de viajes. Uno/a de ustedes es el/la agente de viajes y el/la otro/a es el/la cliente/a. El/La cliente/a le debe decir adónde quiere ir y el/la agente debe planear un viaje con todos los detalles de itinerario, medio de transporte y precio. Después, repitan la actividad cambiando de papel.

Cultura

Por lo general, los automóviles cuestan más en los países hispanos que en los Estados Unidos debido a los impuestos (*taxes*) que, en algunos casos, suben el precio del auto en un 100% o más. El precio de la gasolina varía en los diferentes países: en Venezuela resulta muy económica y en España cuesta el equivalente a unos cuatro dólares el galón. En general, hay muchos coches en las ciudades grandes y el tráfico y el estacionamiento son problemas muy serios. Las motos son populares, especialmente entre la gente joven.

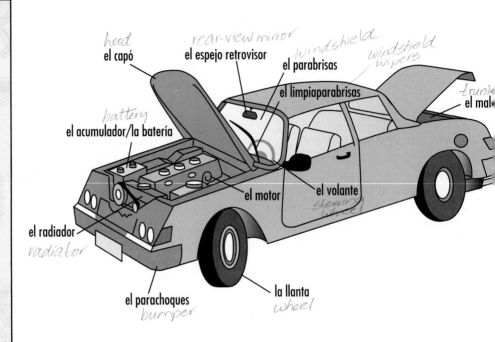

¿Qué dice usted?

12-4 ¿Qué es? Con su compañero/a, busque en el dibujo la palabra que corresponda a las siguientes descripciones. Después, den una descripción de las otras partes del coche indicadas en el dibujo para ver si otra pareja sabe qué son.

1. Es para poner el equipaje. _____
2. Es muy importante cuando llueve. _____
3. Son negras y llevan aire por dentro. _____
4. Es para doblar a la izquierda o a la derecha. _____
5. Hay que ponerle agua si no queremos que se caliente el motor. _____

12-5 Mi auto favorito. Primero, averigüe qué medio de transporte usa su compañero/a. Después, pregúntele cuál es su auto favorito y por qué.

Las reservaciones y el hotel

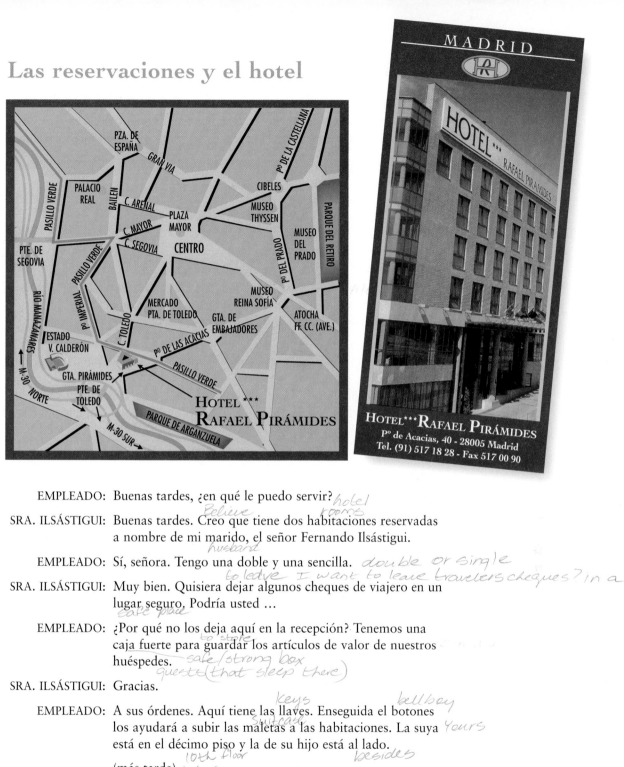

EMPLEADO: Buenas tardes, ¿en qué le puedo servir?

SRA. ILSÁSTIGUI: Buenas tardes. Creo que tiene dos habitaciones reservadas a nombre de mi marido, el señor Fernando Ilsástigui.

EMPLEADO: Sí, señora. Tengo una doble y una sencilla.

SRA. ILSÁSTIGUI: Muy bien. Quisiera dejar algunos cheques de viajero en un lugar seguro. Podría usted …

EMPLEADO: ¿Por qué no los deja aquí en la recepción? Tenemos una caja fuerte para guardar los artículos de valor de nuestros huéspedes.

SRA. ILSÁSTIGUI: Gracias.

EMPLEADO: A sus órdenes. Aquí tiene las llaves. Enseguida el botones los ayudará a subir las maletas a las habitaciones. La suya está en el décimo piso y la de su hijo está al lado.

(más tarde)

SR. ILSÁSTIGUI: Por favor, ¿me puede indicar cómo llegar a la Plaza Mayor?

CONSERJE: Sí, cómo no. Mire, siga derecho por esta calle hasta la próxima esquina. Allí, doble a la izquierda y camine dos cuadras hasta la plaza que está a la derecha. No se puede perder.

SR. ILSÁSTIGUI: Muchísimas gracias.

¿Qué dice usted?

12-6 Confirmando la reservación. Uno/a de ustedes va a hacer el papel del/de la empleado/a del hotel; el/la otro/a es el Sr. o la Sra. Ilsástigui. El/La empleado/a llama para confirmar la reservación según la información que aparece en el fax.

> Para: Hotel Rafael Pirámides
> Fax: 517 00 90
> De: Fernando Ilsástigui
> Fecha: 14 de enero de 1998
> Re: Reservación
> Páginas: 1
>
> Quisiera reservar a mi nombre una habitación doble y una sencilla del 4 al 8 de febrero. Favor de contestar vía Fax o por teléfono al (48) 953 21 47 para confirmar la reservación. Muchas gracias por su atención.

12-7 Estamos perdidos. Use el plano que aparece en la página 359 y pregúntele a su compañero/a cómo ir a ciertos lugares. Su compañero/a le debe explicar cómo llegar.

USTED ESTÁ EN:

el Palacio Real
la Garita Pirámides
el Puente de Segovia

USTED DESEA IR:

al Museo Thyssen
a Atocha, la estación de ferrocarril
a Cibeles

El correo y la correspondencia

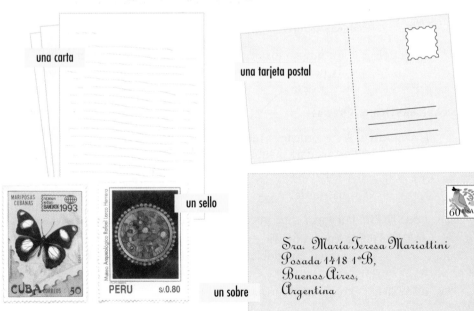

una carta

una tarjeta postal

un sello

un sobre

Sra. María Teresa Mariottini
Posada 1418 1°B,
Buenos Aires,
Argentina

el cartero

el paquete

el buzón

¿Qué dice usted?

12-8 La correspondencia. Con su compañero/a, complete las oraciones con la palabra adecuada.

1. El lugar donde se recoge la correspondencia y se compran sellos es el ...
2. La persona que reparte cartas y tarjetas es el ...
3. El depósito para poner las cartas, que generalmente está al lado de la calle, es el ...
4. Para mandar una carta la ponemos dentro de un ...
5. Si queremos mandar un regalo de una ciudad a otra, tenemos que preparar un ...
6. No se puede mandar una carta sin escribir la dirección y ponerle un ...

a. cartero *postman*
b. correo
c. sello
d. sobre
e. paquete *parcel*
f. buzón

12-9 Una tarjeta postal. Escríbale una tarjeta postal a su compañero/a contándole algo sobre sus últimas vacaciones. Después, intercambien las postales, léanlas y hagan preguntas para obtener más detalles.

 **A escuchar**

Antes de un viaje. You will hear a short conversation followed by five related statements. First, guess where the conversation takes place; then, mark the appropriate column to indicate whether each statement is true or false.

LUGAR: _aeropuerto_

	SÍ	NO
1.	____	____
2.	____	____
3.	____	____
4.	____	____
5.	____	____

Explicación y expansión

1. Indicative and subjunctive in adjective clauses

■ An adjective clause is a dependent clause that is used as an adjective.

ADJECTIVE

Hay algunos estudiantes **trabajadores.**

ADJECTIVE CLAUSE

Hay algunos estudiantes **que son trabajadores.**

■ Use the indicative in an adjective clause that refers to a person, place, or thing (antecedent) that exists or is known.

> Hay alguien aquí que **habla** ruso.
> *There is someone here who speaks Russian.*

> Quiero viajar en el tren que **sale** por la mañana.
> *I want to travel on the train that leaves in the morning.*
> (you know there is such a train)

■ Use the subjunctive in an adjective clause that refers to a person, place, or thing that does not exist or whose existence is unknown or in question.

> No hay nadie que **hable** ruso.
> *There isn't anyone who speaks Russian.*

> Quiero viajar en un tren que **salga** por la mañana.
> *I want to travel on a train that leaves in the morning.*
> (any train as long as it leaves in the morning)

■ When the antecedent is a specific person and functions as a direct object, use the indicative and the personal **a.** If the antecedent is not a specific person, use the subjunctive and do not use the personal **a.**

> Busco **a** la/una auxiliar que **va** en ese vuelo.
> *I'm looking for the/a flight attendant that goes on that flight.*
> (a specific flight attendant)

> Busco una auxiliar que **vaya** en ese vuelo.
> *I'm looking for a flight attendant that goes on that flight.*
> (any flight attendant as long as she goes on that flight)

- In questions, you may use the indicative or the subjunctive according to the degree of certainty you have about the matter.

> ¿Hay alguien aquí que **sale** en ese vuelo?
> *Is there anyone here leaving on that flight?*
> (I don't know, but there may be.)

> ¿Hay alguien aquí que **salga** en ese vuelo?
> *Is there anyone here leaving on that flight?*
> (I don't know, but I doubt it.)

¿Qué dice usted?

12-10 Los estudiantes de esta clase. Hágale preguntas a su compañero/a sobre los alumnos de la clase de español. Si la respuesta es afirmativa, debe decir quién es esa persona.

MODELO: llevar una sudadera blanca
      E1: ¿Hay alguien que lleve una sudadera blanca?
      E2: Sí, hay alguien que lleva una sudadera blanca.
      E1: ¿Quién es?
      E2: Es Marta.
      E1: ¿Hay alguien que hable cuatro lenguas?
      E2: No, no hay nadie que hable cuatro lenguas.

1. tenerles fobia a los aviones
2. usar mucho su diccionario en los viajes
3. conocer una de las siete maravillas del mundo
4. tener un avión
5. siempre ir a esquiar en sus vacaciones de invierno
6. viajar a Madrid este año

12-11 Un trabajo urgente. Usted es el/la gerente de una aerolínea en el aeropuerto de Barajas en Madrid y quiere que se hagan ciertas cosas. Su compañero/a le va a decir si hay o no hay un/a empleado/a que las haga.

MODELO: programar la computadora
      E1: Necesito a alguien que programe la computadora.
      E2: Sí, hay alguien que programa la computadora.   *o*
          No, no hay nadie que programe la computadora.

1. hablar inglés, japonés y español
2. trabajar esta noche
3. poder venir este fin de semana
4. darles esta información a los pasajeros
5. llevar a los pasajeros al avión
6. ...

12-12 Un lugar para descansar. Su compañero/a va a hacerle preguntas sobre este lugar. Contéstele según la información que aparece más abajo.

MODELO: hotel / tener piscina para niños
        E1: ¿Hay un hotel que tenga piscina para niños?
        E2: Sí, hay un hotel que tiene piscina para niños.   *o*
              No, no hay ningún hotel que tenga piscina para niños.

HAY	NO HAY
tiendas / vender ropa para esquiar	autobús / llegar por la mañana
cines / dar películas españolas	cafetería / servir comida vegetariana
lugares / aceptar cheques de viajero	lugares / aceptar cheques personales

12-13 Agencia Las Hamacas. Uno de ustedes piensa viajar al extranjero, pero no conoce ninguna buena agencia de viajes. Dígale a su compañero/a adónde quiere ir y pídale información sobre una agencia. Su compañero/a le va a dar información basándose en el anuncio de la agencia *Las Hamacas*.

TURISMO
Las Hamacas
Servicio de viajes
Le planeamos su viaje a cualquier parte
de México y del extranjero
Boletos de avión, de barco, renta de autos, viajes todo pagado,
reservaciones a hoteles, lobby Hotel Acapulco Imperial
521-24   528-59   522-79
Llame, le enviamos sus boletos
Costera M. Alemán N° 251, Acapulco, GRO.

Situaciones

Uno/a de ustedes quiere viajar a Puerto Rico; el/la otro/a es el/la agente de viajes. Para su viaje usted necesita obtener la siguiente información: a) precio del pasaje, b) horario de los aviones, y c) si necesita un pasaporte. El/La agente de viajes debe contestar sus preguntas. Entonces, explíquele al/a la agente en qué clase de hotel le gustaría quedarse (localización, precio, servicios, etcétera).

2. Affirmative and negative expressions

AGENTE: Lo siento, ese vuelo está lleno. No hay ningún asiento disponible.

RICARDO: ¿Y el de la tarde?

AGENTE: Hay asientos vacíos, pero el vuelo hace escala en Mazatlán.

MARISELA: Si no hay …

AGENTE: ¿Por qué no reservan en el vuelo de la tarde y los pongo en la lista de espera para el otro?

RICARDO: Está bien. Siempre hay alguien que cancela.

AFFIRMATIVE		NEGATIVE	
todo	*everything*	nada	*nothing*
algo	*something, anything*		
todos	*everybody, all*	nadie	*no one, nobody*
alguien	*someone, anyone*		
algún, alguno/a	*some, any,*	ningún,	*no, not any, none*
(-os, -as)	*several*	ninguno/a	
o … o	*either … or*	ni … ni	*neither … nor*
siempre	*always*	nunca	*never, (not) ever*
una vez	*once*		
alguna vez	*sometime, ever*	jamás	*never, (not) ever*
algunas veces	*sometimes*		
a veces	*at times*		
también	*also, too*	tampoco	*neither, not*

■ Negative words may precede or follow the verb. If they follow the verb, use the word **no** before the verb.

Nadie vive aquí.
No vive **nadie** aquí.　　*No one/Nobody lives here.*

■ **Alguno** and **ninguno** shorten to **algún** and **ningún** before masculine singular nouns.

¿Ves **algún** coche?　　*Do you see any car?*
No veo **ningún** coche.　　*I don't see any car.*

- Use the personal **a** when **alguno/a/os/as** and **ninguno/a** refer to persons and are the direct object of the verb. Use it also with **alguien** and **nadie** since they always refer to people. Notice that in the negative only the singular forms **ninguno** and **ninguna** are used.

¿Conoces **a alguno** de los chicos?	*Do you know any of the boys?*
No conozco **a ninguno.**	*I don't know any.*
¿Conoces **alguno** de los libros?	*Do you know any of the books?*
No, no conozco **ninguno.**	*No, I don't know any.*

¿Qué dice usted?

12-14 Planeando un viaje. Usted y su compañero/a están planeando un viaje. Comenten las cosas que quieren o no quieren hacer.

MODELOS: comprar el pasaje dos semanas antes
E1: Yo quiero comprar el pasaje dos semanas antes.
E2: Yo también. / Pues yo quiero comprar el pasaje un mes antes.

no comprar el pasaje en el aeropuerto
E1: Yo no quiero comprar el pasaje en el aeropuerto.
E2: Yo tampoco. / Yo quiero comprar el pasaje en la agencia de viajes.

1. llegar temprano al aeropuerto
2. pedir un asiento de pasillo
3. dormir durante el vuelo
4. conocer a otros pasajeros
5. no llevar mucha ropa
6. facturar el equipaje
7. no ver la película
8. no gastar mucho dinero

12-15 ¿Con qué frecuencia? Llene la siguiente tabla indicando la frecuencia con que usted participa en las siguientes actividades. Después pregúntele a su compañero/a y anote la información que obtuvo.

MODELO: correr
E1: Yo corro tres veces a la semana. ¿Y tú?
E2: Yo no corro nunca. / Yo corro a veces/todos los días.

ACTIVIDAD	YO	MI COMPAÑERO/A
ver la televisión		
practicar deportes		
comer fuera		
ir de compras		
tomar vacaciones		
viajar en tren		
escribirles a los amigos		

12-16 Un restaurante malo. Usted está de viaje y le hace preguntas a su compañero/a sobre un restaurante que está cerca del hotel. Su compañero/a va a hacer el papel de una persona muy negativa y va a contestarle a usted usando la forma correcta de **ninguno.**

MODELO: servir platos típicos
        E1: ¿Sirven platos típicos?
        E2: No, no sirven ningún plato típico.

1. preparar platos de dieta
2. tener ensaladas buenas
3. servir pescado fresco
4. tener vinos españoles
5. aceptar tarjetas de crédito
6. ...

12-17 Mi amigo/a negativo/a. Hágale estas preguntas a su compañero/a para ver si sigue tan negativo/a.

MODELO: llamar a alguien
        E1: ¿Vas a llamar a alguien?
        E2: No, no voy a llamar a nadie.

1. visitar a alguien
2. ver alguna película esta noche
3. leer o escuchar música
4. salir con algunos amigos
5. comer con otras personas
6. ...

Situaciones

1. Uno/a de ustedes es el/la auxiliar de vuelo y el/la otro/a es el/la pasajero/a. El/La auxiliar de vuelo le va a preguntar si desea a) beber algo b) comer y c) una almohada. Usted le contesta que no a sus preguntas, pero después le pide algo, como por ejemplo una revista o una manta. Él/Ella le debe contestar.

2. Uno de ustedes es el/la pasajero/a y el/la otro/a es el/la agente de aduanas. El/La agente le pregunta si trae a) alguna planta o semillas, b) frutas y c) más de $10.000. Conteste negativamente a sus preguntas. Después el/la agente le va a pedir que abra su equipaje para revisarlo.

3. Stressed possessive adjectives

	SINGULAR		PLURAL	
MASCULINE	FEMININE	MASCULINE	FEMININE	
mío	mía	míos	mías	*my, (of) mine*
tuyo	tuya	tuyos	tuyas	*your (familiar), (of) yours*
suyo	suya	suyos	suyas	*your (formal), his, her, its, their, (of) yours, his, hers, theirs*
nuestro	nuestra	nuestros	nuestras	*our, (of) ours*
vuestro	vuestra	vuestros	vuestras	*your (fam.), (of) yours*

■ Stressed possessive adjectives follow the noun they modify and agree with it in gender and number. An article or demonstrative adjective usually precedes the noun. Use stressed possessives for emphasis.

El cuarto **mío** es grandísimo.	*My room is very big.*
La maleta **mía** está en la recepción.	*My suitcase is at the front desk.*
Esos primos **míos** llegan mañana.	*Those cousins of mine arrive tomorrow.*
Las llaves **mías** están en la puerta.	*My keys are in the door.*

4. Possessive pronouns

SINGULAR				PLURAL			
MASCULINE		FEMININE		MASCULINE		FEMININE	
el {	mío	la {	mía	los {	míos	las {	mías
	tuyo		tuya		tuyos		tuyas
	suyo		suya		suyos		suyas
	nuestro		nuestra		nuestros		nuestras
	vuestro		vuestra		vuestros		vuestras

- Possessive pronouns have the same form as stressed possessive adjectives.

- The definite article precedes the possessive pronoun, and they both agree in gender and number with the noun they refer to.

¿Tienes la mochila suya?	*Do you have his backpack?*
Sí, tengo **la suya.**	*Yes, I have his.*

- After the verb **ser,** the article is usually omitted.

Esa maleta es **mía.**	*That suitcase is mine.*

- To be clearer and more specific, the following structures may be used to replace any corresponding form of **el/la suyo/a.**

la de usted	*yours* (sing.)
la de él	*his*
la de ella	*hers*

la mochila suya → la suya

la de ustedes	*yours* (pl.)
la de ellos	*theirs* (masc., pl.)
la de ellas	*theirs* (fem., pl.)

¿Qué dice usted?

12-18 Las posesiones. Es el fin del año escolar y un/a amigo/a lo/la está ayudando a poner las cosas de usted y las de su compañero/a de cuarto en el automóvil que corresponde.

MODELO: esta lámpara
      E1: ¿De quién es esta lámpara?
      E2: Es suya. Va en su coche.   *o*   Es mía. Va en mi coche.

1. esos casetes
2. esta maleta
3. este maletín
4. estos discos
5. las revistas
6. el radio
7. la bicicleta
8. esta mochila

12-19 Preparándose para un viaje. Usted va a hacer un viaje en auto con su compañero/a. Pregúntele qué prefiere hacer.

MODELO: llevar mi equipaje o el tuyo
        E1: ¿Prefieres llevar mi equipaje o el tuyo?
        E2: Prefiero llevar el tuyo/mío.

1. usar mi mochila o la de Pedro
2. hablar con mi agente o con el tuyo
3. ir en mi coche o en el de Alicia
4. llevar mis maletas o las de Arturo
5. usar mis mapas o los de mi hermano
6. …

12-20 Unas vacaciones en un crucero. Usted y su compañero/a tomaron un crucero durante las vacaciones. Descríbanle a otra pareja cómo eran sus compañeros de viaje y el barco. La otra pareja, que también tomó un crucero, debe decirles cómo eran los suyos.

MODELO: el camarote
        E1: Nuestro camarote *(cabin)* era grande y muy bonito.
        E2: El nuestro era pequeño, pero cómodo.

1. el barco
2. los compañeros de mesa
3. la comida
4. el/la guía y las excursiones
5. el capitán
6. …

Situaciones

1. Uno/a de ustedes perdió una billetera con mucho dinero; el/la otro/a la encontró. Hágale preguntas para ver si es la billetera que usted encontró.

2. Cada uno/a de ustedes tiene un condominio en un lugar de veraneo muy exclusivo y quieren impresionar al/a la otro/a. Hablen de su condominio dando la mayor información posible.

5. The future tense

You have been using the present tense and **ir + a +** *infinitive* to express future plans. Spanish also has a future tense. While you have these other ways to express the future action, you should be able to recognize the future tense in reading and in listening.

■ The future tense is formed by adding the future endings **-é, -ás, -á, -emos, -éis,** and **-án** to the infinitive. These endings are the same for **-ar, -er,** and **-ir** verbs.

Don't have to know

✗

FUTURE TENSE			
	HABLAR	COMER	VIVIR
yo	hablaré	comeré	viviré
tú	hablarás	comerás	vivirás
Ud., él, ella	hablará	comerá	vivirá
nosotros/as	hablaremos	comeremos	viviremos
vosotros/as	hablaréis	comeréis	viviréis
Uds., ellos/as	hablarán	comerán	vivirán

■ A few verbs have irregular stems in the future tense and can be grouped into three categories. The first group drops the **e** from the infinitive ending.

IRREGULAR FUTURE - GROUP 1		
INFINITIVE	NEW STEM	FUTURE FORMS
haber	**habr-**	habré, habrás, habrá, habremos, habréis, habrán
poder	**podr-**	podré, podrás, podrá, podremos, podréis, podrán
querer	**querr-**	querré, querrás, querrá, querremos, querréis, querrán
saber	**sabr-**	sabré, sabrás, sabrá, sabremos, sabréis, sabrán

■ The second group replaces the **e** or **i** of the infinitive ending with a **d.**

IRREGULAR FUTURE - GROUP 2		
INFINITIVE	NEW STEM	FUTURE FORMS
poner	**pondr-**	pondré, pondrás, pondrá, pondremos, pondréis, pondrán
tener	**tendr-**	tendré, tendrás, tendrá, tendremos, tendréis, tendrán
salir	**saldr-**	saldré, saldrás, saldrá, saldremos, saldréis, saldrán
venir	**vendr-**	vendré, vendrás, vendrá, vendremos, vendréis, vendrán

- The third group consists of two verbs (**decir, hacer**) that have completely different stems in the future sense.

IRREGULAR FUTURE - GROUP 3		
INFINITIVE	NEW STEM	FUTURE FORMS
decir	**dir-**	diré, dirás, dirá, diremos, diréis, dirán
hacer	**har-**	haré, harás, hará, haremos, haréis, harán

- In addition to referring to future actions, the Spanish future tense can also be used to express probability in the present.

> Todavía no llegan. **Estará** atrasado el vuelo.
> *They still haven't arrived. The flight is probably / must be late.*

> Ponen las noticias. **Serán** las seis de la tarde.
> *The news is on. It's probably / It must be six o'clock in the afternoon.*

- The future of **hay** is **habrá**.

> **Habrá** muchos pasajeros en el vuelo.
> *There will be many passengers on the flight.*

¿Qué dice usted?

12-21 Un crucero a Acapulco. Los Cárdenas viven en Phoenix, Arizona, y piensan hacer un crucero a Acapulco. Diga qué harán los miembros de la familia usando el futuro de los verbos entre paréntesis. Después, ponga las acciones en orden cronológico y compare sus respuestas con las de su compañero/a.

_____ Los Cárdenas _____ (llegar) a Acapulco.

_____ Mauro _____ (conocer) a muchas personas en el barco.

_____ La señora de Cárdenas _____ (ir) a la agencia de viajes para comprar los pasajes.

_____ Gloria _____ (nadar) en la piscina del barco y _____ (bailar) por las noches con otros jóvenes en la discoteca.

_____ Los agentes _____ (revisar) el equipaje en la aduana.

_____ Los señores Cárdenas y sus hijos Mauro y Gloria _____ (salir) para Los Ángeles, donde van a tomar el barco.

_____ Los señores Cárdenas _____ (ir) al mercado para comprar artesanías y los chicos _____ (quedarse) en el centro con sus nuevos amigos del barco.

_____ Los Cárdenas _____ (pasar) cinco días en un hotel en la playa antes de volver a Los Ángeles.

12-22 Intercambio: Un viaje a Colombia. Hablen de los planes de Ramiro, según la agenda que él preparó.

MODELO: E1: ¿Qué hará Ramiro el miércoles por la noche?
E2: Cenará con unos amigos.
E1: ¿Cuándo jugará al golf?
E2: Jugará al golf el jueves.

LUNES	MARTES	MIÉRCOLES	JUEVES	VIERNES
salir para Colombia	visitar la Catedral	salir de compras	ir a Zipaquirá	
comer con mis tíos	conocer a otros familiares	visitar el barrio de La Candelaria	jugar al golf con mi primo	almorzar en un restaurante típico
acostarse temprano	ir a un cine bar	cenar con unos amigos	escuchar un concierto en el Teatro Colón	ir a una discoteca

12-23 Somos diferentes. Las personas hacen las cosas por motivos diferentes. Usted y su compañero/a deben pensar por lo menos en dos motivos probables para cada situación.

MODELO: Los Rivas van a Europa todos los años.
E1: Tendrán mucho dinero.
E2: Ganarán unos sueldos muy buenos.

1. Pedro siempre viaja con poco equipaje.
2. Los Pérez nunca están los fines de semana en la ciudad.
3. Rosa no contesta el teléfono hace dos días.
4. Pilar no llama a sus parientes cuando viene a la ciudad.
5. Los Gómez están en el aeropuerto.
6. El vuelo va a salir una hora más tarde.

12-24 Planes de viaje. Usted y su compañero/a deben decidir qué lugar(es) visitarán y preparar un programa de actividades. Después compartan esta información con otra pareja.

12-25 El horóscopo. A la suerte (*at random*), cada estudiante saca el nombre de uno/a de sus compañero/s. Después, usando el futuro, prepara el horóscopo de esa persona y lo lee en la próxima clase. Los demás estudiantes deben tratar de averiguar de quién es el horóscopo.

Uno/a de ustedes va a pasar unos días de vacaciones en su lugar favorito. El/La otro/a es una persona muy curiosa y debe hacer preguntas para averiguar a) adónde va a ir, b) cómo va a ir, c) con quién y d) por cuánto tiempo.

Situaciones

mosaicos

A escuchar

A. ¿Lógico o ilógico? Indicate whether each of the following statements is **Lógico** or **Ilógico**.

	LÓGICO	ILÓGICO		LÓGICO	ILÓGICO
1.	_____	_____	5.	_____	_____
2.	_____	_____	6.	_____	_____
3.	_____	_____	7.	_____	_____
4.	_____	_____	8.	_____	_____

B. Feliz viaje. Listen to the following telephone conversation between a client and a travel agent. Then circle the letter corresponding to the best completion for each statement, according to what you hear.

1. La agencia de viajes se llama ...
   a. Buen Viaje
   b. Viaje Con Nosotros
   c. Feliz Viaje

2. La agente le ofrece a Marcelo ...
   a. dos viajes interesantes
   b. un viaje a los Estados Unidos
   c. un viaje a Sudamérica

3. El viaje a México es ...
   a. más largo que el viaje a España
   b. menos largo que el viaje a España
   c. tan largo como el viaje a España

4. El viaje a México ...
   a. dura dos semanas
   b. incluye un pasaje en primera clase
   c. no ofrece excursiones a otras ciudades

5. El viaje a España incluye Madrid, ...
   a. Barcelona y Sevilla
   b. Toledo y Ávila
   c. Santander y Granada

6. El viaje a México cuesta ...
   a. menos de dos mil dólares
   b. más que el viaje a España
   c. igual que el viaje a España

7. Marcelo prefiere ...
   a. no viajar este año
   b. el viaje a México
   c. el viaje a España

8. Marcelo ya tiene ...
   a. un asiento de pasillo
   b. su pasaporte
   c. unos folletos que necesita

 A conversar

12-26 Adivina, adivinador. Piense en un pasajero imaginario y su compañero/a debe decir qué vuelo toma, de acuerdo con la información de la tabla. Alternen los papeles.

MODELO: E1: Los Gómez llegan de Concepción a las nueve de la noche.
E2: Los Gómez llegan en el vuelo 004 de Ladeco.

MOVIMIENTO DE AVIONES ✈ AEROPUERTO COMOD. ARTURO MERINO BENÍTEZ / MOVIMIENTO NACIONAL

LLEGAN

PROCEDENCIAS	VUELO	COMPAÑIAS	LLEGA
ARICA-IQUIQUE-ANTOFAGASTA	131	NATIONAL	11:45
ARICA-IQUIQUE-ANTOFAGASTA	097	LAN CHILE	12:28
ARICA-IQUIQUE-ANTOFAGASTA	045	LADECO	12:20
PUNTA ARENAS-PUERTO MONTT	040	LAN CHILE	12:35
COIHAIQUE-PUERTO MONTT	044	LAN CHILE	14:40
PUNTA ARENAS-PTO MONTT-CONCEPCIÓN	072	LADECO	15:10
ARICA-IQUIQUE-ANTOFAGASTA	095	LAN CHILE	15:55
ARICA-IQUIQUE-ANTOFAGASTA	061	NATIONAL	16:10
PUNTA ARENAS-PUERTO MONTT-CONCEPCIÓN	170	LADECO	19:20
PUNTA ARENAS-BALMACEDA-CONCEPCIÓN	074	NATIONAL	20:10
LA SERENA	031	LADECO	20:10
CALAMA-ANTOFAGASTA	053	LAN CHILE	21:00
CONCEPCIÓN	004	LADECO	21:00
TEMUCO	044	LAN CHILE	21:10
ARICA-IQUIQUE-ANTOFAGASTA	023	NATIONAL	21:20
CONCEPCIÓN	034	LAN CHILE	21:50
PUNTA ARENAS-PUERTO MONTT	045	LAN CHILE	21:56
LA SERENA	133	NATIONAL	21:20

SALEN

SALE	COMPAÑIAS	VUELO	DESTINOS
07:33	NATIONAL	131	PUERTO MONTT-COIHAIQUE
08:00	LAN CHILE	094	ANTOFAGASTA-IQUIQUE-ARICA
08:10	LADECO	060	ANTOFAGASTA-IQUIQUE-ARICA
08:10	LADECO	077	CONCE.-P.MONTT-BALMACEDA-P.ARENAS
11:00	NATIONAL	171	PUERTO MONTT-PUNTA ARENAS
13:15	LAN CHILE	045	CONCEPCIÓN-PUNTA ARENAS
13:00	LADECO	022	ANTOFAGASTA-IQUIQUE-ARICA
14:00	LADECO	043	TEMUCO-VALDIVIA
14:45	LAN CHILE	052	ANTOFAGASTA-CALAMA
17:05	NATIONAL	132	ANTOFAGASTA-IQUIQUE-ARICA
18:00	LADECO	032	LA SERENA
18:00	LAN CHILE	096	ANTOFAGASTA-IQUIQUE-ARICA
18:10	LAN CHILE	045	TEMUCO
18:15	LADECO	071	PUERTO MONTT-PUNTA ARENAS
19:00	LADECO	005	CONCEPCIÓN
19:45	LAN CHILE	025	CONCEPCIÓN
21:00	NATIONAL	134	LA SERENA
21:10	LADECO	061	ANTOFAGASTA-IQUIQUE-ARICA

12-27 ¡Buen viaje, profesor/a! En pequeños grupos, planeen unas vacaciones inolvidables para su profesor/a. Discutan y decidan cómo van a ser las vacaciones basándose en las ideas que aparecen más abajo. Después, preparen un informe oral explicando el plan y, finalmente, toda la clase elige el mejor viaje. Su profesor/a no puede votar.

MODELO: PLANES: Queremos unas vacaciones que sean (subjuntivo) maravillosas.
INFORME: Las vacaciones serán (indicativo) maravillosas.

Para nuestro/a profesor/a queremos unas vacaciones que ...

- ser ...
- costar ...
- ...

Queremos que nuestro/a profesor/a ...

- ir ...
- llevar ...
- visitar ...

- comprar ...
- estar ...
- volver ...

Investigación

Usted ve aquí el movimiento de aviones de la ciudad de Santiago de Chile. ¿Puede usted encontrar en un mapa la ciudad de Santiago? Busque cinco ciudades de Latinoamérica y márquelas en un mapa.

Investigación

Los Paradores Nacionales

En España, muchos de los castillos, palacios y edificios históricos han sido *(have been)* transformados en hoteles de lujo. Se llaman Paradores Nacionales. Estos paradores conservan el estilo y el ambiente del edificio original y al mismo tiempo ofrecen a sus clientes todas las comodidades de un hotel moderno. Estos hoteles son muy populares, por lo tanto es importante hacer reservaciones con anticipación. ¿Cuáles son los hoteles más elegantes de su ciudad? ¿Existe algún tipo de hotel que sea típico de su país o región? ¿Fue usted alguna vez a un Parador Nacional en España?

12-28 En la recepción. En grupos de cuatro, representen la siguiente situación. Uno de ustedes es el/la conserje y los otros son clientes del hotel que le pidieron ciertas cosas al/a la conserje. Cada cliente elige el sobre que contiene lo que él/ella pidió. El/La conserje no recuerda qué le pidió cada cliente y hace preguntas para saber de quién es cada sobre.

MODELO: CONSERJE: ¿Son suyas las entradas para el teatro?
          CLIENTE 1: Sí, son mías.
          CLIENTE 2: Sí, son mías.
          CONSERJE: (a Cliente 1) ¿Las suyas son para esta noche?
          CLIENTE 1: No, las mías son para mañana por la noche.

> 2 entradas / teatro 23/6
> 2 entradas / museo 24/6
> mapa catedral

> 2 entradas / teatro 24/6
> información ruinas
> 4 sellos

> 4 entradas / museo
> 4 entradas / teatro 24/6
> 2 sellos
> mapa catedral

A leer

12-29 Preparación. Marque con una X las oraciones que reflejan su opinión sobre los viajes. Luego compare sus respuestas con las de un/a compañero/a.

_____ 1. Prefiero viajar por tierra porque los buses y los carros son más seguros.

_____ 2. Me gusta hacer viajes por avión porque son más rápidos.

_____ 3. Cuando tengo que viajar por avión, me siento nervioso/a porque pienso que el avión va a sufrir un accidente.

_____ 4. Antes de subir al avión, pienso que podemos chocar *(crash)* en el aire.

_____ 5. Tan pronto como me siento en el avión quiero beber alcohol para relajarme.

_____ 6. El estar encerrado en el avión me produce asfixia *(suffocation)*.

_____ 7. No como en el avión porque pienso que voy a atragantarme *(choke)*.

_____ 8. Creo que soy aviofóbico/a, es decir, tengo pánico a viajar por avión.

12-30 Primera mirada. Lea el siguiente texto y después, resuma el contenido en dos o tres líneas.

El cielo puede esperar

CÓMO PERDER EL MIEDO AL AVIÓN

Hay más probabilidades de que ganes la lotería dos semanas seguidas a que se caiga un aeroplano. Según las estadísticas, en Estados Unidos, por cada víctima de accidente aéreo, mueren 210 conductores de autos, hay 110 asesinatos, 65 caídas fatales, 15 asfixiados por atragantarse y cuatro que mueren simplemente por caerles objetos encima cuando caminan por la calle.

Sin embargo, el avión es el medio de transporte que despierta mayor pánico entre los viajeros. Uno de cada cuatro españoles experimenta esa alergia al vuelo; algunos superan[1] sus problemas a base de coraje, tranquilizantes o alcohol, pero ésta no es una buena solución, como afirma Enrique Gil Nagel, psiquiatra y profesor del cursillo *Miedo a volar*.

En España, desde hace cinco años, la empresa Grupo Especial Directivos e Iberia ofrecen el seminario *Cómo perder el miedo al avión*. El cursillo propone que el miedo a volar puede superarse con información directa sobre la seguridad aérea, apoyo[2] psicológico específico y experiencia real de vuelo en un ambiente adecuado.

Los aviofóbicos tienen dos miedos:

- **Miedo técnico:** piensan que el avión puede caerse, porque no son capaces de asimilar que vuele un artefacto como ése.

- **Miedo psicológico:** angustia ante la expectativa de estar encerrados en el aire.

Durante el seminario, Javier del Campo desmonta las teorías catastrofistas de los asistentes con argumentos técnicos, y explica exhaustivamente las severas pruebas de seguridad que pasan los aparatos y las frecuentes revisiones periódicas a que obliga la ley. Del Campo asegura que después de asistir al cursillo, los participantes no tienen la más mínima duda sobre la seguridad en los aviones: sólo les queda "la parte irracional del problema".

De esta materia se encarga el doctor Gil Nagel, quien trata cada caso individualmente, enseña técnicas de autocontrol, y vigila las reacciones emocionales de los asistentes para liberarlos del problema. Nagel utiliza también terapia de grupo y un método denominado *desensibilización sistemática*, que consiste en enfrentar al paciente con la causa de su miedo.

Tanto el comandante Del Campo como el doctor Nagel coinciden en que las personas con aviofobia generalmente son algo más inteligentes que la persona media, tratan siempre de tenerlo todo bajo control y son muy creativas.

---

[1]overcome   [2]support

12-31 Segunda mirada. Según la lectura, ordene las siguientes causas de muerte de 1 a 5 (5 más significativo, 1 menos significativo), en relación al número de víctimas que ocasionan.

_____ accidentes automovilísticos

_____ asfixias

_____ accidentes de aviación

_____ caídas mortales

_____ asesinatos

Ahora, indique dos formas con las que los viajeros tratan de controlar la aviofobia antes de tomar el cursillo.

Finalmente, explique las estrategias que se utilizan en el cursillo para ayudar a superar …

El miedo técnico:

El miedo psicológico:

12-32 Ampliación. ¿Qué palabras del texto están asociadas —en significado— con las siguientes?

1. aéreo:
2. muertos:
3. miedo:
4. chocar:

 A escribir

12-33 Preparación. Sebastián, uno de sus amigos, ganó un pasaje de ida y vuelta a España en un concurso. Por ser aviofóbico, Sebastián le escribió a usted para pedirle consejos. Él quiere devolver el premio porque piensa que el avión en el que va a viajar tendrá un accidente y él morirá. Basándose en la información del artículo *El cielo puede esperar* o en su conocimiento personal sobre el tema, escriba cinco datos factuales sobre la aviación que le pueden ayudar a su amigo a cambiar de opinión.

12-34 Manos a la obra. Contéstele a Sebastián. Incluya los datos factuales de la actividad 12-33; además déle algunos consejos sobre lo que debe hacer para eliminar su fobia a volar.

Expresiones útiles

PARA DAR DATOS FACTUALES

Es un hecho que ...
La evidencia demuestra que ...
El ... por ciento de ...
Las estadísticas muestran que ...

PARA DAR CONSEJOS

Es importante/necesario/aconsejable que ...
Te recomiendo/aconsejo que ...
Debes ...

12-35 Revisión. Su compañero/a editor/a le va a ayudar a expresar bien sus
ideas para que Sebastián supere *(overcome)* su fobia.

Vocabulario *

Medios de transporte

el auto(móvil)/coche/carro	*car*
el autobús/bus	*bus*
el avión	*plane*
el barco	*ship/boat*
el metro	*subway*
la moto(cicleta)	*motorcycle*
el tren	*train*

En el aeropuerto

la aduana	*customs*
la aerolínea	*airline*
el mostrador	*counter*
la puerta (de salida)	*gate*
la sala de espera	*waiting room*
el vuelo	*flight*

En un avión

el asiento	*seat*
de pasillo/ventanilla	*aisle/window seat*
la clase turista	*tourist/economy class*
la primera clase	*first class*
la sección de (no) fumar	*(no) smoking section*
la ventanilla	*window*

El correo

el buzón	*mailbox*
la carta	*letter*
el paquete	*package*
el sello	*stamp*
el sobre	*envelope*
la tarjeta postal	*post card*

Personas

el/la auxiliar de vuelo	*flight attendant*
el/la agente de viaje	*travel agent*
el/la botones	*bellhop*
el/la cartero/a	*letter carrier*
el/la conserje	*concierge*
el/la huésped	*guest*
el/la inspector/a de aduana	*customs inspector*
el/la pasajero/a	*passenger*

Partes de un coche

la batería/el acumulador	*battery*
el capó	*hood*
el cinturón de seguridad	*safety belt*
el espejo retrovisor	*rearview mirror*
la llanta	*tire*
el maletero	*trunk*
el limpiaparabrisas	*windshield wiper*
el parabrisas	*windshield*
el parachoques	*bumper*
el volante	*steering wheel*

Viajes

la agencia de viajes	*travel agency*
el boleto/pasaje	*ticket*
la carretera	*highway*
el crucero	*cruise*
el cheque de viajero	*traveller's check*
el destino	*destination*
el equipaje	*luggage*
el ferrocarril	*railroad*
la hora de llegada/salida	*arrival/departure time*
la lista de espera	*waiting list*
la maleta	*suitcase*
el maletín	*briefcase*
el pasaporte	*passport*
el precio	*price*
la reservación	*reservation*
la tarjeta de embarque	*boarding pass*
la velocidad	*speed*

En el hotel

la caja fuerte	*safe*
la habitación doble/ sencilla	*double/single room*
la llave	*key*
la recepción	*front desk*

Lugares

la catedral	*cathedral*
la cuadra	*city block*
la esquina	*corner*
el museo	*museum*

Descripciones

disponible	*available*
lleno/a	*full*
vacío/a	*empty*

Verbos

cancelar	*to cancel*
declarar	*to declare*
doblar	*to turn*
facturar	*to check (luggage)*
guardar	*to keep*
manejar	*to drive*
perderse (ie)	*to get lost*
reservar	*to make a reservation*
revisar	*to inspect*
viajar	*to travel*
volar (ue)	*to fly*

Palabras y expresiones útiles

a la izquierda/derecha	*to the left/right*
a sus órdenes	*at your service*
a veces	*at times*
de ida y vuelta	*round trip*
hacer cola	*to stand in line*
hacer escala	*to make a stopover*
pasar (tiempo)	*to spend the time*
seguir (i) derecho	*to go straight ahead*
una vez	*once*

*For a list of affirmative and negative expressions, see page 365

ENFOQUE CULTURAL

La música y el baile

Para pensar

¿Cuál es su música favorita? ¿Qué tipo de música puede Ud. escuchar en la radio? ¿Hay algún tipo de música que sea típicamente estadounidense? ¿Cuál es?

A los hispanos les gustan mucho la música y el baile. En la mayor parte de las reuniones familiares y fiestas, la gente baila, canta, toca algún instrumento musical, y en general disfruta mucho. La música hispana contemporánea es muy variada y refleja la diversidad étnica de los diferentes países. En algunos países, especialmente aquellos con una población indígena significativa (México, Guatemala, Perú, Bolivia, Ecuador) se escucha la música indígena que generalmente se caracteriza por ser triste y melancólica, pero que también, a veces, puede ser rápida y alegre. Un ejemplo de esta música indígena alegre es el huayno. En todos los países hispanos se escucha y se baila música de origen africano que se caracteri por ser rápida, alegre y vibrante. La cumbia, el merengue, la salsa, la rumba son ejemplos de esta música tan popular. También hay algunos tipos de música y bailes que aunque se conocen en todas partes, son típicos de ciertos países. Algunos ejemplos son la marinera del Perú, el tango de Argentina, la cuec de Chile, el joropo de Venezuela, las sevillanas y el flamenco de España, y el tamborito y el punto Panamá. Finalmente, debido a la influencia de la música europea, se han desarrollado variaciones regionales del vals y la polca. Por la influencia de los Estados Unidos en los países hispanos tambi se escucha y se baila el rock y el jazz.

Hay muchísimos cantantes famosos en el mundo hispano: Celia Cruz (de Cuba), llamada la reina de salsa, Thalía (de México), Albita (de Cuba), Enrique Iglesias (de España), José Luis Rodríguez (Venezuela), Rubén Blades (de Panamá) son sólo algunos ejemplos.

Para contestar

La música hispana. Con su compañero/a, conteste las siguientes preguntas.

1. ¿Por qué se dice que la música hispana contemporánea es muy variada? Explique.
2. Cada país tiene su música típica. Mencione la música típica de Chile, Venezuela, Panamá. ¿Cuáles son algunos cantantes hispanos famosos?

Riqueza cultural. En grupos de tres, comparen los diferentes tipos de música que ustedes escuchar en la radio con la música que escuchan los jóvenes hispanos.

Para investigar en la WWW

1. Busque información acerca de dos conjuntos (*bands*) panameños de música popular y dos conjuntos hispanos de música folclórica. Para cada conjunto, diga qué tipo de música toca, qu instrumentos usa, cómo se llama el conjunto, etc. Traiga esta información a la clase y haga una presentación de lo que averiguó.
2. Busque información acerca de diferentes discotecas y lugares donde se puede ir a escuchar música o a bailar en Costa Rica. Diga a qué hora abren, cuál es el precio de entrada, qué tipo de música tocan, etcétera. Traiga una copia del anuncio.

Panamá

Ciudades importantes y lugares de interés:
La Ciudad de Panamá, la capital, con una
población de aproximadamente 800.000
habitantes es el principal centro de comercio
del país. Hay muchos sitios de interés para
visitar en la zona de la ciudad conocida
como Casco Viejo, entre ellos el Museo de
Arte Colonial Religioso, el Museo de la
Nacionalidad y el Paseo Las Bóvedas. Cerca
de la Ciudad de Panamá se encuentra el
famoso Canal de Panamá que conecta el
Océano Pacífico con el Mar Caribe y el
Océano Atlántico. En Las Tablas, al norte de
Panamá, se celebra todos los años la Fiesta
de la Pollera que es el traje típico panameño.
Allí se puede apreciar bailes regionales
tradicionales como la Danza de los Toros, la
Danza de los Diablos y la Danza de Guapos.

El canal de Panamá

Costa Rica

Ciudades importantes y lugares de interés:
San José es la capital, con más de 300.000 habitantes.
En San José no sólo se encuentran teatros como el
Teatro Nacional, museos como el Museo de Jade
y parques como el Parque de España, sino
también una gran variedad de discotecas y
lugares para bailar música popular, música
americana y música típica de diferentes
países hispanos. Cerca de San José, también
se puede visitar el volcán Irazú, el Parque
Nacional Braulio Carrillo y el pueblito de
Sarchí, famoso por sus hermosas carretas
pintadas de brillantes colores.

Expresiones costarricenses:
¡Upe!
Hey! (a type of greeting)
Pásame ese chunche.
Give me that thing.

Un bosque tropical en Costa Rica

Lección 13
Los hispanos en los Estados Unidos

COMUNICACIÓN

- Stating facts in the present and the past
- Giving opinions
- Describing states and conditions
- Talking about the past from a present-time perspective

ESTRUCTURAS

- The past participle and the present perfect
- The past perfect
- Past participles used as adjectives
- Reciprocal verbs and pronouns
- Infinitive as subject of a sentence and as object of a preposition

MOSAICOS

A ESCUCHAR

A CONVERSAR

A LEER

- Identifying the main topic of a text and writing a title

A ESCRIBIR

- Reporting biographical information
- Writing to spark interest

ENFOQUE CULTURAL

- La inmigración
- Puerto Rico

A primera vista

Faces of today (handwritten)

Caras de hoy

Federico Peña, nacido en Tejas, ha ocupado puestos de importancia en la política y en el gobierno de los Estados Unidos. De 1983 a 1991 fue alcalde de la ciudad de Denver, Colorado, y más tarde, como Secretario de Transporte, formó parte del gabinete del presidente Clinton durante su primer mandato. En su segundo mandato, el presidente Clinton lo nombró Secretario de Energía.

(handwritten annotations: born; occupy positions of importance; politics + govt; in the us; mayor; during; power of attorney)

Gloria Estefan nació en Cuba y poco después sus padres emigraron a los Estados Unidos. Hoy en día es una de las cantantes más populares en el mundo hispano y en los Estados Unidos. Su fama también se ha extendido a otros países europeos y asiáticos donde sus conciertos han tenido mucho éxito. Durante la inauguración de los Juegos Olímpicos de 1996 en Atlanta, unos tres mil millones de televidentes en todo el mundo pudieron verla y escucharla.

(handwritten annotations: born; a little after; Nowadays; world hispanic; fame; Asian; had much success; 3 billion)

Alex Rodríguez, nacido en la República Dominicana y miembro del equipo de béisbol de los Marineros de Seattle, fue la revelación de 1996. Con sólo 21 años, la Prensa Asociada lo escogió como el Jugador del Año de las Grandes Ligas y ocupó el segundo lugar cuando se eligió al Jugador Más Valioso de la Liga Americana.

(handwritten annotations: born; team; Only 21 yrs.)

La conocida novelista Isabel Allende
started a career as a journalist
comenzó su carrera como periodista
en Chile. Después del golpe militar y
de la muerte de su tío, el presidente
Salvador Allende, emigró a Venezuela
y finalmente se estableció en los
Estados Unidos. Sus novelas *Eva
Luna, La casa de los espíritus* y *El
plan infinito* la han colocado entre las
escritoras hispanas más conocidas. *well-known* En
su libro *Paula* narra la historia de su
familia, al mismo tiempo que nos
comunica todo el dolor y tristeza que
sintió durante la enfermedad y muerte
de su hija. Ahora publica novelas en
inglés tanto como en español.

Mary Ann Unanue nació en San Juan, Puerto
Rico. Cuando tenía siete años, su familia se
trasladó a Nueva Jersey. A los catorce años,
started comenzó a trabajar durante los veranos en Goya,
empresa distribuidora de alimentos fundada por
sus abuelos y que es en la actualidad la compañía
hispana más grande de los Estados Unidos.
Después de terminar sus estudios universitarios,
Mary Ann Unanue se incorporó a Goya como
asistente del Director de Publicidad y en 1984 fue
nombrada Gerente de Mercadotecnia. *Marketing* Luego
asumió la Gerencia General de Goya en Chicago.
Hoy en día, es la presidenta de *Goya Foods of
Florida*. Unanue ha recibido numerosos premios,
tales como "Comerciante del Año 1993" de la
Cámara de Comercio Puertorriqueña de Chicago e
"Industrial del Año 1995" de CAMACOL
(Cámara de Comercio Latina).

¿Qué dice usted?

13-1 Una nueva generación. Con su compañero/a, llene la tabla con la información que obtuvieron sobre ciertos hispanos prominentes.

NOMBRE	PROFESIÓN	LUGAR DE ORIGEN	DATOS INTERESANTES
Maryanne Unanne	*gerente Pres.*	Puerto Rico	*Presidente de Goya Foods*
Federico Peña	*político*	*Tejas*	
Gloria Estefan	*cantantes*	Cuba	
Alex Rodríguez	*beisbol*	*República Domi.*	
Isabel Allende	novelista	*Chile*	escribe en inglés y español

13-2 ¿Quiénes más? En grupos de tres, hagan una lista de otros hispanos famosos que viven en los Estados Unidos. Incluyan todos los detalles posibles de su carrera y su origen. Después, compartan su lista con otros grupos.

Centros hispanos

Miami, conocida como la capital del sol, es más que un centro turístico. Hoy en día, Miami es un importante centro de comercio internacional, con un gran movimiento de mercancías, especialmente hacia y desde Hispanoamérica. Cerca de la mitad de su población es de origen hispano y está representada por cubanos, nicaragüenses, venezolanos, colombianos y personas de otros países. Esta gran variedad cultural se observa en la vida diaria de la ciudad y en los festivales que se organizan, como el festival de la Calle Ocho, con una gran influencia del Caribe y del resto de la América hispana, y la Absolut Feria de Sevilla en Miami, donde la influencia española se ve en las casetas, las tapas, la música y los famosos caballos andaluces.

Se dice que Nueva York es la ciudad puertorriqueña más grande del mundo.
Más de dos millones de puertorriqueños viven en Nueva York, una población
mucho mayor que la de San Juan. Con sus propios negocios, periódicos,
representantes políticos, estaciones de radio y su propio desfile anual, los
"neoyoricans", como se les conoce, han alcanzado hoy en día una gran
influencia en esta ciudad.

Los primeros pobladores de
Los Ángeles fueron once
familias, procedentes de
México, que fundaron en
1781 El Pueblo de Nuestra
Señora la Reina de los
Ángeles de Porciúncula en lo
que hoy es la Placita de la
Calle Olvera. Con el tiempo,
el nombre se acortó a El
Pueblo y después a Los
Ángeles. En la actualidad,
con la excepción de la

Ciudad de México, el área metropolitana de Los Ángeles tiene más
mexicanos o descendientes de mexicanos que cualquier otra área
metropolitana del mundo.

¿Qué dice usted?

CONCENTRACIÓN DE HISPANOHABLANTES EN LOS ESTADOS UNIDOS

■ Más de 1 millón de hispanos
■ Más de 250 mil hispanos
■ Más de 100 mil hispanos
■ Menos de 100 mil hispanos

Ciudades con el mayor número de hispanohablantes

1.	Los Ángeles	4.780.000
2.	Nueva York	2.780.000
3.	Miami	1.100.000
4.	San Francisco	970.000
5.	Chicago	890.000
6.	Houston	770.000
7.	Dallas	520.000
8.	Phoenix	345.000
9.	Denver	226.000
10.	Washington	225.000

Origen de los inmigrantes

Otros
Centroamérica
Sudamérica
Cuba
Puerto Rico
México

13-3 ¿Dónde viven? Uno/a de ustedes es un/a periodista que busca datos de la población hispana en los Estados Unidos. El/La otro/a trabaja en el Departamento del Censo y le puede dar información. Consulten la información ya presentada.

MODELO: E1: ¿Me puede decir cuáles son los estados con más de un millón de hispanos?
E2: Sí, son California, Texas, Florida, Illinois y Nueva York.

1. ciudades con mayor número de hispanos
2. país de origen de la mayoría de hispanos
3. origen de inmigrantes
4. estados con más de 250.000 hispanos
5. ...

13-4 Ciudades hispanas. Con dos compañeros/as, prepare un breve informe sobre las tres ciudades con mayor población hispana en los Estados Unidos. Cada uno/a debe hablar de una ciudad diferente.

1. ¿Cómo son las ciudades de Los Ángeles, Miami y Nueva York?
2. ¿Cómo se nota la influencia hispana en estas tres ciudades?
3. ¿De dónde viene la mayoría de la población hispana en cada ciudad?
4. ¿Cuál es un lugar o una actividad popular en cada ciudad?

13-5 Mi carrera futura. Hable con su compañero/a de la carrera futura de cada uno/a. Discutan el contacto que tendrán con la población hispana en ese campo, y las situaciones en las cuales el español será una ventaja.

13-6 Contribuciones étnicas. En grupos de cuatro, escojan uno o dos lugares en los Estados Unidos donde los hispanos tienen mucha influencia en la vida diaria y expliquen cuál es esta influencia. Luego, comparen sus resultados con los de otros grupos.

 A escuchar

Un hombre de negocios español. You will hear a Spaniard talking about himself, his family, and his work. Complete the following statements by marking the appropriate answers.

1. Además de español, Juan Sanz habla ...

____ catalán   ____ japonés   ____ francés   ____ inglés
____ ruso   ____ italiano   ____ portugués   ____ alemán

2. Juan Sanz estudió en la Universidad de ...

____ Maryland
____ Barcelona
____ las Américas

3. Él cree que pudo obtener puestos importantes rápidamente porque ...

____ habla varias lenguas
____ estudió mucho
____ conoce muchos países

4. Los equipos que venden en su compañía cuestan alrededor de ...

____ 100.000 dólares
____ 500.000 dólares
____ 1.500.000 dólares

5. Según Juan Sanz, una compañía puede dar mejor servicio cuando ...

____ llama a los clientes con frecuencia
____ sus productos tienen buen precio
____ habla la lengua del cliente

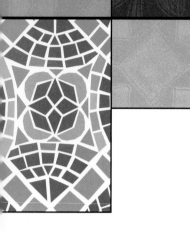

Explicación y expansión

1. The past participle and the present perfect

- Both Spanish and English have perfect tenses that are used to refer to completed, past actions. Both languages use an auxiliary verb (**haber** in Spanish, *to have* in English) and a past participle. In English, past participles are often formed with the endings *-ed* and *-en*, for example *finished, eaten*. You will learn more about Spanish past participles below.

- All past participles of **-ar** verbs end in **-ado** while past participles of **-er** and **-ir** verbs generally end in **-ido**. If the stem of an **-er** or **-ir** verb ends in a vowel, use a written accent on the **i** of **-ido** (leer → leído).

PRESENT TENSE HABER		+	PAST PARTICIPLE
yo	he		
tú	has		
Ud., él, ella	ha		hablado
nosotros/as	hemos		comido
vosotros/as	habéis		vivido
Uds., ellos/as	han		

- Form the present perfect of the indicative by using the present tense of **haber** as an auxiliary verb with the past participle of the main verb. **Tener** is never used as the auxiliary verb to form the perfect tense.

    Han trabajado mucho para comprar la casa.
    They have worked a lot to buy the house.

    Algunos músicos hispanos **han obtenido** muchos premios.
    Some Hispanic musicians have gotten many awards.

- Use the present perfect to refer to a past event or action that has some relation to the present.

    Victoria, ¿ya **has comido**?   *Victoria, have you eaten yet?*
    No, no **he comido** todavía.   *No, I haven't eaten yet.*

- Place object and reflexive pronouns before the auxiliary verb **haber.** Do not place any word between **haber** and the past participle.

¿Le has dado el regalo a Silvia?	*Have you given Silvia the present?*
No, todavía no **se lo** he dado.	*No, I haven't given it to her yet.*

- Some **-er** and **-ir** verbs have irregular past participles. Here are some of the more common ones:

IRREGULAR PAST PARTICIPLES			
hacer	**hecho**	abrir	**abierto**
poner	**puesto**	escribir	**escrito**
romper	**roto**	cubrir	**cubierto**
ver	**visto**	decir	**dicho**
volver	**vuelto**	morir	**muerto**

- The present perfect of **hay** is **ha habido.**

Ha habido más trabajo últimamente.   *There has been more work lately.*

- Use the present tense of **acabar + de +** *infinitive*, not the present perfect, to state that something has just happened.

Acabo de oír las noticias.   *I have just heard the news.*

¿Qué dice usted?

13-7 Las cosas que no he hecho. Usted y su compañero/a deben decir las cosas que no han hecho de cada lista. Después, comparen sus respuestas con las de otros estudiantes.

1. Yo nunca he estado en ...
   a. Nueva York
   b. Los Ángeles
   c. Miami

2. Yo nunca he hecho ...
   a. cerámica
   b. cola en un restaurante
   c. arroz con frijoles

3. Yo nunca he corrido en ...
   a. las Olimpiadas
   b. el estadio de la universidad
   c. una carretera

4. Yo nunca he escrito ...
   a. una novela
   b. una carta de negocios
   c. un poema

5. Yo nunca he roto ...
   a. un plato
   b. un vaso
   c. un disco

6. Yo nunca he dicho ...
   a. una mala palabra
   b. una mentira
   c. palabras en chino

13-8 ¿Mentirilla? Dígale a su compañero/a si usted ha hecho o no ha hecho las siguientes cosas. Su compañero/a debe adivinar si lo que usted dice es mentira o verdad. Si es verdad, pida detalles.

MODELO: conocer a Isabel Allende
E1: Yo he conocido a Isabel Allende.
E2: ¡Es una mentirilla! No has conocido a Isabel Allende.

1. ver el Desfile de las Rosas
2. escuchar a Gloria Estefan en persona
3. hablar con un hispano famoso
4. votar en las elecciones para presidente
5. caerse por unas escaleras
6. visitar un país hispano
7. mandar una carta a un periódico
8. navegar por el Internet

13-9 Un/a atleta excelente. Con su compañero/a, nombre a un/a atleta famoso/a y prepare una lista de cinco cosas que ustedes creen que ha hecho esta persona para ser un/a atleta excelente.

MODELO: Tiger Woods es un excelente jugador de golf.
Ha practicado todos los días, …

13-10 Un viaje. Usted y su compañero/a van a hacer un viaje con un amigo/a que iba a ocuparse de todos los preparativos. Háganle preguntas para ver qué ha hecho.

MODELO: sacar el pasaporte
E1: ¿Has sacado el pasaporte?
E2: No, no lo he sacado todavía.   o   Sí, ya lo saqué.

1. llamar a la línea aérea
2. ir a la agencia de viajes
3. hacer las reservaciones
4. comprar los cheques de viajero
5. escribir al hotel
6. empacar

13-11 Justo ahora. Con su compañero/a, determine qué acaban de hacer estas personas. Den la mayor información posible.

MODELO: Juan y Ramiro salen del estadio.
Acaban de ver un partido de béisbol muy importante.
Fueron a ver a Alex Rodríguez porque es su jugador favorito.

1. Maricarmen sale de un concierto.
2. Pedro busca su equipaje en el aeropuerto.
3. Mercedes y Paula salen del cine.
4. Un hombre llega corriendo a la estación de policía.
5. Jorge y Ricardo salen de una tienda.
6. Rubén le da un anillo de diamantes a su novia.

13-12 Las contribuciones de los hispanos. Con su compañero/a, escoja un área (negocios, arquitectura, música, arte, etc.) y juntos preparen una breve presentación oral explicando cómo han contribuido los hispanos a la sociedad de este país.

13-13 La diversidad. Con su compañero/a, prepare una lista de las cosas que se han hecho ya para mejorar la comprensión entre los diferentes grupos étnicos en este país. Luego preparen otra lista de cosas que no se han hecho, pero que deben hacerse.

Situaciones

1. Uno/a de ustedes es reportero/a y el otro/a es un/a famoso/a novelista hispano/a que vive en los Estados Unidos. El/La reportero/a desea saber a) cuántas novelas ha escrito, b) sus fechas de publicación, c) cuánto tiempo hace que vive en los Estados Unidos, d) los premios que ha recibido, e) cuál es su novela favorita, y f) por qué.

2. Escoja una de las personas que aparecen al comienzo de esta lección. Su compañero/a debe escoger otra. Deben hacer preguntas para averiguar a quién ha escogido su compañero/a. Después, cada uno/a debe decir qué ha hecho esta persona para tener éxito.

---

2. The past perfect

■ Form the past perfect with the imperfect tense of **haber** and the past participle of the main verb.

IMPERFECT haber		PAST PARTICIPLE
yo	había	
tú	habías	
Ud., él, ella	había	hablado
nosotros/s	habíamos	comido
vosotros/as	habíais	vivido
Uds., ellos/as	habían	

■ Use the past perfect to refer to a past event or action that occurred prior to another past event.

La fiesta **había terminado** cuando llegamos.	*The party had ended when we arrived.*
Todos **se habían ido** a las dos.	*Everyone had left at two.*

¿Qué dice usted?

13-14 ¿Qué había hecho usted? Dígale a su compañero/a las cosas que ya había hecho usted en diferentes momentos de su vida. Después, su compañero/a va a darle la misma información a usted.

1. Cuando tenía 10 años, yo ya
   a. había terminado el … grado
   b. había jugado …
   c. había aprendido unas palabras en …
   d. …

2. Cuando cumplí 15 años, yo ya
   a. había estudiado …
   b. había ido a …
   c. había comprado …
   d. …

3. Cuando terminé la escuela secundaria, yo ya
   a. había ganado un campeonato de …
   b. había manejado el auto de …
   c. había tenido … novio/a(s)
   d. …

4. Cuando empecé en la universidad, yo ya
   a. había conocido a …
   b. había visitado …
   c. había visto …
   d. …

5. Cuando me acosté anoche, yo ya
   a. había leído …
   b. había escrito …
   c. había hablado con …
   d. …

13-15 Un día muy feliz. Cuando la Sra. Jiménez volvió a su casa ayer después del trabajo encontró que no tenía que hacer nada en la casa. Diga qué habían hecho los diferentes miembros de la familia.

MODELO: su esposo / cocinar
         Su esposo había cocinado para toda la familia.

1. su madre / lavar
2. sus hijos Pablo y Laura / limpiar
3. su hijo mayor / poner
4. su hija menor / sacar
5. su vecina / hacer
6. …

13-16 Un día terrible y un día maravilloso. Ayer fue un día terrible para usted y un día maravilloso para su compañero/a. Cada uno/a va a contar todas las cosas que habían pasado cuando llegaron a su casa.

MODELO: E1: Pasé un día terrible. Cuando llegué a mi casa, mi perro había roto la cortina del baño. Mi vecino …

E2: Yo pasé un día maravilloso. Cuando llegué a mi casa, el cartero me había traído una carta con un cheque de $100.

13-17 ¿Qué habían hecho? Lea con su compañero/a lo que hicieron y cómo estaban estos amigos el sábado pasado. Luego, digan qué habían hecho (o no habían hecho) el viernes anterior.

MODELO: José se levantó muy tarde.

E1: Se había acostado muy tarde el viernes por la noche.

E2: Había ido a una fiesta en la universidad.

1. Jaime salió a correr a las seis de la mañana.
2. Paulina y Greg hablaron toda la mañana de una película.
3. Claudia y Liliana no encontraban las llaves del auto.
4. Consuelo encontró la casa llena de botellas.
5. Enrique devolvió unos libros a la biblioteca.

Situaciones

Uno/a de ustedes conoce a un/a hombre/mujer de negocios hispano/a que ha fundado una compañía muy importante; el/la otro/a está haciendo investigaciones sobre los hispanos que han tenido éxito en este país y le va a hacer preguntas para saber a) cuánto tiempo ha vivido esa persona en este país, b) qué había hecho antes de fundar su compañía (estudios, puestos que ocupó, lugares donde vivió, etcétera) y c) información adicional sobre la compañía.

---

3. Past participles used as adjectives

■ When a past participle is used as an adjective, it agrees with the noun it modifies.

un apartamento alquilado	*a rented apartment*
una puerta cerrada	*a closed door*
los libros abiertos	*the open books*

■ Spanish uses **estar** + *past participle* to express a state or condition resulting from a prior action.

ACTION	RESULT
Ella terminó el libro.	El libro **está terminado.**
Magdalena se sentó.	Magdalena **está sentada.**
Había reservado la habitación.	La habitación **estaba reservada.**

13-18 ¿Un robo o un cuarto desordenado? Usted y su compañero/a entraron en su cuarto y vieron que estaba muy desordenado y que faltaban algunas cosas. Cada uno/a debe decirle a la policía del campus lo que vio.

MODELO: puerta del armario / abierto
La puerta del armario (no) estaba abierta.

ESTUDIANTE 1	ESTUDIANTE 2
1. el espejo del armario / roto	la ropa / colgado
2. la cama / tendido	el televisor / encendido
3. los libros de las clases / abierto	las ventanas / cerrado
4. …	…

13-19 Una noche muy especial. Con su compañero/a, lea el siguiente párrafo usando la forma correcta del participio pasado de los verbos entre paréntesis.

Cuando Rosalía del Corral entró al teatro, ya casi todo el público había (1) _____ (llegar). Caminó por el pasillo y se sentó. Su mejor amiga estaba (2) _____ (sentar) a su lado. Era una noche muy especial porque iban a anunciar qué actores hispanos habían (3) _____ (ganar) el premio de excelencia por su actuación y todos estaban muy (4) _____ (emocionar). El presentador habló unos minutos sobre la importancia del acto, la orquesta tocó algunas canciones (5) _____ (conocer) y otras personas hablaron hasta que llegó el momento (6) _____ (esperar). Una chica le entregó dos sobres (7) _____ (cerrar) al presentador. Éste abrió el primero y con el sobre (8) _____ (abrir) en la mano, dijo el nombre de la ganadora. Rosalía no podía creerlo. ¡Había (9) _____ (decir) su nombre! ¡Ella había (10) _____ (recibir) el premio! Se levantó del asiento para ir a recibirlo. Se sentía muy (11) _____ (confundir), y en ese mismo momento se despertó y estaba (12) _____ (acostar) en su cuarto. ¡Todo había (13) _____ (ser) un sueño! Pobre Rosalía no había (14) _____ (ganar) nada.

Situaciones

Un huracán, seguido de fuertes lluvias, pasó por la Florida. Uno/a de ustedes acaba de regresar de la zona afectada. El/La otro/a debe hacerle preguntas para saber a) cómo están los habitantes y b) cuál es el estado de las carreteras, los refugios y los edificios.

4. Reciprocal verbs and pronouns

Están enamorados y se quieren mucho.

Se odian y se pelean todo el tiempo.

Use the plural reflexive pronouns (**nos, os, se**) to express reciprocal actions. In English, reciprocal actions are usually expressed with *each other* or *one another*.

Muchos hispanos **se abrazan** cuando **se saludan.**	*Many Hispanics embrace when they greet each other.*
Nosotros **nos vemos** todas las semanas.	*We see each other every week.*
En mi familia **nos llevamos** muy bien.	*In our family we get along very well.*

¿Qué dice usted?

13-20 ¿Qué hacen los buenos amigos? Decida si los buenos amigos hacen o no hacen estas cosas, y bajo qué circunstancias. Después, comparta sus ideas con su compañero/a.

MODELO: escribirse
     E1: (Yo creo que) los buenos amigos se escriben si viven lejos.
     E2: Yo también, pero creo que no se escriben si se ven frecuentemente.

1. llamarse todos los días
2. comprenderse
3. ayudarse cuando tienen problemas
4. insultarse y pelearse
5. regalarse cosas
6. darse consejos cuando los necesitan
7. quererse
8. criticarse continuamente

13-21 Consejos. Discuta los problemas de las siguientes personas con su compañero/a. Juntos, busquen una solución.

1. Rafael y Josefina son novios pero no se ven con mucha frecuencia. Él vive en Monterrey, México y ella vive en Los Ángeles.
2. Catalina y Raquel son compañeras de cuarto. A veces cuando Catalina quiere estudiar, llega al cuarto y encuentra que Raquel está escuchando música con sus amigos.
3. Los estudiantes de historia tienen miedo de expresar sus opiniones en clase porque el profesor no parece *(seems)* interesarse por lo que dicen. A veces, los estudiantes no prestan atención en clase.

13-22 Mis relaciones con … Piense en sus relaciones con una persona (padre/madre, novio/a, pariente, etcétera) y dígale a su compañero/a cómo son esas relaciones. Las preguntas de más abajo pueden ser útiles.

MODELO: Mis relaciones con mi hermano son muy buenas.
Nosotros nos queremos. A veces …

1. ¿Se respetan?
2. ¿Se quieren?
3. ¿Se detestan?

4. ¿Se comunican?
5. ¿Se pelean?
6. …

Situaciones

Uno/a de ustedes tiene problemas con un/a compañero/a en el trabajo y va a ver al/a la jefe/a. El/La jefe/a le debe hacer preguntas para saber más de la situación (qué ha hecho esta persona, se saludan o no, se hablan respetuosamente o no) y también le debe dar algunos consejos.

5. Infinitive as subject of a sentence and as object of a preposition

- The infinitive is the only verb form that may be used as the subject of a sentence. As the subject, it corresponds to the English *-ing* form.

Caminar es un buen ejercicio.	*Walking is a good exercise.*
Fumar no es bueno para la salud.	*Smoking is not good for your health.*

- Use an infinitive after a preposition.

Llama **antes de ir.**	*Call before going.*
No llegues **sin avisarles.**	*Don't arrive without letting them know.*

- **Al** + *infinitive* is the equivalent of **cuando** + *verb*.

Al llegar, llamó al director.	*Upon arriving/when he arrived,*
Cuando llegó, llamó al director.	*he called the director.*

¿Qué dice usted?

13-23 Los letreros. Con su compañero/a, decida en qué lugares hay avisos o letreros como éstos.

MODELO: No correr.
En el pasillo de una escuela. En el área/zona de una piscina.

1. Usar el cinturón de seguridad.
2. No tirar basura.
3. Disminuir la velocidad.
4. No traer vasos de cristal.
5. Usar cascos en esta área.
6. No abrir esta puerta.

13-24 Opiniones. Marque con una X el casillero correspondiente en la tabla de acuerdo con sus opiniones. Después, compare sus respuestas con las de su compañero/a y añadan comentarios adicionales.

MODELO: dormir ocho horas
E1: Para mí, es necesario dormir ocho horas.
E2: Pues, para mí, dormir ocho horas es difícil.
Generalmente, duermo seis.

ACTIVIDAD	IMPORTANTE	NECESARIO	DIVERTIDO	ABURRIDO	TERRIBLE	DIFÍCIL
hacer ejercicio ir de compras llegar tarde a los lugares usar el correo electrónico mirar la televisión hispana conocer otras culturas trabajar por la comunidad						

13-25 Reacciones diferentes. Averigüe qué hace su compañero/a en estos casos. Después, comparta sus reacciones con las de otro/a estudiante.

MODELO: antes de viajar en avión
      E1: ¿Qué haces antes de viajar en avión?
      E2: Antes de viajar en avión, normalmente compro unas revistas o pongo un buen libro en mi mochila.

1. antes de hacer un viaje largo en auto
2. antes de ir a un restaurante hispano
3. después de despertarse
4. después de asistir a un partido de fútbol
5. antes de dormir
6. antes de ir a una entrevista para un trabajo

13-26 Sus planes. Háganse preguntas para saber cuáles van a ser sus planes.

MODELO: E1: ¿Qué vas a hacer al llegar a tu casa?
      E2: Al llegar a casa me voy a quitar los zapatos.
      E1: ¿Y antes?
      E2: Antes de ir a casa, voy a ir a la biblioteca.

13-27 Unos avisos. En pequeños grupos, preparen unos avisos, compártanlos con la clase y digan dónde se deben poner.

Situaciones

La Asociación de Estudiantes quiere publicar un documento sobre los derechos y los deberes de los estudiantes y ha pedido la cooperación de todos. Preparen una lista de los derechos y deberes que ustedes consideran básicos.

mosaicos

A. Hispanos y profesiones. You will hear the accomplishments of several Hispanics who live in the United States. As you listen to the following descriptions, write each person's name and profession.

B. ¿Lógico o ilógico? Indicate whether each of the following statements is **Lógico** or **Ilógico**.

	LÓGICO	ILÓGICO		LÓGICO	ILÓGICO
1.	_____	_____	5.	_____	_____
2.	_____	_____	6.	_____	_____
3.	_____	_____	7.	_____	_____
4.	_____	_____	8.	_____	_____

 A conversar

13-28 ¿Quién es? Uno/a de ustedes elige a una persona del cuadro y el/la otro/a hace preguntas hasta descubrir quién es la persona.

PERSONA	FECHAS	NACIONALIDAD	OCUPACIÓN	ALGO IMPORTANTE
Frida Kahlo	1907-1954	mexicana	pintora	valorar las raíces indígenas de los mexicanos
Pablo Casals	1876-1973	español	violoncelista, director de orquesta	empezar el Festival Casals en Puerto Rico
Alfonsina Storni	1892-1938	argentina	poeta	defensora de los derechos de la mujer
José Martí	1853-1895	cubano	poeta, escritor, político	padre de la independencia de Cuba
Carlos Gardel	1887-1935	argentino	cantante, compositor	hacer famoso el tango
Violeta Parra	1918-1967	chilena	cantante, compositora	empezar la Nueva Canción en Chile
Roberto Clemente	1934-1972	puertorriqueño	jugador de béisbol	elegido al Salón de la Fama de Béisbol en 1972

13-29 Los congresistas. Usted y su compañero/a son congresistas que han trabajado mucho para mejorar la educación en las escuelas, especialmente en el área de las lenguas extranjeras. Preparen un informe donde expliquen cuáles son las condiciones que han existido hasta ahora y cuáles son sus ideas para mejorarlas.

ÁREAS	CONDICIONES QUE HAN EXISTIDO	CAMBIOS
número de alumnos por aula		
horas de contacto a la semana		
preparación de los profesores		
contacto con los padres		
disciplina		
incentivos		

13-30 ¿Qué habías hecho ya a los quince años? Entreviste a su compañero/a para averiguar qué había hecho ya en las siguientes áreas a los quince años. Trate de obtener la mayor información posible para compartir después con la clase.

1. estudios
2. deportes
3. trabajo
4. viajes

 **A leer**

13-31 Preparación. Ponga en un círculo la información que se relaciona con la historia de algún familiar (cercano o lejano) suyo que haya inmigrado a los Estados Unidos. Si no hay ningún/a inmigrante en su familia, busque a un/a compañero/a de la clase que sí tenga uno/a y entrevístelo/la. Prepárese para compartir la información con el resto de la clase.

1. Alguien de mi familia inmigró a los Estados Unidos …
   a. a comienzos del siglo XX.
   b. a mediados de este siglo.
   c. recientemente.
   d. …

2. Antes de venir aquí, él/ella …
   a. había vivido en Europa.
   b. había pasado toda su vida en África.
   c. había nacido y crecido en la América Latina.
   d. …

3. El/La inmigrante de mi familia era de ascendencia …
   a. hispana.
   b. europea.
   c. africana.
   d. asiática.
   e. …

4. Este/a inmigrante de mi familia vino a este país porque …
   a. en su país de origen había habido una guerra o una revolución.
   b. había vivido bajo opresión y quería libertad.
   c. había sido perseguido/a y podía perder su vida.
   d. quería disfrutar de una vida mejor.
   e. …

5. Después de inmigrar, él/ella …
   a. se ha hecho ciudadano/a estadounidense.
   b. se ha convertido en residente permanente de los Estados Unidos.
   c. ha tenido varios tipos de visa para quedarse aquí.
   d. …

6. Después de vivir algún tiempo en este país, él/ella …
   a. se considera parte de una minoría.
   b. cree que se ha asimilado completamente a la cultura de este país.
   c. no se siente norteamericano/a.
   d. …

13-32 Primera mirada. Lea el siguiente texto y luego, póngale un título. Éste debe reflejar el tema central del texto. Luego compare su título con el de un/a compañero/a.

En los Estados Unidos hay una gran población de origen hispano. Aproximadamente 25.000.000 de hispanos viven en los Estados Unidos. Es posible que para el año 2.000 los hispanos sean el grupo minoritario más numeroso del país. El origen de esta población es muy variado, pero los tres grupos más numerosos son: los puertorriqueños, los cubanoamericanos y los mexicoamericanos.

Los puertorriqueños

Más o menos 2.000.000 de puertorriqueños viven en los Estados Unidos en la actualidad. La mayoría de ellos vive en Nueva York. Otros lugares con un gran número de puertorriqueños son Chicago y Nueva Jersey. Los puertorriqueños son ciudadanos norteamericanos desde el año 1917 ya que Puerto Rico es un Estado Libre Asociado de los Estados Unidos.

Los cubanoamericanos

Los primeros grupos de cubanos llegaron a fines del siglo XIX al estado de Florida. Hay más de un millón de cubanoamericanos en los Estados Unidos y la mayoría de ellos llegó después de la revolución de Fidel Castro en Cuba en el año 1959. Más de la mitad de la población cubanoamericana vive en Miami. Esta ciudad tiene una zona que se llama la Pequeña Habana, donde el idioma principal es el español y casi todos los comercios son hispanos.

Los mexicoamericanos

Los mexicoamericanos forman el 59% de la población hispana de los Estados Unidos y por lo tanto son el grupo hispano más numeroso de este país. La mayoría vive en los estados de Texas y California. Estos dos estados, junto con otros del suroeste de lo que hoy es los Estados Unidos, eran parte de México hasta 1848. En este momento hay más de 10.000.000 de mexicoamericanos en los Estados Unidos. Algunos se llaman a sí mismos chicanos. Los chicanos tienen una gran influencia en la cultura de los Estados Unidos. Su literatura, llamada literatura chicana, se estudia en muchas universidades de los Estados Unidos.

13-33 Segunda mirada. Complete la tabla con la información requerida.

LUGAR DE ORIGEN	LUGAR DE RESIDENCIA EN LOS EE.UU.	NOMBRE DEL GRUPO ÉTNICO
Grupo minoritario más numeroso		
Grupo minoritario menos numeroso		
Grupo minoritario intermedio		

13-34 Ampliación. Averigüe entre sus compañeros de qué grupos étnicos vinieron sus antepasados. ¿Cuál es el grupo mayoritario, el minoritario y el intermedio con relación a la población de la clase?

 A escribir

13-35 Preparación. Entreviste a un/a inmigrante y obtenga la siguiente información:

1. Nombre:
2. Lugar de origen:
3. Año en que llegó a los Estados Unidos:
4. Razones por las cuales inmigró:
5. Dos aspectos de la vida en los Estados Unidos que le resultaron difíciles al principio:
6. Aspectos de la vida en su país de origen que extraña:
7. Dos aspectos de la vida en este país que le gustan/no le gustan:

13-36 Manos a la obra. Para la semana de celebraciones de la raza, el Alcalde *(mayor)* de su ciudad ha decidido hacer una campaña para promover el interés entre los ciudadanos por conocer y entender mejor a los diversos grupos étnicos del lugar. Según el Alcalde, usted, como hijo/a de inmigrantes, es la persona indicada para escribir sobre las experiencias, los sentimientos, las dificultades, las contribuciones, etcétera de un/a inmigrante. Escriba el artículo para la página editorial del periódico local, usando la información recolectada en la actividad anterior. Al expresar su opinión sobre los inmigrantes, recuerde que el propósito de su escrito es promover el interés por conocer y entender mejor a los diversos grupos étnicos a través de experiencias reales.

 **Expresiones útiles**

PARA EXPRESAR UNA OPINIÓN PERSONAL

Me parece (que) …
Mi experiencia personal me indica que …
En mi opinión …
Creo/pienso que …

PARA REPORTAR SOBRE LA OPINIÓN DE OTROS

A(l) … le parece (que) …
Según el señor / la señora/señorita …
En la opinión de …
El señor … / la señora/señorita … dice/cree/piensa que …

13-37 Revisión. Su compañero/a editor/a va a ayudarle a expresar bien sus
ideas para que el periódico publique su artículo.

Vocabulario

Personas

el alcalde/la alcaldesa	*mayor*
el/la asistente	*assistant*
el/la ciudadano/a	*citizen*
el/la emigrante	*emigrant*
el/la escritor/a	*writer*
el/la inmigrante	*immigrant*
el/la novelista	*novelist*
el/la poblador/a	*settler*
el/la televidente	*TV viewer*

El país

el área	*area*
el comercio	*commerce*
el gobierno	*government*
el golpe militar	*military coup*
el mandato	*term of office*
la mercancía	*merchandise, goods*
la población	*population*
la política	*politics*
la sociedad	*society*

Verbos

abrazar(se) (c)	*to embrace*
acabar	*to finish*
acortar	*to shorten*
actuar	*to act*
asumir	*to assume (responsibilities)*
colocar (qu)	*to place*
confundir(se)	*to confuse/mix up, to be confused*
convertirse (ie, i)	*to become*
cubrir	*to cover*
emigrar	*to emigrate*
establecerse (zc)	*to settle*
extender(se) (ie, i)	*to spread out, to extend*
fundar	*to found*
incorporarse	*to join*
llevarse bien	*to get along well*
morir (ue)	*to die*
nacer (zc)	*to be born*
romper	*to break*

ocupar	*to occupy*
odiar	*to hate*
pelear	*to fight*
saludar(se)	*to greet*
trasladar(se)	*to move, to transfer*
votar	*to vote*

Palabras y expresiones útiles

a través de	*through*
acabar de + *infinitive*	*to have just + past participle*
en la actualidad	*at the present time*
estar enamorado/a	*to be in love*
fama	*fame*
hoy en día	*nowadays*
los Juegos Olímpicos	*Olympic Games*
la mitad	*half*
la muerte	*death*
según	*according to*
tener éxito	*to be successful*
todavía	*still, yet*
tristeza	*sadness*
ya	*already*

La inmigración

En los Estados Unidos hay alrededor de 25 millones de personas de origen hispano. Muchos viven en la región suroeste del país, en Texas, Arizona, California, Colorado; otros en la costa este, en Nueva York, Nueva Jersey y también en la zona del mediooeste, en Illinois.

La emigración se debe a varias razones. A fines de los años cincuenta, cuando empezó la dictadura de Castro, miles de personas empezaron a salir de Cuba. Por lo general, estas personas que pertenecían a la clase media o a la clase alta, tenían un alto nivel de educación. La mayor parte se estableció en el estado de la Florida, principalmente en Miami, pero algunos fueron a diferentes puntos del país. A través de los años, numerosos grupos de cubanos también han salido de la isla con destino a los Estados Unidos, muchas veces arriesgando la vida.

Además de los cubanos, personas de muchos otros países han venido a los Estados Unidos. De América Central (principalmente de Nicaragua, El Salvador, Honduras, Guatemala) y de América del Sur (en especial de Argentina, Chile, Perú, Uruguay) han venido huyendo de la guerra civil en sus países, de la guerrilla, de la dictadura o del estancamiento económico. Otros han venido a buscar una educación más especializada de la que se ofrece en sus países y mejores oportunidades de trabajo.

No todos los hispanos residentes en los Estados Unidos son inmigrantes. Los chicanos (personas de ascendencia mexicana) han sido una importante población hispana en Estados Unidos desde 1848. Ya que Puerto Rico es un Estado Libre Asociado de Estados Unidos, los puertorriqueños son ciudadanos estadounidenses desde 1917. Los hispanos han traído consigo no sólo su rica y valiosa cultura, sino su voluntad de trabajo y deseos de superación, contribuyendo así al desarrollo cultural y económico de este país.

Para contestar

La inmigración. Con su compañero/a, responda a las siguientes preguntas:

1. ¿Cuáles son algunas razones que hacen que una persona emigre de su país?
2. ¿De qué países son los inmigrantes hispanos que han venido a los Estados Unidos? ¿Cuándo vinieron?
3. ¿Emigraría Ud? ¿A qué país emigraría? Explique.
4. ¿Cómo se sentiría Ud. si tuviera que emigrar? ¿Qué extrañaría más de su país?

Riqueza cultural. En grupos de tres, mencionen las ventajas y las desventajas que tiene un país con muchos inmigrantes.

¿Cómo son el español y la española de hoy? ¿Dónde viven? ¿Cómo estudian? ¿Se casan o se divorcian? ¿Dejan el hogar o continúan, ya adultos, viviendo con los padres? Estos datos, sacados de 160.000 personas, proceden de la mayor encuesta que se ha hecho en España.

El Instituto Nacional de Estadística logró que 4.000 personas hicieran preguntas y sacaran el perfil de 34 millones de españoles mayores de diez años de edad.

Según la encuesta, el típico español está casado y tiene dos hijos. La familia tradicional, de tres o más generaciones, es ya historia porque en la mayoría de los hogares se da la pareja y un promedio de dos hijos. (Tal es el caso en el 23 por ciento de los 11.836.320 hogares en España).

A diferencia de sus vecinos en el resto de Europa, los jóvenes españoles no viven solos o independientes. Los que sí viven solos tienen más de 65 años, son viudos y son en su mayoría mujeres.

La edad media del español es de 36,2 años. Sin embargo, contando solamente a los mayores de 10 años, la edad media salta a los 40,3 años.

¿Qué dice usted?

14-1 La encuesta dice ... Con su compañero/a, busque en el artículo y en las tablas la información necesaria para contestar las siguientes preguntas. Después, comparen sus respuestas con las de otros compañeros.

1. De los 16.541.720 españoles mayores de 10 años, ¿qué porcentaje vive con los padres?

2. ¿Cuál es la edad media a la que se van de casa los hombres en los años 90? ¿las mujeres?

3. ¿Qué porcentaje de los solteros sigue viviendo con sus padres?

4. Después de una separación o un divorcio, ¿qué porcentaje de mujeres vuelve a la casa de sus padres?

5. ¿Cuál es el índice (porcentaje) de analfabetismo entre las mujeres mayores de 70 años? ¿entre los hombres? ¿Es grande la diferencia?

6. Entre hombres y mujeres, ¿quiénes realizan más estudios a nivel medio?

7. ¿Cuántos años de diferencia hay entre el hijo mayor y su padre?

8. ¿A qué edad se casaban los españoles hace veinte años? Hoy, ¿son mayores o menores los que se casan?

9. ¿Quiénes constituyen la mayoría en España, los hombres o las mujeres?

10. ¿Cómo creen ustedes que estos datos pueden compararse con datos similares de Estados Unidos?

14-2 ¿Cómo son las españolas y los españoles? Con su compañero/a, decida si las oraciones son verdaderas o falsas. En caso de que sean falsas, den la información correcta.

1. Entrevistaron a 160.000 personas para hacer la encuesta.
2. La familia típica actual está constituida por los padres y dos hijos.
3. Los jóvenes españoles se independizan a una edad muy temprana.
4. La mayoría de las personas que viven solas son mujeres mayores de 65 años.
5. La edad media de los españoles es más o menos de 40 años.

El papel de la mujer

Carmen Inoa Vázquez (izq.) y Rosa María Gil, celebran el triunfo de su libro en Nueva York.

LUCHANDO CONTRA VIENTO Y MARÍA

Rosa María Gil y Carmen Inoa Vázquez describen cómo el marianismo (el reverso del machismo) afecta a las latinas.

Carmen Inoa Vázquez, dominicana, (izq.) y Rosa María Gil, cubana, celebran el triunfo de su libro, *La paradoja de María.*

"A principios de los años 50 en Santiago de Cuba, Rosa María Gil le anunció a su familia que quería estudiar medicina. La reacción de su padre: "Ésa no es profesión para las mujeres".

...muchas latinas escuchan algo similar debido al fenómeno llamado marianismo, que fomenta la creencia de que las mujeres deben anteponer las necesidades de sus esposos y familias a las suyas propias.

Las latinas se tienen que distanciar, no de sus familias ni de su cultura, pero sí de la idea de que tienen que darles placer y felicidad a los demás."

*Adaptado de **People en español,** otoño, 1996*

¿Qué dice usted?

14-3 La mujer de hoy. Prepare un informe sobre la situación de la mujer en el mundo hispanohablante, utilizando la información que leyó en la encuesta y las citas (*quotes*) de más arriba. Compare su informe con el de su compañero/a.

14-4 ¿Marianismo o machismo? Si el marianismo dice que las mujeres deben preocuparse más por los hombres que por ellas mismas, ¿qué dice el machismo? Con su compañero/a, dé ejemplos de estas actitudes en su familia o en la sociedad en general.

14-5 Hacia un nuevo siglo. Converse con dos compañeros/as sobre los cambios de la sociedad que le dan a la mujer más igualdad. Hagan una lista de cambios en la familia, el trabajo, la casa, el gobierno y la educación.

Temas de hoy: el narcotráfico

EE.UU. no pondrá más sanciones económicas a Colombia

Millonario decomiso de cocaína

Se detiene el flujo de drogas

SE CONFISCAN 1.500 KILOS DE COCAÍNA

Con la cooperación de la guardia marina, la policía interceptó en alta mar el barco pesquero Álvarez Martínez, cargado con 1.500 kilos de cocaína, al parecer, del cartel colombiano de Cali. Quedaron detenidas en la operación antidroga unas diecinueve personas.

El pesquero fue localizado el jueves en alta mar, a dos días de navegación de la costa.

Fueron detenidos los siete tripulantes del barco. Posteriormente, fueron capturadas en el puerto otras diez personas, entre ellas, nueve españoles y tres colombianos, uno de los cuales resultó ser un narcotraficante muy conocido.

El contrabando intervenido en la operación es el segundo decomisado más importante de 1997 y está entre los más grandes en años recientes.

Por otro lado, fuentes policiales informan que el viernes se encontró en la ciudad un paquete postal, el cual sospechan procede de Sudamérica, con 800 gramos de cocaína pura. La droga venía en barras de jabón en el interior del paquete que había sido enviado el mes pasado.

14-6 Entrevista. Con su compañero/a, vuelva a mirar el artículo de más arriba. En los papeles de periodista y agente de policía, hagan la entrevista que fue la fuente *(source)* del artículo.

MODELO: PERIODISTA: ¿Cómo interceptaron el barco?
POLICÍA: La guardia marina nos ayudó.
PERIODISTA: ¿Cuándo localizaron el barco?
POLICÍA: Fue localizado el jueves en alta mar.
PERIODISTA: ...
POLICÍA: ...

14-7 ¿Qué problemas causa el narcotráfico? En grupos de cuatro, piensen en los problemas que han causado las drogas en la sociedad de hoy. Comparen su lista con la de otros grupos, y hablen sobre posibles soluciones para el problema.

Las drogas causan: Soluciones:

1.
2.
3.
4.
5.
6.
7.
8.
9.
10.

 A escuchar

La mujer en España. You will hear the response of María Rosa Vindel López, a senator from Madrid, to a question about the status of women in Spain. Indicate whether each statement you hear is **Cierto** or **Falso.**

	CIERTO	FALSO
1.	_____	_____
2.	_____	_____
3.	_____	_____
4.	_____	_____
5.	_____	_____
6.	_____	_____

1. Adverbial conjunctions that always require the subjunctive

a menos (de) que	*unless*	para que	*so that*
antes (de) que	*before*	sin que	*without*
con tal (de) que	*provided that*		

■ These conjunctions always require the subjunctive when followed by a dependent clause.

> Van a la ciudad **para que** sus hijos **puedan** tener una vida mejor.
> *They are going to the city so that their children can/may have a better life.*

> Vamos a salir temprano **con tal de que** ellos **lleguen** a tiempo.
> *We are going to leave early provided they arrive on time.*

> No vayas **a menos que** te **paguen.**
> *Don't go unless they pay you.*

2. Adverbial conjunctions: subjunctive or indicative

aunque	*although, even though, even if*	en cuanto	*as soon as*
		hasta que	*until*
como	*as, how, however*	mientras	*while*
cuando	*when*	según	*according to, as*
después (de) que	*after*	tan pronto (como)	*as soon as*
donde	*where, wherever*		

■ These conjunctions require the subjunctive when the event in the adverbial clause has not yet occurred. Note that the main clause expresses future time.

> Va a estudiar **hasta que empiece** el programa.
> *She is going to study until the program begins.*

> Ella me llamará **después que llegue** a San Juan.
> *She is going to call me after she arrives in San Juan.*

> Llámalo **tan pronto recibas** la carta.
> *Call him as soon as you receive the letter.*

■ These conjuctions require the indicative when the event in the adverbial clause has taken place, is taking place, or usually takes place.

Siempre estudia **hasta que empieza** el programa.
She always studies until the program begins.

Ella me llamó **después que llegó** a San Juan.
She called me after she arrived in San Juan.

Me llamó **tan pronto llegó** la carta.
She called me as soon as the letter arrived.

■ **Como, donde,** and **según** require the indicative when they refer to something definite or known, and the subjunctive when they refer to something indefinite or unknown.

Van a organizar el programa **como sugiere** el consejero.
They're going to organize the program as the advisor suggests.

Van a organizar el programa **como sugiera** el consejero.
They're going to organize the program however the advisor suggests.

Vamos a comer **donde** ella **dice.**
We're going to eat where she says.

Vamos a comer **donde** ella **diga.**
We're going to eat wherever she says.

Haz la tarea **según dice** la profesora.
Do the homework according to what the teacher says.

Haz la tarea **según diga** la profesora.
Do the homework according to whatever the teacher says.

■ **Aunque** also requires the subjunctive when it introduces a condition not regarded as fact.

Lo compro **aunque es** caro.
I'll buy it although it is expensive.

Lo compro **aunque sea** caro.
I'll buy it although it may be expensive.

¿Qué dice usted?

14-8 Después de la clase. Usted y su compañero/a deben completar las oraciones de la columna de la izquierda con una frase apropiada de la columna de la derecha de acuerdo con sus propios planes.

MODELO: Voy a estudiar hasta que ... empezar las noticias / ser la hora de cenar
          E1: Voy a estudiar hasta que empiecen las noticias.
          E2: Y yo voy a estudiar hasta que sea la hora de cenar.

1. Voy a llamar a mi amigo/a en cuanto ...	ir a la tienda
2. Comeré después de que ...	tener tiempo
3. Voy a jugar basquetbol tan pronto como ...	terminar la tarea
4. Veré mi programa favorito cuando ...	llegar mis amigos
5. Voy a trabajar aunque ...	ser temprano
6. Iré a la cafetería antes de que ...	ser las 7:00
	tener un examen mañana
	...

14-9 ¿Acepto o no acepto? A usted le han ofrecido un puesto en otra ciudad y está considerando la posibilidad de aceptarlo. Complete la oración **(No) Acepto ...** usando las expresiones adverbiales de la izquierda y las selecciones apropiadas de la derecha. Su compañero/a debe darle consejos escogiendo otras expresiones o selecciones.

MODELO: a menos que / suban el sueldo aquí / (no) paguen la mudanza
          E1: Lo acepto a menos que me suban el sueldo aquí.
          E2: No lo aceptes a menos que te paguen la mudanza. / Acéptalo a menos que no te paguen la mudanza.

a menos (de) que	esta semana termine
para que	(no) venda la casa
con tal (de) que	los alquileres no sean altos
sin que	mi familia conozca el lugar
antes (de) que	haya oportunidades de ascenso
	mi esposo(a)/amigo(a) consiga un trabajo
	la compañía pague el seguro de hospitalización
	tengan un buen plan de retiro
	mi familia pueda vivir mejor
	...

14-10 Después que termine el año escolar. Con su compañero/a, hable de sus planes para después que terminen las clases este año.

1. Quiero dormir hasta que …
2. No voy a abrir los libros aunque …
3. Espero seguir un programa de ejercicios en cuanto …
4. Tomaré unas vacaciones tan pronto como …
5. No voy a hacer nada mientras …
6. Iré a la playa todos los días a menos que …
7. Tengo que trabajar para que …
8. …

14-11 El hombre y la mujer en la sociedad. Marque con una X la columna apropiada de acuerdo con sus experiencias. Después compare sus respuestas con las de un/a compañero/a. En los casos en que la respuesta sea negativa, deben defender su opinión y explicar cuándo o bajo qué condiciones ocurrirán los cambios necesarios.

MODELO: … ocupan más o menos el mismo número de puestos importantes.
No, los hombres ocupan la mayoría de los puestos importantes en las compañías y en el gobierno. Esto va a cambiar cuando las generaciones jóvenes puedan decidir más cosas en la sociedad.

LOS HOMBRES Y LAS MUJERES …	SÍ	NO
… reciben la misma educación.	___	___
… son tratados de la misma forma en el trabajo.	___	___
… ganan el mismo sueldo por el mismo trabajo.	___	___
… tienen las mismas oportunidades.	___	___
… hay una división justa de las tareas domésticas.	___	___
… reciben el mismo trato en restaurantes/hoteles, etc.	___	___

Situaciones

1. Ustedes tienen planes para hacer ciertas cosas juntos/as después de que se gradúen de la universidad (empezar un negocio, viajar, trabajar, seguir estudios de posgrado, etcétera). Preparen sus planes y compartan sus ideas con otra pareja.

2. Ustedes acaban de ganar diez millones de dólares en la lotería y han decidido hacer unas donaciones a tres instituciones: su universidad, un hospital y un museo. Decidan cuánto dinero van a dar a cada institución y para qué quieren ustedes que se use.

3. The conditional

In *Lección 7,* you began to use the expression **me gustaría ...** to express what you would like. **Gustaría** is a form of the conditional. The conditional is easy to recognize. It is formed by adding the endings **-ía, -ías, -ía, -íamos, -íais, -ían** to the infinitive.

		CONDITIONAL	
	HABLAR	COMER	VIVIR
yo	hablaría	comería	viviría
tú	hablarías	comerías	vivirías
Ud., él, ella	hablaría	comería	viviría
nosotros/as	hablaríamos	comeríamos	viviríamos
vosotros/as	hablaríais	comeríais	viviríais
Uds., ellos/as	hablarían	comerían	vivirían

■ Verbs that have an irregular stem in the future have that same stem in the conditional.

IRREGULAR CONDITIONAL VERBS		
INFINITIVE	NEW STEM	CONDITIONAL FORMS
haber	**habr-**	habría, habrías, habría ...
poder	**podr-**	podría, podrías, podría ...
querer	**querr-**	querría, querrías, querría ...
saber	**sabr-**	sabría, sabrías, sabría ...
poner	**pondr-**	pondría, pondrías, pondría ...
tener	**tendr-**	tendría, tendrías, tendría ...
salir	**saldr-**	saldría, saldrías, saldría ...
venir	**vendr-**	vendría, vendrías, vendría ...
decir	**dir-**	diría, dirías, diría ...
hacer	**har-**	haría, harías, haría ...

■ The use of the conditional in Spanish is similar to the use of the construction *would + verb* in English.[1]

Yo **saldría** temprano.   *I would leave early.*

■ Spanish also uses the conditional to express probability in the past.

Estaba tomando café. **Serían** las diez de la mañana.
I was having coffee. It was probably ten in the morning.

---

[1]When *would...* implies *used to...* , the imperfect is used: Cuando era chica, **salía** temprano para la escuela. *When I was young I would (used to) leave early for school.*

¿Qué dice usted?

14-12 La lotería. Dígale a su compañero/a qué haría usted al ganar la lotería. Su compañero/a le dirá lo que haría él/ella también.

ESTUDIANTE 1

1. invitar a mis amigos a un viaje
2. ir a los mejores hoteles
3. comprar un carro muy elegante
4. tener ropa muy cara

ESTUDIANTE 2

1. pasar los veranos en Europa
2. viajar en primera clase
3. poner el dinero en el banco
4. ayudar a los pobres

14-13 ¿Qué haría usted? Usted y su compañero/a deben decir qué harían en las siguientes situaciones. Después deben comparar sus respuestas con las de otros estudiantes.

1. Usted va a entrar en un banco y ve que dentro hay un ladrón.
2. Usted tiene que invitar a alguien importante a cenar y no sabe dónde están sus tarjetas de crédito.
3. Usted estaba esperando un ascenso en su trabajo, pero ascendieron a otra persona del sexo opuesto que no se lo merecía.
4. Su mejor amigo/a está usando drogas.
5. Sus vecinos hacen mucho ruido en su apartamento, especialmente por la noche.

14-14 Una explicación posible. Con su compañero/a, trate de buscar una explicación posible para todo lo que le pasó ayer a Miguel.

MODELO: Miguel salió de su casa un poco tarde.
Tendría mucho que hacer en la casa. / Se despertaría tarde.

1. Miguel fue al aeropuerto a buscar a un amigo, pero su amigo no llegó en el vuelo indicado.
2. Los demás pasajeros estuvieron más de una hora en la aduana.
3. Los empleados de la compañía aérea estaban muy contentos y conversaban entre ellos.
4. Cuando llegó a su casa, Miguel encendió su computadora y no pudo ver nada en la pantalla.
5. Había un mensaje de su amigo Arturo en el contestador automático donde le decía que no podía ir a esquiar.

14-15 ¡Usted para Presidente/a! Prepare una lista de las cosas que usted haría como presidente/a del país.

Usted quiere terminar las relaciones con su novio/a y le pide consejos a un/a amigo/a. Explíquele a su amigo/a por qué quiere terminar las relaciones. Su amigo/a le debe decir qué haría en su lugar.

Situaciones

4. The imperfect subjunctive

In *Lecciones 10* and *11*, and in this lesson, you studied the forms and uses of the present subjunctive. Now you will study the past subjunctive, which is also called the imperfect subjunctive.

All regular and irregular past subjunctive verb forms are based on the **ustedes, ellos/as** form of the preterit. Drop the **-on** preterit ending and substitute the past subjunctive endings. The following chart will help you see how the past subjunctive is formed. Note the written accent on **nosotros** forms.

		HABLAR (hablaron)	COMER (comieron)	VIVIR (vivieron)	ESTAR (estuvieron)
	yo	hablara	comiera	viviera	estuviera
	tú	hablaras	comieras	vivieras	estuvieras
Ud., él, ella		hablara	comiera	viviera	estuviera
nosotros/as		habláramos	comiéramos	viviéramos	estuviéramos
vosotros/as		hablarais	comierais	vivierais	estuvierais
Uds., ellos/as		hablaran	comieran	vivieran	estuvieran

The heading is: **PAST OR IMPERFECT SUBJUNCTIVE**

- The present subjunctive is oriented to the present or future while the past subjunctive focuses on the past. In general, the same rules that determine the use of the present subjunctive also apply to the past subjunctive.

  HOY → PRESENT SUBJUNCTIVE

  Hilda quiere que **preparemos** la comida para las siete y media.
  Hilda wants us to prepare dinner by seven thirty.

  Va a terminar temprano para que **podamos** salir.
  He is going to finish early so that we can go out.

  AYER → PAST SUBJUNCTIVE

  Hilda quería que **preparáramos** la comida para las siete y media.
  Hilda wanted us to prepare dinner by seven thirty.

  Terminó temprano para que **pudiéramos** salir.
  He finished early so we could go out.

- Use the past subjunctive after the expression **como si** *(as if, as though)*. The verb in the main clause may be in the present or in the past.

  Gastan dinero **como si fueran** ricos.
  They spend money as though they were rich.

  Hablaba **como si entendiera** el problema.
  He talked as if he understood the problem.

¿Qué dice usted?

14-16 Cuando era niño/a. ¿Qué querían y no querían sus padres que hiciera usted cuando era niño/a?

MODELO: mirar televisión por la noche
  E1: ¿Querían que miraras televisión por la noche?
  E2: Sí, (No, no) querían que mirara televisión por la noche.

1. comer vegetales
2. practicar deportes
3. beber refrescos
4. acostarse temprano
5. compartir tus juguetes
6. …

14-17 En casa de los Fernández. ¿Qué dijeron los padres en estas situaciones? Con su compañero/a, dé una respuesta lógica.

MODELO: La mochila de Paquito estaba en la sala. La madre le dijo …
  La madre le dijo que la pusiera en su cuarto.

1. El cuarto de Carlos estaba muy desordenado. La madre le dijo que …
2. Paquito miraba un programa de televisión en que había mucha violencia. El padre le dijo que …
3. La madre sirvió la cena y les dijo a los muchachos que …
4. El padre lavó los platos y le dijo a Martita que …
5. Martita iba a salir con su novio y sus padres le dijeron que …
6. Martita llegó muy tarde y sus padres le dijeron que …

14-18 Alguien que no nos cae bien. Ustedes conocen a una persona que cree que es mejor que nadie. En pequeños grupos, digan cómo se comporta esta persona. Pueden usar los verbos que aparecen más abajo o usar otros verbos.

MODELO: hablar
  Habla como si fuera más inteligente que sus amigos.

manejar	vivir	usar	gastar
discutir	cambiar	vestirse	caminar

14-19 La situación de la mujer en la sociedad. En pequeños grupos, hablen de la situación de la mujer en la sociedad actual y en la de antes. Compartan sus opiniones con las de otros grupos. ¿En qué está de acuerdo toda la clase?

MODELO: E1: Actualmente, es necesario que la mujer trabaje fuera de casa.
  E2: Sí, pero antes pocas mujeres trabajaban fuera de casa a menos que fueran solteras.
  E3: Antes era imposible que las mujeres salieran a trabajar sin que le pagaran a una niñera.

Uno/a de ustedes ha fundado un grupo para ayudar a los trabajadores migratorios y ha entrevistado a varios. Su compañero/a quiere saber a) el número de trabajadores que entrevistó, b) qué necesitaban, y c) qué pidieron. Después, entre los/las dos traten de buscarles soluciones a los problemas de los trabajadores.

5. *If-clauses*

- Use the present or future indicative in the main clause and present indicative in the *if*-clause to express what happens or will happen if certain conditions are met.

> Los desamparados **reciben** ayuda si **van** a la oficina central.
> *The homeless receive help if they go to the main office.*

> Los jóvenes **van a tener** problemas de drogadicción si no los **ayudamos** a tiempo.
> *Young people are going to have drug addiction problems if we don't help them soon.*

> Si **terminas** tus estudios, **tendrás** más oportunidades de trabajo.
> *If you finish your studies, you'll have more job opportunities.*

- Use the imperfect subjunctive in the *if*-clause to express a condition that is unlikely or contrary-to-fact. Use the conditional in the main clause.

> Si yo **consiguiera** el dinero, **pagaría** la cuenta.
> *If I were to get the money, I would pay the bill.*

> Si yo **tuviera** el dinero, **pagaría** la cuenta.
> *If I had the money, I would pay the the bill.*

¿Qué dice usted?

14-20 ¿Qué pasa si ...? Digan qué resultados pueden obtener las personas si hacen ciertas cosas.

MODELO: leer los periódicos
Si leen los periódicos regularmente, sabrán qué está pasando en el mundo.

1. aprender otra lengua
2. reciclar plásticos y papel
3. hacer ejercicio
4. decir "no" a las drogas
5. tener correo electrónico
6. hacer trabajo voluntario

14-21 Nuestra sociedad. Completen las oraciones de la izquierda con una conclusión lógica. En algunos casos, puede haber varias posibilidades.

1. Si tuviéramos más disciplina en las escuelas,
2. Si hubiera menos violencia en la televisión,
3. Si cuidáramos más nuestro planeta,
4. Tendríamos un mundo mejor
5. Si hubiera buenas guarderías a un costo reducido,
6. Habría más seguridad en las calles

a. no contaminaríamos tanto el medio ambiente.
b. los alumnos aprenderían más.
c. si todos nos respetáramos más.
d. los padres se sentirían más tranquilos.
e. habría menos problemas en la sociedad.
f. si hubiera menos armas.

14-22 ¿Cómo sería la sociedad ...? Expliquen cómo sería las sociedad si se dieran estas circunstancias. Compartan sus ideas con las de otros/as estudiantes.

1. si no hubiera televisión
2. si viviéramos 150 años
3. si no hubiera discriminación
4. si no hubiera fronteras entre los países
5. si tuviéramos una presidenta
6. ...

14-23 Cambios. Si ustedes pudieran hacer cambios para mejorar las condiciones de vida en el país, ¿qué harían ustedes en las siguientes áreas?

1. la falta de seguridad en las calles
2. las leyes de inmigración
3. la contaminación
4. los guetos (*ghettos*)
5. ...

Uno/a de ustedes está realizando entrevistas para buscar soluciones a algunos problemas de la juventud; el/la otro/a debe contestar sus preguntas. Averigüe, con bastantes detalles, qué haría su entrevistado/a para a) animar a los estudiantes a terminar sus estudios y b) eliminar las pandillas juveniles.

Situaciones

mosaicos

A escuchar

A. ¿Lógico o ilógico? Indicate whether each of the following statements is **Lógico** or **Ilógico**.

	LÓGICO	ILÓGICO
1.	_____	_____
2.	_____	_____
3.	_____	_____
4.	_____	_____
5.	_____	_____
6.	_____	_____
7.	_____	_____
8.	_____	_____

B. Los cambios en la familia. Read the statements below before listening to this informal talk. Then, listen to the talk to determine whether each of the following statements is **Cierto** or **Falso**.

	CIERTO	FALSO
1. En esta charla sólo se habla de la familia moderna.	_____	_____
2. Se discuten las responsabilidades de las familias en las ciudades y en el campo.	_____	_____
3. Según la charla, las tareas domésticas se dividen por igual entre los matrimonios jóvenes.	_____	_____
4. En la familia moderna, las mujeres tienen más estrés que antes.	_____	_____
5. El complejo de culpa es el resultado de las presiones y conflictos de la vida diaria en la familia.	_____	_____
6. En la charla no se menciona el problema de los divorcios.	_____	_____

 A conversar

14-24 La sociedad del futuro. En pequeños grupos, discutan los cambios que se van a observar en estos aspectos o elementos de la sociedad del futuro.

MODELO: las residencias de la tercera edad
Habrá más residencias de la tercera edad porque los hijos no podrán cuidar a sus padres. Las leyes van a ser muy estrictas para que estas residencias sean seguras y cómodas.

1. las familias
2. el cuidado de los hijos
3. las drogas
4. las comunicaciones
5. la discriminación
6. ...

14-25 Temas de actualidad. Usted y un/a compañero/a conversan sobre temas de actualidad. Háganse preguntas y utilicen en sus respuestas las expresiones indicadas. Cada uno debe poner en el cuadro la información obtenida.

MODELO: la falta de seguridad en las escuelas
E1: ¿Crees que podamos terminar con la falta de seguridad en las escuelas?
E2: Sí, cuando haya más disciplina y eduquemos mejor a los niños.

TEMAS DE ACTUALIDAD	DESPUÉS DE QUE	TAN PRONTO COMO	EN CUANTO	CUANDO
las mujeres conseguir la igualdad				
el divorcio ser legal mundialmente				
las pandillas terminar				
los derechos humanos respetarse				
el SIDA encontrar una cura				

14-26 La asistencia social. ¿Qué harían ustedes para que las familias no dependieran de la asistencia social? Discutan los siguientes aspectos y ofrezcan soluciones.

1. la falta de preparación para obtener un trabajo
2. el cuidado de los niños para que los padres trabajen
3. la alimentación adecuada de la familia
4. la vivienda
5. apoyo durante el período de transición
6. ...

 **A leer**

14-27 Preparación. ¿Qué nuevas relaciones de parentesco (*kinship*) se crean en las familias con padres divorciados? Termine la frase con el tipo de parentesco.

1. Si mi madre se divorciara y se casara nuevamente, su nuevo esposo sería mi _____.
2. Si mi padre tuviera una nueva esposa —después de divorciarse de mi madre— ella sería mi _____.
3. Si el nuevo esposo de mi madre ya tiene un hijo, éste último se convierte en mi _____; su hija llegará a ser mi _____.
4. Yo soy el _____ de la nueva pareja de mi madre/padre y mi hermana es la _____.

14-28 La vida familiar. Las siguientes palabras están relacionadas con la vida familiar. Asocie las que tienen el mismo significado.

1. _____ cariño, amor   a. pareja
2. _____ chica   b. querer
3. _____ marido   c. nena
4. _____ progenitor   d. esposo
5. _____ esposo/a, novio/a   e. persona que atiende a sus invitados
6. _____ amar   f. padre
7. _____ mujer   g. afecto
8. _____ anfitrión   h. esposa

14-29 Primera mirada. Lea el artículo en la próxima página y después, indique si las siguientes afirmaciones son correctas (C) o incorrectas (I) según el contenido del texto. Corrija las frases incorrectas.

_____ 1. Llamar a la nueva pareja de los padres "mi otro papá" o "mi otra mamá" ayuda a que la familia sea sana.

_____ 2. La relación de los nenes con la nueva pareja de mamá o papá lleva poco tiempo.

_____ 3. El primer encuentro entre el/la chico/a y la persona nueva en la relación familiar es crucial para el buen funcionamiento posterior de la familia.

_____ 4. Para lograr un buen primer contacto, es recomendable que la nueva pareja de papá/mamá aparezca en una situación en que los hijos y la madre/el padre tengan más control de la situación.

_____ 5. Las actividades familiares dentro y fuera de casa le dan la oportunidad "al otro" o a "la otra" de demostrarles a los nenes que ellos tienen un lugar importante en esta nueva relación familiar.

_____ 6. El factor más importante en la relación entre la nueva pareja de papá/mamá y los hijos es el tiempo.

Nuevas parejas ¿Nuevos padres?

"No, mi papá es ése que siempre viene los viernes a buscarme con el auto. Éste es mi otro papá, ¿sabes?" La aclaración de Julián, de seis años, es capaz de confundir a cualquiera. ¿Qué es eso de "mi otro papá", "mi otra mamá"? Julián tiene un solo papá desde que nació. El otro, la nueva pareja de la madre—o la nueva mujer del padre—podrán ser Pancho o Alberto, Mónica o Susana... el padrastro o la madrastra. La claridad de las relaciones es un indicador y una condición de la salud mental de los miembros de una familia. Las denominaciones de "otro papá" o "segunda mamá" no ayudan a esta claridad.

Te presento a mi pareja.

La relación con la nueva pareja del padre o de la madre es un proceso, donde intervienen el tiempo y el amor.

"Yo tengo una excelente relación con el marido de mi mamá, y lo quiero mucho. Porque él se ganó un lugar en la familia", dice Verónica, de 18 años. "El *se ganó* un lugar": la relación con la nueva pareja del padre o de la madre es un proceso, donde intervienen el tiempo y el afecto.

El primer día de esa relación es importante. ¿Cómo hacer para que el chico no se sienta súbitamente desplazado y pueda entrar en confianza gradualmente con el nuevo amor de papá o de mamá? *Lo ideal es que el tercero aparezca de entrada así, como un tercero*, piensa la psicóloga Josefina Rabinovich. *Que para ese primer contacto se estructure una situación donde "el otro" o "la otra" aparezca como jugando de visitantes. Una cena, un paseo, un pic-nic, donde los anfitriones son el nene y su padre, o el nene y su madre.*

Esa primera vez el nuevo es el "extranjero": el lugar al lado de papi o al lado de mami es todavía territorio del chico. *El tiempo podrá crear un proceso muy rico de acercamiento con ese otro. Y probablemente en una próxima vez sea el propio nenito el que quiera que ellos se sienten juntos, su progenitor y ese **otro** u **otra** al que ha elegido como nueva pareja*, comenta la misma especialista.

14-30 **Segunda mirada.** Marque el tono de cada una de las siguientes citas según el contexto: tono aclaratorio (TA), tono crítico (TC), tono satírico (TS), tono optimista (TO).

_____ 1. No, mi papá es ése que siempre viene los viernes a buscarme con el auto. Éste es mi otro papá, ¿sabes?

_____ 2. ¿Qué es eso de "mi otro papá", "mi otra mamá"?

_____ 3. Julián tiene un sólo papá desde que nació.

_____ 4. Las denominaciones de "otro papá" o "segunda mamá" no ayudan a esta claridad.

_____ 5. Yo tengo una excelente relación con el marido de mi mamá, y lo quiero mucho.

_____ 6. Él se ganó un lugar.

 **A escribir**

14-31 Preparación. Con un/a compañero/a:

a) Escriban algunas palabras que ustedes asocian con experiencias o sentimientos negativos de los hijos de padres divorciados, por ejemplo, la soledad.

b) Indiquen tres ventajas posibles que pudiera tener el divorcio para los hijos, por ejemplo, les da mayor madurez.

14-32 Manos a la obra. Usted es un/a consejero/a matrimonial de una comunidad hispana donde la tasa (*rate*) de divorcio ha aumentado enormemente en los últimos cinco años. Usted está preocupado/a ya que por razones de tiempo usted no puede atender al gran número de personas que necesitan apoyo. Para dar algún tipo de ayuda preliminar a esa población necesitada, usted va a preparar un documento con algunos datos y consejos generales para aquellas parejas en crisis. Escriba el documento con la siguiente información:

1. Identifique los problemas de pareja más comunes que llevan al divorcio.
2. Determine los posibles efectos del divorcio en la vida futura de los hijos.
3. Dé su opinión sobre las circunstancias bajo las cuales una pareja debería o no debería divorciarse.
4. Trate de convencer a sus lectores en crisis de cuáles son las etapas a seguir antes de decidir sobre el divorcio.

Expresiones útiles

SUSTANTIVOS

abandono
crisis económica/emocional
desintegración del núcleo familiar
ausencia de modelos para los hijos

PARA PERSUADIR

Sería importante que ...
Aunque parezca ...
A pesar de ... es muchísimo más conveniente ...
Después de todo ...
Es necesario que ... hasta que ...

14-33 Revisión. Su compañero/a editor/a va a ayudarle a expresar sus ideas bien para que sus lectores obtengan la información del documento fácilmente.

Vocabulario*

La sociedad

el ascenso	*promotion*
la asistencia social	*welfare*
el censo	*census*
el contrabando	*contraband*
la creencia	*belief*
el crimen	*crime*
los derechos humanos	*human rights*
el divorcio	*divorce*
la felicidad	*happiness*
el hogar	*home*
la igualdad	*equality*
el machismo	*male chauvinism*
el narcotráfico	*drug traffic*
la necesidad	*need*
el odio	*hate*
la pandilla	*gang*
el placer	*pleasure*
la separación	*separation*
la tercera edad	*senior citizens*

Encuestas

el apellido	*last name*
los datos	*data*
la edad	*age*
la estadística	*statistic*
la fuente	*source*
la media/el promedio	*average*
el perfil	*profile*
el porcentaje	*percentage*

Personas

el/la narcotraficante	*drug trafficker*
el/la tripulante	*crew member*
el/la vecino/a	*neighbor*
el viudo	*widower*
la viuda	*widow*

Descripción

actual	*present, current*
adulto/a	*adult*
cargado/a	*loaded*
notable	*notable, noteworthy*
pesquero/a	*fishing* (adj.)
puro/a	*pure*

Verbos

anunciar	*to announce, to tell*
camuflar	*to camouflage*
carecer (zc)	*to lack*
casarse	*to get married*
decomisar	*to confiscate, to sieze*
detener (g, ie)	*to arrest, to stop*
distanciar(se)	*to put, keep at a distance*
divorciarse	*to divorce*
fomentar	*to forment*
independizarse (c)	*to become independent/ liberated*
localizar (c)	*to locate*
proceder (de)	*to come from*
realizar (c)	*to carry out*
saltar	*to jump*
sospechar	*to suspect*

Palabras y expresiones útiles

a principios	*at the beginning*
los demás	*the rest, others*
por otra parte	*on the other hand*
el SIDA	*AIDS*
sin embargo	*nevertheless, however*

*For a list of adverbial conjunctions, see page 420.

La democracia en los países hispanos

Para pensar

¿Qué tipo de gobierno hay en los Estados Unidos? ¿Hace cuántos años existe este tipo de gobierno? ¿Sabe Ud. qué tipo de gobierno tienen los diferentes países hispanos? ¿Hay algún país hispano que tenga un rey? ¿Cuál? ¿Hay algún país hispano que tenga un dictador? ¿Cuál?

La mayor parte de los países hispanos, con la excepción de Cuba, tiene un gobierno democrático, pero ésta no ha sido siempre la situación.

Después que los diferentes países de la América Latina declararon su independencia de España en el siglo XIX, hubo un período de gran inestabilidad política y económica en la región. Como consecuencia muchos caudillos o dictadores conservadores dominaron la región.

Esta inestabilidad política continuó durante gran parte del presente siglo. Así, ha habido dictaduras militares en Nicaragua, Guatemala, Panamá, la República Dominicana, Venezuela, Colombia, Ecuador, Bolivia, Perú, Chile, Uruguay, Paraguay, Argentina, pero además ha habido revoluciones que han afectado la estructura socioeconómica de muchos países como México, Bolivia, Cuba, Nicaragua, Chile y Perú.

En los últimos 35 años, sin embargo, muchos cambios políticos en la América Latina han traído la democracia. Sin embargo, debido a las grandes desigualdades sociales y a la multitud de problemas económicos, han surgido grupos guerrilleros o revolucionarios en algunos países, como por ejemplo en Perú, Colombia y México. En algunos países, además de estos grupos guerrilleros, existen los narcotraficantes que también amenazan la paz y la democracia.

En España, después de la muerte del dictador Franco en 1975 y la subida al trono del Rey Juan Carlos I, se inició el camino a la democracia, lo que no fue muy fácil. Aunque el rey favorecía la democracia, existían poderosos intereses que se oponían a ella. Sin embargo en junio de 1977 se llevaron a cabo las primeras elecciones después de cuarenta años.

Para contestar

La democracia. Con su compañero/a, responda a las siguientes preguntas:

1. ¿Qué tipo de problemas políticos han tenido los países latinoamericanos desde su independencia de España?
2. ¿Cuáles, en su opinión, son los problemas que afectan la democracia en América Latina más seriamente?
3. ¿Qué tipo de gobierno existe en España? ¿Cuándo se inició este sistema de gobierno?

Riqueza cultural. En grupos de tres, dicutan uno de los siguientes temas mencionando cuáles han sido las causas y las consecuencias de su surgimiento.

- La revolución cubana
- El movimiento guerrillero en el Perú
- La revolución mexicana
- La ETA

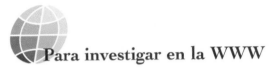

Para investigar en la WWW

1. Busque el nombre y afiliación política de los presidentes de diez países hispanos. Diga si son conservadores o liberales, qué reformas han hecho en su país, etcétera. Traiga esta información a clase y haga una presentación acerca de lo que averiguó.

2. Busque información sobre un movimiento guerrillero en un país hispano. Diga cuáles son sus objetivos, sus actividades y qué problemas causan a la población en general.

▶ Una pareja ejerce el derecho de votar.

Lección 15
La ciencia y la tecnología

COMUNICACIÓN

- Talking about advances in science and technology
- Softening requests and statements
- Expressing unexpected occurrences
- Expressing contrary-to-fact conditions in the past

ESTRUCTURAS

- The present perfect subjunctive
- The conditional perfect and the pluperfect subjunctive
- Se for unplanned occurrences
- The passive voice

MOSAICOS

A ESCUCHAR

A CONVERSAR

A LEER

- Identifying the narrator of the story
- Recognizing prefixes and suffixes

A ESCRIBIR

- Expressing agreement and disagreement
- Speculating about the past

ENFOQUE CULTURAL

- La economía, la industria y la tecnología en los países hispanos

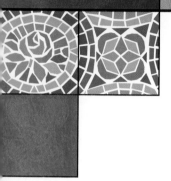

A primera vista

La conservación del medio ambiente

¡AÚN ES TIEMPO!

La reserva de la biosfera es nuestra oportunidad

La reserva de la biosfera del alto Golfo de California y el delta del río Colorado puede ser la salvación de nuestra cultura pesquera. Juntos vamos a desarrollar un plan que nos permita manejar la reproducción y recuperación de los recursos naturales y de esta manera, asegurar nuestro bienestar y el de nuestros hijos.
¡El éxito depende de su participación!

La cuenca del río Amazonas cubre un área de más de 7 millones de kilómetros cuadrados, región comparable en extensión a dos terceras partes del territorio de los Estados Unidos. Debido a su densa vegetación selvática, esta área es conocida como el "pulmón" del planeta. Hoy en día, miles de campesinos llegan a la selva en busca de tierra para cultivar. La deforestación se considera una pérdida irreparable para el medio ambiente del planeta.

10 AÑOS DESPUÉS, LA HISTORIA SE REPITE
GREENPEACE, atacada

El asalto contra el Rainbow Warrior II demuestra que el gobierno francés está dispuesto a hacer lo que sea para detener a Greenpeace.

Cuando Jacques Chirac anunció en junio de 1995 que iban a realizarse nuevos ensayos nucleares en Mururoa, Greenpeace se puso en movimiento. La organización invitó a sus militantes a que inundaran las líneas telefónicas del Palacio del Elíseo (residencia del presidente) y las embajadas francesas con faxes y llamadas de protesta, y envió tres barcos a Mururoa con la intención de ocupar pacíficamente el atolón para que las explosiones nucleares no pudieran realizarse. Veinte comandos de la Armada francesa asaltaron el barco de Greenpeace y sacaron a sus 26 tripulantes a base de gases lacrimógenos. Greenpeace cree que la radioactividad liberada por las pruebas nucleares ha aumentado los casos de cáncer y las malformaciones congénitas entre la población indígena.

(Fuente: *Nuevo clan*, No. 441, 19/7/95)

¿Qué dice usted?

15-1 Amigos de la tierra. Según la información presentada, usted y su compañero/a van a llenar la tabla de más abajo. Después, hablen de la gravedad de cada situación y den ideas para mejorarla.

TEMA	PROBLEMA	ESTRATEGIA
La industria pesquera		
Los bosques tropicales		
Los armamentos nucleares		

15-2 El futuro. Haga una lista de por lo menos cinco adelantos científicos o cambios sociales que espera que se efectúen en el siglo XXI. Compare su lista con la de su compañero/a.

15-3 El problema más serio de hoy. Prepare un informe oral sobre su preocupación principal en cuanto al futuro del mundo y del ser humano. Incluya soluciones posibles. En grupos de tres, presenten sus ideas.

15-4 Los ecólogos. En grupos de tres, hablen de organizaciones como Greenpeace o el Club Sierra cuyo propósito es la protección del medio ambiente. Mencionen dos o tres cosas que cada grupo hace para concientizar al público.

¿Qué nos espera en el futuro?

CON ESPAÑA DIRECTO

- La llamada es atendida en castellano y la paga posteriormente quien la recibe.
- No necesita llevar encima ni dinero ni monedas.
- Es más barato que el Cobro Revertido.
- Puede llamar cuando mejor le venga: tiene el mismo precio a cualquier hora.
- Puede llamar desde teléfonos públicos o privados, sin recargos.

En sus viajes lleve siempre consigo esta guía. Para acceder al servicio España Directo sólo tiene que marcar desde cada país el código correspondiente.

Con España Directo, Telefónica está cerca de usted, aunque usted esté lejos. Para cualquier información llame gratuitamente en España al **900 105 105.**

ESPAÑA: DIRECTO

GUÍA DE CÓDIGOS

LA MEJOR FORMA DE LLAMAR A CASA DESDE EL EXTRANJERO.

Telefónica

El teléfono ya nos pone en contacto con todo el mundo instantáneamente. Hay teléfonos celulares, fax, correo electrónico, contestadores automáticos y aun el omnipresente buscapersonas. Nadie se puede escapar de la comunicación, no importa donde se encuentre.

¿La vida en el siglo XXI sin computadora? ¡Imposible! Hay todo un mundo de información. Si usted decide comprar una computadora y no conoce mayor cosa del asunto, corre el riesgo de comprar una que no le será útil y de desperdiciar su dinero en algo que, con un poco de asesoría, debería ser de gran utilidad. Ha llegado el *boom* de la computación y el viaje por el ciberespacio.

¿Qué dice usted?

15-5 Un mundo de tecnología. Piense en el impacto de la tecnología en su vida. Anote actividades diarias en las cuales usted usa una forma de telecomunicación o una computadora. Compare sus notas con las de dos de sus compañeros/as.

15-6 ¿Qué nos espera con la telecomunicación del futuro? La tecnología ha avanzado a saltos durante su vida. Imagínese el progreso de la telecomunicación en 50 años. ¿Habrá televisión todavía? ¿Llevaremos dinero en efectivo? ¿Usaremos el correo? En grupos de cuatro hablen de lo que esperan.

Nuevas fronteras

Franklin Chang Díaz inventó un motor de cohete que se espera transporte a seres humanos al planeta Marte.

Cuando tenía 9 años, Chang Díaz construyó su propia nave espacial usando una silla de la cocina y una caja de cartón. A los 15 años, diseñó un cohete mecánico y lo disparó hacia el cielo con un pobre ratoncito en la cabina, ¡y el ratón regresó a la tierra sano y salvo gracias a un paracaídas!

Originalmente de Costa Rica, Chang Díaz es el astronauta hispanoamericano más destacado de la NASA y el primer director latino del Laboratorio de Propulsión Avanzada de la NASA en Houston. En 1986, Chang Díaz llegó a ser el primer hispanoamericano que viajó en el transbordador espacial.

Fuente: *People en español*, Otoño, 1996

ALCANZANDO LAS ESTRELLAS

¿Qué dice usted?

15-7 ¿Vamos al planeta Marte? ¿Cree usted que, durante su vida, será posible viajar al planeta Marte? Con un/a compañero/a, planee el viaje y explique con quiénes irán, qué llevarán, cuánto tiempo tardarán en llegar y qué verán allí. Discuta su plan con otros "astronautas" para formular el mejor plan posible.

15-8 Los OVNIS (Objetos Voladores No Identificados). Usted y sus amigos vieron una nave espacial de otro planeta. Describan todo lo que vieron, comentando las semejanzas y las diferencias entre ustedes y los vecinos desconocidos.

 A escuchar

El problema de la alimentación. You will hear a short talk about the problem of feeding the world population. You may read the statements below before listening to the talk and/or take notes. As a final step, determine whether each statement is **Cierto** or **Falso.**

	CIERTO	FALSO
1. Los científicos están trabajando para resolver el problema de la alimentación.	_____	_____
2. El Instituto Internacional para la Investigación del Arroz está en los Estados Unidos.	_____	_____
3. No hay centros de estudio para mejorar la alimentación en el Tercer Mundo.	_____	_____
4. La ingeniería genética ha producido mejoras en la producción de arroz.	_____	_____
5. Las viejas técnicas de cultivo tendrán que cambiar para aumentar la productividad.	_____	_____
6. Las nuevas técnicas de cultivo y la ingeniería genética han aumentado la producción de arroz en un 1 por ciento.	_____	_____

Explicación y expansión

1. The present perfect subjunctive

You should be able to recognize the present perfect subjunctive. It is formed with the present subjunctive of the verb **haber** + *past participle*.

PRESENT SUBJUNCTIVE OF *HABER* + PAST PARTICIPLE		
yo	haya	
tú	hayas	
Ud., él/ella	haya	hablado
nosotros/as	hayamos	comido
vosotros/as	hayáis	vivido
Uds., ellos/as	hayan	

Use this tense to express a completed action in sentences that require the subjunctive. Its English equivalent is normally *has/have* + *past participle*, but it may vary according to the context.

Ojalá que **hayan aterrizado.**
I hope they have landed.

Me alegro que **hayan llegado** temprano.
I'm glad they arrived early.

Es posible que **haya alquilado** un auto.
It's possible he may have rented a car.

¿Qué dice usted?

15-9 Un viaje. Uno de sus amigos pasó un semestre en Los Ángeles. Usted y su compañero/a le dicen lo que esperan que haya hecho en su visita.

MODELO: ir a Beverly Hills / visitar la biblioteca Huntington
E1: Espero que hayas ido a Beverly Hills.
E2: Y yo espero que hayas visitado la biblioteca Huntington.

1. ver las Torres de Watts
2. ir a los Estudios Universal
3. caminar por la calle Olvera
4. comer comida mexicana
5. manejar hasta el observatorio del Monte Wilson
6. asistir al Desfile de las Rosas

15-10 ¿Qué espera usted? Escoja la oración que completa lógicamente las siguientes situaciones. Compare sus respuestas con las de su compañero/a.

1. Su computadora no estaba funcionando bien y usted se la dio a un técnico para que la reparara. Usted espera que …
   a. la haya vendido.
   b. haya destruido sus programas.
   c. haya encontrado el problema.

2. Su amigo acaba de regresar de Puerto Rico, donde fue a pasar sus vacaciones. Usted le dice: "Espero que …
   a. hayas visitado el Viejo San Juan".
   b. te hayas aburrido mucho".
   c. hayas perdido todo tu dinero".

3. Usted acaba de saber que uno de sus compañeros estuvo muy grave en el hospital, pero que ya está en la casa. Usted le dice: "Siento mucho que …
   a. hayas vendido la casa".
   b. hayas estado tan mal".
   c. hayas salido del hospital".

4. Usted llama por teléfono a un amigo para invitarlo a cenar, pero nadie contesta el teléfono. Es probable que su amigo …
   a. haya cenado ya.
   b. haya salido de su casa.
   c. haya cambiado el teléfono.

5. Uno de sus parientes dijo una mentira. Como es natural, a usted le molesta mucho que …
   a. no haya dicho la verdad.
   b. no haya dicho nada.
   c. no haya hablado con sus parientes.

15-11 Los adelantos científicos. Su compañero/a trabaja con otros científicos en un laboratorio de ingeniería genética. Hágale preguntas para saber qué han logrado o no han logrado en sus investigaciones.

MODELO: aislar el nuevo virus / Es posible que
       E1: ¿Han aislado el nuevo virus?
       E2: Es posible que lo hayamos aislado.

1. cambiar la estructura de la célula / dudar
2. no hacer implantes nuevos / es una lástima
3. duplicar órganos / no creer que
4. regular el ritmo del corazón / esperar
5. reactivar los músculos atrofiados / es probable que
6. modificar los genes / es importante que

Usted y su compañero/a están a cargo del equipo de trabajo que organiza una exposición sobre la tecnología en el campus de su universidad. Preparen tres listas: la primera, con las cosas que ustedes saben que han hecho los miembros del equipo; la segunda, con las que esperan que hayan hecho; y la tercera, con las que dudan que hayan hecho. Comparen sus listas con las de otros/as estudiantes.

2. The conditional perfect and the pluperfect subjunctive

In this section you will study two new verb tenses: the conditional perfect and the pluperfect subjunctive.

- Use the conditional of **haber** + *past participle* to form the conditional perfect.

CONDITIONAL PERFECT		
yo	habría	
tú	habrías	
Ud., él, ella	habría	hablado
nosotros/as	habríamos	comido
vosotros/as	habríais	vivido
Uds., ellos/as	habrían	

- The conditional perfect usually corresponds to English *would have + past participle.*

  Sé que le **habría gustado** esta casa.
  I know she would have liked this house.

- Use the past subjunctive of **haber** + *past participle* to form the pluperfect subjunctive.

PLUPERFECT SUBJUNCTIVE		
yo	hubiera	
tú	hubieras	
Ud., él, ella	hubiera	hablado
nosotros/as	hubiéramos	comido
vosotros/as	hubierais	vivido
Uds., ellos/as	hubieran	

- The pluperfect subjunctive corresponds to English *might have, would have,* or *had + past participle.* It is used in constructions where the subjunctive is normally required.

Dudaba que **hubiera venido** temprano.	*I doubted that he had/would have come early.*
Esperaba que **hubieran comido** en casa.	*I was hoping that they would have eaten at home.*
Ojalá que **hubieran visto** ese letrero.	*I wish they had seen that sign.*

- The conditional perfect and pluperfect subjunctive are also used in contrary-to-fact *if*-sentences in the past.

Si **hubieras venido**, te **habría gustado** la conferencia.	*If you had come, you would have liked the lecture.*

¿Qué dice usted?

15-12 La vida sería diferente. Con su compañero/a, diga cuáles habrían sido las consecuencias si …

MODELO: no se hubieran inventado los aviones
Habríamos viajado en barco, en tren o en autobús.

1. no se hubiera inventado la bomba atómica
2. no se hubieran deforestado los bosques
3. los ingleses hubieran descubierto América
4. las mujeres hubieran tenido siempre las mismas oportunidades que los hombres
5. no se hubieran creado las vacunas
6. los jóvenes hubieran gobernado el mundo

15-13 Unas excusas. ¿Qué excusas habrían dado ustedes en las siguientes situaciones?

MODELO: Un alumno le pidió que participara en unos experimentos.
Si mis padres me lo hubieran permitido, habría participado.

1. Unos alumnos querían que usted donara botellas y papeles para reciclar.
2. Le pidieron su coche para llevar unas ratas al laboratorio.
3. Lo/La necesitaban de voluntario/a para probar una vacuna contra el catarro.
4. Un/a compañero/a quería venderle su computadora portátil.
5. Una compañía necesitaba probar unos paracaídas y buscaban personas interesadas en las pruebas.
6. Alquilaban un robot para que hiciera las labores domésticas.

15-14 Volver a vivir. Piense en una experiencia negativa que usted ha tenido en su vida. Cuéntele a su compañero/a qué pasó y dígale qué habría hecho si hubiera sabido lo que sabe hoy. Después, su compañero/a debe hacer lo mismo.

Situaciones

Uno/a de ustedes tuvo un disgusto con su novio/a; el/la otro/a le va a dar consejos.

Explique con detalles qué fue lo que pasó entre su novio/a y usted.

Su amigo/a consejero/a va decirle lo que él/ella hubiera dicho, hecho, etcétera.

3. *Se* for unplanned occurrences

■ Use **se** + *indirect object* + *verb* to express unplanned or accidental events. This construction emphasizes the event in order to show that no one is directly responsible.

Se les apagaron las luces.	*Their lights went out.*
A él **se le acabó** el dinero.	*He ran out of money.*
Se nos olvidó el número.	*We forgot the number.*
A los Álvarez **se les descompuso** la computadora.	*The Alvarez's computer broke down.*
Se te rompió la chaqueta.	*Your jacket got torn.*

■ Use an indirect object pronoun (**me, te, le, nos, os, les**) to indicate whom the unplanned or accidental event affects. Place it between **se** and the verb. If what is lost, forgotten, and so on, is plural, the verb also must be plural.

Se me quedó el dinero en el hotel.	*I left the money in the hotel.*
Se me quedaron los boletos en casa.	*I left the tickets at home.*

¿Qué dice usted?

15-15 ¿Qué les pasó? Con su compañero/a, conteste las preguntas de la columna de la izquierda completando las oraciones de la columna de la derecha.

MODELO: E1: ¿Dónde está tu cámara?   Se me perdió …
    E2: Se me perdió en la universidad.

1. ¿Qué les pasó anoche?	Se nos apagaron …
2. ¿Por qué llegaste tarde?	Se me descompuso …
3. ¿Por qué no almorzaron?	Se nos olvidó …
4. ¿Qué le pasó a Marta?	Se le cayó …
5. ¿Dónde está tu libro?	Se me quedó …
6. ¿Dónde están los boletos?	Se nos quedaron …

15-16 Muchos problemas. Ayer tuvieron muchos problemas en el laboratorio de ingeniería genética. Explique lo que les pasó usando las sugerencias entre paréntesis.

MODELO: El doctor no pudo completar el experimento. (olvidarse la fórmula)
Se le olvidó la fórmula.

1. Los técnicos estaban preocupados. (romperse el microscopio)
2. El director no fue. (enfermarse un hijo)
3. Los ayudantes llegaron tarde. (acabarse la gasolina)
4. La doctora Milán no pudo entrar en el laboratorio. (perderse las llaves)
5. El subdirector no recibió su correo electrónico. (descomponerse la computadora)
6. Un técnico estaba histérico. (perderse unos datos importantes)

15-17 ¿Qué pasó? Describan lo que ustedes ven en los dibujos y después digan qué les pasó a las personas.

MODELO: María no se sentía bien y decidió llamar al doctor. Buscó un teléfono público y quiso llamar, pero se le olvidó el número.

a.

b.

c.

15-18 Un día terrible. Su compañero/a y usted tuvieron un día terrible ayer. Diga qué les pasó usando **se** + *pronombre*.

MODELO: No pude abrir la puerta porque ...   No pude oír las noticias porque ...
E1: No pude abrir la puerta porque se me perdió la llave.
E2: Y yo no pude oír las noticias porque se me descompuso el radio.

USTED	SU COMPAÑERO/A
Antes de levantarme ...	Cuando desayunaba ...
No hice la tarea porque ...	No almorcé porque ...
Cuando iba a casa en el auto ...	Cuando caminaba para casa ...
...	...

Situaciones

Uno/a de ustedes es el/la chofer y el/la otro/a es el/la policía. Usted va manejando en una zona escolar y el/la policía lo/la detiene. Le pregunta a) a qué velocidad se debe manejar en una zona escolar, b) a qué velocidad iba usted y c) le pide su licencia de manejar. Conteste las preguntas del/de la policía y explíquele que no tiene la licencia con usted. Trate de convencerlo/la de que usted es un/a buen/a chofer y que no iba rápido.

4. The passive voice

■ The passive voice in Spanish is formed with the verb **ser** + *past participle;* the passive voice is most commonly used in the preterite, though at times you may see it used in other tenses.

La planta nuclear **fue construida** en 1980.
The nuclear plant was built in 1980.

■ Use the preposition **por** when indicating who or what performs the action.

El bosque fue destruido.
The forest was destroyed. (Who or what did it is not expressed.)

El bosque fue destruido **por** el fuego.
The forest was destroyed by the fire. (The fire did it.)

- The past participle agrees in gender and number with the subject.

Los árboles fueron **destruidos** por
  la lluvia ácida.
  The trees were destroyed by
    the acid rain.

La cura fue **descubierta** el año pasado.
  The cure was discovered last
    year.

- You'll most often find the passive voice in written Spanish, especially in newspapers and formal writing. However, in conversation, Spanish speakers normally use two different constructions that you have already studied—a third person plural verb or a **se** construction.

Vendieron el laboratorio.
  They sold the laboratory.

Se vendió el edificio.
  The building was sold.

¿Qué dice usted?

15-19 La comunicación oral. Su compañero/a lee lo que pasó en una reunión del Presidente y los ministros. ¿Cómo lo diría usted en una conversación?

MODELO: ministros / recibir / el presidente
   E1: Los ministros fueron recibidos por el presidente.
   E2: El Presidente recibió a los ministros.

1. la agenda / preparar / el secretario
2. la agenda / aprobar / todos
3. el proyecto para disminuir la contaminación / escribir / el Sr. Sosa
4. el proyecto / presentar / el Ministro de Salud
5. unos comentarios / leer / el presidente
6. las preguntas / contestar / el ministro

15-20 Dos reporteros. Ustedes tienen que escribir unos artículos dando las siguientes noticias. ¿Cómo las escribirían?

MODELO: la lluvia ácida dañó las cosechas
   Las cosechas fueron dañadas por la lluvia ácida.

1. La zona del Amazonas se conoce como el "pulmón" del planeta.
2. Los campesinos deforestaron la selva.
3. Los campesinos cultivaron la tierra.
4. Estos grupos cortaron muchos árboles.
5. La invasión exterminó muchas especies de animales.
6. El gobierno plantará mil árboles para mejorar la situación.

Usted y su compañero/a tienen que escribir una noticia muy breve sobre un gran descubrimiento. Digan a) cuál es el descubrimiento, b) quién lo hizo, c) cuándo y d) cuáles serán las consecuencias de este importante descubrimiento.

Situaciones

mosaicos

🔊 A escuchar

A. ¿Qué les pasó? Pablo, Ignacio, Lidia, Gloria, and Agustina had a bad day. Listen to what happened to each person and write his or her name in the space provided.

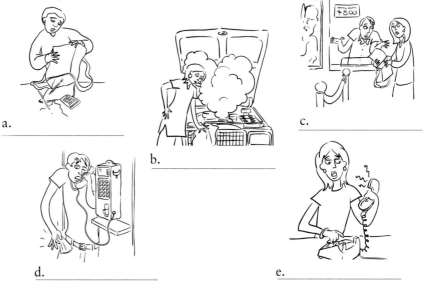

a. _____

b. _____

c. _____

d. _____

e. _____

B. Los implantes que salvan vidas. How has technology helped medicine in improving health care? With your partner, think of some advances and share this information with other students. Then, listen to this discussion of technology and medicine and what is expected to happen in the future. You may read the statements below before listening to the talk and/or take notes. As a final step, determine whether each statement is **Cierto** or **Falso.**

	CIERTO	FALSO
1. El marcapasos ha ayudado mucho a los diabéticos.	____	____
2. El marcapasos se usó por primera vez hace casi cincuenta años.	____	____
3. Las minibombas son unas pastillas para la diabetes.	____	____
4. El implante que se coloca en el oído es como una microcomputadora.	____	____
5. Hay un implante que les permite oír sonidos a los sordos.	____	____
6. Los científicos esperan que en el futuro los ciegos puedan ver.	____	____

 A conversar

15-21 ¿Le pasó alguna vez? En pequeños grupos, comenten si alguna vez han tenido los siguientes problemas. Expliquen cuándo y cómo ocurrieron. Luego compartan esta información con la clase.

MODELO: acabársele algo

Ayer, yo escribía una composición y se me acabó el papel.

Fui a la papelería pero se me había olvidado el dinero en casa.

1. perdérsele algo importante
2. olvidársele algo importante
3. descomponérsele algo
4. rompérsele algo
5. quedársele algo en un lugar
6. caérsele algo

15-22 ¿Cómo me ha afectado la tecnología? Hágale preguntas a su compañero/a sobre cómo lo/la ha afectado la tecnología para llenar la siguiente tabla. Comparen los resultados y después compartan la información con otros compañeros.

ESTUDIOS	CASA	TRABAJO	TRANSPORTE	SALUD

15-23 Un nuevo mundo. Imagínense que ustedes pueden crear una nueva sociedad. Elijan un **nombre** que represente al grupo y expliquen por qué eligieron ese nombre. Por ejemplo, un grupo puede llamarse "Los pacifistas" porque el objetivo número uno de este grupo es la paz en el mundo. Cuando tengan decidido el nombre, elijan un/a **secretario/a** que tome notas sobre los comentarios del grupo y un/a **vocero/a oficial** que dé el informe oral de las opiniones del grupo.

1. ¿Qué habrá? ¿igualdad? ¿cooperación? ¿justicia?
2. ¿Qué no habrá? ¿discriminación? ¿segregación? ¿machismo?
3. ¿Qué necesitaremos? ¿escuelas? ¿hospitales? ¿carreteras?
4. ¿Qué sistema de gobierno tendremos? ¿democracia? ¿tecnocracia?

 Investigación

Muchas expresiones que usan los hispanos, especialmente al hablar, usan *se.*

Lea las siguientes expresiones y piense en qué situaciones las puede usar usted.

- se me pone la piel de gallina *(goosebumps)*
- se me fue el alma a los pies *(heart sank)*
- se me va la lengua *(to give oneself away)*

15-24 Preparación. Con un/a compañero/a dé su opinión sobre qué habrían hecho los seres humanos si no hubiera(n) existido …

1. el teléfono
2. los discos
3. el reloj
4. el servicio postal
5. la computadora
6. la imprenta
7. el barco

15-25 ¿Qué ve usted? Con un/a compañero/a, hable del siguiente dibujo en cuanto a …

a. los aparatos que ustedes ven y los que, según ustedes, se necesitan en este ambiente de trabajo.
b. la calidad de vida del profesional que aparece en ella: su rutina diaria, sus intereses, sus pasatiempos, etcétera.

15-26 A leer. Lea el siguiente microcuento escrito por Marco Denevi, un conocido escritor argentino.

Apocalipsis, I

La extinción de la raza de los hombres se sitúa aproximadamente a fines del siglo XXXI. La cosa sucedió así: las máquinas habían alcanzado tal perfección que los hombres no necesitaban comer, ni dormir, ni leer, ni escribir, ni siquiera pensar. Les bastaba apretar botones y las máquinas lo hacían todo por ellos.

Gradualmente fueron desapareciendo las mesas, los teléfonos, los Leonardo da Vinci, las rosas de té, las tiendas de antigüedades, los discos con las nueve sinfonías de Beethoven, el vino de Burdeos[1], las golondrinas, los cuadros de Salvador Dalí[2], los relojes, los sellos postales, los alfileres, el Museo del Prado, la sopa de cebolla, los transatlánticos, las pirámides de Egipto, las Obras Completas de don Benito Pérez Galdós[3]. Sólo había máquinas.

Después los hombres empezaron a notar que ellos mismos iban desapareciendo paulatinamente[4] y que en cambio las máquinas se multiplicaban. Bastó poco tiempo para que el número de los hombres quedase reducido a la mitad y el de las máquinas aumentase al doble y luego al décuplo. Las máquinas terminaron por ocupar todo el espacio disponible. Nadie podía dar un paso, hacer un simple ademán sin tropezarse con una de ellas. Finalmente los hombres se extinguieron.

Como el último se olvidó de desconectar las máquinas, desde entonces seguimos funcionando.

---

[1]Región de Francia famosa por sus vinos.
[2]Famoso pintor y diseñador español conocido por su estilo surrealista y su excentricidad.
[3]Famoso novelista español y figura nacional.
[4]gradualmente

15-27 Primera mirada. Conteste las siguientes preguntas.

1. ¿Quién es el/la narrador/a de esta historia?
2. ¿En qué parte del texto descubrió usted quién era el/la narrador/a? Subráyela.
3. ¿Por qué los seres humanos confiaban tanto en las máquinas?
4. ¿Qué funciones humanas vitales realizaban las máquinas por los hombres/mujeres?
5. ¿De qué manera cambió la vida de los seres humanos cuando éstos hicieron uso generalizado de las máquinas?
6. ¿Qué les pasó a los seres humanos finalmente?

15-28 Ampliación. Escriba el antónimo de las siguientes palabras. Cuando sea posible, agregue uno de los siguientes prefijos para formar el antónimo: **in-, im-, des-.**

1. aumentar   _____
2. empezar   _____
3. conectar   _____
4. perfección   _____
5. aparecer   _____
6. completas   _____

 A escribir

15-29 Preparación. Con un/a compañero/a …

1. Identifiquen cuatro errores cometidos por el ser humano que tuvieron relación directa con su desaparición.
2. Propongan cuatro estrategias que ustedes habrían utilizado para evitar la extinción de la raza humana.

15-30 Manos a la obra. Usted es una de las computadoras que quedaron conectadas después de la desaparición de la raza humana. Puesto que su capacidad de pensar y razonar es superior a la del ser humano, usted quiere escribir un hipertexto para expresar su opinión —favorable o desfavorable— sobre la extinción del ser humano. Si usted está a favor de su desaparición, explique de qué manera es positivo el que esto haya ocurrido. Si está en contra, diga qué debería haber hecho el ser humano para evitar su propia extinción.

 Expresiones útiles

PARA EXPRESAR UNA OPINIÓN A FAVOR

En mi opinión es más beneficioso/mejor que …
Según mi parecer es mejor que …
Me parece excelente/acertado que …
Sin duda es positivo/bueno/favorable/ventajoso que …
Las ventajas de … son significativas/obvias/están a la vista.

PARA EXPRESAR UNA OPINIÓN EN CONTRA

Me parece increíble/ridículo/inadmisible/desastroso que …
No encuentro bueno/positivo/ventajoso que …
Encuentro malo/desventajoso/dañino/desastroso que …
Las desventajas de … son significativas/obvias/están a la vista.

PARA ESPECULAR

- **Si** + pluperfect subjunctive, conditional perfect

    EJEMPLO: **Si yo hubiera** estado en el lugar del hombre, **yo habría detenido** el proceso antes.

- **De haber** + past participle, conditional perfect

    EJEMPLO: **De haber mantenido** sus intereses, los seres humanos no **se habrían extinguido.**

15-31 Revisión. Su compañero/a editor/a va a ayudarle a expresar bien sus ideas.

Vocabulario

El universo

la biosfera	biosphere
el cielo	sky
el planeta	planet

El mundo

el atolón	coral island, reef
el bosque tropical	rain forest
la conservación	preservation
la cosecha	harvest
la cuenca	river basin
el daño	damage
la deforestación	deforestation
el ensayo (nuclear)	(nuclear) test
el éxito	success
el medio ambiente	environment
la pérdida	loss
los recursos	resources
la reserva	reserve
la selva	jungle
la tierra	land, soil
la vida	life

Comunicaciones electrónicas

el buscapersonas	beeper
el contestador automático	answering machine
el correo eléctrónico	e-mail
el ordenador	computer (Spain)
el ratón	mouse

Viajes espaciales

el cohete	rocket
la nave espacial	space ship
el paracaídas	parachute
el transbordador espacial	space shuttle

Personas

el/la ayudante	assistant
el/la campesino/a	peasant
el ser humano	human being

Descripciones

destacado/a	outstanding, distinguished
dispuesto/a	ready
liberado/a	released
portátil	portable
selvático/a	of the jungle

Verbos

amenazar(c)	to threaten, to menace
apagar	to turn off the lights
asesorar	to advise
aumentar	to increase
bloquear	to block
causar	to cause
construir	to build
dañar	to harm
demostrar (ue)	to show, to demonstrate
desarrollar	to develop
desperdiciar	to waste
diseñar	to design
encontrarse(se) (ue)	to meet, to find, to encounter
manejar	to manage, to handle
olvidar	to forget

Palabras y expresiones útiles

el asalto	assault
el asunto	subject, matter
el bienestar	well-being, welfare
(de) cartón	cardboard
contra	against
correr el riesgo	run the risk
debido a	due to
en busca de	in search of
juntos/as	together
sano/a y salvo/a	safe and sound

La economía, la industria y la tecnología en los países hispanos

Para pensar

¿Cuáles son algunas de las industrias más importantes en los Estados Unidos? ¿Qué avances tecnológicos se han llevado a cabo en los últimos años? ¿Cómo han influido estos avances en la vida diaria de los ciudadanos? ¿Qué industrias cree Ud. que se han desarrollado en los países hispanos?

El desarrollo y los adelantos tecnológicos varían de un país a otro, pero tienen un punto en común: todos los países hispanos están logrando importantes adelantos industriales y tecnológicos. Además existe una serie de acuerdos entre los diferentes países hispanos para integrar sus economías y bajar las barreras de exportación. Así tenemos el Pacto Andino, formado por Venezuela, Colombia, Perú y Bolivia; el Grupo de Tres, constituido por México, Venezuela y Colombia; el Tratado de Libre Comercio firmado por México, Canadá y los Estados Unidos; el Mercado Común del Cono Sur, integrado por Argentina, Brasil, Paraguay y Uruguay; la Asociación Latinoamericana de Integración; la Asociación de Estados Caribeños; el Mercado Común de Centro América integrado por Costa Rica, El Salvador, Guatemala, Honduras y Nicaragua; y la Comunidad Caribeña y Mercado Común integrado por trece naciones caribeñas.

En general, los países hispanos han basado su economía en la agricultura y la minería. Por ejemplo, España ha sido hasta hace poco un país agrícola cuyos principales productos han sido las uvas y las aceitunas. De las uvas se hacen los famosos y deliciosos vinos españoles y de las aceitunas el aceite de oliva. Sin embargo, desde la década de los cincuenta España ha desarrollado también su industria textil, siderúrgica (*metalworks*), química, naviera y automovilística. España exporta no sólo ropa, zapatos, vinos y aceite de oliva, sino también automóviles, maquinarias, productos químicos y textiles. Además, España, al igual que México y Argentina, tiene una importante industria cinematográfica.

Una fábrica de automóviles, España

México es un país que tiene una gran riqueza minera. Sus principales productos son el petróleo, la plata, el oro y el cobre. Sin embargo, en México también hay muchas fábricas que producen, entre otras cosas, automóviles, máquinas y equipo electrónico, ropa, productos de cuero, fertilizantes y productos químicos. Al igual que España, la industria turística en México está muy desarrollada.

ENFOQUE CULTURAL

La agricultura es la principal actividad económica de América Central aunque últimamente ha habido un movimiento hacia el desarrollo industrial y se han establecido fábricas que producen pintura, detergentes, fertilizantes e insecticidas. Sin embargo, los principales productos de exportación son productos agrícolas como caña de azúcar, café, algodón y plátanos que se exportan no sólo a los Estados Unidos, sino también a Europa.

Venezuela es un país muy rico en petróleo y por eso su economía está fuertemente basada en el petróleo y otros productos como el acero y el aluminio. Sin embargo, Venezuela también produce y exporta productos químicos, ropa y artículos de madera.

Colombia es principalmente un país agrícola y sus principales productos de exportación son café, banano, flores, cacao,

Planta manufacturera, México

tabaco, algodón y caña de azúcar. Sin embargo, la economía colombiana se ha beneficiado por la producción de petróleo y productos mineros como la plata, las esmeraldas, el platino y el carbón.

La economía del Ecuador, al igual que la de otros países hispanos, se ha basado principalmente en la agricultura. Sin embargo, al igual que Perú y Chile, su industria pesquera está muy desarrollada. También últimamente se han establecido muchas fábricas de productos textiles, eléctricos y farmacéuticos que están diversificando la economía ecuatoriana.

Refinería de petróleo, Bolivia

La economía del Perú está fuertemente basada en su agricultura, minería y pesquería. Los principales productos agrícolas son la papa, la caña de azúcar, el maíz, el café y el trigo (wheat). En cuanto a la minería, el Perú es uno de los más grandes productores mundiales de cobre, plata, y zinc. La pesquería es igualmente muy importante en la economía del país. El Perú es el primer productor mundial de harina de pescado. Desde la década de los cincuenta se está produciendo en el Perú un gran desarrollo de la industria textil, debido especialmente al algodón de gran calidad que se produce en el país. La industria artesanal está experimentando un gran desarrollo, produciendo una variedad de productos de lana (alfombras, ponchos), de cuero, de madera tallada, de oro y de plata.

Bolivia es el primer productor mundial de aluminio, pero también produce zinc, plomo y plata, entre otros minerales. Últimamente la industria del petróleo y del gas natural están contribuyendo al desarrollo económico de este país.

Argentina y Uruguay son mundialmente famosos por su industria agrícola y ganadera. Sin embargo, su industria manufacturera y minera están experimentando gran crecimiento. En Uruguay, por ejemplo, se manufacturan productos de lana, algodón y rayón. Paraguay es un país principalmente agrícola y su industria manufacturera está íntimamente ligada a los productos agrícolas, como por ejemplo productos alimenticios, productos de madera y productos químicos.

La economía de Chile es una de las más fuertes en la América del Sur con una gran industria agrícola y minera además de su fuerte industria pesquera. Entre los principales productos agrícolas cabe mencionar las famosas frutas chilenas (uvas, manzanas, duraznos) y los vinos chilenos que gozan, actualmente, de mucho éxito en los Estados Unidos. En cuanto a la minería, cabe destacar que Chile es uno de los más grandes productores mundiales de cobre y el mayor productor de acero en la América del Sur.

Hoy en día, tanto en las facultades de ingeniería y de agronomía como en las grandes empresas, se descubren, se adaptan y se aplican los más recientes adelantos tecnológicos para mejorar la comunicación, la producción y el desarrollo en los países hispanos.

Para contestar

Las industrias del mundo hispano. Con su compañero/a, responda a las siguientes preguntas:

1. Mencione algunas asociaciones de comercio internacional que han formado los países hispanos. ¿Qué ventajas ofrece pertenecer a uno de estos organismos?
2. ¿Qué países hispanos tienen una fuerte industria agrícola? ¿Cuáles son algunos de los productos?
3. ¿Qué países hispanos tienen una fuerte industria pesquera? ¿A qué cree Ud. que se debe esto?
4. ¿Qué países tienen una fuerte industria turística y cinematográfica?

Riqueza cultural. En grupos de tres, discutan las ventajas y desventajas de tener una economía basada en la agricultura. Luego, presenten sus conclusiones a la clase.

Para investigar en la WWW

1. Busque información de la Bolsa de Valores de tres países hispanos. Diga qué productos tienen los precios más altos.
2. Busque información acerca de oportunidades comerciales en los países hispanos. Traiga la información a la clase y discuta las ventajas/desventajas de esas oportunidades.

Apéndice 1

Composition correction codes

As part of the process of developing good writing skills in Spanish, you will be exchanging compositions with a classmate. The following correction codes can be very helpful as you critique each other's work.

Code	Interpretation
C	Conjugation of a verb, or an error in some derived verb form, for example **la puerta estaba *abrida**.
Cog	False cognate, for example **sopa** for **jabón**, or **ropa** for **soga**.
D	Dictionary error, for example **banco** for **orilla**, or even **morderse las uñas** for **comerse las uñas**.
F	Form (often a "regularized" adjective, such as **una niña muy *jóvena**).
G	Incorrect gender assignment to a noun, for example **la programa** for **el programa**.
Mode	Mode confusion (if subjunctive, change to indicative and vice versa).
Nag	Noun agreements (gender, number) with adjectives and other noun-centered forms such as pronouns, demonstratives, possessives.
NE	**No existe.** Use this code to signal a made-up word or expression that does not exist in Spanish, for example *en facto for **en realidad**.
Prim	Preterite/imperfect confusion (if preterite, change to imperfect and vice versa).
R	Rewrite successfully completed.
Ref	Reflexive. Use this code to signal that a reflexive verb/construction is needed.
Sag	Subject-verb agreement error, for example *Juan querías salir.
S/E	**Ser/estar** confusion (if **ser**, change to **estar** and vice versa).
Sp	Spelling error. Use this code to signal errors in spelling. Note that written accent marks are considered part of a word's spelling in Spanish.
T	Tense. Use this code to signal any non-Prim (see above) tense error.
X	Any basic grammatical error not covered by some other symbol, but which the student should reasonably know, such as **después de *yendo** for **después de ir**.
Wo	Word order error.
+	Use this code to signal any especially nice touch in the student's writing.
?	Use this code to signal that the reader could not make any sense of the word, clause, sentence, or paragraph.

Adapted from Higgs, 1979

Reading tips

Reading is an important skill that you will develop as you study Spanish. You should not expect to be able to read proficiently at first, however, it is important to begin developing this ability early in the language learning process. Here you'll find some helpful tips that you should keep in mind as you begin to read in Spanish.

- Draw on your experience and knowledge of the world to comprehend an unfamiliar text. Use what you know about the topic as you read; this will help you predict and/or discover new meanings.

- Avoid doing a word-by-word reading of a text. Instead, read holistically—that is, try to get the *gist* of what you're reading. As you begin to read in Spanish, understanding key concepts or words such as simple nouns and verbs will be sufficient.

- Pay close attention to visual cues like photographs, illustrations and charts that may accompany the reading, or to the size of type used for headings, etc. These visual cues will help you make educated guesses about the content and meaning of the text.

- Read the title and subtitles or headings in the text, and pay attention to the format. This is a strategy called *skimming* that helps you get a general overview of the text you are going to read.

- Do not consult your dictionary every time you come across an unfamiliar word. Guess meanings using contextual clues. You will be surprised how much you can hypothesize about and infer the meanings of new words and phrases.

- As you expand your knowledge of Spanish grammar and structure, use it to comprehend new words and unfamiliar structures.

- Get used to reading a text at least twice. First, read the text to get the general sense and main ideas. When you read the second time, underline or jot down those unfamiliar expressions or structures that block your comprehension of the text. Then, use some of the techniques above as well as grammatical and contextual clues to help you clarify obscured meanings. Make hypotheses about possible meanings and read the text a third time. This last reading should serve as a confirmation of your guesses.

Word formation in Spanish

Recognizing certain patterns in Spanish word formation can be a big help in deciphering meaning. Use the following information about word formation to help you as you read.

- **Prefixes.** Spanish and English share a number of prefixes that shade the meaning of the word to which they are attached: **inter-** (between, among); **intro/a-** (within); **ex-** (former, toward the outside); **en-/em-** (the state of becoming); **in-/a-** (not, without), among others.

inter-	interdisciplinario, interacción
intro/a-	introvertido, introspección
ex-	ex-esposo, exponer (*expose*)
en-/em-	enrojecer (*to turn red*), empobrecer (*to become poor*)
in-/a-	inmoral, incompleto, amoral, asexual

- **Suffixes.** Suffixes and, in general, word endings will help you identify various aspects of words such as part of speech, gender, meaning, degree, etc. Common Spanish suffixes are **-ría, -za, -miento, -dad/tad, -ura, -oso/a, -izo/a, -(c)ito/a,** and **-mente.**

-ría	place where something is made and/or bought: **panadería, zapatería** (*shoe store*), **librería.**
-za	feminine, abstract noun: **pobreza** (*poverty*), **riqueza** (*wealth, richness*).
-miento	masculine, abstract noun: **empobrecimiento** (*impoverishment*), **entrenamiento** (*training*).
-dad/tad	feminine noun: **ciudad** (*city*), **libertad** (*liberty, freedom*)
-ura	feminine noun: **verdura** (*vegetable*), **locura** (*craziness*).
-oso/a	adjective meaning having the characteristics of the noun to which it's attached: **montañoso, lluvioso** (*rainy*).
-izo/a	adjective meaning having the characteristics of the noun to which it's attached: **rojizo** (*reddish*), **enfermizo** (*sickly*).
-(c)ito/a	diminutive form of noun or adjective: **Juanito, mesita** (*little table*), **Carmencita.**
-mente	attached to the feminine form of adjective to form an adverb: **rápidamente, felizmente** (*happily*).

- **Compounds.** Compounds are made up of two words (e. g. *mailman*), each of which has meaning in and of itself: **tocadiscos** (*record player*) from **tocar** and **disco**; **sacacorchos** (*cork screw*) from **sacar** and **corcho**. Your knowledge of the root words will help you recognize the compound; and likewise, learning compounds can help you to learn the root words. What do you think **sacar** means?

- **Spanish-English associations.** Learning to associate aspects of word formation in Spanish with aspects of word formation in English can be very helpful. Look at the associations below.

SPANISH	ENGLISH
es/ex + consonant	*s* + consonant
esclerosis, extraño	*sclerosis, strange*
gu-	*w-*
guerra, Guillermo	*war, William*
-tad/dad	*-ty*
libertad, calidad	*liberty, quality*
-sión/-ción	*-sion/-tion*
tensión, emoción	*tension, emotion*

Stress and written accents in Spanish

In Spanish, normal word stress falls on the second-to-last syllable of words ending in a vowel, -n, or -s, and on the last syllable of words ending in other consonants.

hablo	clase	amiga	libros
escuchan	comer	universidad	

When a word does not follow this pattern, a written accent is used to signal where the word is stressed. Below are examples of words that do not follow the pattern.

1. Words accented on the third-to-last syllable:

física	sábado	simpático
catástrofe	gramática	matemáticas

2. Words that are accented on the last syllable despite ending in a vowel, -n or -s.

hablé	comí	están	estás
alemán	Belén	inglés	conversación

3. Words that are accented on the second-to-last syllable despite ending in a consonant other than -n or -s.

lápiz	útil	débil	mártir
Félix	cárcel	módem	

Diphthongs

The combination of an unstressed i or u with another vowel forms a single sound called a diphthong. When the diphthong is in the accented syllable of a word and a written accent is required, it is written over the other vowel, not over the i or u.

Dios	adiós	bien	también
seis	dieciséis	continuo	continuó

When a stressed i or u appears with another vowel, two syllables are formed, and a written accent mark is used over the i or u.

cafetería	país	Raúl	frío
continúa	río	leíste	

Interrogative and monosyllabic words

Some words in Spanish follow normal stress patterns but use written accents for other reasons. For example, interrogative and exclamatory words always use a written accent on the stressed vowel; ¿Dónde viven ellos?, ¿Cuántas clases tienes?, ¡Qué bueno! Many one-syllable (monosyllabic) words carry a written accent to distinguish them from other words with the same spelling but different meanings.

él	*he*	el	*the*
tú	*you*	tu	*your*
sí	*yes*	si	*if*
té	*tea*	te	*(to) you*

Apéndice 2
Verb Charts

REGULAR VERBS: SIMPLE TENSES

Infinitive Present Participle Past Participle	Indicative						Subjunctive		Imperative
	Present	Imperfect	Preterite	Future	Conditional		Present	Imperfect	

Infinitive Present Participle Past Participle	Present	Imperfect	Preterite	Future	Conditional	Present	Imperfect	Imperative
hablar hablando hablado	hablo hablas habla hablamos habláis hablan	hablaba hablabas hablaba hablábamos hablabais hablaban	hablé hablaste habló hablamos hablasteis hablaron	hablaré hablarás hablará hablaremos hablaréis hablarán	hablaría hablarías hablaría hablaríamos hablaríais hablarían	hable hables hable hablemos habléis hablen	hablara hablaras hablara habláramos hablarais hablaran	habla tú, no hables hable usted hablemos hablen Uds.
comer comiendo comido	como comes come comemos coméis comen	comía comías comía comíamos comíais comían	comí comiste comió comimos comisteis comieron	comeré comerás comerá comeremos comeréis comerán	comería comerías comería comeríamos comeríais comerían	coma comas coma comamos comáis coman	comiera comieras comiera comiéramos comierais comieran	come tú, no comas coma usted comamos coman Uds.
vivir viviendo vivido	vivo vives vive vivimos vivís viven	vivía vivías vivía vivíamos vivíais vivían	viví viviste vivió vivimos vivisteis vivieron	viviré vivirás vivirá viviremos viviréis vivirán	viviría vivirías viviría viviríamos viviríais vivirían	viva vivas viva vivamos viváis vivan	viviera vivieras viviera viviéramos vivierais vivieran	vive tú, no vivas viva usted vivamos vivan Uds.

Vosotros commands

hablar	comer	vivir
hablad no habléis	comed no comáis	vivid no viváis

REGULAR VERBS: PERFECT TENSES

Indicative								Subjunctive					
Present Perfect		Past Perfect		Preterite Perfect		Future Perfect		Conditional Perfect		Present Perfect		Past Perfect	
he	hablado	había	hablado	hube	hablado	habré	hablado	habría	hablado	haya	hablado	hubiera	hablado
has	comido	habías	comido	hubiste	comido	habrás	comido	habrías	comido	hayas	comido	hubieras	comido
ha	vivido	había	vivido	hubo	vivido	habrá	vivido	habría	vivido	haya	vivido	hubiera	vivido
hemos		habíamos		hubimos		habremos		habríamos		hayamos		hubiéramos	
habéis		habíais		hubisteis		habréis		habríais		hayáis		hubierais	
han		habían		hubieron		habrán		habrían		hayan		hubieran	

IRREGULAR VERBS

Infinitive Present Participle Past Participle	Indicative						Subjunctive		Imperative
	Present	Imperfect	Preterite	Future	Conditional		Present	Imperfect	
andar andando andado	ando andas anda andamos andáis andan	andaba andabas andaba andábamos andabais andaban	anduve anduviste anduvo anduvimos anduvisteis anduvieron	andaré andarás andará andaremos andaréis andarán	andaría andarías andaría andaríamos andaríais andarían		ande andes ande andemos andéis anden	anduviera anduvieras anduviera anduviéramos anduvierais anduvieran	anda tú, no andes ande usted andemos anden Uds.
caer cayendo caído	caigo caes cae caemos caéis caen	caía caías caía caíamos caíais caían	caí caíste cayó caímos caísteis cayeron	caeré caerás caerá caeremos caeréis caerán	caería caerías caería caeríamos caeríais caerían		caiga caigas caiga caigamos caigáis caigan	cayera cayeras cayera cayéramos cayerais cayeran	cae tú, no caigas caiga usted caigamos caigan Uds.
dar dando dado	doy das da damos dais dan	daba dabas daba dábamos dabais daban	di diste dio dimos disteis dieron	daré darás dará daremos daréis darán	daría darías daría daríamos daríais darían		dé des dé demos deis den	diera dieras diera diéramos dierais dieran	da tú, no des dé usted demos den Uds.

IRREGULAR VERBS (CONTINUED)

Infinitive Present Participle Past Participle	Indicative					Subjunctive		Imperative
	Present	Imperfect	Preterite	Future	Conditional	Present	Imperfect	
decir diciendo dicho	digo dices dice decimos decís dicen	decía decías decía decíamos decíais decían	dije dijiste dijo dijimos dijisteis dijeron	diré dirás dirá diremos diréis dirán	diría dirías diría diríamos diríais dirían	diga digas diga digamos digáis digan	dijera dijeras dijera dijéramos dijerais dijeran	di tú, no digas diga usted digamos digan Uds.
estar estando estado	estoy estás está estamos estáis están	estaba estabas estaba estábamos estabais estaban	estuve estuviste estuvo estuvimos estuvisteis estuvieron	estaré estarás estará estaremos estaréis estarán	estaría estarías estaría estaríamos estaríais estarían	esté estés esté estemos estéis estén	estuviera estuvieras estuviera estuviéramos estuvierais estuvieran	está tú, no estés esté usted estemos estén Uds.
haber habiendo habido	he has ha hemos habéis han	había habías había habíamos habíais habían	hube hubiste hubo hubimos hubisteis hubieron	habré habrás habrá habremos habréis habrán	habría habrías habría habríamos habríais habrían	haya hayas haya hayamos hayáis hayan	hubiera hubieras hubiera hubiéramos hubierais hubieran	
hacer haciendo hecho	hago haces hace hacemos hacéis hacen	hacía hacías hacía hacíamos hacíais hacían	hice hiciste hizo hicimos hicisteis hicieron	haré harás hará haremos haréis harán	haría harías haría haríamos haríais harían	haga hagas haga hagamos hagáis hagan	hiciera hicieras hiciera hiciéramos hicierais hicieran	haz tú, no hagas haga usted hagamos hagan Uds.
ir yendo ido	voy vas va vamos vais van	iba ibas iba íbamos ibais iban	fui fuiste fue fuimos fuisteis fueron	iré irás irá iremos iréis irán	iría irías iría iríamos iríais irían	vaya vayas vaya vayamos vayáis vayan	fuera fueras fuera fuéramos fuerais fueran	ve tú, no vayas vaya usted vamos (no vayamos) vayan Uds.

Infinitive Present Participle Past Participle	Indicative					Subjunctive		Imperative
	Present	Imperfect	Preterite	Future	Conditional	Present	Imperfect	
oír oyendo oído	oigo oyes oye oímos oís oyen	oía oías oía oíamos oíais oían	oí oíste oyó oímos oísteis oyeron	oiré oirás oirá oiremos oiréis oirán	oiría oirías oiría oiríamos oiríais oirían	oiga oigas oiga oigamos oigáis oigan	oyera oyeras oyera oyéramos oyerais oyeran	oye tú, no oigas oiga usted oigamos oigan Uds.
poder pudiendo podido	puedo puedes puede podemos podéis pueden	podía podías podía podíamos podíais podían	pude pudiste pudo pudimos pudisteis pudieron	podré podrás podrá podremos podréis podrán	podría podrías podría podríamos podríais podrían	pueda puedas pueda podamos podáis puedan	pudiera pudieras pudiera pudiéramos pudierais pudieran	
poner poniendo puesto	pongo pones pone ponemos ponéis ponen	ponía ponías ponía poníamos poníais ponían	puse pusiste puso pusimos pusisteis pusieron	pondré pondrás pondrá pondremos pondréis pondrán	pondría pondrías pondría pondríamos pondríais pondrían	ponga pongas ponga pongamos pongáis pongan	pusiera pusieras pusiera pusiéramos pusierais pusieran	pon tú, no pongas ponga usted pongamos pongan Uds.
querer queriendo querido	quiero quieres quiere queremos queréis quieren	quería querías quería queríamos queríais querían	quise quisiste quiso quisimos quisisteis quisieron	querré querrás querrá querremos querréis querrán	querría querrías querría querríamos querríais querrían	quiera quieras quiera queramos queráis quieran	quisiera quisieras quisiera quisiéramos quisierais quisieran	quiere tú, no quieras quiera usted queramos quieran Uds.
saber sabiendo sabido	sé sabes sabe sabemos sabéis saben	sabía sabías sabía sabíamos sabíais sabían	supe supiste supo supimos supisteis supieron	sabré sabrás sabrá sabremos sabréis sabrán	sabría sabrías sabría sabríamos sabríais sabrían	sepa sepas sepa sepamos sepáis sepan	supiera supieras supiera supiéramos supierais supieran	sabe tú, no sepas sepa usted sepamos sepan Uds.
salir saliendo salido	salgo sales sale salimos salís salen	salía salías salía salíamos salíais salían	salí saliste salió salimos salisteis salieron	saldré saldrás saldrá saldremos saldréis saldrán	saldría saldrías saldría saldríamos saldríais saldrían	salga salgas salga salgamos salgáis salgan	saliera salieras saliera saliéramos salierais salieran	sal tú, no salgas salga usted salgamos salgan Uds.

IRREGULAR VERBS (CONTINUED)

Infinitive Present Participle Past Participle	Indicative Present	Imperfect	Preterite	Future	Conditional	Subjunctive Present	Imperfect	Imperative
ser siendo sido	soy eres es somos sois son	era eras era éramos erais eran	fui fuiste fue fuimos fuisteis fueron	seré serás será seremos seréis serán	sería serías sería seríamos seríais serían	sea seas sea seamos seáis sean	fuera fueras fuera fuéramos fuerais fueran	sé tú, no seas sea usted seamos sean Uds.
tener teniendo tenido	tengo tienes tiene tenemos tenéis tienen	tenía tenías tenía teníamos teníais tenían	tuve tuviste tuvo tuvimos tuvisteis tuvieron	tendré tendrás tendrá tendremos tendréis tendrán	tendría tendrías tendría tendríamos tendríais tendrían	tenga tengas tenga tengamos tengáis tengan	tuviera tuvieras tuviera tuviéramos tuvierais tuvieran	ten tú, no tengas tenga usted tengamos tengan Uds.
traer trayendo traído	traigo traes trae traemos traéis traen	traía traías traía traíamos traíais traían	traje trajiste trajo trajimos trajisteis trajeron	traeré traerás traerá traeremos traeréis traerán	traería traerías traería traeríamos traeríais traerían	traiga traigas traiga traigamos traigáis traigan	trajera trajeras trajera trajéramos trajerais trajeran	trae tú, no traigas traiga usted traigamos traigan Uds.
venir viniendo venido	vengo vienes viene venimos venís vienen	venía venías venía veníamos veníais venían	vine viniste vino vinimos vinisteis vinieron	vendré vendrás vendrá vendremos vendréis vendrán	vendría vendrías vendría vendríamos vendríais vendrían	venga vengas venga vengamos vengáis vengan	viniera vinieras viniera viniéramos vinierais vinieran	ven tú, no vengas venga usted vengamos vengan Uds.
ver viendo visto	veo ves ve vemos veis ven	veía veías veía veíamos veíais veían	vi viste vio vimos visteis vieron	veré verás verá veremos veréis verán	vería verías vería veríamos veríais verían	vea veas vea veamos veáis vean	viera vieras viera viéramos vierais vieran	ve tú, no veas vea usted veamos vean Uds.

STEM-CHANGING AND ORTHOGRAPHIC-CHANGING VERBS

Infinitive Present Participle Past Participle	Indicative						Subjunctive		Imperative
	Present	Imperfect	Preterite	Future	Conditional		Present	Imperfect	
incluir (y) incluyendo incluido	incluyo incluyes incluye incluimos incluís incluyen	incluía incluías incluía incluíamos incluíais incluían	incluí incluiste incluyó incluimos incluisteis incluyeron	incluiré incluirás incluirá incluiremos incluiréis incluirán	incluiría incluirías incluiría incluiríamos incluiríais incluirían		incluya incluyas incluya incluyamos incluyáis incluyan	incluyera incluyeras incluyera incluyéramos incluyerais incluyeran	incluye tú, no incluyas incluya usted incluyamos incluyan Uds.
dormir (ue, u) durmiendo dormido	duermo duermes duerme dormimos dormís duermen	dormía dormías dormía dormíamos dormíais dormían	dormí dormiste durmió dormimos dormisteis durmieron	dormiré dormirás dormirá dormiremos dormiréis dormirán	dormiría dormirías dormiría dormiríamos dormiríais dormirían		duerma duermas duerma durmamos durmáis duerman	durmiera durmieras durmiera durmiéramos durmierais durmieran	duerme tú, no duermas duerma usted durmamos duerman Uds.
pedir (i, i) pidiendo pedido	pido pides pide pedimos pedís piden	pedía pedías pedía pedíamos pedíais pedían	pedí pediste pidió pedimos pedisteis pidieron	pediré pedirás pedirá pediremos pediréis pedirán	pediría pedirías pediría pediríamos pediríais pedirían		pida pidas pida pidamos pidáis pidan	pidiera pidieras pidiera pidiéramos pidierais pidieran	pide tú, no pidas pida usted pidamos pidan Uds.
pensar (ie) pensando pensado	pienso piensas piensa pensamos pensáis piensan	pensaba pensabas pensaba pensábamos pensabais pensaban	pensé pensaste pensó pensamos pensasteis pensaron	pensaré pensarás pensará pensaremos pensaréis pensarán	pensaría pensarías pensaría pensaríamos pensaríais pensarían		piense pienses piense pensemos penséis piensen	pensara pensaras pensara pensáramos pensarais pensaran	piensa tú, no pienses piense usted pensemos piensen Uds.

STEM-CHANGING AND ORTHOGRAPHIC-CHANGING VERBS (CONTINUED)

Infinitive Present Participle Past Participle	Indicative					Subjunctive		Imperative
	Present	Imperfect	Preterite	Future	Conditional	Present	Imperfect	
producir (zc) produciendo producido	produzco produces produce producimos producís producen	producía producías producía producíamos producíais producían	produje produjiste produjo produjimos produjisteis produjeron	produciré producirás producirá produciremos produciréis producirán	produciría producirías produciría produciríamos produciríais producirían	produzca produzcas produzca produzcamos produzcáis produzcan	produjera produjeras produjera produjéramos produjerais produjeran	produce tú, no produzcas produzca usted produzcamos produzcan Uds.
reír (i, i) riendo reído	río ríes ríe reímos reís ríen	reía reías reía reíamos reíais reían	reí reíste rio reímos reísteis rieron	reiré reirás reirá reiremos reiréis reirán	reiría reirías reiría reiríamos reiríais reirían	ría rías ría riamos riáis rían	riera rieras riera riéramos rierais rieran	ríe tú, no rías ría usted riamos rían Uds.
seguir (i, i) (ga) siguiendo seguido	sigo sigues sigue seguimos seguís siguen	seguía seguías seguía seguíamos seguíais seguían	seguí seguiste siguió seguimos seguisteis siguieron	seguiré seguirás seguirá seguiremos seguiréis seguirán	seguiría seguirías seguiría seguiríamos seguiríais seguirían	siga sigas siga sigamos sigáis sigan	siguiera siguieras siguiera siguiéramos siguierais siguieran	sigue tú, no sigas siga usted sigamos sigan Uds.
sentir (ie, i) sintiendo sentido	siento sientes siente sentimos sentís sienten	sentía sentías sentía sentíamos sentíais sentían	sentí sentiste sintió sentimos sentisteis sintieron	sentiré sentirás sentirá sentiremos sentiréis sentirán	sentiría sentirías sentiría sentiríamos sentiríais sentirían	sienta sientas sienta sintamos sintáis sientan	sintiera sintieras sintiera sintiéramos sintierais sintieran	siente tú, no sientas sienta usted sintamos sientan Uds.
volver (ue) volviendo vuelto	vuelvo vuelves vuelve volvemos volvéis vuelven	volvía volvías volvía volvíamos volvíais volvían	volví volviste volvió volvimos volvisteis volvieron	volveré volverás volverá volveremos volveréis volverán	volvería volverías volvería volveríamos volveríais volverían	vuelva vuelvas vuelva volvamos volváis vuelvan	volviera volvieras volviera volviéramos volvierais volvieran	vuelve tú, no vuelvas vuelva usted volvamos vuelvan Uds.

Apéndice 3

Spanish to English Vocabulary

The number following each entry corresponds to the *lección* in which the word was first introduced. Numbers in italics signal that the item was presented for recognition rather than as active vocabulary.

A

a: es a las at, to B
el/la abogado/a lawyer 9
abrazar(se) (c) to embrace 13
el abrelatas *5r* can opener
el abrigo coat 7
abril April B
abrir to open 9
la abuela grandmother 4
el abuelo grandfather 4
aburrido/a boring 1; bored *2r*
acabar to finish, to end 13;
   acabar de + *inf.* to have just +
   past. part. 3r, 13
académico/a academic *3r*
el accesorio accessory 5
el accidente accident *1r*
el aceite oil 10
el acento accent *1r*
aceptar to accept *12r*
acerca de about, on *1r*
el acero steel *5r*
aclaratorio/a clarifying *14r*
acompañar to accompany *8r*
aconsejar to give advice *10r*
acortar to shorten 13
acostar/acostarse(ue) to put to
   bed, to go to bed 6
acreditar to accredit,
   to guarantee *12r*
actividad activity *1r*

activo/a active B
el actor actor B
la actriz actress B
la actuación performance
actual present, current 14
actualidad present time 13
actualmente at the present time 9
actuar to act 13
el acumulador battery 12
adaptarse(se) to adapt *5r*
adecuado/a adecuate *4r*
adelante forward *9r*
adelgazar to lose weight 10
el ademán gesture *15r*
además *adv.* besides 1
el aderezo salad dressing 10
adiós good-bye B
la adivinanza riddle *Br*
adivinar to guess, to figure
   out *5r*
la admiración admiration *2r*
admirar to admire *2r*
admitido accepted *1r*
adónde where (to) 3
la aduana customs 12
adulto/a adult 14
advertir to observe, to warn *4r*
aéreo/a *adj.* air *12r*
aeróbico/a aerobic *5r*
la aerolínea airline 12
el aeropuerto airport 12
afectar to affect *10r*

afeitar(se) to shave 6
el/la aficionado/a fan 6
afilado/a sharp *5r*
la afiliación affiliation *14r*
afirmativamente in the
   affirmative *5r*
africano/a African *2r*
afueras (las) outskirts 5
la agencia de viajes travel
   agency 12
agenda agenda *15r*
el/la agente: de viajes travel
   agent 12
agitar to shake *5r*
agosto August B
agradable nice 2
agresivo/a aggressive *Br*
agrícola agricultural *9r*
agrio/a sour 10
el agua water 3
el aguacate avocado 10
el/la ahijado/a godchild 4
ahora *adv.* now 2
el aire air; aire acondicionado
   air conditioning 5; al aire libre
   outdoors, *2r* 3
aislar to isolate *15r*
el ajo garlic 10
al to the (contraction of a + el) 3
al lado (de) next to B
el/la alcalde/sa mayor 13

alcohólico/a alcoholic *10r*

alegrarse (de) to be glad (about) 11

alegre happy, glad 2

la alegría joy 8

alemán German *1r*

la alergia allergy *3r*

el alfiler pin *15r*

la alfombra carpet, rug 5

algo something 1

el algodón cotton 7

alguien someone, anyone, somebody 12

algún some *Br*, 12; any 12

alguno/a some, several *4r*; 12

algunos/as any, some 12

el alijo contraband 14

alimentar to feed 10

el alimento food 10

el aliño seasoning 10

el almacén department store 7

la almohada pillow 5

almorzar (ue) to have lunch 4

el almuerzo lunch 3

alquilar to rent 3

el alquiler rent *5r*

alrededor around *5r* 8

el altar altar *8r*

alternar to alternate *12r*

alto/a tall 2

el/la alumno/a student *1r*

el ama de casa housewife, homemaker 9

amar to love *14r*

amarillo/a yellow 5

ambicioso/a ambitious *Br*

ambos/as both *10r*

amenazar to threaten, to menace 15

el/la amigo/a friend B

la amistad friendship 8

el amor love *14r*

la ampliación enlargement, expansion *1r*

amplio/a spacious, wide *1r*

añadir to add *6r*

el analfabetismo illiteracy *14r*

el análisis analysis 11

el/la analista analyst; analista de sistemas systems analyst 9

analizar to analyze *7r*

anaranjado/a orange 5

ancho/a wide 7

el/la anfitrión/a host/hostess *14r*

la angustia anguish *12r*

el anillo ring 7

el animal animal *1r*

el aniversario anniversary *Br*

el año year B; el año pasado last year 6; el año próximo next year 3; Año Nuevo New Year's Day 8

anoche last night 6

anteanoche night before last 6

anteayer day before yesterday 6

el/la antepasado/a ancestor 8

anteponer (g) to place before, to give preference*14r*

anterior *adj.* previous, prior 9

antes *adv.* in advance, before *3r* 12

el antibiótico antibiotic *11r*

la anticipación anticipation, in advance *12r*

la antigüedad antiquity, antique *7r*

antiguo/a old, ancient *1r*

antipático/a unpleasant 2

la antropología anthropology 1

anunciar to announce, to tell 14

el anuncio ad (advertisement), announcement *3r* 9

apagar(se) (gu) to turn off, to put out *4r* 9

aparecer(zc) to appear, to show up *1r*

la apariencia appearance *2r*

el apartado (de correos) P.O. box 9

el apartamento apartment *1r*, 5

el apellido last name *2r*, 14

el apetito appetite *10r*

aplaudir to applaud 6

el apoyo: apoyo mutuo mutual support *9r*

aprender to learn *1r*

aquel/aquella that 5; aquél, aquélla *pron.* that one 5

aquí here 3

árabe Arab *1r*

el árbitro umpire, referee 6

el árbol *9r*

el archivo file *9r*

el área area 13

el arete earring 7

argentino/a Argentinian 2

el argumento argument *12r*

el armamento armament *15r*

el armario closet, armoire 5

el arma arm *14r*

el/la arquitecto/a architect 9

la arquitectura architecture 1; Facultad de Arquitectura School of Architecture 1

arreglar to fix, to repair, to arrange 9

arrogante arrogant *Br*

el arroz rice 3

el artefacto artifact *12r*

la artesanía handicrafts *3r*

el artículo article *7r*

el/la artista artist *9r*

el asalto assault 15

la asamblea assembly *9r*

la ascendencia ancestry, descent *2r*

ascender to ascend, to advance (in business)*14r*

el ascenso promotion 14

el asesinato assassination, murder *12r*

asesorar to advise 15

la asesoría consultant's office,

advising *15r*

la **asfixia** asphyxia *12r*

asiático/a Asian *2r*

el **asiento: asiento de pasillo** aisle seat *12*

asimilar/se to assimilate, to incorporate *12r*

la **asistencia** attendance *6r;* **asistencia social** welfare *14*

el/la **asistente** assistant *13*

asistir to attend *8r*

asociar to associate *5r*

el **aspecto** aspect, appearance *13r*

la **aspiradora** vacuum cleaner *5*

la **aspirina** aspirin *11*

el/la **astronauta** astronaut *9r*

el/la **astrónomo** astronomer *3r*

asumir to assume responsibilities) *13*

el **asunto** subject, matter *15*

la **atención** attention

atender (ie) to attend, to answer (the telephone) *9*

aterrorizar (c) to terrorize *9r*

el/la **atleta** athlete *5r*

atlético/a athletic *Br*

la **atracción** attraction *6r*

atractivo/a attractive *Br*

atragantarse to choke *12r*

atrofiar to atrophy *15r*

el **atún** tuna *3r*

el **aula** classroom *13r*

aumentar to increase *15*

el **aumento: aumento de sueldo** increase, raise in salary *9*

aunque although *2r 15*

la **ausencia** absence *10r*

ausente *adj.* absent *9r*

auto(móvil) car *1r, 12*

autobiográfico/a autobiographic *2r*

el **autobús** bus *12*

autoritario/a authoritarian *9r*

el/la **auxiliar: auxiliar de vuelo**

steward, stewardess *12*

el **avance** advance, attack *15r*

el **ave** fowl, bird (poultry) *10*

la **avenida** avenue *3r*

averiguar to find out *1r*

el **avión** airplane *12*

el **aviso** advertisement, notice, warning *1r*

ayer yesterday *6*

la **ayuda** help *1r*

el/la **ayudante** assistant *15*

ayudar to help *4*

el **azúcar** sugar *10*

azul blue *2*

B

bailar to dance *1*

el/la **bailarín/a** dancer *8*

el **baile** dance *2r*

bajar de peso to lose weight *3r*

bajo/a short *2*

el **balneario** resort *2r*

el **balón** ball (foot ball) *6r*

el **baloncesto** basketball *6*

la **bañadera** tub *5*

bañar(se) to bathe, to take a bath *3r 6*

el **banco** bank *9*

la **banda** band *8r*

la **bandeja** tray *10*

el **baño** bathroom *5*

el **banquete** banquet *Br*

barato/a inexpensive, cheap *7*

la **barbacoa** barbecue *5*

el **barco** ship/boat *12*

barrer to sweep *5*

el **barrio** neighborhood *5*

básicamente basically *5r*

básico/a basic *5r*

el **basquetbol** basketball *6*

bastante *adv.* enough; **bastante bien** pretty well, rather well,

enough B

la **basura** garbage *5*

la **bata** robe *7*

batallar to fight *4r*

el **bate** baseball bat *6*

la **batería** battery *12*

la **batidora** beater *5r*

batir to beat *10*

el **baúl** trunk *12*

el **bautizo** baptism, christening *4*

beber to drink *3*

la **bebida** drink *3*

el **béisbol** baseball *6*

la **belleza** beauty *1r*

bello/a beautiful *1r*

el **beneficio** benefit *11r*

el **beso** kiss *1r*

la **biblioteca** library *1*

el/la **bibliotecario/a** librarian *9*

la **bicicleta** bicycle *6*

bien *adv.* well B

los **bienes** goods *9r*

el **bienestar** well-being, welfare *15*

la **bienvenida: dar la bienvenida** to welcome *Br*

bilingüe bilingual *2r*

el **billete** bill, ticket *12r*

la **biología** biology *1*

la **biosfera** biosphere *15*

el **bistec** steak *3*

blanco/a white *5*

bloquear to block *15*

la **blusa** blouse *7*

la **boca** mouth *11*

la **boda** wedding *8*

el **boleto** ticket *12;* **boleto de ida y vuelta** roundtrip ticket *12*

el **bolígrafo** ball-point pen B

la **bolsa** purse, bag *7*

el/la **bombero/a** firefighter *9*

bonito/a pretty *2*

el **borrador** eraser B

el **bosque tropical** rain forest 15

la **bota** boot 7

la **botella** bottle 10

el **brazo** arm 11

el **brote** outbreak *11r*

el **buceo** scuba diving *6r*

bueno/a good 1

la **bufanda** scarf 7

el **bus** bus 12

el **buscapersonas** beeper *11r* 15

buscar (qu) to look for 1

la **búsqueda** search *8r*

la **butaca** armchair 5

el **buzón** mailbox 12

C

el **caballo** horse *3r*

el **cabello** hair 11

la **cabeza** head 11

la **cabina** cabin, cockpit *15r*

cada *adj.* each, every, 11

la **cadera** hip 11

caer(se) to fall 11

café brown 2

el **café** coffee 3

la **cafeína** caffeine *10r*

la **cafetería** cafeteria 1

la **caja** cash register 7;
   la **caja fuerte** safe 12

el/la **cajero/a** cashier 9

el **calcetín** sock 7

la **calculadora** calculator B

el **cálculo** calculus *1r*

la **calefacción** heater 5

cálido/a warm *3r*

caliente hot 3

callado/a quiet 2

la **calle** street B

el **calor: tener calor** to be hot 4

la **caloría** calorie *10r*

el **calzado** footwear *7r*

los **calzoncillos** boxer shorts 7

la **cama** bed 5

la **cámara** camera *12r*

la **camarera** waitress 3

el **camarero** waiter 3

el **camarón** shrimp 10

el **camarote** cabin (on boat) 12

cambiar to change, to exchange 7

caminar to walk *1r,* 3

el **camino** road, way 8

la **camisa** shirt 7

la **camiseta** T-shirt 7

el **camisón** nightgown 7

el/la **campeón/a** champion 6

el **campeonato** championship 6

el/la **campesino/a** peasant 15

el **campo** countryside *13r*

camuflar to camouflage 14

cancelar to cancel 12

el **cáncer** cancer *3r*

la **cancha** pitch, court 6

la **canción** song 3

el/la **candidato/a** candidate *2r*

el **canguro** babysitter (Spain) *9r*

cansado/a tired 2

el **cansancio** fatigue *10r*

cansar(se) to make tired, to get
   tired 10

el/la **cantante** singer 9

cantar to sing 3

la **cantidad** quantity *9r*

la **capacidad** capacity *12r*

la **capital** capital *4r*

el **capó** car hood 12

capturar capture *14r*

la **característica** characteristic *2r*

la **cara** face 11

carecer (zc) to lack 14

cargado/a loaded 14

cargar to load *8r*

el **cariño** affection *14r*

el **Carnaval** Mardi Gras 8

la **carne** meat 10

caro/a expensive 7

el/la **carpintero/a** carpenter 9

la **carrera** career, race 2r, 6

la **carreta** cart, wagon 8

la **carretera** highway 12

el **carro/coche** car 1r, 12

la **carroza** float 8

la **carta** letter 12

el **cartero** mailman 12

el **cartón: de cartón** (made of)
   cardboard 15

la **casa** home, house 3

casado/a married **2**

casarse to get married 14

el **casco** helmet *13r*

el **casete** cassette 1

casi *adv.* almost 8

el **casillero** set of pigeonholes *5r*

el **casino** club *12r*

castaño brown 2

el **castellano** Castillian (Spanish)
   language *1r*

el **catálogo** catalogue *7r*

la **catarata** waterfall *2r*

el **catarro** chest cold 11

catastrófico/a catastrophic *12r*

la **catedral** cathedral 12

la **causa: a causa de** because of
   12

causar to cause 15

la **cebolla** onion 10

la **cédula** identification card *2r*

la **ceja** eyebrow 11

la **celebración** celebration 8

celebrar to celebrate *3r* 8

la **célula** cell *15r*

el **cementerio** cemetery 8

la **cena** dinner, supper 3

cenar to have dinner 3

el **censo** census 14

el **centro** center, downtown *2r* 5;
   centro comercial shopping
   center 7

cepillar(se) to brush *6r*

cepillarse los dientes to brush one's teeth *6r*

cerca (de) near *2r* 5

cercano/a near by *13r*

el cerdo pork 10

el cereal cereal 3

el cerebro brain 11

la cereza cherry 10

cerrar (ie) to close 4

certificado/a certified *9r*

la cerveza beer 3

el/la cesto/a wastepaper basket B; basket, hoop 6

el champaña champagne *4r*

la chaqueta jacket 7

charlar to chat *14r*

el/la chaval/a kid 9

el cheque de viajero traveller's check 12

la chica girl B

el chico boy B

chileno/a Chilean 2

la chimenea fireplace 5

el chiste joke *8r*

chocar (qu) to crash *12r*

el chocolate chocolate *2r*

el chofer driver 9

la chuleta chop 10

el ciberespacio cyberspace *15r*

el ciclismo cycling 6

el/la ciclista cyclist 6

ciego/a blind 15

el cielo sky 15

las ciencias sciences 1; ciencia-ficción science-fiction 3; Facultad de Ciencias School of Sciences 1

el/la científico/a scientist 9

cierto *adv.* true, certain *4r*

el cine movies 3

la cintura waist 11

el cinturón belt 7; cinturón de seguridad safety belt 12

circular circular *11r*

la cita quote *14r*; date *2r*

la ciudad city *4r*

el/la ciudadano/a citizen 13

civil civil, civilian *2r*

la civilización civilization *3r*

la clara (de huevo) egg white *5r*

la clase class B

clásico/a classic *1r*

clasificado/a classified *1r*

clasificar to classify *6r*

el/la cliente client *7r*

el clima climate *12r*

la clínica clinic, hospital 11

la cocaína cocaine *14r*

el coche car 12

la cocina kitchen 5

cocinar to cook 5

el codo elbow 11

el cognado cognate *Br*

el cohete rocket 15

coincidir to coincide *12r*

el colador colander, strainer *5r*

la colección collection *3r*

el/la colega colleague *3r*

el collar necklace 7

colocar (qu) to place 13

colombiano/a Colombian 2

colonial colonial *2r*

el color color 2; de color entero solid color 7

la columna column *4r*

combinar combine *3r*

la comedia comedy *3r*

el comedor dining room *4r* 5

el comentario comment, commentary *4r*

comenzar (ie, c) to begin *4r* 8

comer to eat 3

comercial: centro comercial shopping center 7

el/la comerciante business person, trading *13r*

el comercio commerce, trade, business 13

cómico/a comic, funny *Br*

la comida dinner, supper 3; food 10

como *adv.* as, like 8

cómo how, what B; cómo no of course 9

la cómoda dresser 5; *adj.* comfortable *3r*

el/la compañero/a partner, classmate 1

la compañía company, corporation 9

comparar to compare *6r*

la competencia competition *5r*

competente competent *Br*

completar to complete *Br*

completo/a complete *Br*

comprar to buy 1

la compra shopping 7; de compras 7

comprender to understand *Br*

la computadora computer B

común common *2r*

la comunicación communication 3

comunicar to communicate 9

la comunidad community *9r*

con with B; con permiso excuse me B

concientizar (c) to make conscious *15r*

el concierto concert *Br*

la conclusión conclusion *14r*

el concurso contest *12r*

el condominio condominium *1r*

la conferencia conference *2r*

confiscar (qu) to confiscate *14r*

el confite candy *7r*

confundir(se) to mix up, to confuse, to be confused 13

congénito/a congenital *15r*

el congreso congress, convention *5r*

el conjunto set, ensemble *12r*

conmigo with me 7

conocer (zc) to know, to meet 5

conocido/a known, famous 1r

la consecuencia consequence 15r

conseguir to obtain, to get, to accomplish 12r

el/la consejero/a counselor, adviser 4r

el consejo advise 14r

el/la conserje concierge 12

la conservación preservation 15

el/la conservador/a conservative 14r

considerar(se) to consider 13r

el/la constructor/a constructor 9r

construir(y) to build 15

cónsul consul 2r

el consulado consulate 2r

consultar to consult 3r

el consultorio doctor's office 9

consumir to consume 10r

la contabilidad accounting 1r

el contacto: lentes de contacto contact, contact lenses, 1r

el/la contador/a accountant 9

contagiar(se) to give or spread/to get a desease by contagion 11

el contagio contagion, spreading of a desease 11r

la contaminación contamination 14r

contemporáneo/a contemporary 12r

contener (g, ie) to contain 2r

el contenido contents 7r, 11; contenido controlled 11r

contento/a happy, glad 2

la contestación answer Br

el contestador: el contestador automático answering machine 15

contestar to answer 4r, 7

el contexto context 1r

contigo with you (familiar) 7

contra against 15

el contrabando contraband 14

contraer (g) to contract 11r

contrario/a opposite, contrary 6

el contrato contract 9r

la contribución contribution 13r

controlar to control 12r

la conversación conversation Br

conversar to talk, to converse 1

convertir(se) (ie, i) to become 13

cooperar to cooperate 4r

la cooperativa cooperative society 9r

la copa stemmed glass 10; drink 3r

la copia copy 5r

el coraje courage

el corazón heart 4r 11

la corbata tie 7

el corcho cork 5r

correcto/a correct 14r

el corredor/a runner, cyclist 6

el correo mail, post office 9; el correo electrónico e-mail 15

correr to run 4; correr el riesgo run the risk 15

la correspondencia correspondence, mail 12r

correspondiente corresponding, respective 4r

la corrida (de toros) bullfight 3r 8

cortar to cut 10

la cortesía courtesy Br

la cortina curtain 5

corto/a short 2

la cosa thing 4r

la cosecha harvest 15

coser to sew 5r

costar (ue) to cost 4

la costilla rib 10

el costo cost 14r

la costumbre custom, use 8

el cráneo skull 8r

la creación creation 7r

creativo/a creative Br

la creencia belief 14

creer to believe, to think 9

la crema cream 10

la crianza upbringing 4r

el crimen crime 14

la crisis crisis 14r

el/la crítico/a critic 14r

el crucero cruise 12

crucial crucial 14r

el crucifijo crucifix 8r

el cuaderno notebook B

la cuadra city block 12

el cuadro picture 5; de cuadros plaid 7

cuál/es what B; which (one) 2

cualquier any 4r

cuándo interrog. when B, 2

cuando adv. when 2

cuanto: en cuanto as soon as 14

cuánto/a/os/as interrog how much, how many 2

la Cuaresma Lent 8

el cuarto quarter B; room 2r; bedroom 5; fourth 5

cubano/a Cuban 2

cubrir to cover 13

la cuchara spoon 10

la cucharita teaspoon 10

el cuchillo knife 10

el cuello neck 11

la cuenca river basin 15

el cuenco bowl 5r

la cuenta: cuenta corriente checking account 9r

el cuero(de) leather (made of) 7

el cuerpo body 2

cuidar(se) to take care of 5,10

el cultivo cultivation 15r

la cultura culture 4r

la cumbia cumbia (Colombian dance) 2r

el cumpleaños birthday 3

la **cuñada** sister-in-law *4r*

el **cuñado** brother-in-law *4r*

la **cura** cure *3r*

curar(se) to cure, to get well *11r*

el **currículum** résumé *9*

el **cursillo** short course of studies *12r*

el **curso** course *1r*

D

dañar to damage, to harm *4r*, *15*

el **daño** damage, harm *15*

dar to give *7*; **dar lugar a** to result in *2r*

el **dato** piece of information, data *2r*, *14*

de of, from *2*

debajo (de) *adv.* under *B*

deber ought to, should *1r*, *3*

debido: debido a due to *4r*, *15*

débil weak *2*

decidir to decide *3r*

décimo/a tenth *5*

decir (g, i) to say; tell *4*

la **decisión** decision *6*

decisivo/a decisive *6r*

declarar to declare *12*

decomisar to confiscate, to seize *14*

el **decomiso** seizure, confiscation *14r*

el **décuplo** decuple, tenfold *15r*

dedicar to dedicate *5r*

el **dedo** finger *11*

defender (ie) to defend *9r*, *11*

la **defensa** defense *11r*

la **deforestación** deforestation *15*

dejar to let, to allow, to leave behind *9*

del of the (contraction of **de** + **el**) *2*

delgado/a thin *2*

la **demanda** demand, claim *9r*

demás: los demás the rest, others *4r* *14*

demostrar to show, to demonstrate *12r*, *15*

la **denominación** denomination *14r*

denso/a dense *15r*

el/la **dentista** dentist *11r*

dentro in, inside *5r*

el **departamento** department *2r*

depender to depend *15r*

el/la **dependiente/dependienta** salesperson *1*

el **deporte** sport *6*

deportivo/a sportive *6*

deprimido/a depressed *10r*, *11*

la **derecha: a la derecha** to the right *10*, *12r*

derecho right, straight *12*

el **desacuerdo** disagreement *8r*

desapercibido/a unnoticed *9r*

desarrollar to develop *3r* *15*

desayunar to have breakfast *4*

el **desayuno** breakfast *3*

descansar to rest *3*

el/la **descendiente** descendant, offspring *13r*

descomponer(se) to disarrange, to upset the order of *15r*

descremado/a skim (milk) *10r*

la **descripción** description *Br*

descubrir to discover *3r*

desear to wish, to want *2*

el **desempleo** unemployment *9r*

desesperado/a desperate *10r*

el **desfile** parade *8*; **desfile de modas** fashion show *7r*

la **desigualdad** inequality *14r*

desmontar to dismantle, dismount *12r*

desordenar to disarrange *4r*

la **despedida** farewell *B*

despedir (i) to fire, to terminate *9*

despejado/a clear weather *6*

desperdiciar to waste *15*

despertarse (ie) to wake up *6*

después after, later *3*; then *4r*

destacado/a outstanding, distinguished *15*

destacar (qu) to pinpoint *3r*

el **destino** destiny *3r*

destruir (y) to destroy *15r*

la **desventaja** disadvantage *9r*

el **detective** detective *1r*

detener (g, ie) to arrest, to stop *14*

detestar(se) to detest *4r*; to detest one another *13r*

detrás (de) behind *B*

devolver (ue) to return, to give back *7*

el **día** day *B*; **buenos días** good morning *B*; **todos los días** every day *1*

el/la **diabético/a** diabetic *10r*

la **Diablada** Hispanoamerican folkloric festival *8*

diagonal diagonal *5r*

el **diálogo** dialog *5r*

diariamente daily *5r*

diario/a daily *3r*

el **dibujo** drawing *1*

el **diccionario** dictionary *1*

diciembre December *B*

el **dictador** dictator *5r*

la **dictadura** dictatorship *14r*

el **diente** tooth *11*

la **dieta** diet *10r*

difícil difficult *1*

difunto/a, deceased, dead *8*; **Día de los Difuntos** All Souls Day *8*

digerir (ie) to digest *10r*

la **digestión** digestion *10r*

dinámico/a dynamic *Br*

el **dinero** money *3r*

la **diplomacia** diplomacy *2r*

diplomático/a diplomatic *2r*

la **dirección** address *B*;

direction *12r*

el/la **director/a** director, manager *1r*

la **disciplina** discipline *13r*

la **discoteca** discotheque 1

la **discriminación**
discrimination *14r*

discutir to argue, to discuss *3r* 6

el/la **diseñador/a** designer *2r*

diseñar to design *9r*, 15

el **diseño** design *7r*

disfrazarse (c) to wear a
costume 8

disfrutar to enjoy *3r*

disminuir to decrease *13r*

disponible available *12r*

dispuesto/a ready, determined to
15

el **disquete** disquette *Br*, 1

la **distancia** distance *12r*

la **distribución** distribution *9r*

la **distribuidora** distributor *13r*

la **diversidad** diversity *2r*

la **diversión** entertainment,
diversion 3

diverso diverse *5r*

divertido/a amusing, funny 8

divertirse (ie, i) to have a good
time *3r* 8

divorciado/a divorced 4

divorciarse to divorce 14

el **divorcio** divorce *4r* 14

doblado/a dubbed *3r*

doblar to fold 5; to turn *12*

doble double *5r*, 12

el/la **doctor/a** doctor *Br*, 11

el **documento** document *14r*

el **dólar** dollar 1

doler (ue) to hurt 11

el **dolor** pain, ache 10

doméstico/a domestic *14r*

el **domicilio** residence;
a domicilio home delivery *1r*

domingo Sunday B; **Domingo de**

Resurrección Easter Sunday 8

don title of respect *m.* B

dónde *interrog.* where B

doña title of respect *f.* B

dormir (ue, u) to sleep 4;
dormirse (ue, u) to fall
asleep 6

el **dormitorio** dormitory
3; bedroom 5

la **droga** drug *8r*, 15

la **ducha** shower 5

ducharse to take a shower 6

dudar to doubt 10

dulce sweet, candy *3r*

la **dulcería** sweet shop 10

duplicar duplicate *15r*

durante during 3

durar to last 6

E

el/la **ecólogo/a** ecologist *15r*

la **economía** economics 1;
economy *13r*

económico/a economic *14r*

la **edad** age *2r*; **tercera edad**
senior citizen *3r* 14

el **edificio** building *1r* 5

editorial editorial *1r*

educado/a educated *5r*

efectivo: en efectivo cash 7;
efectivo/a effective *15r*

el **efecto** effect *4r*

efectuar(se) to take place, to
carry out *15r*

eficiente efficient *Br*

el/la **ejecutivo/a** executive 9

el **ejercicio** exercise 4

el the B

él he B

el/la **electricista** electrician 9

eléctrico/a electric *5r*

el **electrodoméstico** electrical
appliance 5

electrónico/a electronic *13r*, 15

elegante elegant *Br*

elegir (i, j) to select, to
choose *13r*

el **elemento** element *14r*

ella she B

ellos/as they 1

el **elote** corn (on the cob) 10

la **embajada** embassy *7r*

el **embudo** funnel *5r*

la **emergencia** emergency *9r*

el/la **emigrante** emigrant 13

emigrar to emigrate 13

emocionado/a excited 6

emocional emotional *12r*

empacar (qu) to pack *12r*

empezar (ie, c) to begin; start 4

el/la **empleado/a** employee *2r*, 9

la **empresa** company,
corporation 9

en: en punto in, on the dot B;
en cuanto a in regards to 12;
en la actualidad at the present
time 13; **en busca de** in search
of 15

encantado/a delighted B

encantar to delight, to love 7

encerrado/a locked up *12r*

encerrar (ie) to lock up 8

el **encierro: de los toros** penning
(of bulls) 8

encontrar (ue) to find *3r*;
encontrarse to come upon 15;
to be situated *1r*

el **encuentro** encounter, meeting
Br, 14r

la **encuesta** survey *3r, 14*

la **energía** energy *10r*

enero January B

la **enfermedad** sickness 11

el/la **enfermero/a** nurse 9

enfermo/a *adj.* sick 10;

enfrentar to confront, *12r*

enfrente (de) in front of B

engordar to gain weight *10r*

enojado/a angry, mad *2r*

la **ensalada** salad 3

el **ensayo: el ensayo nuclear** nuclear test 15

enseguida immediately 7

enseñar to teach *1r*

ensuciar to dirty *4r*

entender (ie) to understand 4

entero: de color entero solid color 7

entonces then 8

la **entrada** ticket for admission *3r* 8

entrar to go in, to enter *4r* 7

entre between, among B

entregar to deliver *5r*

el/la **entrenador/a** coach 6

entrenar to train *10r*

entrevista interview *1r*, 9

el **entretenimiento** entertainment, amusement *3r*

entrevistar to interview *1r*

el **envase** container, can *4r*

envejecer (zc) to get old *10r*

enviar to send 9

equilibrar to balance *10r*

el **equilibrio** equilibrium, balance *10r*

el **equipaje** luggage 12

el **equipo** team 6, **el equipo deportivo** equipment 6

equivalente equivalent *6r*

el **error** error, mistake *15r*

la **escala** stopping point *12r*

la **escalera** stairs, stairway 5

el **escaparate** store window 7

escoger (j) to choose *4r*

escolar pertaining to a student or school *1r*

escribir to write *1r*, 3

el/la **escritor/a** writer *2r*, 13

el **escritorio** desk B

escuchar to listen 1

el **escurridor** colander *5r*

escurrir to drain *5r*

ese/a *adj.* that B; **ése/a** *pron.* that one 5

eso: por eso that, that's why 3

el **espacio** space *6r*

el **espagueti** spaghetti 3

la **espalda** back 11

el **español** Spanish *Br*, 1; **español/a** *adj.* Spanish 2

extender(se) (ie) to spread out, to extend 13

la **especia** spice *5r*

la **especialidad** specialty *3r*

especializado/a specialized *13r*

especialmente specially *3r*

el **espectáculo** entertainment *3r*

el **espejo** mirror 5; **el espejo retrovisor** rearview mirror 12

esperar to hope, to expect, to wait for 10

la **espinaca** spinach 10

la **esposa** wife 4

el **esposo** husband 4

el **esqueleto** skeleton *8r*

el **esquí** skiing, ski 6

el/la **esquiador/a** skier 6

esquiar to ski *2r* 6

la **esquina** corner 12

este/a *adj.* this 1: **éste/a** *pron.* this one 5; **esta noche** tonight 3

la **estabilidad** stability *14r*

establecer(se) (zc) to settle 13

la **estación** season 6; station 12

el **estacionamiento** parking lot *12r*

el **estadio** stadium 3

la **estadística** statistic 14

el **estado** state *2r*

estar to be 1; **estar bien/mal** to be well/bad B; **estar a dieta** to

be on a diet 3; **estar de acuerdo** to agree 3; **estar enamorado/a** to be in love 13; **estar seguro/a** to be sure 7

la **estatua** statue *8r*

este/a *adj.* this 5; **éste/a** *pron.* this one 5

estereotipado/a stereotyped *14r*

el **estilo** style *5r*

estimado/a estimated, dear *2r*

el **estómago** stomach 11

la **estrategia** strategy *6r*

estrecho/a narrow, tight 7

estreñir(se) to be constipated *10r*

el **estrés** stress *14r*

el **estudiante** student 1

estudiar to study 1

el **estudio** studying *9r*

la **estufa** stove 5

la **etapa** leg, hop *14r*

eterno/a eternal *5r*

étnico/a ethnic *2r*

europeo/a European *13r*

el **evento** event *1r*

la **evidencia** evidence *12r*

evitar to avoid *11r*

el **examen** examination, check up *1r*

examinar to examine 11

excelente excellent 1

la **excepción** exception *13r*

excepcional exceptional *3r*

exclusivo/a exclusive *12r*

exhaustivamente exhaustingly *12r*

el **éxito** success 15

la **expectativa** expectation *12r*

la **experiencia** experience *1r* 9

el **experimento** experiment *15r*

explicar (qu) to explain *6r*

la **explosión** explosion *15r*

expresar to express *13r*

la **expresión** expression *Br*

el **exprimidor** fruit-squeezer *5r*

extender(se) (ie) to extend, to expand *13r*

la extensión extension *15r*

el exterior exterior, outer *2r*

la extinción extinction *15r*

extranjero/a foreign, foreigner *1r* 2

extremadamente extremely *5r*

extrovertido/a extrovert *Br*

F

fabuloso fabulous *3r*

fácil easy 1

factual factual *12r*

facturar to check (luggage) 12

la facultad college, school of 1

la falda skirt 7

falso/a false *4r*

la fama fame 13

la familia family 4

el familiar relative *4r*

famoso/a famous *1r*

fanático/a fanatic *4r*

la fantasía fantasy *7r*

el/la farmacéutico/a pharmacist 11

la farmacia pharmacy 11

fascinar fascinate, bewitch *3r*

la fase phase *5r*

el fastidio annoyance *4r*

la fatiga fatigue *10r*

fatigado/a fatigued, tired *10r*

favorito/a favorite *Br*

febrero February B

la fecha date B

la felicidad happiness *14r*

feliz happy 2

el fenómeno phenomenom *14r*

feo/a ugly 2

la feria fair *10r*

el ferrocarril railroad 12

el festival festival *6r*

festivo festive *8r*

la fibra fiber *10r*

la fiebre fever 11

la fiesta party 3

el fin: end 6 fin de semana weekend 1

el final end *1r*

financiado/a financed *11r*

la firma signature *1r*

la física physics 1

físico/a physical *2r*

flexible flexible *2r*

la flor flower 8

el flujo flow *14r*

el folleto pamphlet, brochure *3r*

fomentar to foment 14

los fondos fund *11r*

formal formal *Br*

formar to form *6r*

la fórmula formula *15r*

el formulario formulary *1r*

la fortaleza fortress *3r*

la fotografía photography *2r*

fracturar(se) to fracture, to break *3r* 11

la frecuencia frequency *12r*

frecuentemente frequently 8

el fregadero sink 5

freir(i) to fry 10

la frente forehead 11

la fresa strawberry 10

fresco/a cool 6

el frío: tener frío to be cold 4; frío/a *adj.* cold 3

frito/a fried 3

la frontera frontier, border *2r*

la fruta fruit 3

la fuente source 14; fountain *1r*

fuerte strong, 2

fumar to smoke 11

la función show, function *2r*

el funcionamiento functioning *14r*

funcionar to function *15r*

fundamental fundamental *7r*

fundar to found *1r* 13

furioso/a furious *6r*

el fútbol soccer 6

G

la gabardina raincoat *7r*

el gabinete cabinet (presidential) *13r*

las gafas: gafas de sol sun glasses 7

la galleta: galletita cookie *8r*, 10

el/la ganador/a winner 8

ganar to win 6; gain 4

el garaje garage 5

la garganta throat 11

la gasolina gasoline *12r*

gastar to spend 7

el/la gato/a cat *4r*

la gelatina gelatin 10

el/la gemelo/a twin 4

genealógico/a genealogical *4r*

la generación generation *4r*

general: en general in general *1r*

generalmente generally *5r*

generoso/a generous *Br*

el gene gene *15r*

genético/a genetic *15r*

la gente people 3

la geografía geography 1

el/la gerente/a: gerente de ventas sales manager 9

la gestión matter, business *9r*

el gesto gesture *4r*

gigante *adj.* giant *5r*

el gimnasio gymnasium 1

el gobierno government 13

el golpe: golpe militar military coup 13

gordo/a fat 2

la gorra cap 7

la grabación recording *3r*

la grabadora taperecorder, cassette player B

gracias thank you B; **Día de Acción de Gracias** Thanksgiving Day 8

el grado degree *6r*

la graduación graduation *2r*

graduado/a graduate *5r*

gradualmente gradually *15r*

gran great 5

grande big 1

el grano grain *10r*

gratuito/a gratuitous, free of charge *11r*

grave seriously ill, serious 11

la gravedad seriousness *15r*

la gripe flu 11

gris gray 5

gritar to shout, scream *4r*

el grito shout, scream *4r*

el grupo group *2r*

el guajolote turkey 10

el guante baseball mit 6; glove 7

guapo/a good-looking, handsome 2

guardar to keep 12

el guardarropa wardrobe *5r*

la guardería nursery *14r*

guatemalteco/a Guatemalan 2

la guayabera loose-fitting men's shirt *7r*

la guerra war *13r*

el gueto ghetto *14r*

la guitarra guitar 3

gustar to be pleasing to, 2, 7; **me gustaría** I would like 7

el gusto: mucho gusto pleased to meet you B

H

haber to have 13

había there was, there were 8

la habitación: habitación doble/sencilla double/single room 12

el/la habitante inhabitant, resident *2r*

el hábito habit *11r*

hablador/a talkative 2

hablar to speak 1

hacer (g) to do; make 1, 4; **hacer cola** to stand in line 12; **hacer escala** to make a stopover 12; **hacer la cama** to make the bed 4; **hacer la maleta** to pack *12r*; **hacer preguntas** to ask questions*1r*

el hambre: tener hambre to be hungry 4

la hamburguesa hamburger 3

la harina flour 10

hasta: hasta luego, hasta pronto see you later B, 3; until 1; **hasta que** until; up to, even 9

hay there is, there are B; **hay que + inf.** it's necessary to + verb 4

hebreo/a Hebrew *2r*

el hecho fact *12r*

el helado ice cream 3

la hermana sister 4

el hemisferio hemisphere *10r*

la hermanastra stepsister *4r*

el hermanastro stepbrother *4r*

el hermano brother 4

hermoso/a beautiful *1r*

hervir (ie, i) to boil 10

la hierba herb, grass *10r*

el hierro iron, golf club 6

la hija: hija única daughter, only daughter 4

el hijo: hijo único son, only son 4

el hipódromo racetrack *3r*

hispano/a Hispanic *2r*

la historia history 1

el hogar home *5r* 14

hola hello, hi B

el hombre: hombre de negocios businessman 9

el hombro shoulder 11

homogéneo/a homogeneous *2r*

la hora time, hour B

el horario schedule *Br*

horizontal horizontal *5r*

el horno: horno microondas microwave oven 5

el hospital hospital 1, 11

el hotel hotel 12

hoy today B; **hoy en día** nowadays 8

el hueso bone 11

el huevo egg 3

las humanidades humanities 1; **Facultad de Humanidades** School of Humanities 1

humano/a human 11; **ser humano** human being 15

húmedo/a humid 6

I

la ida: ida y vuelta round trip *3r*, 12

ideal ideal *5r*

idealista *adj,* idealistic *Br*

la identidad identity *2r*

la identificación identification *Br*

identificar (qu) to identify *Br*

la iglesia church *1r* 8

igual *adj.* alike, equal *2r*

la igualdad equality *14r*

igualmente likewise B

ilógico/a illogical *5r*

la imaginación imagination *7r*

imaginario/a imaginary *12r*

imitar to imitate *5r*

impacientar(se) to make impatient, to become impacient *4r*

impagable *adj.* unpayable *5r*

imparcial impartial *Br*

el impermeable raincoat 7

el implante implant *15r*

implicar (qu) to involve,

implicate *10r*

la **importancia** importance *13r*

importante important *Br*

la **imprenta** printing *15r*

impresionante impressive *1r*

impulsivo/a impulsive *Br*

la **inauguración** inauguration *13r*

el **incendio** fire 9

el **incentivo** incentive *13r*

incluir (y) to include *4r*

incorrecto/a incorrect *14r*

incrementar increment *10r*

independiente independent *Br*

independizarse (c) to become independent/liberated 14

indicado/a indicated *13r*

indicar (qu) to indicate *3r* 9

el **índice** index *14r*

indígena indigenous, native *2r*

individual *adj.* individual *1r*

el **individuo** individual *6r*

inesperado unexpected *8r*

la **infección** infection 11

infeccioso/a infectious *11r*

infectado/a infected 11

infectar to infect *11r*

la **inflamación** inflammation *11r*

la **influencia** influence *12r*

la **información** information *1r*

informal informal *Br*

informar(se) to inform, to become imformed *2r*

la **informática** computer science 1

el **inglés** English 1

el **informe** inform *1r*

el/la **ingeniero/a** engineer 9

el **ingrediente** ingredient *10r*

ingresar to be admitted *1r*

el **ingreso** income *9r*

el/la **inmigrante** immigrant 13

el **inodoro** toilet 5

inolvidable unforgettable *1r*

inoxidable stainless *5r*

el/la **inspector/a** inspector 12

insultar(se) to insult *13r*

inteligente intelligent *Br*

la **intención** intention *15r*

el **intercambio** exchange *1r*

interceptar to intercept *14r*

el **interés** interest *1r*

interesado/a interested *2r*

interesante interesting *Br*

interesar to interest 7

el **interior** interior *4r*; ropa interior underwear *7r*

internacional international *1r*

el/la **intérprete** interpreter, translator *9r*

interrogativo/a interrogative *Br*

interrumpir to interrupt *9r*

intervenido intercepted *14r*

intervenir (g, ie) to intervene *9r*

íntimo/a intimate, close *1r*

introvertido/a introvert *Br*

la **investigación** investigation *13r*

el **invierno** winter 6

la **invitación** nvitation 8

invitar to invite 6

la **inyección** injection 11

ir to go 3; **ir a** + *inf.* to go to + *verb* 3; **irse** to go away, to leave 6;

irónico/a ironic *9r*

irracional irrational *12r*

irreparable irreparable *15r*

irritado/a irritated 11

irse to go away, to leave 6

italiano/a Italian *1r*

el **itinerario** itinerary *12r*

la **izquierda: a la izquierda** to the left 12

J

el **jabón** soap *5r*, 15

el **jamón** ham 3

japonés/a Japanese *3r*

el **jardín** backyard, garden 5

la **jarra** jar, pitcher *5r*

el/la **joven** young man/woman 3; **joven** *adj.* young 2

la **joya** jewel, jewelry *5r*

la **joyería** jewelry *3r*

judio/a Jew *2r*

el **juego** game 6; **los Juegos Olímpicos** Olympic Games 13

jueves Thursday B

el/la **juez/a** judge 9

el/la **jugador/a** player 6

jugar (ue) to play (game, sport) 4

el **jugo** juice 3

el **juguete** toy 7

julio July B

la **jungla** jungle *5r*

junio June B

juntos together 15

la **justicia** justice *15r*

la **juventud** youth *14r*

L

el **labio** lip 11

el **laboratorio: laboratorio de lenguas** language lab *Br*, 1

lacrimógeno/a tear-producing 15

lácteo/a dairy (product), milky 10

la **lámpara** lamp 5

la **lana: de lana** wool (made of) 7

la **langosta** lobster 10

lanzar (c) to throw *6r*

el **lápiz** pencil B

largo/a long 2

el **lavabo** washbowl 5

la **lavadora** washing machine 5

el **lavaplatos** dishwasher 5

lavar(se) to wash 5; **lavarse los dientes** to brush one's teeth 6

la **leche** milk 3

la **lechuga** lettuce 3
el/la **lector/a** reader *1r*
leer to read 3
lejano/a distant, remote *13r*
lejos (de) *adv.* far 5
la **lengua** tongue 11, language1
lentamente slowly *5r*
los **lentes:** glasses *2r* **lentes de**
  contacto contact lenses *2r*
el **león** lion *3r*
el **letrero** sign *13r*
levantar to raise, to lift 6;
  levantarse to get up, to stand up
  6
la **ley** law *14r*
liberado/a released 15
liberal liberal *Br*
liberar to release *12r*
libre free 8
la **librería** bookstore 1
el **libro** book B
el **limón** lemon 10
el **limpiaparabrisas** windshield
  wiper 12
limpiar to clean 5
el **limpiavidrios** window cleaner *5r*
la **limpieza** cleaning *4r*
el **líquido** liquid *11r*
la **lista** roll, list B; **la lista de**
  espera waiting list 12
listo/a smart, ready 2
la **literatura** literature 1
llamar to call 1; **llamarse** to be
  called, to be named B
la **llanta** tire 12
la **llave** key 12
la **llegada** arrival 12
llegar to arrive 1
llenar to fill out 9
lleno/a full 12
llevar to wear, to carry 7;
  llevar a cabo to carry out *6r*;
  llevarse bien to get along
  well 13

llorar to cry *4r*
llover (ue) to rain 6
la **lluvia** rain 6; **la lluvia ácida**
  acid rain *15r*
local local *1r*
la **localización** location *14r*
localizar (c) to locate 14
loco/a crazy *6r*
el/la **locutor/a** radio announcer 9
lógicamente logically *5r*
lógico/a logic *Br*
la **lotería** lottery *4r*
el **lugar** place *Br*, 2
la **luna: luna de miel** honeymoon *7r*
lunares (de) polka-dotted 7
lunes Monday B
la **luz** light *4r*

M

el **machismo** machismo 14
la **madera** wood *5r*
la **madrastra** stepmother 4
la **madre** mother 4
la **madrina** godmother 4
la **madrugada** early morning,
  dawn 8
la **madurez** maturity *14r*
magnífico/a magnificent *7r*
el **maíz** corn 10
majar to crush, to pound *5r*
mal not well, sick B
la **maleta** suitcase 12
el **maletero** trunk (in a car) 12
el **maletín** briefcase 12
la **malformación**
  malformation *15r*
malo/a bad 1; **ser malo/a** to be
  bad 3; **estar malo/a** to be ill 3
la **mamá** mom 4
la **mancha** spot *11r*
mandar to send 9
el **mandato** term of office 13
manejar to drive *3r*, 12;

to manage, to handle 15
la **manera** way *3r*
el **mango** mango *10r*
la **mano** hand 11
la **manta** blanket 5
la **manteca** lard 10
el **mantel** tablecloth 10
mantener(se) (g, ie) to mantain *4r*
el **mantenimiento** maintenance *5r*
la **mantequilla** butter 3
manual manual *5r*
la **manzana** apple 10
mañana *adv.* tomorrow B; **hasta**
  mañana until tomorrow B
la **mañana** morning B;
  de la mañana A.M. B
el **mapa** map 1
maquillarse to put on makeup 6
la **máquina: de escribir**
  typewriter *9r*
el **mar** sea 3
la **maravilla** wonder *2r*
el **marcapasos** pacemaker *15r*
marcar (qu) to mark *4r*
la **margarina** margarine 10
el **marido** husband 4
el **marisco** seafood 10
marrón brown 5
martes Tuesday B
marzo March B
más more; **más o menos** more or
  less B; **más... que** more...than
  8
matar to kill 8
las **matemáticas** mathematics 1
la **materia** subject of study *1r*
el **material** material 15
materialista materialist *Br*
materno/a maternal *2r*
el **matrimonio** marriage,
  wedding *4r*
máximo/a maximum, greatest *6r*
mayo May B
la **mayonesa** mayonnaise 10

mayor older 2; **el/la mayor** the oldest 4

la **mayoría** the majority *12r*

el/la **mecánico/a** mechanic *9r*

la **media** half B; stocking 7; average 14

mediano/a average, medium 2

la **medianoche** midnight B

la **medicina** medicine 1; **Facultad de Medicina** School of Medicine 1; medication 11

el/la **médico/a** medical doctor *6r*, 9

el **medio: de transporte** transportation means 12; **medio ambiente** environment 15; **medio/a hermano/a** half-brother/sister 4

el **mediodía** noon B

meditar to meditate *10r*

la **mejilla** cheek 11

mejor best, better *1r*, 8

mejorar to improve 9

la **melodía** melody 8

la **memoria** memory *5r*

mencionar to mention *5r*

el/la **menor** the youngest 4

menos minus, (for telling time) B; **más o menos** more or less B; **menos… que** less/fewer than 8; **a menos que** unless 14

la **mentira** lie *13r*

el/la **mentiroso/a** liar 4

el **menú** menu *3r*

menudo: a menudo often *4r*

el **mercado: al aire libre** open air market 7

la **mercancía** merchandise *13r*

merecer (zc) to deserve *14r*

el **mes** month B; **mes pasado** last month 6; **mes próximo** next month 3

la **mesa** table; **mesa de noche** night stand 5

metabolizar (c) metabolize *10r*

el **metal** metal *5r*

metódico/a methodical *10r*

el **metro** subway 12; meter 6

metropolitano/a metropolitan *13r*

mexicano/a Mexican 2

mi(s) my B, 4

el **micrófono** microphone *9r*

el **microondas** microwave 5

el **microscopio** microscope *9r*

el **miedo: tener miedo** to be afraid 4

el **miembro** member *4r*

mientras while, meanwhile 3

miércoles Wednesday B

la **migaja** crumb *4r*

milenario/a millenary *10r*

la **milla** mile *6r*

el **millón** million *2r*, 3

el **mineral** mineral *4r*

la **minibomba** minibomb *15r*

mínimo/a minimum *6r*

el **ministerio (de)** ministry (government) *2r*

el **ministro** minister (government) *15r*

mirar to look (at) 1

la **misión** mission *11r*

mismo/a: lo mismo the same thing 8

el **misterio** mystery *1r*

la **mitad** half 13

la **mochila** backpack B

la **moda** fashion *1r*; **desfile de modas** fashion show *7r*

el/la **modelo** model *3r*

el **módem** modem *9r*

moderno/a modern B

modificar (qu) to modify *15r*

moler (ue) to grind *5r*

molestar to bother, to be bothered by 11

molido/a ground 10

el **monumento** monument *1r*

morado/a purple 5

moreno/a brunet 2

moroso/a tardy, in default (in payment) *9r*

mortal mortal *12r*

el **mortero** mortar *5r*

la **mostaza** mustard 10

el **mostrador** counter 12

mostrar (ue) to show 7

el **motivo** motive *2r*

la **moto(cicleta)** motorcycle 12

el **motor** motor *12r*

mover (ue) to move 8

el **movimiento** movement *13r*

la **muchacha** girl, young woman 3

el **muchacho** boy, young man 3

mucho/a much, lot 2; **mucho gusto** pleased to meet you B

muchos/as many; **muchas veces** often 1

mudarse to move *5r*

la **mueblería** furniture store *5r*

el **mueble** furniture 5

la **muerte** death 13

muerto/a dead 8; **Día de los muertos** All Saints/All Souls Day 8

la **mujer** wife, woman 4; **mujer de negocios** business woman 9

la **multitud** crowd *14r*

mundial world-wide, universal 6

el **mundo** world 15

la **muñeca** wrist 11

el **músculo** muscle 11

el **museo** museum *1r* 12

la **música** music 3

musical musical *5r*

muy very B

N

nacer (zc) to be born 13

el **nacimiento** birth *2r*

la **nación** nation *6r*
nacional national *2r*
la **nacionalidad** nationality *2r*
nada *adv.* nothing12;
    de nada you're welcome B
nadar to swim 3
nadie no one, nobody 12
la **naranja** orange 3
el **narcotraficante** drug trafficker 14
el **narcotráfico** drug traffic 14
la **nariz** nose 11
el/la **narrador/a** narrator *15r*
narrar to narrate *1r*
la **natación** swimming 6
natal natal (pertaining to birth) *10r*
nativo/a native *1r*
la **nave: espacial** space ship 15
la **navegación** navegation *14r*
la **Navidad** Christmas 8
la **necesidad** need, necessity 14
necesitar to need 1
el **negocio** business 13
negro/a black 2
la **nena** baby, infant girl *14r*
el **nene** baby, infant boy *14r*
nervioso/a nervous 2
la **neurosis** neurosis *10r*
nevar (ie) to snow 6
ni... nor 2; **ni... ni** neither...
    nor 2
nicaragüense Nicaraguan 2
la **nieta** granddaughter 4
el **nieto** grandson 4
la **nieve** snow 6
la **niñera** baby sitter *9r*
la **niñez** childhood 8
ningún not, not any 12
ninguno/a not any, none *6r,* 12
el/la **niño/a** child *1r,* 4
el **nivel** level *14r*
no no, not; **no sé** I don't know
    Br
la **noche** evening, night B;
    de la noche P.M. B;

esta noche tonight 3;
    por la noche at night 1
la **Nochebuena** Christmas Eve 8
la **Nochevieja** New Year's Eve 8
nombrar to name *13r*
el **nombre** name *1r*
normalmente normally *5r*
el **norte** north *3r*
norteamericano/a North
    American 1
nosotros/as we 1
la **nota** note, grade 1
notable notable, noteworthy 14
notablemente notably *9r*
notar to notice *13r*
la **noticia** news 9
la **novela** novel *1r,* 13
el/la **novelista** novelist 13
noveno/a ninth 5
la **novia** fiancée, girlfriend 4
noviembre November B
el **novio** fiancé, boyfriend 4
nublado/a cloudy 6
nuclear nuclear *15r*
la **nuera** daughter-in-law 4
nuestro/a(s) our 4
nuevamente newly *4r*
nuevo/a new 2
el **número** number *1r*
nunca never 1, 12
la **nutrición** nutrition *10r*

O

obituario obituary *1r*
la **obra: obra de teatro** play *3r*
obligar to force, to oblige *12r*
el/la **obrero/a** worker 9
la **observación** observation *2r*
observar to observe *13r*
obtener (g, ie) to obtain, to
    get *5r*
ocasionar to cause, to occasion *12r*

el **océano** ocean *2r*
octavo/a eighth 5
octubre October B
la **ocupación** occupation *9r*
ocupado/a busy, occupied 4
ocupar to occupy 13; **ocuparse**
    to be in charge of *13r*
ocurrir to happen, to occur *3r*
odiar to hate 13
el **odio** hate 14
el **oeste** west *2r*
la **oferta** offer *9r*
oficial official *3r*
la **oficina** office 1
el **oficio** occupation 9
ofrecer (zc) to offer *1r* 9
el **oído** (inner) ear 11
oír (g) to hear 4; **¡Oye!** Hey
    there! *Br*
ojalá I/we hope 10
el **ojo** eye 2
las **Olimpiadas** Olympic Games
    6r
olvidar to forget *4r* 15
la **opción** option *6r*
la **operación** operation *11r*
operar to operate *11r*
la **opinión** opinion *3r*
la **oportunidad** oportunity *9r*
el/la **óptico/a** optician *2r*
optimista *adj.* optimistic *Br*
opuesto/a opposite *2r*
a sus órdenes at your service 12
el **orden** order; **el orden público**
    law and order *9r*
el **ordenador** computer *15r*
ordenar to put in order,
    to arrange *4r*
la **oreja** (outer) ear 11
el **organismo** organism *10r*
organizado/a organized *12r*
organizar (c) to organize *13r*
el **órgano** organ *15r*

el **origen** origin *2r*
la **orilla** shore *2r*
el **oro** gold *3r*
la **orquesta** orchestra 8
el **otoño** autumn, fall 6
otro/a other, another 1;
   otra vez again *Br*
el **oxígeno** oxygen *1r*

P

el/la **paciente** patient *Br*
pacifista pacifist *15r*
el **padrastro** stepfather 4
el **padre** father *3r*, 4
los **padres** parents 4
el **padrino** godfather 4
pagar to pay 7
el **país** country 5
la **palabra** word *Br*
el **palacio** palace *1r*
el **palo** golf club 6
el **pan** bread 3
panameño/a Panamanian 2
la **pandilla** gang 14
el **pánico** panic *12r*
el **paño** dish cloth *10r*
la **pantalla** screen *14r*
los **pantalones** pants 7;
   pantalones cortos shorts 7
las **pantimedias** pantyhose 7
el **pañuelo** handkerchief 7
la **papa** potato 3;
   papas fritas French fries 3
el **papá** dad 4
la **papaya** papaya *10r*
el **papel moneda** currency, bill *9r*
el **paquete** package 12
para for, to 1, 3; **para mí** for
   me 3; towards, in order to 11;
   para que so that 14
la **parada** parade 8; stop 12
el **parabrisas** windshield 12

el **paracaídas** parachute 15
el **parachoques** bumper 12
el **paraguas** umbrella 7
parcial partial *Br*
parecer to seem 7
la **pareja** partner/couple *2r*
el **parentesco** kinship *4r*
el **pariente** relative 4
el **parque** park 5
el **párrafo** paragraph 1
la **parte** part *12r*
la **participación** participation *15r*
el/la **participante** participant *8r*
participar to participate *2r*
el **partido** game *Br*, 6
pasado/a last 6; **pasado mañana**
   the day after tomorrow 3
el **pasaje** ticket 12
el/la **pasajero/a** passenger 12
el **pasaporte** passport 2, 12
pasar to come in, to pass 9; **pasar**
   la aspiradora to vacuum 5;
   pasar lista to call roll *Br*;
   pasar el tiempo to spend,
   (pass) the time *3r* 12
el **pasatiempo** pastime *15r*
pasear to take for a walk or stroll 5
el **paseo** stroll *4r*
el **pasillo** hall 5; **asiento de**
   pasillo aisle seat 12
la **pasión** passion *6r*
pasivo/a passive *Br*
el **paso** step *9r*
la **pastelería** pastry shop 10
la **pastilla** pill 11
patear to kick *6r*
paterno/a paternal *2r*
el **pavo** turkey *10*
la **paz** peace *2r*
el **pecho** chest 11
pedir (i) to ask for 4
peinar (se) to comb 6
pelado/a peeled *10r*
pelear to fight *4r* 13

la **película** film 3
el **pelo** hair 2
la **pelota** ball 6
la **peluquería** beauty salon,
   barbershop 9
el/la **peluquero/a** hairdresser 9
pensar (ie) to think 4; **pensar +**
   inf. *to plan to* + verb 4
el **pepino** cucumber 10
pequeño/a small 1
la **pera** pear 10
perder (ie) to lose 6; **perderse** to
   get lost 12
la **pérdida** loss 15
perdón excuse me B
perezoso/a lazy 2
perfeccionista perfectionist *Br*
perfectamente perfectly *5r*
el **perfil** profile 14
el **perfume** perfume *5r*
el **periódico** newspaper 3
el/la **periodista** journalist,
   newspaperman/woman 9
el **período** period *14r*
permanecer (zc) to stay *9r*
permanente permanent *13r*
permitir to permit, to allow 10
pero but 2
la **persona** person *Br*
personal personal *2r*
la **personalidad** personality *4r*
pertenecer (zc) to belong *2r*
peruano/a Peruvian 2
el **pescado** fish 3
pesimista pessimist *Br*
el **peso** weight *5r*
pesquero/a fishing (boat) 14
la **pestaña** eyelash 11
el **petróleo** petroleum, oil *3r*;
picar (g) to chop *5r*
el **pie** foot 11
la **piedra** stone *6r*
la **piel** skin 11
la **pierna** leg *3r* 11

el **pijama** pajama 5

el **piloto** pilot 9r

la **pimienta** pepper 10

el **pimiento** green pepper 10

la **piña** pineapple 10

el **pintor** artist, painter 5r

la **pirámide** pyramid 12

la **piscina** swimming pool 5

el **piso** floor, apartment 5

la **pista** slope, court, track 6

el/la **piyama** pajama 5

la **pizarra** chalkboard B

el **placer** pleasure 14

el **plan** plan 15r

planchar to iron 5

planear to plan 12r

el **planeta** planet 3r, 15

plano/a flat surface 9r

la **planta baja** first floor 5

el **plátano** banana 10

el **plato** dish, plate 5

la **playa** beach 3

la **plaza** plaza 1;
plaza de toros bullring 3r 8

pleno: en pleno/a in the middle of 4r

el/la **plomero/a** plumber 9

la **población** population, people 2

el/la **poblador/a** settler 13

pobre poor 2

la **pobreza** poverty 4r

poco/a: un poco a little 4

poder (ue) to be able to, can 3r, 4

poderoso/a powerful 14r

el **poema** poem 1r

el **poeta** poet 2r

el **policía** policeman 9; la mujer policía policewoman 9

el **poliéster: de poliéster** polyester(made of) 7

el/la **político/a** politician 13r; political adj. 1r

el **pollo** chicken 3

poner (g) to put, to turn on 4; poner la mesa to set the table 4; poner una inyección to give a shot/injection 11

popular popular Br

por for, by, about, through 3, por favor please B; por eso that's why 3, por fin finally 3, por lo menos at least 3, por supuesto of course 3, por ciento per cent 3; por ejemplo, for instance 1r, 3; por correo by mail 9; por la mañana/tarde in the morning/ afternoon 1; por la noche at night 1; por otra parte on the other hand 3r, 14; por qué why 2

el **porcentaje** percentage 14

porque because 2

el **portadocumentos** briefcase 5r

portátil portable 2r, 15

el **porvenir** future 9r

portugués/a Portuguese 1r

la **posesión** possession 12r

el/la **posgraduado/a** postgraduate 14r

positivo/a positive 4r

posterior posterior 14r

el **postre** dessert 10

practicar (qu) to practice 1

práctico/a practical 10r

el **precio** price 3r

precioso/a beautiful 7

precolombino/a pre-Columbian 3r

el **predominio** predominance 2r

la **preferencia** preference Br

preferir (ie) to prefer 3r 4

la **pregunta** question 1

el **pronombre** pronoun 1

preguntar to ask (a question) Br

preliminar preliminary 5r

el **premio** award/prize 2r

preocupar(se) to worry 14r

la **preparación** preparation 1r

preparar to prepare 1r 5

la **presentación** presentation Br

presentar to present 11

el/la **presidente/a** president 2r

prestar to lend 9r

previo/a prior, previous 2r

la **primavera** spring 6

primer first 5

primero/a first Br, 5; primera clase first class 12

el/la **primo/a** cousin 4

principal main, principal 3r

el **príncipe** prince 5r

el **principio** beginning 10r; a principios at the beginning 14

la **prisa: tener prisa** to be in a hurry 4

privado/a private 1r

probablemente probably 1r

probarse (ue) to try on 7

el **problema** problem Br

proceder: procedente de to come from 13r

la **procesión** procession 8

producir (zc) to produce 2r

la **productividad** productivity 15r

el **producto** product 3r

la **profesión** profession 2r, 9

el/la **profesor/a** professor B

el/la **progenitor/a** progenitor, direct ancestor 4r

el **programa** program 1r 3

el/la **programador/a** programmer 9r

programar to program 12r

prohibido/a forbidden 1

prohibir to prohibit, to forbid 10

el **promedio** average 3r 14

promover to promote 13r

el **pronombre** pronoun 1r

el **pronóstico** weather report 6

la **propaganda** publicity, advertising 7r

propio/a own 2r 11

el **propósito** purpose 1r

la **protección** protection 15r

proteger (j) to protect 11r

la **proteína** protein 10r

la **protesta** protest 15r

próximo/a next, next to 3

el **proyecto** project 3r

el/la **psicólogo/a** psychologist 9

el/la **psiquiatra** psychiatrist 9

la **psicología** psychology 1

la **publicación** publication 13r

la **publicidad** publicity 6r

público/a public 2r

el **pueblo** town 3r 8

el **puente** bridge 12r

la **puerta** door B; **puerta de salida** gate 12

el **puerto** port, harbor 14r

puertorriqueño/a Puerto Rican 2

el **puesto** position 4r 9

el **pulmón** lung 11

la **pulsera** bracelet 7

el **pupitre** student's desk B

puro/a pure 14

Q

que that 2; **lo que** what 1r

qué what B; ¿**Qué tal?** How's it going? B; ¡**Qué lástima/pena!** What a pity! 8; ¡**Qué va!** nothing of the sort, no way 11

quedar to fit, to be left over 7; **quedar bien** to fit 7; **quedarse de piedra** to be shocked 5r

el **quehacer** chore 4r

la **queja** complaint 4r

quejarse to complain 4r

querer (ie) to want 4; **Quisiera ...** I would like ... 7

querido/a dear 1r

el **queso** cheese 3

quién interrog. who B; **de quién/es** whose 2

la **química** chemistry 1

quinto/a fifth 5r

quitar to take away, to remove 6; **quitarse** to take off 6

el **quitasol** sunshade, parasol 5r

quizá(s) maybe 10

R

el **radiador** radiator 12r

el/la **radio** radio 5

el **rallador** kitchen grater 5r

rallar to grate 5r

rápidamente rapidly, fast 5r

rápido/a fast 3r

la **raqueta** racket 6

el **rascacielos** skyscraper 2r

el **rasgo** trait, feature 3r

el **rastro** trace, sign 4r

el **rato** time 3r

el **ratón** mouse 15

la **raya: de rayas** striped 7

la **raza** race, breed 2r

la **razón: tener razón** to be right 4; reason 9r

la **reacción** reaction 12r

reactivar to reactivate 15r

real royal 1r

realizar (c) to carry out 4r 14

realmente really 9

la **rebaja** sale, reduction 7

rebajado/a marked down 7

rebelde rebellious Br

recaudar to collect 11r

la **recepción** front desk 12

el/la **recepcionista** receptionist 9r

la **receta** recipe 10 ,

prescription 10, 11

recetar to prescribe 11

el **recibo** receipt 9r

reciclar recycle 14r

recién adv. recently 11r

reciente adj. recent 14r

el **recipiente** receptacle 5r

reclamar to claim 4r

recolectar to gather, collect 13r

recomendable advisable 14r

recomendación recommendation 11r

recomendar (ie) to recommend 7

recordar (ue) to remember 8

recorrer to travel, to traverse 6r

el **recreo** recess Br, 1

el/la **rector/a** president (of a university) 5r

la **recuperación** recuperation 15r

el **recurso** resource 15

la **red** net 6, network 6r

redondo/a round 10r

reducido/a reduced 14r

reflejar reflect 11r

el **refrán** proverb, saying 3r

el **refresco** soda, refreshment 3

el **refrigerador** refrigerator 5

regado/a scattered 4r

regalar to give (a present) 7

el **regalo** present 7

regañar to reprimand 4r

regar (ie) to water 9r

regatear to bargain 7r

la **región** region 15r

regional regional 6r

la **regla** rule 6r

regular so so, not so good (well) B

regularmente regularly 5r

rejuvenecer (zc) to rejuvenate 10r

la **relación** relation, relationship 4

relacionado/a related to, in relation to 1r

relacionar to relate *1r*

la **relación: relaciones exteriores** foreign affairs *2r*

relajante relaxing *3r*

relativamente relatively *6r*

religioso/a *adj.* religious *Br*

el **reloj** clock, watch B

el **remedio** remedy *11r*

la **reparación** reparation, repair *7r*

reparar to repair *9r*

repartir to distribute *12r*

repetir (i) to repeat 4

el/la **reportero/a** reporter *9r*

el/la **representante** representative *5r*

representar to represent *6r*

la **reproducción** reproduction *15r*

la **república** republic *2r*

requerido/a required *13r*

la **res: carne de res** beef 10

la **reserva** reserve 15

la **reservación** reservation *3r*, 12

reservar to make a reservation 12

la **residencia** residence *14r*

el/la **residente** resident *5r*

la **resolución** resolution *11r*

respetar(se) to respect 8

respirar to breathe 11

responder to answer *1r*

la **responsabilidad** responsibility *9r*

responsable responsible *Br*

la **respuesta** answer 1

el **restaurante** restaurant 3

el **resto** rest *4r*

la **restricción** restriction *11r*

el **resultado** result, outcome 6

resultar to result, come about *14r*

la **resurrección: Domingo de Resurrección** resurrection, Easter Sunday 8

la **reunión** reunion, meeting *2r* 3

reunirse to get together, to meet 8

la **revelación** revelation *13r*

revisar to revise, to go over 1; to inspect 12

la **revisión** revision, inspection *3r*

la **revista** magazine 3

la **revolución** revolution *13r*

el **rey: Reyes Magos** Wise Men 8

rico/a rich, wealthy 2, good tasting 10

la **riqueza** wealth *1r*

el **ritmo** rhythm *15r*

robar to steal *8r*

la **rodilla** knee *8r* 11

rojo/a red 5

romántico/a romantic B

romper to break 15

la **ropa** clothing 7; **ropa interior** underwear *7r*

rosado/a pink 5

rubio/a blonde 2

el **ruido** noise 8

las **ruinas** ruins *3r* 12

la **rutina** routine *3r*

§

sábado Saturday B

la **sábana** sheet 5

saber to know (facts) *Br*, 5

el **sabor** flavor *5r*

el **sacacorchos** corkscrew *5r*

sacar (qu) to get, to take (out) 1; **sacar fotos** to take photos *12r*

el **saco** blazer 7

la **sal** salt 10

la **sala** living room 5; **sala de espera** waiting room 12

el **saldo** balance, payment *9r*

la **salida** departure *9r*, 12; expenditure *9r*

salir (g) to leave, to go out 4

el **salón** room B

la **salsa** sauce 10; **salsa de tomate** tomato sauce 10; type of music 2

saltar to jump 14

la **salud** health 11

saludar(se) to greet *1r*, 13

el **saludo** greeting *Br*

la **salvación** salvation *15r*

salvar to save (from danger), to rescue *15r*

la **sanción** sanction *14r*

la **sandalia** sandal 7

el **sándwich** sandwich 3

sangrar to bleed *11r*

la **sangre** blood *2r* 11

sano/a healthy 10; **sano/a y salvo/a** safe and sound 15

el/la **santo/a** saint *8r*; **Semana Santa** Holy Week 8

satírico/a satiric *1r*

sazonar to season 10

el **secador** hairdryer *9r*

la **secadora** drier 5

secar(se) (qu) to dry 5, 6

la **sección** section *1r*; **sección de (no) fumar** (no) smoking section 12

la **secreción** secretion *11r*

el/la **secretario/a** secretary *2r*, 9

secundario/a secondary *1r*

la **sed: tener sed** to be thirsty 4

la **seda: de seda** silk (made of) 7

sedentario/a sedentary *10r*

la **segregación** segregation *15r*

segregar to secrete *11r*

seguir (i) to follow, to go on 4; **seguir derecho** to go straight ahead 12

según according to 13

segundo/a second 5

la **seguridad** safety, security *5r*, 8

seguro/a: estar seguro/a to be sure 7; *n.* insurance *7r*, la **selección** selection *6r*

seleccionar to select *5r*

el **sello** stamp 12

la **selva** jungle 15

selvático/a of the jungle 15

la **semana** week 3

la **semejanza** similarity *8r*

el **semestre** semester 1

la **semilla** seed *10r*

el **seminario** seminar *12r*

la **sencillez** simplicity *10r*

sentarse (ie) to sit down *Br*, 6

sentimental sentimental B

el **sentimiento** sentiment *5r*

sentir(se) (ie, i) to feel, to be sorry 11; **lo siento** I'm sorry B

la **señal** signal 9

el **señor (Sr.)** Mr. B

la **señora (Sra.)** Mrs. B

la **señorita** Miss B

la **separación** separation 14

septiembre September B

séptimo/a seventh 5

ser to be 2; **ser humano** human being 15

serio/a serious 11

el **servicio** service *6r*

la **servilleta** napkin 10

servir (i) to serve 4

severo/a severe, serious *12r*

el **sexo** sex 8

sexto/a sixth 5

sí yes B

si if *1r*, 14

el **SIDA** AIDS *11r* 14

siempre always 1

el **significado** meaning *14r*

significar to mean, to signify *3r*

siguiente *adj.* following *2r*

la **silla** chair B

el **sillón** armchair *5r*

simpático/a nice, charming 2

simplemente simply *6r*

sin without *2r*, 7; **sin embargo** nevertheless *2r* 14; **sin que** 14

sincero/a sincere *Br*

sino but *1r*

el **sinónimo** synonym *3r*

el **síntoma** symptom 11

el **sistema** system *11r*

la **situación** situation *4r*

situado/a situated *1r*

el **sobre** envelope 12

sobre on, above B

la **sobrina** niece 4

el **sobrino** nephew 4

social social *1r*

la **sociedad** society 13

socioeconómico/a socioeconomic *14r*

la **sociología** sociology 1

el **sofá** sofa 5

el **sol** sun 6

la **soledad** loneliness *14r*

solemne solemn *8r*

soler (ue) use to + *inf.* *9r*

el/la **solicitante** solicitant, applicant *2r*

la **solicitud** application 9

sólo *adv.* only 1

solo/a *adj.* alone; **de un solo color** solid color 7

el/la **soltero/a** single, bachelor 2

la **solución** solution *7r*

el **sombrero** hat 7

la **sopa** soup 3

sordo/a deaf *15r*

la **sorpresa** surprise 3

sospechar to suspect 14

el **sostén** brassiere 7

su(s) your (formal), his, her, its, theirs 4

suave soft 8

subir to increase, to go up 12; **subir de peso** gain weight *3r*

subrayar to underline *6r*

el **suburbio** suburb *5r*

sucio/a dirty *4r*

la **sudadera** jogging suit, sweat shirt 7

sueco/a Swedish *3r*

la **suegra** mother-in-law 4

el **suegro** father-in-law 4

el **sueldo** salary 9

el **sueño: tener sueño** to be sleepy 4

el **suéter** sweater 7

la **suerte: tener suerte** to be lucky 4; **a la suerte** at random *12r*

suficiente enough *3r*

la **sugerencia** suggestion *7r*

sugerir to suggest *7r*

sumar to add *1r*

la **superación** overcoming *13r*

el **supermercado** supermarket 10

el **sur** south *1r*

surgir (j) to appear, to arise *14r*

T

la **tabla** chart *5r*

tal such 10; **¿Qué tal?** How's it going? B; **tal vez** maybe 10; **con tal (de) que** as long as 14

la **talla** size 7

también *adv.* also, too 1

tampoco *adv.* neither, nor, either *5r*

tan *adv.* so *1r*; as 8

tanto/a *adv.* as much 8

tantos/as *adv. as many* 8

tarde late *1r* 6; *n.* afternoon B

la **tarea** assignment, homework B; chore 5

la **tarjeta: tarjeta de crédito** credit card 7; **tarjeta de embarque** boarding pass 12; **tarjeta postal** post card 12

la **tasa** rate, interest *14r*

la **taza** cup 10

el **té** tea 3

el **teatro** theater *1r*, 8

el **techo** roof 5
el/la **técnico/a** technician 9
la **tecnocracia** tecnocracy *15r*
la **tela** fabric 7
el **teléfono** telephone B
el/la **televidente** TV viewer 13
el **televisor** TV set *Br,* 5
temer to fear 11
la **temperatura** temperature 6
temprano *adv.* early 6
tender (ie) to hang (clothes) 5;
   tender la cama to make the
   bed 5
el **tenedor** fork 10
tener (g, ie) to have *1r,* 4;
   tener años to be...years old 2;
   tener catarro to have a chest
   cold 11; **tener deseos de** + *inf.*
   to feel like + *pres. part.* 8;
   tener dolor de... to have
   a(n)... ache 11; **tener éxito** to
   be successful 13; **tener mala**
   cara to look terrible 11; **tener**
   que + *inf.* to have to + *verb* 4
el/la **tenista** tennis player *2r,* 6
la **tensión: arterial** blood
   pressure 11
la **terapia** therapy *12r*
tercer third 5
tercero/a third 5
terminar to finish 3
el **termómetro** thermometer 11
la **terraza** terrace 5;
   outdoor café *1r*
terrible terrible *Br*
el **territorio** territory *15r*
textual textual *4r*
la **tía** aunt 4
el **tiempo** time *Br,* weather 6,
   a tiempo on time 12
la **tienda** store 7
la **Tierra** earth 15; **tierra** land,
   soil 15
tifoideo/a: fiebre typhoid

fever *11r*
las **tijeras** scissors *5r*
tímido/a timid *Br*
el **tío** uncle 4
típico/a typical *3r*
titular titular, nominal *2r*
la **tiza** chalk B
la **toalla** towel 5
el **tobillo** ankle 11
tocar (qu) to play an instrument,
   to touch 3
el **tocino** bacon *10r*
todavía *adv.* still, yet 13
todo all, everything *3r* 12
todos: todos los días all, every
   day 1
tomar to take, to drink 1;
   tomar el sol to sunbathe 3
el **tomate** tomato 3
el **tono** tone *1r*
tonto/a silly, foolish 2
torcer(se), (ue, z) to twist 11
el **toreo** bullfighting 8
el **torero/a** bullfighter 8
la **toronja** grapefruit 10
la **torta** cake *5r*
la **tortura** torture *10r*
la **tos** cough 11
toser to cough 11
la **tostada** toast 3
trabajador/a hard working 2
trabajar to work 1
el **trabajo** work 9
la **tradición** tradition 6
tradicional traditional *Br*
tradicionalmente traditionally *6r*
traducir (zc) to translate 7
traer (g) to bring 4
el **traje** suit 7; **traje de baño**
   bathing suit 7
tranquilamente quietly *6r*
la **tranquilidad** tranquility *5r*
tranquilo/a calm, tranquil 2
el **transbordador espacial**

space shuttle 15
la **transición** transition *14r*
transmitir transmit *11r*
la **transmutación**
   transmutation *10r*
la **transparencia** transparency *11r*
transplantar to transplant *11r*
el **transporte** transportation *8r*
el **trapo** cloth, kitchen cloth *5r*
trasladar(se) to move,
   to transfer 13
el **tratamiento** treatment *11r*
tratar to try 9
través: a través de *adv.*
   throughout *2r* 13
el **tren** train 12
la **trifulca** squabble *4r*
el/la **tripulante** crew member 14
triste sad 2
la **tristeza** sadness 13
el **triunfo** victory 6
tropical tropical *10r*
el **trueque** exchange *9r*
tu(s) *adj.* your 4
tú *pron. you* (familiar) 1
la **túnica** tunic *8r*
turista: clase turista tourist,
   economy class 12
turístico/a tourist *13r*

U

la **úlcera** ulcer *11r*
último/a last *7r*
un/a a, an, one B
único/a only, unique 4;
   hijo/a único/a only child 4
el **uniforme** uniform *6r*
unir to unite, to combine *2r*
la **universidad** university 1
el **universo** universe 15
urbano/a urban *12r*
urgente urgent *1r*

usar to wear, to use 3
usted you *(formal sing.)* 1
ustedes you *(formal pl.)* 1
el/la usuario/a user *6r*
el utensilio utensil *5r*
utilizar (c) to use, utilize *5r*
la uva grape 10

V

la vacación vacation *5r*, 12
vacante vacant, opening 9
vacío/a empty 12
la vacuna vaccination *15r*
la vainilla vanilla 10
el vale voucher *9r*
válido/a valid *2r*
valiente brave 4
valioso/a valuable *13r*
el valor value *3r*
los vaqueros/jeans jeans 7
variable variable, changeble *9r*
la variedad variety *2r*
el vaso glass 10
el vecindario neighborhood *5r*
el/la vecino/a neighbor *5r*
la vegetación vegetation *15r*
el vegetal vegetable 3
vegetariano/a vegetarian *3r*
la vela candle *8r*
el velero sailboat *3r*
la velocidad speed 12
la vena vein 11
el/la vendedor/a salesman, saleswoman 7
vender to sell 7
venezolano/a Venezuelan 2
venir (g, ie) to come 4
la venta sale 9
la ventaja advantage *9r*
la ventana window B
ventanilla small window (car, plane, etc.) 12

el ventanal large window *5r*
ver to see 3
el verano summer 6
el verbo verb *1r*
la verdad: ¿verdad? truth, Isn't it so? 2
verde green *2r*, 5
la verdura vegetable 10
verificar (qu) to verify *6r*
vertical vertical *5r*
el vestido dress 7
vestir(se) (i) to dress, to get dressed 6
el vestuario wardrobe *7r*
la vez time; a veces sometimes 1; dos veces twice 4; una vez once 12; muchas veces often, many times 1; alguna vez sometimes, on occasions 12
viajar to travel *3r*, 12
el viaje trip 12; viaje espacial space trip 15
la víctima victim *8r*
la vida life *1r*, 15
la videocasetera VCR B
viejo/a old 2
el viento wind 6
viernes Friday B
vigilar to watch *12r*
el vinagre vinegar 10
el vino wine *2r* 3; vino tinto red wine 10
la violencia violence 8
el/la violinista violinist *8r*
el virus virus *15r*
visitar to visit *3r*
la vitalidad vitality *1r*
la vitamina vitamin *11r*
la viuda widow 14
el viudo widower 14
la vivienda housing *5r*
vivir to live *1r* 3
el vocabulario vocabulary *Br*
la vocal vowel *Br*

el vocero spokesman *15r*
el volante steering wheel 12
volar (ue) to fly *5r*, 12
el voleibol volleyball 6
el volumen volume *5r*
la voluntad will, will power *13r*
el/la voluntario/a volunteer *14r*
volver (ue) to return 4
vosotros/as *pron.* you (familiar plu.) 1
votar to vote 13
el vuelo flight *3r*, 12
la vuelta: viaje de ida y vuelta round trip 12
vuestro/a *adj.* your *(familiar)* 4

Y

y and B
ya already *1r*, 13; ya que since
la yerba herb *9r*
el yerno son-in-law *4r*
yo I B
el yogur yogurt 10

Z

la zanahoria carrot 10
la zapatilla slipper 7
el zapato shoe 7
la zarzuela Spanish operetta *3r*
la zona zone *1r*
el zoológico zoo *3r*

Apéndice 4

English to Spanish Vocabulary

A

a (an) un/a
above sobre
about acerca de
absence la ausencia
absent ausente
academic académico/a
accent el acento
accept aceptar
accessory el accesorio
accident el accidente
accompany acompañar
according según
account: checking account
    la cuenta: cuenta corriente
accountant el/la contador/a,
    el/la contable
accounting la contabilidad
accredit acreditar
ache el dolor
act actuar
active activo/a
activity la actividad
actress la actriz
adapt adaptar(se)
add añadir, sumar
address la dirección
adequate adecuado/a
admiration la admiración
admire admirar
adult adulto/a
advance el adelanto
advantage la ventaja

advertisement el aviso, el anuncio
advertising la publicidad
advice el consejo
advisable recomendable
advise aconsejar
aerobic aeróbico/a
affect afectar
affection el cariño
affiliation la afiliación
affirmatively afirmativamente
African africano/a
after después
afraid: to be afraid (of)
    tener miedo (de)
against contra
age la edad
agency: travel agency la agencia:
    agencia de viajes
agenda la agenda
aggressive agresivo/a
AIDS el SIDA
air el aire
air conditioning el aire
    acondicionado
airline la aerolínea
airplane el avión
airport el aeropuerto
aisle: aisle seat el pasillo: asiento
    de pasillo
alcoholic alcohólico/a
all todo/a, todos/as
allergic alérgico/a
allergy la alergia
allow dejar, permitir

almost casi
alone solo/a
already ya
also también
altar el altar
alternate alternar
although aunque
always siempre
ambitious ambicioso/a
among entre
amusing divertido/a
analysis el análisis
analyst: systems analyst el/la
    analista: analista de sistemas
analyze analizar
ancestor el/la antepasado/a
and y
anguish la angustia
animal el animal
ankle el tobillo
anniversary el aniversario
announce anunciar
announcement el anuncio
annoyance el fastidio
another otro/a
answer v. contestar, responder;
    n. la contestación, la respuesta
answering machine el
    contestador automático
anthropology la antropología
antibiotic el antibiótico
anticipation la anticipación
antiquity la antigüedad
any algún, alguno/a/s; cualquier
anyone cualquier/a

apartment el apartamento
appear aparecer, surgir
appearance la apariencia
appetite el apetito
applaud aplaudir
apple la manzana
applicant el/la solicitante
application la solicitud
April abril
architect el/la arquitecto/a
architecture la arquitectura
area el área
Argentinian argentino/a
argue discutir
argument la discusión
arm el brazo (body); el arma (weapon)
armament el armamento
armchair la butaca, el sillón
around alrededor
arrest detener
arrival la llegada
arrive llegar
arrogant arrogante
article el artículo
artifact el artefacto
artist el/la artista
as como
as many tantos/as
as much tanto/a
ascend ascender
Asian asiático/a
ask (a question) preguntar: ask for pedir
aspect el aspecto
asphyxiation la asfixia
aspirin la aspirina
assault el asalto
assembly la asamblea
assignment la tarea
assimilate asimilar/se
assistant el/la asistente, ayudante
associate asociar
assume presumir, asumir

astronaut el/la astronauta
astronomer el/la astrónomo
at a; en
athlete el/la atleta
athletic atlético/a
atrophy atrofiar
attend asistir (a): attend to atender
attendance la asistencia
attention la atención
attraction la atracción
attractive atractivo/a
August agosto
aunt la tía
authoritarian autoritario/a
autobiographical autobiográfico/a
autumn el otoño
available disponible
avenue la avenida
average n. el promedio, la media; adj. mediano/a
avocado el aguacate
avoid evitar
award el premio

B

baby el/la bebé, el/la nene/a
baby-sitter la niñera, el canguro
back la espalda
backpack la mochila
backyard el jardín
bacon el tocino
bad malo/a
bag el/la bolso/a
balance v. equilibrar; n. el equilibrio; el saldo, balance
ball la pelota
ball-point pen el bolígrafo
banana el plátano
band la banda
bank el banco
banquet el banquete
baptism el bautizo

barbecue la barbacoa
barbershop la peluquería, barbería
bargain v. regatear, n. la ganga
baseball el béisbol
baseball bat el bate
basic básico/a
basically básicamente
basket el/la cesto/a
basketball el baloncesto, basquetbol
bathe bañar(se)
bathroom el baño
battery el acumulador, la batería
be estar; ser, resultar; be a couple formar pareja; be able poder; be afraid tener miedo; be born nacer; be called llamarse; be careful tener cuidado; be cold tener frío; be hot tener calor; be hungry tener hambre; be in a hurry tener prisa; be in charge estar a cargo; be in love (with) estar enamorado (de); be left over quedar (like gustar); be lucky tener suerte; be missing faltar (like gustar); be necessary hacer falta; be part of formar parte de; be pleasing gustar; be right tener razón; be sleepy tener sueño; be sorry sentir (ie, i); be successful tener éxito; be sure estar seguro/a; be surprised sorprenderse; be thirsty tener sed; be used to estar acostumbrado/a
beach la playa
beat batir
beater la batidora
beautiful bello/a, precioso/a
beauty la belleza
beauty salon la peluquería

because porque
because of a causa de, por
become convertirse (en), hacerse;
    become independent
    independizarse; **become**
    impacient impacientarse
bed la cama
beef la carne de res
beeper el buscapersonas
beer la cerveza
before antes
begin comenzar, empezar
beginning el principio
behind detrás (de)
belief la creencia
believe creer
belong pertenecer
belt el cinturón
benefit el beneficio
besides además
best el/la mejor
better mejor
between entre
bicycle la bicicleta
big grande
bilingual bilingüe
bill la cuenta; el billete
    (*currency*)
biology la biología
biosphere la biosfera (*alt.*
    biósfera)
birth el nacimiento
birthday el cumpleaños
black negro/a
blanket la manta
blazer el saco
bleed sangrar
blind ciego/a
block bloquear
block (of city street) la cuadra,
    la manzana (*Sp.*)
blond rubio/a
blood la sangre
blood pressure la tensión arterial

blouse la blusa
blue azul
boat bote, barco
body el cuerpo
boil hervir
bone el hueso
book el libro
bookstore la librería
boot la bota
border la frontera
bored aburrido
boring aburrido/a
both ambos/as
bother molestar
bottle la botella
boy el chico, el muchacho
bracelet la pulsera
brain el cerebro
bra (brassiere) el sostén
brave valiente
bread el pan
break romper
breakfast el desayuno
breathe respirar
bridge el puente
briefcase el maletín,
    el portadocumentos
bring traer
brother el hermano
brother-in-law el cuñado
brown café, castaño, marrón
brunet moreno/a
brush *v.* cepillar(se), *n.* el cepillo:
    brush one's teeth
    cepillarse/lavarse los dientes
build construir
building el edificio
bullfight la corrida de toros
bullfighter el torero/a
bullfighting el toreo
bumper el parachoques
bus el autobús, bus
business el negocio
businessman el hombre de

negocios
businesswoman la mujer de
    negocios
busy ocupado/a
but pero, sino
butter la mantequilla
buy comprar

C

cabin la cabina
cabin (on a boat) el camarote
cabinet (presidential) el gabinete
cafeteria la cafetería
caffeine la cafeína
cake el pastel, el bizcocho,
    la tarta (*Sp.*)
calculator la calculadora
calculus el cálculo
call llamar
calm tranquilo/a
calorie la caloría
camera la cámara
camouflage camuflar
can opener el abrelatas
cancel cancelar
cancer el cáncer
candidate el/la candidato/a
candle la vela
candy el caramelo, el dulce
cap la gorra
capacity la capacidad
capital la capital (*city*), el capital
    (*money*)
capture capturar
car el coche, carro, auto(móvil)
car hood el capó
cardboard el cartón
care el cuidado
career la carrera
carpenter el/la carpintero/a
carpet la alfombra
carrot la zanahoria
carry out llevar a cabo, realizar

cash el efectivo
cash register la caja
cashier el/la cajero/a
cassette el/la casete
Castilian el castellano
cat el gato
catalog el catálogo
catastrophic catastrófico/a
catch (an illness) contagiarse
category la categoría
cathedral la catedral
cause causar, ocasionar
celebrate celebrar
celebration la celebración
cell la célula
cemetery el cementerio
census el censo
center el centro
cereal el cereal
certain cierto/a
certified certificado/a
chair la silla
chalk la tiza
chalkboard la pizarra
champagne el champán, champaña
champion el/la campeón/a
championship el campeonato
change cambiar
charming encantador/a,
   simpático/a
chart la tabla
chat charlar
check (luggage) facturar
cheek la mejilla
cheese el queso
chemistry la química
cherry la cereza
chest el pecho
chest cold el catarro
chicken el pollo
child el/la niño/a
childhood la niñez
Chilean chileno/a

chocolate el chocolate
choose escoger
chop picar: pork chop la chuleta
Christmas la Navidad
Christmas Eve la Nochebuena
church la iglesia
citizen el/la ciudadano/a
city la ciudad
civil civil
claim reclamar
claro clear: of course
class la clase
classic clásico/a
classified clasificado/a
classify clasificar (qu)
classroom el aula, el salón de clase
clean v. limpiar; adj. limpio/a
cleaning la limpieza
clear claro/a, despejado/a
   (weather)
client el/la cliente/a
climate el clima
clinic la clínica
clock el reloj
close cerrar
closet el armario, el clóset
cloth el trapo
clothing la ropa
cloudy nublado/a
club el club
coach el/la entrenador/a
coat el abrigo
cocaine la cocaína
cockpit la cabina
coffee el café
cognate el cognado
coincide coincidir
colander el colador, escurridor
cold frío/a
collect recaudar
college universidad
Colombian colombiano/a
colonial colonial

color el color
column la columna
comb peinar(se)
combine combinar
come venir
come from v. proceder; adv.
   procedente de
come in pasar, entrar
comfortable cómodo/a
comical cómico/a
comment el comentario
commerce el comercio
common común
communicate comunicar
communication la comunicación
community la comunidad
company la compañía, empresa
compare comparar
competent competente
competition la competencia
complain quejarse
complaint la queja
complete v. completar; adj.
   completo/a
computer la computadora, el
   ordenador (Sp.)
computer science la informática
concert el concierto
concierge el/la conserje
conclusion la conclusión
condominium el condominio
conference la conferencia
confiscate confiscar
confront enfrentar
confuse confundir(se)
congenital congénito/a
congress el congreso
consequence la consecuencia
conservative conservador/a
consider considerar(se)
construct construir
construction la construcción
consul el/la cónsul

consulate el consulado
consult consultar
consume consumir
contact lenses lentes de contacto
contagion el contagio
contain contener
contamination la contaminación
contemporary contemporáneo/a
contents el contenido
contest el concurso
context el contexto
contraband el alijo, contrabando
contract v. contraer; n. el
    contrato
contribution la contribución
control controlar
convention el congreso
conversation la conversación
cook v. cocinar; n. el/la
    cocinero/a
cookie la galleta, galletita
cool fresco/a
cooperate cooperar
co-op (cooperative society)
    la cooperativa
copy la copia
cork el corcho
corkscrew el sacacorchos
corn el maíz, el elote (on the cob)
corner el rincón, la esquina
    (street)
correct correcto/a
correspondence
    la correspondencia
corresponding correspondiente
cost v. costar, n. el costo
cotton el algodón
cough la tos
cough toser
counselor el/la consejero/a
counter el mostrador
country el país
countryside el campo
course el curso

court la corte (law), la cancha
    (sports)
courtesy la cortesía
cousin el/la primo/a
cover cubrir
crash chocar
crazy loco/a
cream la crema
creation la creación
creative creativo/a
credit card la tarjeta: tarjeta
    de crédito
crew member el/la tripulante
crime el crimen
crisis la crisis
critic el/la crítico/a
crowd la multitud
crucial crucial
crucifix el crucifijo
cruise el crucero
crumb la migaja
crush majar
cry llorar
Cuban cubano/a
cucumber el pepino
cultivate cultivar
cultivation el cultivo
culture la cultura
cup la taza
cure v. curar(se), n. la cura
currency la moneda
current actual
curtain la cortina
custom la costumbre
customs la aduana
cut v. cortar, n. el corte
cyberspace el ciberespacio
cycling el ciclismo
cyclist el/la ciclista

D

dad el papá
daily diariamente

daily diario/a
dairy (product), lácteo/a
damage v. dañar; n. el daño
dance bailar, el baile
dancer el bailarín/la bailarina
data el dato, la información
date la fecha
daughter la hija
daughter-in-law la nuera
dawn la madrugada
day el día
dead muerto/a
deaf sordo/a
dear querido/a
death la muerte
deceased difunto/a
December diciembre
decide decidir
decision la decisión
decisive decisivo/a
declare declarar
decrease disminuir
dedicate dedicar
defend defender
defense la defensa
deforestation la deforestación
delight encantar
delighted encantado/a
deliver entregar
demand la demanda
demonstrate demostrar
demonstration la manifestación
    (political)
denomination la denominación
dense denso/a
dentist el/la dentista
department el departamento
department store el almacén
departure la salida
depend depender
depressed deprimido/a
descendant el/la descendiente
description la descripción
deserve merecer

design el diseño
designer el/la diseñador/a
desk el escritorio: **student desk**
  el pupitre
desperate desesperado/a
dessert el postre
destiny el destino
destroy destruir
detective el detective
detest detestar(se)
develop desarrollar
diabetic el/la diabético/a
dialog el diálogo
dictator el dictador
dictatorship la dictadura
dictionary el diccionario
diet la dieta
difficult difícil
digest digerir
digestion la digestión
dining room el comedor
dinner la cena
diplomacy la diplomacia
diplomatic diplomático/a
director el/la director/a
dirty *v.* ensuciar; *adj.* sucio
disadvantage la desventaja
disarrange desordenar
discipline la disciplina
discotheque la discoteca
discover descubrir
discrimination la discriminación
dish el plato
dishwasher el lavaplatos
dismantle desmontar
disquette el disquete
distance la distancia
distant lejano/a
distribute repartir, distribuir
distribution la distribución
diverse diverso/a
diversity la diversidad
diving el buceo
divorce *v.* divorciarse,

n. el divorcio
divorced divorciado/a
do hacer
doctor el/la doctor/a: **medical
  doctor** el/la médico/a
doctor's office el consultorio
document el documento
dollar el dólar
dog el perro
domestic doméstico/a
door la puerta
dormitory el dormitorio
double doble: **double/single
  room** la habitación
  doble/sencilla
doubt dudar
drain escurrir
drawing el dibujo
dress *v.* vestir(se); el *n.* vestido
dresser la cómoda
drink *v.* beber, *n.* la bebida
drive manejar, conducir
driver el chofer, conductor
drug la droga
drug traffic el narcotráfico
drug trafficker el narcotraficante
dry secar(se)
dryer la secadora
dubbed doblado/a
due debido a
duplicate duplicar
during durante
dynamic dinámico/a

E

e-mail el correo electrónico
each cada
early temprano
ear la oreja, el oído (*inner*)
earring el arete
earth la tierra
easy fácil
eat comer

ecologist el/la ecólogo/a
economic económico/a
economics la economía
economy class clase turista
educated educado/a
effect el efecto
efficient eficiente
egg el huevo
eighth octavo/a
elbow el codo
electric eléctrico/a
electrical appliance
  el electrodoméstico
electrician el/la electricista
electronic electrónico/a
elegant elegante
element el elemento
embassy la embajada
embrace abrazar(se)
emergency la emergencia
emigrant el/la emigrante
emigrate emigrar
emotional emocional
employee el/la empleado/a
empty vacío/a
encounter el encuentro
end el final
energy la energía
engineer el/la ingeniero/a
English el inglés
enjoy disfrutar
enough bastante
ensemble el conjunto
entertainment la diversión
envelope el sobre
equal igual
equality la igualdad
equilibrium el equilibrio
equipment el equipo
equivalent equivalente
eraser el borrador
error el error
eternal eterno/a
ethnic étnico/a

European europeo/a
evening la noche
event el evento, acontecimiento, suceso
every cada, todos/as
everything todo
evidence la evidencia
examination el examen
examine examinar
excellent excelente
except excepto
exception la excepción
exceptional excepcional
exchange *v.* cambiar, *n.* el intercambio: **stock exchange** la bolsa de valores
excited emocionado/a
exclusive exclusivo/a
Excuse me. Perdón.
executive el/la ejecutivo/a
exercise el ejercicio
exhaustive exhaustivo
expectation la expectativa
expensive caro/a
experience la experiencia:
experiment el experimento
explain explicar
explosion la explosión
express expresar
expression la expresión
extension la extensión
exterior el exterior
extinction la extinción
extremely extremadamente
extrovert extrovertido/a
eye el ojo
eyebrow la ceja
eyelash la pestaña

F

fabric la tela
fabulous fabuloso/a
face la cara

fact el hecho
factual factual
fall caer(se)
false falso/a
fame la fama
family la familia
famous famoso/a, conocido/a
fan el abanico, el ventilador; el/la aficionado/a (*sports, etc.*)
fanatic fanático/a
fantasy la fantasía
far lejos (de)
farewell la despedida
fascinate fascinar
fashion la moda
fashion show el desfile de modas
fast rápido/a
fat gordo/a
father el padre
father-in-law el suegro
fatigue el cansancio, la fatiga
fatigued cansado/a, fatigado/a
favorite favorito/a
fear *v.* temer; *n.* el miedo; **be afraid** tener miedo
February febrero
feed alimentar
feel sentir(se)
festival el festival
festive festivo
fiancé/e el/la novio/a
fiber la fibra
fifth quinto/a
fight pelear, luchar
file el archivo
fill llenar
film la película
financed financiado/a
find encontrar: **find out** averiguar
finger el dedo
finish acabar, terminar
fire *n.* el incendio, el fuego; *v.*

despedir (*an employee*), disparar (*a weapon*)
firefighter el/la bombero/a
fireplace la chimenea
first primer, primero/a
fish el pescado
fishing (boat) pesquero/a
fit caber, quedar(le) bien a uno (*clothing*)
fix arreglar
flat plano/a
flavor el sabor
flexible flexible
flight el vuelo
float (in a parade) la carroza
floor el piso: **first floor** la planta baja
flour la harina
flow *v.* fluir, *n.* el flujo
flower la flor
flu la gripe
fly volar
fold doblar
follow seguir
following siguiente
food la comida, el alimento
foot el pie
footwear el calzado
for por; para
forbidden prohibido/a
force obligar, forzar
forehead la frente
foreign extranjero/a: **foreign affairs** las relaciones exteriores
foreigner el/la extranjero/a
forget olvidar
fork el tenedor
form *v.* formar, *n.* la forma, el formulario (*to fill out*)
formal formal
formula la fórmula
found fundar
fowl (poultry) el ave

fracture fracturar(se)

free libre: **free of charge** gratis

frequency la frecuencia

frequently frecuentemente

Friday viernes

fried frito/a

from de

friend el/la amigo/a

frienship la amistad

front desk la recepción

fruit la fruta

fry freír

full lleno/a

function *v.* funcionar, *n.* el uso, la función

fund el fondo

funnel el embudo

furious furioso/a

furniture el mueble

G

game el juego, el partido

gang la pandilla

garage el garaje

garbage la basura

garden el jardín

garlic el ajo

gasoline la gasolina

gather recolectar

gelatin la gelatina

gene el gene (*alt.* el gen)

genealogical genealógico/a

generally generalmente

generation la generación

generous generoso/a

genetic genético/a

geography la geografía

German alemán

gesture el gesto, el ademán

get conseguir, obtener, adquirir, sacar (qu); **get dressed** vestirse; **get married** casarse: **get ready** arreglarse,

prepararse; **get old** envejecer: **get together** reunirse; **get up** levantarse

together juntos/as

ghetto el gueto

giant gigante

girl la chica, la muchacha

give dar, regalar (*as a gift*)

glad contento/a

glass el cristal, el vaso; la copa (*stemmed glass*)

glove el guante

go ir

godchild el/la ahijado/a

godfather el padrino

godmother la madrina

gold el oro

golf-club el palo (*wood*), el hierro (*iron*)

good bueno/a

good-bye adiós

good-looking guapo/a

goods los bienes

government el gobierno

grade la nota

gradually gradualmente

graduate graduado/a

graduation la graduación

grain el grano

granddaughter la nieta

grandfather el abuelo

grandmother la abuela

grandson el nieto

grape la uva

grapefruit la toronja

grass la hierba, la yerba

grate rallar

grater el rallador

gray gris

great gran

green verde

greet saludar(se)

greeting el saludo

grind moler

ground molido/a

group el grupo

Guatemalan guatemalteco/a

guess adivinar

guitar la guitarra

gymnasium el gimnasio

H

habit el hábito

hair el cabello, el pelo

hairdresser el/la peluquero/a

hairdryer el secador

half la mitad, la media

hall el pasillo

ham el jamón

hamburger la hamburguesa

hand la mano

handicrafts la artesanía

handkerchief el pañuelo

hang tender, colgar

happen ocurrir

happiness la felicidad

happy feliz, alegre

hard duro/a: **hard-working** trabajador/a

harvest la cosecha

hat el sombrero

hate odiar, el odio

have tener (g) (ie), poseer, disponer de (g); haber (*aux.*); **have a good time** divertirse, pasarlo bien; **have breakfast** desayunar; **have dinner/supper** cenar; **have just +** *past. part.* acabar de + *inf.* **have lunch** almorzar; **have to +** *verb* tener que + *inf.*

he él

head la cabeza

health la salud

healthy sano/a

hear oír

heart el corazón

heat el calor
heater la calefacción
hello hola
helmet el casco
help *v.* ayudar, *n.* la ayuda
hemisphere el hemisferio
here aquí, acá
highway la carretera
hip la cadera
Hispanic hispano/a
home el hogar
homework la tarea
honeymoon la luna de miel
hope esperar; **I/We hope** ojalá
horizontal horizontal
horse el caballo
hospital el hospital
host/hostess el/la anfitrión/a
hot caliente
hotel el hotel`
house la casa
housewife el ama de casa
housing la vivienda
human humano/a; **human being**
    ser humano
humanities las humanidades
humid húmedo/a
humidity la humedad
hurt doler (ue) (*like* gustar)
husband el marido, el esposo
hysteria la histeria

I yo
I/we hope ojalá
ice cream el helado
ideal ideal
idealist idealista
identification la identificación;
    identification card la cédula,
    el carnet
identify identificar
identity la identidad

if si
illiteracy el analfabetismo
illogical ilógico/a
imaginary imaginario/a
imagination la imaginación
imitate imitar
immediately enseguida,
    inmediatamente
immigrant el/la inmigrante
impartial imparcial
implant el implante
importance la importancia
important importante
improve mejorar
impulsive impulsivo/a
in en: **in front of** enfrente (de)
inauguration la inauguración
incentive el incentivo
include incluir
income el ingreso
incorrect incorrecto/a
increase *v.* aumentar, subir; *n.* el
    aumento (de sueldo, etc.)
independent independiente
index el índice
indicate indicar
indicated indicado/a
individual el individuo
inequality la desigualdad
inexpensive barato/a
infect infectar
infection la infección
infectious infeccioso/a
inflammation la inflamación
influence la influencia
inform *v.* informar; *n.* el informe
informal informal
information la información
ingredient el ingrediente
inhabitant el/la habitante
injection la inyección
inspector el/la inspector/a
insult insultar(se)
insurance el seguro

intelligent inteligente
intention la intención
intercept interceptar
intercepted intervenido
interest *v.* interesar; *n.* el interés
interested interesado/a
interesting interesante
interior el interior
international internacional
interpreter el/la intérprete
interrogative interrogativo/a
interrupt interrumpir
interview *v.* entrevistar; *n.* la
    entrevista
intervene intervenir
intimate íntimo/a
introvert introvertido/a
investigation la investigación
invitation la invitación
invite invitar
involve implicar
iron *v.* planchar; *n.* el hierro
    (*metal*); la plancha (*clothes*)
ironic irónico/a
irrational irracional
irreparable irreparable
irritated irritado/a
isolate aislar
Italian italiano/a
itinerary el itinerario

J

jacket la chaqueta
January enero
Japanese japonés/a
jar el tarro, la jarra
jeans los vaqueros/jeans
Jew judío/a
jewel, jewelry la joya
jogging suit la sudadera
joke el chiste
journalist el/la periodista
joy la alegría

judge el/la juez/a
juice el jugo, el zumo (*Sp.*)
juice press el exprimidor
July julio
jump saltar
June junio
jungle la selva, la jungla
justice la justicia

K

keep guardar
key la llave
kick patear
kid el/la chaval/a
kill matar
kinship el parentesco
kiss el beso
kitchen la cocina
knee la rodilla
knife el cuchillo
know conocer (zc), saber (*facts*)
knowledge el conocimiento

L

lab laboratorio
lack *n.* la falta; *v.* carecer (de),
    faltar (*like* gustar)
lamp la lámpara
language el idioma, la lengua:
    language lab el laboratorio
    de lenguas
lard la manteca
last *v.* durar; ; *adj.* último/a,
    pasado/a: last night anoche,
    night before last anteanoche
late tarde
law la ley
lawyer el/la abogado/a
lazy perezoso/a
learn aprender
leather el cuero

leave salir, irse
left izquierda
leg la pierna
lemon el limón
lend prestar
Lent la Cuaresma
let dejar
letter la carta
lettuce la lechuga
level el nivel
liar el/la mentiroso/a
liberal liberal
librarian el/la bibliotecario/a
library la biblioteca
lie la mentira
life la vida
light la luz
likewise igualmente
lion el león
lip el labio
liquid el líquido
list la lista
listen escuchar
literature la literatura
live vivir
living room la sala
load cargar
loaded cargado/a
lobster la langosta
local local
locate localizar
location la localización,
    ubicación
lock up encerrar
locked up encerrado/a
logical lógico/a
logically lógicamente
loneliness la soledad
long largo/a
look (at) mirar
look for buscar
loose suelto/a
lose perder
loss la pérdida

lottery la lotería
love *v.* amar; *n.* el amor
luggage el equipaje
lunch el almuerzo
lung el pulmón

M

machine la máquina;
    washing machine la lavadora;
    answering machine el
    contestador automático
magazine la revista
magnificent magnífico/a
mail el correo
mailbox el buzón, el casillero
    (*in office*)
mailman el cartero
main principal
maintenance el mantenimiento
majority la mayoría
make hacer, fabricar;
    make a bed tender la cama;
    make reservations hacer
    reservas/reservaciones
malformation la malformación
manager el/la gerente, director/a
mango el mango
mantain mantener(se)
manual manual
many muchos/as
map el mapa
March marzo
Mardi Gras el Carnaval
margarine la margarina
mark marcar
marked down rebajado/a
marriage el matrimonio
married casado/a
marry casarse
mask la careta
material el material
materialist materialista
maternal materno/a

mathematics las matemáticas

matter *v.* importar (*like* gustar);
  n. el asunto, la gestión

maturity la madurez

maximum máximo/a

May mayo

maybe quizá(s)

mayonnaise la mayonesa

mayor el/la alcalde/sa

mean significar, querer decir

meaning el significado

means medios

meat la carne

mechanic el/la mecánico/a

medicine la medicina

meditate meditar

meet encontrar(se), conocer
  (*for the first time*)

meeting la reunión

melody la melodía

member el miembro

memory la memoria

mention mencionar

menu el menú

merchandise la mercancía

metabolize metabolizar

metal el metal

methodical metódico/a

metropolitan metropolitano/a

Mexican mexicano/a

microphone el micrófono

microscope el microscopio

microwave el microondas

midnight la medianoche

mile la milla

military militar: **military coup**
  el golpe militar

milk la leche

mineral el mineral

minibomb la minibomba

minimal mínimo/a

minimum el mínimo

minister (government) el
  ministro

ministry (government)
  el ministerio (de)

minus menos

mirror el espejo

Miss la señorita

mission la misión

mistake la equivocación

mistery el misterio

model el/la modelo

modem el módem

modern moderno/a

modify modificar

mom la mamá

Monday lunes

money el dinero

month el mes

motorcycle la moto(cicleta)

more más

morning la mañana

mortal mortal

mortar el mortero

mother la madre

mother-in-law la suegra

motive el motivo

mouse el ratón

moustache el bigote

mouth la boca

move mover, mudarse

movement el movimiento

movies el cine

Mr. el señor (Sr.)

Mrs. la señora (Sra.)

much mucho/a

murder el asesinato

murderer el/la asesino/a

muscle el músculo

museum el museo

music la música

musical musical

mustard la mostaza

mutual mutuo

my mi, mis

N

name *v.* nombrar; *n.* el nombre

napkin la servilleta

narrator el/la narrador/a

narrate narrar

narrow estrecho/a

natal (pertaining to birth) natal

nation la nación

national nacional

nationality la nacionalidad

native nativo/a

navegation la navegación

near cerca (de)

nearby cercano/a

neck el cuello

necessity la necesidad

necklace el collar

need *v.* necesitar; *n.* la necesidad

neighbor el/la vecino/a

neighborhood el vecindario,
  el barrio

neither tampoco

nephew el sobrino

nervous nervioso/a

net la red

network la cadena

neurosis la neurosis

never nunca

nevertheless sin embargo

new nuevo/a

New Year's Eve la Nochevieja

news la noticia

newspaper el periódico

next próximo/a, al lado

Nicaraguan nicaragüense

nice agradable

niece la sobrina

night la noche

nightgown el camisón

ninth noveno/a

nobody nadie

no no

noise el ruido

none ninguno/a
noon el mediodía
normally normalmente
North American
    norteamericano/a
nose la nariz
not no
not any ningún
notably notablemente
note la nota, el apunte
notebook el cuaderno
noteworthy notable
nothing nada
notice *v.* notar; *n.* el aviso
novel la novela
novelist el/la novelista
November noviembre
now ahora
nuclear nuclear
number el número
nurse el/la enfermero/a
nursery la guardería
nutrition la nutrición

O

obituary obituario
observation la observación
observe observar
obtain obtener
October octubre
occupation el oficio, la
    ocupación
occupy ocupar
of de: of the (*contraction of* de +
    el) del
offer *v.* ofrecer; *n.* la oferta
office la oficina
official oficial
offspring el/la descendiente
often a menudo
oil el aceite
old viejo/a, antiguo/a
older mayor

Olympic Games las Olimpiadas
    (*alt.* las Olimpíadas)
on sobre, acerca de
onion la cebolla
only sólo
only daughter la hija única
only son hijo único
open abrir
open air market el mercado al
    aire libre
operate operar
operation la operación
opinion la opinión
opportunity la oportunidad
opposite opuesto/a, contrario/a
optimist optimista
option la opción
orange *n.* la naranja, *adj.*
    anaranjado/a
orchestra la orquesta
order el/la orden
organ el órgano
organism el organismo
organize organizar
organized organizado/a
origen el origen
other otro/a
ought deber
our nuestro/a(s)
outbreak el brote
outcome el resultado
outdoors al aire libre
outskirts las afueras
outstanding destacado/a
overcome superar
own propio/a
oxygen el oxígeno

P

P.O. box el apartado de correos
pacemaker el marcapasos
pacifist pacifista
pack empacar

package el paquete
pain el dolor
painting el cuadro, la pintura
pajama el/la piyama
pamphlet el folleto
Panamanian panameño/a
panic el pánico
pants los pantalones
pantyhose las pantimedias
papaya la papaya
parachute el paracaídas
parade el desfile, la parada
paragraph el párrafo
parents los padres
park el parque
parking lot el estacionamiento
part la parte
partial parcial
participant el/la participante
participate participar
participation la participación
partner el/la compañero/a;
    la pareja
party la fiesta
pasive pasivo/a
passenger el/la pasajero/a
passion la pasión
passport el pasaporte
passtime el pasatiempo
pastry shop la pastelería
paternal paterno/a
patient el/la paciente
pay pagar
peace la paz
pear la pera
peasant el/la campesino/a
peeled pelado/a
pencil el lápiz
people la gente
pepper la pimienta
percentage el porcentaje
perfectionist perfeccionista
perfectly perfectamente
performance la actuación

perfume el perfume
period el período
permanent permanente
permit permitir
person la persona
personal personal
personality la personalidad
Peruvian peruano/a
pessimist el/la pesimista:
   pessimistic pesimista
petroleum el petróleo
pharmacist el/la farmacéutico/a
pharmacy la farmacia
phase la fase
phenomenon el fenómeno
photography la fotografía
physical físico/a
physics la física
pill la pastilla
pillow la almohada
pilot el piloto
pin el alfiler
pineapple la piña
pink rosado/a
pinpoint destacar, señalar
place v. colocar; n. el lugar
plan v. planear, n. el plan
planet el planeta
plate el plato
play jugar (game, sport), tocar
   (musical instrument); n. obra
   de teatro
player el/la jugador/a
plaza la plaza
pleased complacido/a
pleasure el placer
plumber el/la plomero/a
poem el poema
poet el poeta
police la policía
police officer el policía, la
   (mujer) policía
politician el político
polkadotted de lunares

polyester el poliester
poor pobre
popular popular
population la población
pork el cerdo
port el puerto
portable portátil
Portuguese portugués/portuguesa
position el puesto
positive positivo/a
possession la posesión
postcard la tarjeta postal
post office el correo
posterior posterior
postgraduate el/la posgraduado/a
poverty la pobreza
powerful poderoso/a
practical práctico/a
practice practicar
prefer preferir
preference la preferencia
preliminary preliminar
preparation la preparación
prepare preparar
prescribe recetar
prescription la receta
present v. presentar; n. el regalo;
   at present adv. actualmente,
   en la actualidad
presentation la presentación
preservation la conservación
president el/la presidente/a
pretty bonito/a
previous anterior
price el precio
prince el príncipe
principal el/la director/a
   (of a school); adj. principal
printing la imprenta
prior previo/a
private privado/a
prize el premio
probably probablemente
problem el problema

procession la procesión
product el producto
productivity la productividad
profession la profesión
professor el/la profesor/a
profile el perfil
progenitor el/la progenitor/a
program v. programar;
   n. el programa
programmer el/la programador/a
prohibit prohibir
project el proyecto
promote promover
promotion el ascenso
pronoun el pronombre
protect proteger
protection la protección
protein la proteína
protest la protesta
proverb el refrán
psychiatrist el/la psiquiatra
psychologist el/la psicólogo/a
psychology la psicología
public n. el público; adj. público/a
publication la publicación
publicity la publicidad,
   la propaganda
Puerto Rican puertorriqueño/a
pure puro/a
purple morado/a
purpose el propósito
purse el/la bolso/a
put poner
put in order ordenar
put on makeup maquillarse
pyramid la pirámide

Q

quantity la cantidad
quarter el cuarto
question la pregunta
quiet callado/a
quietly tranquilamente

quote la cita

R

race la carrera; la raza
racket la raqueta
radiator el radiador
radio el/la radio
radio announcer el/la locutor/a
railroad el ferrocarril
rain *v.* llover; *n.* la lluvia
rain forest el bosque tropical
raincoat el impermeable,
    la gabardina
raise levantar
rapidly rápidamente
rate la tasa
reaction la reacción
reactivate reactivar
read leer
reader el/la lector/a
ready listo/a, dispuesto/a
really realmente
rearview mirror el espejo
    retrovisor
rebellious rebelde
receipt el recibo
recent reciente
recently recién, recientemente
receptacle el recipiente
receptionist el/la recepcionista
recess el recreo
recipe la receta
recommend recomendar
recommendation recomendación
recording la grabación
recuperation la recuperación
recycle reciclar
red rojo/a
reduced reducido/a
referee el árbitro
reflect reflejar
refreshment el refresco
refrigerator el refrigerador

region la región
regional regional
regularly regularmente
relate relacionar
related relacionado/a
relation(ship) la relación
relative el familiar, el pariente
relatively relativamente
release liberar
released liberado/a
religious religioso/a
remedy el remedio
remember recordar
rent *v.* alquilar; *n.* el alquiler
repair *v.* reparar; *n.* la reparación
repeat repetir
reporter el/la reportero/a
represent representar
representative el/la representante
reprimand regañar
reproduction la reproducción
republic la república
reservation la reservación
reserve la reserva
residence la residencia,
    el domicilio
resident el/la resistente
resolution la resolución
resource el recurso
respect respetar(se)
responsability la responsabilidad
responsible responsable
rest *v.* descansar; *n.* el resto
restaurant el restaurante
restriction la restricción
result *v.* resultar; *n.* el resultado
résumé el currículum, vitae
return volver, devolver
reunion la reunión
revelation la revelación
revise revisar
revision la revisión
revolution la revolución
rhythm el ritmo

rib la costilla
rice el arroz
rich rico/a
riddle la adivinanza
right derecho/a
ring el anillo
risk el riesgo
river el río
river basin la cuenca
robe la bata
rocket el cohete
roll la lista
romantic romántico/a
roof el techo
round redondo/a
round trip (el viaje) de ida y
    vuelta
routine la rutina
ruins las ruinas
rule la regla
run correr
runner el corredor/a

S

sad triste
sadness la tristeza
safe la caja fuerte
safety la seguridad
saint el/la santo/a
salad la ensalada
salad dressing el aderezo
salary el sueldo
same mismo/a
sale la venta; la rebaja
salesman el vendedor
salesperson el/la
    dependiente/dependienta
saleswoman la vendedora
salt la sal
salvation la salvación
sanction la sanción
sandal la sandalia
sandwich el sándwich

satiric satírico/a
Saturday sábado
sauce la salsa
save (from danger) salvar
say decir
scarf la bufanda
schedule el horario
School of ... la Facultad de ...
science la ciencia
scientist el/la científico/a
scissors las tijeras
scream gritar
screen la pantalla
sea el mar
seafood el marisco
season v. sazonar, aliñar;
    n. la estación, la temporada
seasoning el aderezo, el aliño
second segundo/a
secretary el/la secretario/a
secretion la secreción
section la sección
security la seguridad
sedentary sedentario/a
see ver
seed la semilla
seem parecer
segregate segregar
segregation la segregación
seize decomisar
seizure el decomiso
select seleccionar
selection la selección
sell vender
semester el semestre
seminar el seminario
send enviar, mandar
senior citizen la tercera edad
sentiment el sentimiento
sentimental sentimental
separation la separación
September septiembre
serious serio/a; grave
seriousness la gravedad

serve servir
service el servicio
settler el/la poblador/a
seventh séptimo/a
severe severo/a
several algunos
sew coser
sex el sexo
shake agitar
sharp afilado/a
shave afeitar(se)
she ella
sheet la sábana
ship v. enviar; n. la nave, el
    barco: space ship la nave
    espacial
shirt la camisa
shoe el zapato
shopping la compra
shopping center el centro comercial
short bajo/a; corto/a
shorten acortar
shoulder el hombro
shout gritar
show v. mostrar; n. la función
shower v. ducharse, bañarse;
    n. la ducha
shrimp el camarón
shuttle el transbordador
sick enfermo/a
sickness la enfermedad
sign el letrero
signal la señal
signature la firma
silk la seda
silly tonto
similarity la semejanza
simplicity la sencillez
simply simplemente
sincere sincero/a
sing cantar
singer el/la cantante
single (bachelor) soltero/a
sink el fregadero

sister la hermana
sister-in-law la cuñada
sit down sentarse
situation la situación
sixth sexto/a
size la talla
ski esquiar
skiing el esquí
skimmed descremado/a
skin la piel
skirt la falda
sky el cielo
sleep dormir: fall asleep dormirse
slipper la zapatilla
slope la pista
slowly lentamente
small pequeño/a
smart listo/a
smoke fumar
snow v. nevar; n. la nieve
so tan (degree), entonces, luego:
    so long hasta luego: so-so
    regular: so that para que
soap el jabón
soccer el fútbol
social social
society la sociedad
socioeconomic socioeconómico/a
sociology la sociología
sock el calcetín
soda el refresco
sofa el sofá
soft suave
solemn solemne
solicitant el/la solicitante
solid color de color entero
solution la solución
some alguno/a
somebody alguien
someone alguien
something algo
sometimes a veces
son el hijo
son-in-law el yerno

song la canción
soon pronto
soup la sopa
sour agrio/a
source la fuente
space el espacio
spaghetti el espagueti
Spanish n. el español;
    adj. español/a
speak hablar
specialized especializado/a
specially especialmente
speciality la especialidad
speed la velocidad
spend gastar
spice la especia
spinach las espinacas
spokesman el vocero
spoon la cuchara
sport el deporte
sportive deportivo/a
spot la mancha
stopping point la escala
spring la primavera
store la tienda
store window el escaparate
stability la estabilidad
stadium el estadio
stainless inoxidable
stairs la escalera
stamp el sello
start v. empezar, comenzar;
    n. el comienzo
state el estado
statistic la estadística
statue la estatua
steak el bistec
steal robar
steel el acero
steering wheel el volante
stemmed glass la copa
step el paso
stepbrother el hermanastro
stepfather el padrastro

stepmother la madrastra
stepsister la hermanastra
stereotyped estereotipado/a
steward el auxiliar de vuelo
stewardess la auxiliar de vuelo
still todavía
stomach el estómago
strategy la estrategia
strawberry la fresa
street la calle
stress el estrés
stripe la raya
striped de rayas
stroll el paseo
strong fuerte
student el/la estudiante,
    el/la alumno/a
study estudiar
studying el estudio
subject of study la materia
suburb el suburbio
subway el metro
success el éxito
such tal
sugar el azúcar
suggest sugerir
suggestion la sugerencia
suit el traje
suitcase la maleta
summer el verano
sun el sol
sunglasses las gafas de sol
Sunday domingo
sunshade el quitasol
supermarket el supermercado
support apoyo
surprise la sorpresa
survey la encuesta
suspect sospechar
stove la estufa
sweat shirt la sudadera
sweater el suéter
sweep barrer
sweet shop la dulcería

sweet dulce
swim nadar
swimming la natación
swimming pool la piscina,
    la alberca (Mex.)
symptom el síntoma
synonym el sinónimo
system el sistema

T

T-shirt la camiseta
table la mesa
tablecloth el mantel
take place efectuar(se)
take tomar, llevar: take a shower
    ducharse: take advantage of
    aprovechar: take a walk/stroll
    pasear, salir de paseo: take
    away quitar: take care of
    cuidar: take pictures sacar
    fotos
talk conversar
talkative hablador/a
tall alto/a
tape recorder la grabadora
tardy retrasado/a, moroso/a
    (in payment)
tea el té
teach enseñar
team el equipo deportivo
tear-producing lacrimógeno/a
teaspoon la cucharita
technician el/la técnico/a
tecnocracy la tecnocracia
telephone el teléfono
television la televisión:
    TV set el televisor
tell decir
temperature la temperatura
tennis el tenis: tennis player
    el/la tenista
tenth décimo/a

term of office el mandato
terrace la terraza
terrible terrible
territory el territorio
terrorize aterrorizar
textual textual
thanks gracias
that ese, esa, eso, aquel, aquella,
    aquello (*dem.*); que (*rel.*); **that is**
    o sea; **that one** ése, ésa, aquél,
    aquélla; **that which** lo que
the el, la, los, las; lo
theater el teatro
then entonces
therapy la terapia
there is, there are hay: **there was,
    there were** había
thermometer el termómetro
they ellos/as
thin delgado/a
thing la cosa
think pensar, creer
third tercer, tercero/a
this este/a
threaten amenazar
throat la garganta
through a través (de), por
throw lanzar
Thursday jueves
ticket el boleto, el billete,
    el pasaje: **ticket for admission**
    la entrada
tie la corbata
time el tiempo, la hora
timid tímido/a
tire cansar: **get tired** cansar(se)
tire la llanta
tired cansado/a
today hoy
toilet el inodoro
tomorrow mañana
tone el tono
tongue la lengua
too también, además

tooth el diente
torture la tortura
toy el juguete
trace el rastro
tradition la tradición
traditional tradicional
traditionally tradicionalmente
train *v.* entrenar; *n.* el tren
trait el rasgo
transfer trasladar(se)
transition la transición
translate traducir
translator traductor/a, intérprete
transmit transmitir
transmutation la transmutación
transparency la transparencia
transplant transplantar
transportation el transporte
travel *v.* viajar, recorrer; *n.* el
    turismo: **travel agent** el/la
    agente: de viajes
traveller's check el cheque de
    viajero
tray la bandeja
treatment el tratamiento
tree el árbol
trip el viaje
tropical tropical
trunk el maletero, el baúl
try tratar
try on probarse
tub la bañadera
Tuesday martes
tuna el atún
tunic la túnica
tourist el/la turista; turístico/a
turkey el pavo, guajolote (*Mex.*)
turn doblar: **turn off** apagar(se)
TV viewer el/la televidente
twin el/la gemelo/a
twist torcer(se)
typewriter la máquina de escribir

U

ugly feo/a
ulcer la úlcera
umbrella el paraguas
umpire el árbitro
uncle el tío
under debajo (de)
underline subrayar
understand entender,
    comprender
underwear ropa interior
unemployment el desempleo
unexpected inesperado
unforgettable inolvidable
uniform el uniforme
universe el universo
university la universidad
unnoticed desapercibido/a
unpayable impagable
unpleasant antipático/a
until hasta (que)
urban urbano/a
urgent urgente
use utilizar, usar
user el/la usuario/a
utensil el utensilio

V

vacant vacante
vacation la vacación
vaccination la vacuna
vacuum cleaner la aspiradora
valid válido/a
valuable valioso/a
vanilla la vainilla
variable variable
VCR la videocasetera
vegetable el vegetal, la verdura
vegetarian vegetariano/a
vegetation la vegetación
vein la vena

Venezuelan venezolano/a
verb el verbo
verify verificar
vertical vertical
very muy
victory el triunfo
victim la víctima
vinegar el vinagre
violence la violencia
violinist el/la violinista
virus el virus
vitamine la vitamina
vocabulary el vocabulario
volleyball el voleibol
volume el volumen
volunteer el/la voluntario
vote votar
voucher el vale
vowel la vocal

W

waist la cintura
waiter el camarero
waitress la camarera
wake up despertarse
walk caminar
want querer
war la guerra
wardrobe el guardarropa, el vestuario
warm cálido/a
warn advertir
warning el aviso
wash lavar(se)
washbowl el lavabo
washing machine la lavadora
waste desperdiciar
watch *v.* mirar, vigilar; *n.* el reloj
water *v.* regar; *n.* el agua (f.)
way el camino; la manera
we nosotros/as
weak débil
wealth la riqueza

wear llevar, usar
wear a costume disfrazarse
weather report el pronóstico, el tiempo
wedding la boda
Wednesday miércoles
week la semana
weight el peso
welcome *n.* la bienvenida, *v.* dar la bienvenida
welfare el bienestar, asistencia social
well bien
what qué
when *interrog.* cuándo; *adv.* cuando
where dónde
where (to) adónde
which (one) cuál/es
while mientras
white blanco/a
who quién
why por qué
wide ancho/a
widow la viuda
widower el viudo
wife la esposa
will la voluntad
win ganar
wind el viento
window la ventana, ventanilla
window cleaner el limpiavidrios
windshield el parabrisas
windshield wiper el limpiaparabrisas
wine el vino
winner el/la ganador/a
winter el invierno
Wise Men Reyes Magos
wish desear
with con
without sin
woman la mujer
wood la madera

wool la lana
word la palabra
work *v.* trabajar; *n.* el trabajo
worker el/la obrero/a
world el mundo
world-wide mundial, universal
worry preocupar(se)
wrist la muñeca
write escribir
writer el/la escritor/a

Y

year el año
yellow amarillo/a
yes sí
yesterday ayer: **day before yesterday** anteayer
yet todavía
yogurt el yogur
you tú; usted, Ud.; vosotros/as; ustedes, Uds.; te, os, lo, la, los, las; ti, le, les
young joven
youngest el/la más joven
young man/woman el/la joven
your tu; su; vuestro/a
yours tuyo/a; suyo/a; vuestro/a
yourself te; se; os
youth la juventud

Z

zone la zona
zoo el zoológico

Index of Language Functions

Numbers refer to the *lección* in which each of the following language functions is presented and practiced. *A leer* or *A escribir* headings signal that the function is presented and practiced in the corresponding section of the indicated *lección*.

Index

Text Credits

p. 32: Advertisement reprinted by permission of *Centro Audiovisual*. **p. 73:** Permission for cartoon requested from Editorial Lumen, S.A., Barcelona, Spain. **p. 74:** Advertisement reprinted by permission of *Mía*. **p. 134:** Permission for article requested from *Al*. **p. 162:** Article reprinted by permission of *Mi Familia*. **p. 317:** Permission for article requested from *Buenhogar*. **p. 334:** Permission for advertisement requested from *Turismo Las Hamacas*. **p. 377:** Article reprinted by permission of *Quo*. **p. 416:** Permission for text requested from *People en español*. **p. 433:** Article reprinted by permission of *Vivir*. **p. 444:** Permission for cartoon requested from Editorial Lumen, S.A. **p. 457:** Permission for text requested from author.

Photo Credits

p. 2: Tom McCarthy/PhotoEdit; **p. 5:** Robert Frerck/Odyssey Productions; **p. 6:** Robert Frerck/Odyssey Productions; **p. 24:** Robert Frerck/Odyssey Productions; **p. 26 (top):** Robert Frerck/Odyssey Productions; **p. 26 (bottom):** Peter Menzel/Peter Menzel Photography; **p. 30:** Robert Frerck/Odyssey Productions; **p. 52:** Robert Frerck/Odyssey Productions; **p. 53:** Robert Frerck/Odyssey Productions; **p. 54:** Robert Frerck/Odyssey Productions; **p. 56 (top):** Beryl Goldberg/Beryl Goldberg; **p. 56 (middle):** Michael Keller/The Stock Market; **p. 56 (bottom):** Peter Menzel/Peter Menzel Photography; **p. 57 (top):** Beryl Goldberg/Beryl Goldberg; **p. 57 (bottom):** Images ©1997 PhotoDisk. Inc.; **p. 77:** Images ©1997 PhotoDisk. Inc.; **p. 80:** David R. Frazier Photolibrary, Inc.; **p. 81:** Mula - Eshet/The Stock Market; **p. 82:** Robert Frerck/Odyssey Productions; **p. 84 (top):** Peter Menzel/Peter Menzel Photography; **p. 84 (middle):** Nik Wheeler/Nik Wheeler; **p. 84: (bottom):** Robert Frerck/Odyssey Productions; **p. 85:** Beryl Goldberg/Beryl Goldberg; **p. 110:** Mary Altier/Picture Cube, Inc.; **p. 104:** Carlos Goldin/Focus/D. Donne Bryant Stock Photography; **p. 111:** Robert Frerck/Odyssey Productions; **p. 112:** Rob Lewine/The Stock Market; **p. 114:** N. Frank/The Viesti Collection, Inc.; **p. 114:** K. McGlynn/The Image Works; **p. 133:** Tom McCarthy/Picture Cube, Inc.; **p. 138:** Rob Lewine/The Stock Market; **p. 139:** Peter Menzel/Peter Menzel Photography; **p. 140:** Beryl Goldberg/Beryl Goldberg; **p. 142:** Carol Lee/Picture Cube, Inc.; **p. 168:** Chip and Rosa Maria de la Cueva Peterson; **p. 169:** Michael Everett/D. Donne Bryant Stock Photography; **p. 170:** M. Everton/The Image Works; **p. 172 (top):** Antipodes/Gamma-Liaison, Inc.; **p. 172 (middle):** Photonews/Gamma-Liaison, Inc.; **p. 172 (bottom):** Joe Traver/Gamma-Liaison, Inc.; **p. 201 (right):** Max and Bea Hunn/D. Donne Bryant Stock Photography; **p. 201 (left):** Carlos Goldin/Focus/D. Donne Bryant Stock Photography; **p. 202:** Robert Frerck/Odyssey Productions; **p. 206:** Beryl Goldberg/Beryl Goldberg; **p. 207:** Bonnie Kamin/Bonnie Kamin; **p. 230:** Beryl Goldberg/Beryl Goldberg; **p. 231:** Karl Weidman/Photo Researchers, Inc.; **p. 232:** Robert Frerck/Odyssey Productions; **p. 234 (top):** Owen Franken/Stock Boston; **p. 234 (middle):** Robert Frerck/Odyssey Productions; **p. 234 (bottom):** Joe Viesti/The Viesti Collection, Inc.; **p. 235 (top):** Daniel Aubry/Odyssey Productions; **p. 235 (middle):** Robert Frerck/Odyssey Productions; **p. 235 (bottom):** Larry Mangino/The Image Works; **p. 239:** author/Matilde O. de Castells; **p. 262:** Robert Frerck/Odyssey Productions; **p. 263:** Robert Frerck/Odyssey Productions; **p. 264:** José L. Peláez/The Stock Market; **p. 266 (top):** LeDuc/Monkmeyer Press; **p. 266 (middle):** Dian/Monkmeyer Press; **p. 266 (bottom):** Ed Lallo/Gamma-Liaison, Inc.; **p. 267 (top):** Beryl Goldberg/Beryl Goldberg; **p. 267 (middle right):** Comstock; **p. 267 (middle left):** Rob Crandall/Image Source; **p. 267 (bottom):** Beryl Goldberg/Beryl Goldberg; **p. 271:** Chuck Savage/The Stock Market; **p. 292:** Peter Menzel/Peter Menzel Photography; **p. 293:** Rogers/Monkmeyer Press; **p. 294:** Bruno Joachim/Gamma-Liaison, Inc.; **p. 300 (top):** Robert Frerck/Odyssey Productions; **p. 300 (middle left):** David R. Frazier/David R. Frazier Photolibrary, Inc.; **p. 300 (middle right):** Nik Wheeler/Nik Wheeler; **p. 300 (bottom):** Richard Lord/Richard Lord, Photographer; **p. 322 (top):** editor/Glenn Wilson; **p. 322 (bottom):** M. Algaze/The Image Works; **p. 323:** Michael Moody/D. Donne Bryant Stock Photography; **p. 324:** José L. Peláez/The Stock Market; **p. 332 (top):** Peter Menzel/Peter Menzel Photography; **p. 332 (middle):** Chris Brown/Stock Boston; **p. 332 (bottom):** Beryl Goldberg/Beryl Goldberg; **p. 351 (top):** Joe Viesti/The Viesti Collection, Inc.; **p. 351 (bottom):** José Fuste Raga/The Stock Market; **p. 352:** Tom McCarthy/PhotoEdit; **p. 354 (top):** Claudia Dhimitri/The Viesti Collection, Inc.; **p. 354 (bottom):** John F. Mason/The Stock Market; **p. 355:** Michele Burgess/Stock Boston; **p. 356:** Bob Daemmrich/The Image Works; **p. 382:** Claudia Dhimitri/The Viesti Collection, Inc.; **p. 383 (top):** Robert Frerck/Odyssey Productions; **p. 383 (bottom):** Wolfgang Kaehler/Gamma-Liaison, Inc.; **p. 384:** Spencer Grant/Gamma-Liaison, Inc.; **p. 386 (top):** Bryan Kelsen/Gamma-Liaison, Inc.; **p. 386 (middle):** Roger Sandler/Gamma-Liaison, Inc. **p. 386 (bottom):** Jonathan Daniel/All-Sport Photography U.S.A., Inc.; **p. 387 (top):** Steve Allen/Gamma-Liaison, Inc.; **p. 387 (bottom):** Matilde O. de Castells/Goya Foods of Florida; **p. 388:** Steven Ferry; **p. 389 (top):** Corel CD-ROM; **p. 389 (bottom):** Corel CD-ROM; **p. 411 (top):** Hazel Hankin/Stock Boston; **p. 411 (bottom):** Phyllis Picardi/Stock Boston; **p. 412:** Peter Menzel/Stock Boston; **p. 437:** Bob Daemmrich/Stock Boston; **p. 438:** Steven Ferry/Steven Ferry; **p. 441 (top):** Kevin Horan/Stock Boston; **p. 441 (bottom):** E.C.P.A./Gamma-Liaison, Inc.; **p. 444:** NASA/Stock Boston; **p. 461:** Juan Silva/The Image Bank; **p. 462 (top):** Luis Castañeda/The Image Bank; **p. 462 (bottom):** Stephen Wilkes/The Image Bank.